Peter Brockmeier / Carolin Fischer • (Hrsg.)
Gewalt der Geschichte – Geschichten der Gewalt

Sandro Botticelli: Illustration zu Dantes *Divina Commedia*, Inferno XXV

€ 6.–

Peter Brockmeier / Carolin Fischer (Hrsg.)

Gewalt der Geschichte – Geschichten der Gewalt

Zur Kultur und Literatur Italiens von 1945 bis heute

M&P
VERLAG FÜR WISSENSCHAFT UND FORSCHUNG

Die Deutsche Bibliothek – CIP-Einheitsaufnahme

Gewalt der Geschichte - Geschichten der Gewalt :
zur Kultur und Literatur Italiens von 1945 bis heute /
Peter Brockmeier/Carolin Fischer (Hrsg.). –
Stuttgart : M und P, Verl. für Wiss. und Forschung, 1998
ISBN 3-476-45196-8

ISBN 3-476-45196-8

M & P Verlag für Wissenschaft und Forschung
ein Verlag der J.B. Metzlerschen Verlagsbuchhandlung
und Carl Ernst Poeschel Verlag GmbH in Stuttgart

Druck und Bindung: Franz Spiegel Buch GmbH, Ulm
Printed in Germany

INHALTSVERZEICHNIS

Vorwort

Das Deutsch-Italienische Colloquium *Gewalt der Geschichte – Geschichten der Gewalt* fand vom 25. bis 27. September 1997 an der Humboldt-Universität zu Berlin statt und wurde gemeinsam mit dem Istituto Italiano di Cultura (Berlin) und dem Istituto Italiano per gli Studi Filosofici (Neapel) veranstaltet. Wir danken diesen Institutionen für ihre finanzielle und praktische Unterstützung, vor allem dem Direktor des Italienischen Kulturinstitutes, Prof. Pierangelo Schiera, der diese Tagung von Anfang an kreativ mitgestaltet hat.

Der Druckkostenzuschuß der Humboldt-Universität und die großzügige Zuwendung des Istituto per gli Studi Filosofici haben uns die Veröffentlichung der Beiträge ermöglicht; hierfür danken wir ihnen gern und nachdrücklich.

Ohne die unermüdliche und sachkundige Arbeit von Carola Veit, M.A., wäre das druckfertige Skriptum dieses Bandes nicht zustande gekommen. Bei ihr sowie bei Katrin Harkenthal und Jana Schwärzel, die uns bei den Korrekturen erfolgreich geholfen haben, bedanken wir uns sehr herzlich.

Die italienischen und deutschen Kolleginnen und Kollegen, deren Aufsätze wir veröffentlichen, haben mit ihrer Teilnahme an dem Colloquium das Verständnis der italienischen Literatur des 20. Jahrhunderts wesentlich vertieft und aus verschiedenen Perspektiven eine allgemeine europäische Literaturwissenschaft befördert. Ihnen gilt unser aufrichtiger kollegialer Dank.

Berlin im April 1998 — Die Herausgeber

PETER BROCKMEIER CAROLIN FISCHER

GEWALT DER GESCHICHTE – GESCHICHTEN DER GEWALT. ZUR EINFÜHRUNG

Gewalt in ihren verschiedensten Formen ist ein traditionelles Thema der Künste. Älteste Beispiele sind die *Ilias* oder das Alexander-Mosaik, im Mittelalter denken wir an die Tapisserie von Bayeux, das *Nibelungenlied* oder Dantes Höllenqualen. Die Darstellung von Gewalt spielt noch heute in vielen Literaturen eine wichtige, wenn nicht sogar zentrale Rolle; sie ist eine wesentliche Form der literarischen Aneignung von Realität. Gerade die italienische Literatur seit 1945 hat eine Vielzahl von Werken hervorgebracht, die Grausamkeit faßbar machen und gleichzeitig Kunst schaffen. Offensichtlich ist es gerade in der Auseinandersetzung mit den zerstörerischen Kräften der Gewalt gelungen, künstlerische Potentiale freizusetzen, Kreativität zu stimulieren; außerdem scheint diese Auseinandersetzung eng mit der Suche nach neuen Ausdrucksformen verbunden zu sein.

Wenn wir hingegen von der *Gewalt der Geschichte* sprechen, beziehen wir uns auf die realen Phänomene, die *Geschichten der Gewalt* generiert haben. In dieser Perspektive muß die historische Gewalt am Anfang unserer Überlegungen stehen. Nach dem Ende der faschistischen Herrschaft über ganz Italien erkennt der Politologe Gian Enrico Rusconi drei Momente, die die Entwicklung des Landes bis heute prägen: den Partisanenkampf oder Bürgerkrieg während der Repubblica di Salò, den Terrorismus und schließlich die organisierte Kriminalität. Doch beschränkt Rusconi sich keineswegs darauf, eine Chronologie des Schreckens und des Blutvergießens anzulegen; vielmehr analysiert er die genannten Komplexe in ihrer tatsächlichen wie symbolischen Bedeutung und liefert damit den Hintergrund, vor dem die verschiedenen Formen narrativer Umsetzung dieser Ereignisse untersucht werden können.

Allerdings wäre es zu einfach, die Geschichte auf die eine und die Geschichten auf die andere Seite zu stellen. Sprechen wir nämlich über die Gewalt der Geschichte, dann sollten wir die verschiedenen Formen der Manifestation von Gewalt – die offene oder latente, die strukturelle oder symbolische – voneinander unterscheiden. Historische und systematische Untersuchungen dieser Phänomene vermitteln ihrerseits eine Reihe von Mustern, um die Gewalt zu verurteilen oder zu legitimieren. Bei der Untersuchung literarischer Darstellungen der Gewalt beobachtet man, daß die Sinngebung gewalttätiger Figuren und Handlungen jenen Mustern mittelbar oder unmittelbar verpflichtet ist. Umgekehrt kann man auch beobachten, daß die Geschichte der Gewalt – der politische, soziologische oder philosophische Diskurs über die Gewalt – ein abstraktes und thematisches Resümee der Geschichten der Gewalt ist: der erfundenen oder nicht erfundenen individuellen Erlebnisse aus Partisanenkampf, Attentaten, Streiks, Erpressungen, Drogen-handel und Zigarettenschmuggel. Außerdem vermittelt uns die historische und literaturwissenschaftliche Perspektive der Beiträge die Erkenntnis, daß die Texte über die Gewalt die Kriterien der "Gesinnungsethik" und der "Verantwortungsethik" (Max Weber) absichtlich oder unabsichtlich miteinander vermischen.

Aurelio Musis Beitrag eröffnet uns die politische und ideologische Dimension der Auseinandersetzung mit der Gewalt im ersten Nachkriegsjahrzehnt. Weil Ideologien nicht unmittelbar zum Blutvergießen führen, können sich Intellektuelle mit dem Wort für und gegen die Gewalt in der Geschichte wappnen und miteinander streiten: Musi erinnert nicht ohne Ironie an Savonarola und Luther, wenn er mit einigen Beispielen die ideologischen Auseinandersetzungen zur Zeit des Kalten Krieges vorstellt – der Epoche, in der sich Italien von einer Agrar- zu einer Industriegesellschaft entwickelte. Das Gegeneinander marxistischer und liberaldemokratischer Ideen und Konzepte veranschaulicht Musis Analyse der Zeitschriften *Società, Nord e Sud* und *Cronache meridionali.* Bei diesen Auseinandersetzungen wurden kulturelle Probleme diskutiert, um politische Werte zu verteidigen. Ideologische Diskussionen erscheinen als eine Form der institutionellen Gewalt, insofern sie den Interessen einzelner Parteien dienen. Schreiben wird zur engagierten Kulturpolitik; schreibend versucht man, Bestehendes zu verändern – wie Lenin es in seinem Aufsatz *Parteiorganisation und Parteiliteratur* (1905) vorgegeben hat. Ein "entwaffneter Intellektueller" wie Carlo Levi erscheint demgegenübe r als träger Passivist.

Wie stark Gewalt mit und durch Sprache ausgeübt wird, können wir konkret dort erfassen, wo sprachliche Minderheiten leben wie die Ladiner und die deutschsprachige Bevölkerung in Südtirol. Die enge Verbindung des nationalen Gedankens und der Sprachzugehörigkeit erlebte traurige Exzesse, als die Faschisten verboten, Deutsch auf offener Straße zu sprechen. Ein Problem bereitet sie noch heute bei der Einordnung südtirolischen Autoren, die als italienische Staatsbürger deutschsprachige Literatur produzieren. Obwohl auf deutsch geschrieben, passen die Romane von Kurt Lanthaler in unseren Kontext, weil er sich mit den spezifischen Konflikten der Region auseinandersetzt. Eine Erzählung aus seinem 1997 erschienenen Band *Heiße Hunde: hirnrissige Geschichten und ein Stück Karibik* drucken wir mit freundlicher Genehmigung des Haymon-Verlags im Anhang ab; es ist die exemplarische literarische Verarbeitung einer Serie von Morden und Überfällen, die Polizisten in der Emilia-Romagna jahrelang ungestraft verübten.

Ein grausamer Konflikt, der bis heute Narben hinterlassen hat, wird jedoch weitgehend totgeschwiegen: Die Option, die die Deutsch-Südtiroler zwang, zwischen der italienischen und der deutschen Nationalität zu wählen, wobei die Deutschen ihre Heimat aufgeben und nach Hitler-Deutschland übersiedeln mußten. Dieter Kattenbusch rekonstruiert, wie es zu dem entsprechenden Abkommen zwischen Hitler und Mussolini kam und zu welchen Folgen es führte; oft zu tiefen Rissen durch einzelne Dorfgemeinschaften oder sogar Familien. Kritische literarische Stimmen zu diesen Vorgängen wird man bis 1945 vergeblich suchen, und auch in der Nachkriegsliteratur sind sie dünn gesät. Kattenbusch hat eine Reihe von Texten ausfindig gemacht, die weniger Meisterwerke denn Zeugnisse einer traumatischen Erfahrung von Gewalt sind, die noch immer gern verdrängt wird. So wurde der 1989 von der RAI mitproduzierte Fernsehfilm *Verkaufte Heimat* bis heute nicht auf nationaler Ebene gesendet.

In den Mittelpunkt der intellektuellen Diskussion ist hingegen der Partisanenkampf der Jahre 1943-45 zurückgekehrt. Dabei geht es zum einen um die Frage, ob man von Partisanen- oder Bürgerkrieg sprechen sollte. Zum anderen werden die Taten der Kämpfer in einem kritischen Licht gesehen, die Attacken gegen die Faschisten wegen der Repressalien, die sie nach sich zogen, die Hinrichtungen von Zivilisten und Gefährten, da sie häufig übersteigerten Vorstellungen entsprangen, wie man sie mit dem Kampf gegen die Faschisten verband. Die Aktualität des Themas kommt nicht nur in der theoretischen Debatte zum Ausdruck; auch in der Literatur ist es präsent, beispielsweise in der Trilogie Gianpaolo Pansas, vor allem im letzten Roman *I nostri giorni proibiti* (Mailand 1996). Es ist also nicht erstaunlich, daß auch der Autor der Resistenza schlechthin, Beppe Fenoglio, wieder verstärkt ins Rampenlicht rückt; selbst in Deutschland werden verschiedene seiner Werke wiederaufgelegt, zuletzt *Eine Privatsache* (1997).

Renzo Bragantini nun untersucht die *mise en œuvre* jener Epoche durch den jung verstorbenen Schriftsteller. Bragantini geht es hierbei aber nicht mehr um die Geschichte, die Bürgerkriegsgewalt, sondern um deren Geschichten, genauer um die spezifischen Ausdrucksmittel dieser Literatur, die seinerzeit schon Italo Calvino und Elio Vittorini höchst gegensätzlich beurteilt haben. Ein typisches Merkmal der *écriture* Fenoglios bildet der

Kontrast zwischen der virulenten Grausamkeit des Dargestellten und der knappen, geradezu trockenen Darstellungsweise – ein Kontrast, den der Autor meisterhaft einsetzt, der aber, wie die folgenden Artikel zeigen, ganz offensichtlich zu den Grundmustern der literarischen Umsetzung von Gewalt gehört, mit denen die Suggestivkraft der Texte gesteigert wird. Um den Leser zu bannen oder in das Geschehen miteinzubeziehen, setzt auch Fenoglio auf die Wiedergabe der Emotionen seiner Figuren. Als eindrucksvolles Beispiel zitiert Bragantini die Szene aus *Un altro muro*, in der Max mit einem anderen Partisanen zu Exekution geführt, aber nicht erschossen wird, da ohne sein Wissen ein Austausch beschlossen worden war. Die Schilderung seines starren Blickes auf die Wand, vor der er steht, während die Schüsse fallen, sowie seiner extrem reduzierten Wahrnehmung sind gelungene Kunstgriffe des Autors, um dem Leser die Empfindungen einer Figur zu suggerieren, die unter offener Gewalt leidet. Dies gilt ebenfalls für die Technik, Szenen gewissermaßen in Zeitlupe wiederzugeben, ein Verfahren, das wir aus dem Film, aber auch aus dem Erzählen kennen.

Ein Vergleich von Film, Literatur und bildender Kunst bietet der Beitrag von Gabriele Huber, der sich mit den 'Folgen' des Bombenattentats auf die Banca dell'Agricoltura an der Piazza Fontana im Zentrum von Mailand beschäftigt, bei dem am 12. Dezember 1969 16 Menschen getötet und mehr als 100 verletzt wurden. Dieses "Mutter aller weiteren Anschläge" genannte Verbrechen konnte ebensowenig aufgeklärt werden wie der Tod des Anarchisten Pino Pinelli, der verhaftet wurde und drei Tage später beim Sturz aus dem Fenster des Polizeipräsidiums ums Leben kam. Gerade weil die Bombenleger bis heute nicht identifiziert wurden, so daß man immer wieder über eine Vertuschung von staatlicher Seite spekulierte, hat dieses Verbrechen die Diskussion über die institutionelle Gewalt, die in offene Gewalt umschlägt, lange Zeit bestimmt.

Pasolinis Film *12 dicembre* entstand – nicht ohne heftige Kontroversen – in enger Zusammenarbeit mit der linksradikalen Gruppierung Lotta Continua und wurde im Februar 1972 auf dem Berliner Filmfestival gezeigt. Die Assemblage *I funerali dell'anarchico Pinelli* von Enrico Baj zeigt hingegen dessen Fenstersturz am 15. Dezember. Zur geplanten Ausstellung des Werkes kam es jedoch nicht, da wenige Stunden vor der Vernissage am 17. Mai 1972 der für die Verhöre Pinellis verantwortliche Kommissar erschossen wurde. Während der Film weitgehend dokumentarisch und Baj mit Pathosformeln arbeitet, erhebt Dario Fo in dem bereits Ende 1970 aufgeführten Stück *Morte accidentale di un anarchico* beredte Anklage gegen die Staatsgewalt; dies gelingt ihm wirkungsvoller als dem Filmemacher und dem Maler, weil er durch die Montage offizieller Polizeiprotokolle die grotesken und unerklärbaren Widersprüche der Geschehnisse vorführte.

Einen tiefgreifenden Schock löste 1978 in ganz Italien die Entführung und Ermordung des christdemokratischen Politikers Aldo Moro aus, der auch deutsche Zeitschriften nach zwanzig Jahren noch Artikel widmen. Alberto Granese dient Leonardo Sciascias *L'affaire Moro*, die bereits im Jahr des Verbrechens erschien, als ein Beispiel für die literarische Auseinandersetzung mit Gewalt in den 70er Jahren, neben *Occidente* von Ferdinando Camon, *La violenza illustrata* von Nanni Balestrini und *In questo Stato* von Alberto Arbasino. Granese zeigt, auf welch verschiedene Weise Gewalt in diesen Texten inhaltlich wie formal als konstitutiver Faktor des narrativen Verfahrens eingesetzt wird. Die Autoren erforschen die Motive des Terrorismus, sie rekonstruieren die innere Logik der Gewaltspirale, greifen dabei nicht selten aus großer erzählerischer Distanz auf vielfältiges Quellenmaterial zurück und stellen die gesellschaftlichen Strukturen, in denen es zu den konkreten Verbrechen jener Jahre kam, unter Anklage. Wenn sie die Krise Italiens nachzeichnen, verzichten sie auf die klassische Romanform. Pasolinis *San Paolo* erfährt abschließend eine besondere Würdigung, da hier nach

Granese deutlich wird, daß der Gewalt der Geschichte ihrerseits durch die literarische Gestaltung Gewalt angetan wird. Granese erkennt in der literarischen Auseinandersetzung mit dem linken und rechten Terrorismus die Fähigkeit der italienischen Gesellschaft, Selbstkritik zu üben. Die Literatur übernimmt die Funktion der politischen und moralischen Selbstbesinnung. Das kann natürlich die Frage provozieren, ob diese Funktionalisierung nicht die Kategorie der subjektiven Perspektive außer Kraft setzt, die viele literarische Erzähler heute beanspruchen, weil sie die Rolle des wegweisenden Philosophen oder des *poeta vates* nicht mehr übernehmen wollen oder können.

Leonardo Sciascia schätzte *L'affaire Moro* als "religiöses" Buch ein; dies dient Helene Harth als Ausgangspunkt ihrer Überlegungen. Sciascias befremdliche Sicht eines grausamen politischen Verbrechens (fünf Leibwächter Moros waren bereits bei der Entführung erschossen worden) erklärt Harth aus der Analyse seiner Werke. Sie zeigt, daß der Autor so stark durch seine sizilianische Lebenserfahrung geprägt war, daß er letztendlich die Brigate Rosse als eine Art jener Mafia sah, die in vielen seiner Romane eine zentrale Rolle spielt. Bereits in seinen frühen Texten ist Mord kein Einzelfall, sondern Demonstration des Gesetzes der Gewalt; später beschreibt er beinahe prophetisch die mafiose Interessenverfilzung der öffentlichen Institutionen, die die Rechtsstaatlichkeit in Frage stellt. Sciascia sieht in der Macht ein diabolisches Absolutum und in den Parteien ein dämonisches Machtkartell; so kann er Moros Tod als ein tragisches Opfer interpretieren und ihn zu Recht "il mio prossimo più prossimo" nennen.

Weniger der Verarbeitung spektakulärer Gewalttaten, die das Land erschütterten, als den narrativen Formen der Gewaltdarstellung sind die folgenden Beiträge gewidmet. Marc Föcking geht dabei von einem juristischen Gewaltbegriff aus sowie von einem Verständnis der Sprache als Medium struktureller Gewalt, wie sie beispielsweise Edoardo Sanguineti in *Ideologia e linguaggio* vertritt. Vor diesem Hintergrund untersucht er zwei Romane, die mit dem verlorenen Glauben an die Abbildbarkeit von Wirklichkeit spielen, Italo Calvinos *Se una notte d'inverno un viaggiatore* und *Sostiene Perreira* von Antonio Tabucchi. Calvino jongliert bekanntermaßen in seinem Paradebeispiel eines postmodernen Romans mit dem Genre des Kriminalromans, wobei er gerade durch die Betonung der Konventionalität die Selbstbezüglichkeit von Literatur sichtbar macht. Er stellt Gewalt also nicht mehr als lebensweltliches Phänomen dar, sondern übernimmt sie lediglich als ein literarisches Thema. Während Mord und Totschlag Calvinos Figuren nur noch technische Probleme bereiten, kommt es bei Tabucchi zu einer ethischen Reperspektivierung von Gewalt. Allerdings verdeutlicht bereits der Untertitel "Una testimonianza" die Vermitteltheit alles Erzählten und daß es sich nicht um den Versuch einer mimetischen Wiedergabe von Realität handelt. In der Tat ist die Abbildbarkeit von Gewalt ein besonderes Problem für die Autoren des 20. Jahrhunderts, die etwa im Sinn des französischen *nouveau roman* alles versuchen, um die referentielle zugunsten der autoreferentiellen Funktion der Texte zu verdrängen.

Mit einem dieser Autoren, Claude Simon, beschäftigt sich Hermann H. Wetzel. Doch geht es ihm nicht um die Frage der Mimesis, sondern vielmehr um die Funktion der Gewaltdarstellung in der Literatur. Er zeigt zunächst, wie Elio Vittorini, Primo Levi, Italo Calvino und eben Claude Simon sich mit den schrecklichsten Momenten unseres Jahrhunderts, dem Zweiten Weltkrieg samt Vernichtungslagern und Partisanenkampf, auseinandersetzen, aber die Sinngebung des traditionellen Erzählens verweigern. Interessant ist hierbei Wetzels Analyse der Erzählperspektive sowie der Sympathien, die auf Täter oder Opfer gelenkt werden. In Vittorinis *Uomini e no* aus dem Jahre 1945 erkennt er bereits dasselbe Verfahren, dessen sich auch Fenoglio bedient: Der Autor vertraut auf die Imagination des Lesers und spart die eigentlichen Greuel weitgehend aus. Uns wird nicht gesagt, daß Blut fließt, doch hören wir den Schrei des Opfers. Da es schwierig, wenn nicht sogar unmöglich ist, Schmerzen in Worte zu fassen, konzentrieren sich die genannten Autoren immer wieder auf die psychische Auswirkung der Gewalt (auf Erzähler oder Erzählfiguren), die dem Leser sehr viel besser vermittelt werden kann. So ist es ihnen möglich, die Darstellung körperlichen Leidens auf ein Minimum zu reduzieren, da sie diese funktional einsetzen. Gerade hierin besteht, wie Wetzel abschließend zeigt, ein wesentlicher Unterschied zwischen Literatur und Film. Allerdings kann man auch einen Leser kaum daran hindern, Gewaltdarstellungen welcher Art auch immer, sadistisch zu konsumieren.

Das grundsätzliche Problem, Schmerz im literarischen Text zu vermitteln, stellt sich natürlich für die Schriftsteller der 90er Jahre nicht anders als in der Nachkriegszeit. Folglich greifen auch jene immer wieder auf Emotionen, auf seelische Schmerzen zurück, um den Leser die Wirkung der Gewalt auf ihre Figuren nachvollziehen zu lassen; das vorherrschende Gefühl ist immer wieder die Angst. Dies ist ein zentrales Ergebnis der Analyse von Carolin Fischer. Verschiedene Texte der ersten Hälfte unseres Jahrzehnts behandeln in vielfältigen Formen (Krimi, Chronik etc.) aktuelle Ausprägungen von Gewalt. So wird die Verquickung von Mafia und Politik von Sebastiano Vassalli in *Il Cigno* historisch verbrämt; Paolo Maurensig nimmt sich in *La variante di Lüneburg* der Spätfolgen des Naziterrors an; Kurt Lanthaler beschreibt die Konflikte in Südtirol sowie Korruption und Polizeikriminalität; Nanni Balestrini erfaßt in *I furiosi* den sinnlosen Vandalismus der *tifosi.* So sehr sich diese Texte auch voneinander unterscheiden mögen, sie greifen doch auf dasselbe Verfahren zurück, wenn sie dem Leser Grausamkeit packend vermitteln wollen: Sie lassen einen 'Mittler' die furchtbaren Szenen miterleben, der durch sein eigenes schmerzhaftes oder schuldbewußtes Mitleid den Leser geradezu zwingt, das Elend der gequälten

Figur nachzuvollziehen, indem er sich in die Perspektive 'Mittlers' versetzen muß.

Während Nanni Balestrinis Romane bislang stark politisch waren, läßt er in *I furiosi* die physische Gewalt als ein gedankenloses oder vergnügliches Spiel der Selbstverwirklichung seiner Figuren erscheinen. Dies entspricht einer der jüngsten literarischen Entwicklung, in der man es offensichtlich aufgegeben hat, die Einfühlung des Lesers nach wie immer vagen moralischen Vorstellungen zu lenken. Remo Ceserani stellt in seinem Beitrag dar, daß sich einerseits Literatur und Feuilleton gegenseitig prägen und andererseits in der *pulp fiction* klassische Wertmaßstäbe wie Seifenblasen zerplatzen und die Figuren ähnlich unbeschwert entleibt werden, wie man sich in Entenhausen Bratpfannen an den Kopf haut. Er vergleicht das Motiv der Vergewaltigung in verschiedenen Texten: in Enrico Brizzis Roman *Bastogne*, Giovanni Vergas Erzählung *Tentazione!* sowie in Zeitungsberichten über ein reales Verbrechen im August 1997. In den verschiedenen Reportagen über diesen Fall werden nach Ceserani zahlreiche literarischen Anspielungen und Stilmittel verwendet. In Vergas *Tentazione!* finden wir ähnliche Methoden der Gewaltdarstellung wie bei den zuvor genannten Autoren: So bestialisch die drei jungen Männer auch den Körper einer Unbekannten schänden, nicht ein einziger Blutstropfen wird während der knappen Schilderung, die sich durch eine außergewöhnlich sparsame Sprache auszeichnet, vergossen, wohingegen sich Brizzi mit seinem Roman in eine aktuelle Strömung der literarischen "Kannibalen" einreiht. Ceserani zeigt uns, daß Gewalt in der *pulp fiction* Ausdruck des Konsumbedürfnisses ist: Ohne die Spielerei mit Gewalttätigkeiten kann ein intensiver Augen- und Ohrenschmaus nicht gewährleistet werden. Die Manier dieser Texte liegt wohl darin, daß die Autoren versuchen, den ästhetischen Konsum vom Realitätsprinzip freizuhalten. Ob die Leserinnen und Leser das auch tun wollen oder können, erscheint gleichgültig; die Autoren haben anscheinend eine *brave new world* der Medien im Sinn. Vielleicht ist es eines der aktuellen Probleme der Gewaltdarstellung in den Medien, daß alle Kunstschaffenden das Prinzip der absoluten Autonomie der ästhetischen Produktion und Rezeption in Anspruch nehmen; daß aber nicht alle Konsumenten diese Autonomie akzeptieren – man denke an die wiederholten Diskussionen über die Zulässigkeit von Werbefotos, beispielsweise die Arbeiten Oliviero Toscanis.

Die Gründungsmythen wohl aller Gesellschaften sind von Gewalt durchdrungen, so auch die griechischen Mythologie. Ihre Figuren treten in Cesare Paveses *Dialoghi con Leucò* als Gesprächspartner auf, und sie berichten von ihren schrecklichen Erlebnissen. Franco Sepe diesen Text, in dem der Autor durch seine Arbeit am Mythos Gewalt auf eine viel grundlegendere Art darstellt, als es ihm in der Auseinandersetzung mit zeitgenössischen Greueltaten möglich wäre. Pavese hat sich die Vorstellung eines unausweichlichen Geschicks im wahrsten Sinne zu eigen gemacht, indem er über den Mythos nachdachte und schrieb. Gegenüber diesem, man möchte fast sagen selbstgeschaffenen psychischen Druck versagte auch das literarische Schreiben. Sepe beleuchtet die *Dialoghi con Leucò* als ein Stadium der Aneignung.

Ebenfalls mythologisches aber auch legendäres und historisches Material verwendet Gesualdo Bufalino. Michèle Mattusch behandelt das Thema des Todes, das seine Werke prägt und vor allem im Diskurs über den Tod gegenwärtig ist. Wie bei zahlreichen anderen Autoren gibt es bei Bufalino ein Zusammenspiel von Gewalt und Voyeurismus. Auch bleibt die direkte physische Grausamkeit oft ausgespart, um die Angst der Figuren zu verbildlichen und die Vorstellungskraft der Leser zu besetzen. Gerade die Bildlichkeit der Texte steht im Mittelpunkt von Mattuschs Untersuchung, die davon ausgeht, daß bei der Auseinandersetzung mit der Todeserfahrung die Bilder der Angst und des Todes im Text "wegreduziert" werden. Daß Bufalino die konventionelle Erklärung der gewalttätigen Bilder hinterfragt, kommt besonders in den Illustrationen zum Ausdruck, deren eigentliche Aussage der Autor durch ironische Bildunterschriften bricht.

In verschiedenen seiner Werke greift Bufalino wie sein sizilianischer Landsmann Sciascia und viele andere Autoren die Form des Kriminal- oder Detektivromans auf. Diese Gattung scheint zwar nicht in unseren Kontext zu passen, da sie sich weniger mit Verbrechen als mit deren logischer Aufklärung beschäftigt, sie hat aber auch die 'hohe' Gegenwartsliteratur so stark beeinflußt, daß sie auch in unserem Kontext ihren Platz findet. Elvio Guagnini zeichnet die Entwicklung des italienischen Krimis und Spionageromans nach; hierbei berücksichtigt er die periodisch erscheinenden Massenprodukte ebenso wie anspruchsvollere Texte. Neben Stereotypen macht er vielfältige Bezüge zur sozio-politischen Realität sichtbar, die mitunter fast prophetischen Charakter haben, und setzt der oberflächlichen und generellen Abwertung des Genres die konkrete Analyse literarischer Qualitäten entgegen. In den Erzählungen, die unter der Gattungsbezeichnung *mystery story* zusammengefaßt werden, entdecken wir ein Repertoire der Geschichten über die Gewalt der Geschichte. Wir bemerken, daß die Gewalt unter bestimmten thematischen Vorgaben das selbstverständliche Motiv vieler Handlungsabläufe bildet. Sie gehört als Bestandteil zur *mystery story*, so wie explodierende Granaten zum Kriegsroman und Faustkämpfe zum Western gehören. Es gibt in allen Medien Gattungen – inhaltliche und formale Muster der Darstellung –, in die der Produzent Gewalt einfügen muß, weil der Rezipient sie gemäß seiner ästhetischen Bildung und gemäß seiner allgemeinen Lebenserfahrung erwartet. Außerdem scheinen die Autoren gewalttätige Aktionen häufig dann selbstverständlich zu verwenden, wenn sie auf konventionelle Weise handlungsfähige Erzählfiguren – Charaktere à la Balzac oder Zola – in kausallogisch verknüpften, aber nicht unbedingt wahrscheinlichen Handlungsabläufen vorführen. Indem Guagnini unterstreicht, daß die literarischen Techniken der Moderne durch den Film verfeinert worden sind, führt er uns auf eine für die intermediale Forschung interessante Frage: In welchem Umfang hat der Film inhaltlich und formal das literarische Schreiben in unserem Jahrhundert geprägt?

Den Abschluß dieses Bandes bildet ein Ausblick ins kommende Jahrtausend, der jede Art der nationalen Fragestellung *ad absurdum* führt. Alberto Abruzzese beschäftigt sich mit dem gesellschaftlichen und kulturellen Wandel, den die neuen Medien mit sich bringen. Das Paradox unseres Jahrhunderts besteht ihm zufolge darin, daß der technologische und kulturelle Fortschritt im Kontrast zur Gefährdung der Umwelt und der ethischen Normen steht. Seiner Meinung nach laufen nun die diversen Kommunikationsverträge aus, die allesamt auf der Vorherrschaft der Schrift basierten, wodurch diese in eine fundamentale Krise gestürzt, ja sogar elementar bedroht wird. Nach Abruzzese ist Italo Calvino der einzige Autor, der das Eindringen der Kybernetik in die Literatur verstanden hat. Angesichts neuer Welten, die ohne das Alphabet erzählt werden, sollte die Literatur im 3. Jahrrausend der Krise der Schrift Ausdruck zu verleihen. Demnach wird das geschriebene Wort, das als Medium struktureller Gewalt verurteilt wurde und der Darstellung realer und fiktionaler Gewalt diente, nun selbst in die Opferrolle gedrängt. Ist dies eine plausible Einschätzung der sich wandelnden Rolle der Literatur und der Funktion der sie produzierenden Intellektuellen, oder handelt es sich um eine apokalyptische Vision, die ausblendet, daß auch Computerprogramme in eigenen Sprachen geschrieben werden?

GIAN ENRICO RUSCONI
Università degli Studi di Torino

POLITISCHE GEWALT.
EINIGE HISTORISCHE UND TYPOLOGISCHE BEISPIELE

Schon der Titel dieses Bandes suggeriert, daß Gewalt in der Geschichte nicht ohne ihre Erzählung existiert, nicht ohne die Geschichten der Gewalt. Aber ich will mich hier nicht den Geschichten der Gewalt widmen, die sich in der Literatur oder in den Berichten von Zeitzeugen manifestieren. Meine Aufgabe ist es, die Gewalt zu behandeln, die Teil der politischen Geschichte wurde, und aus ihr eine politische Erzählung zu machen. Ich behaupte nicht, daß meine Erzählung oder meine Analyse einiger Momente der Gewalt in der italienischen Gesellschaft und Politik der vergangenen fünfzig Jahre vollständig und überzeugend sein wird. Vielmehr werde ich einige historisch-politische Orientierungspunkte vorstellen, die den folgenden Beiträgen als Hintergrund dienen können.

Ich habe drei Momente politischer Gewalt ausgewählt, die die italienische Geschichte geprägt haben. Ich habe diese Momente nicht aufgrund materieller Indikatoren wie der Anzahl der Toten oder besonders blutiger Auseinandersetzungen ausgewählt, sondern weil sie durch ihre symbolische Bedeutung beispielhaft sind. Obwohl es sich um drei recht verschiedene Momente, aus drei chronologisch unterschiedlichen Phasen der italienischen Geschichte handelt, ergeben sie einen Sinnzusammenhang, wenn man sie rekonstruiert oder ins Gedächtnis zurückruft oder erzählt. Unter anderem handelt es sich um Momente der Legitimierung oder einer erneuerten Legitimierung der italienischen Republik. Diese drei Momente sind die folgenden:

1. Der Bürgerkrieg zwischen 1943 und 1945 ist Kontext und Hintergrund, aus dem die Republik und die Demokratie Italiens entstanden sind, die ihre Legitimation in der antifaschistischen Resistenza finden. Diese anscheinend fernen Ereignisse sind – auch und vor allem in ihren gewalttätigen Merkmalen – neuerdings wieder stärker in den Vordergrund gerückt, in der Erinnerung der Bevölkerung wie in der historiographischen und literarischen Erzählung.
2. Die Phase des Terrorismus (von links und von rechts) sowie die sogenannte "strategia della tensione", die Strategie der Spannung, in den 70er und 80er Jahren. Sie stellt einen äußerst kritischen Augenblick im demokratischen Reifungsprozeß Italiens dar.
3. Die Gewalt der organisierten Kriminalität (kurz Mafia genannt), der einige südliche Regionen täglich ausgesetzt sind. Es handelt sich dabei nicht um gewöhnliche Kriminalität, sondern um eine zivile und politische Herausforderung, die alles andere als leicht zu verstehen und zu bekämpfen ist.

So verschiedenartig diese drei Momente unter mehreren Gesichtspunkten auch sein mögen, sie können dennoch einem gemeinsamen Sinn untergeordnet werden.

Bevor ich zum eigentlichen Thema komme, möchte ich einige Überlegungen zu den verschiedenen Formen der Gewalt vorausschicken. Diese mögen zunächst etwas abstrakt klingen, sie werden sich aber im Laufe meiner Ausführungen konkretisieren.

Zunächst möchte ich von der *offenen Gewalt* sprechen, die in Tod und Blutvergießen ihren Ausdruck findet; ich werde außerdem von *kollektiver Gewalt* sprechen, deren Motive und Begründungen nicht persönlicher, privater Natur sind, sondern kollektiv und politisch.

Diese Unterscheidung ist wichtig, da zwei der Momente, die wir hier untersuchen (der Bürgerkrieg und der Terrorismus) sehr stark ideologisch befrachtet sind. Mit ideologischen Festlegungen rechtfertigen die Protagonisten diese Gewalt, und mit ihrer Kritik und Betrachtungsweise wird der Sinn, den diese Ereignisse für die Gegenwart haben, nachgezeichnet und bestätigt.

Wenn man von offener Gewalt spricht, unterstellt man, daß es auch eine versteckte oder *latente Gewalt* gibt. Beinahe all diejenigen, die Gewalt ausüben, berufen sich auf eine bereits vorgegebene Situation der Gewalt, die zumeist versteckt oder latent ist, um ihr eigenes Verhalten zu rechtfertigen. Dies gilt sowohl für den Bürgerkrieg als auch für den Terrorismus.

Für den Historiker wie für den Zeitzeugen ist es sehr schwierig festzustellen, ob tatsächlich eine Verbindung zwischen latenter und offener Gewalt besteht. Deshalb müssen wir eine Möglichkeit finden, um zwischen den rein subjektiven (ideologischen) Behauptungen der Handelnden und der offensichtlichen Realität zu unterscheiden.

Bei dem Versuch, die versteckte Gewalt zu erkennen, sprechen Historiker, Soziologen und Politiker auch von *struktureller Gewalt.* Hierbei handelt es sich um eine Gewalt, die man nicht sieht, die aber in den Strukturen des sozialen und politischen Systems zum Ausdruck kommt. Die Verantwortung für diese Formen der Gewalt kann man entweder (gemäß dem variantenreichen marxistischen Modell) den Verhältnissen wirtschaftlicher Ausbeutung oder Abhängigkeit zuschreiben oder der schlichten Abhängigkeit von gesellschaftlicher Macht.

Natürlich ist es auch hier schwierig, die Indikatoren der strukturellen Gewalt näher zu bestimmen und damit eine ursächliche Verbindung zwischen ihr und den Äußerungen offener Gewalt herzustellen. Von den Schwierigkeiten, ein moralisches Urteil zu finden, gar nicht erst zu reden.

Um beim Beispiel des Linksterrorismus zu bleiben, so hat er seine offenen Gewalttaten oft unter Berufung auf die strukturelle Gewalt des kapitalistischen Imperialismus gerechtfertigt. Der italienische und der deutsche Terrorismus haben gezeigt, auf welch schwindelerregende Höhen der Abstraktion man diesen Rechtfertigungsprozeß treiben kann; hierbei wurde übrigens das genaue Gegenteil des erhofften Ergebnisses erreicht. Anstatt die vermeintlichen Opfer der strukturellen Gewalt des Systems (Proletarier, gesellschaftliche Randgruppen etc.) aufzuklären und zu mobilisieren, hat der Terrorismus in der Bevölkerung eine radikale Ablehnung hervorgerufen, die wahrscheinlich die entscheidende Waffe im Kampf gegen den Terror gewesen ist.

Man spricht schließlich von symbolischer und/oder institutionalisierter Gewalt; gemeint sind Verhaltensweisen, die in Verbindung mit dem Klassenkampf stehen oder an ihn gebunden sind, Arbeitskämpfe und kollektive Bewegungen, die oftmals Zwänge auf individuelle Verhaltensweisen ausüben.

Es ist sicher inkorrekt, diese Phänomene *tout court* unter dem Titel *Gewalt der Geschichte* zusammenzufassen. Es wäre aber ebenso unrichtig, die Episoden der offenen Gewalt, mit denen wir uns beschäftigen, aus dem Kontext der angespannten sozialen und politischen Konflikte zu lösen, in denen sie sich zugetragen haben – und damit aus dem Kontext der institutionalisierten Gewalt, die jene Konflikte hervorgebracht hat. Natürlich ist es auch hier schwierig, die Ursachen eindeutig festzustellen – abgesehen von der erwähnten moralischen Beurteilung.

Der "Bürgerkrieg" von 1943-45

Beginnen wir also mit dem "Bürgerkrieg", ein Begriff mit dem der Zeitraum von 1943 bis 1945 einschließlich der Resistenza bezeichnet wird, ohne daß dieser Begriff die historische, politische und ideelle Bedeutung der Resistenza selbst völlig abdeckte. Gerade am Ende der heutigen Debatte über die historische Grundlage der Legitimation der Repubblica italiana ist diese Begriffsklärung wichtig. Ein großer Teil der Mißverständnisse und Streitigkeiten beruht einerseits darauf, daß geleugnet wird, daß in dieser Epoche ein "Bürgerkrieg" schlechthin stattgefunden hat oder daß andererseits sämtliche Geschehnisse der Zeit (besonders seitens der Resistenza) ausschließlich auf einen Brudermord reduziert werden.

Die Geschichte des Begriffs "Bürgerkrieg" ist bezeichnend. Zwischen 1943 und 1945 wurde er regelmäßig von allen in den Kampf verwickelten Parteien verwendet, auch von den Aktivisten der Resistenza, vor allem von den Mitgliedern des Partito d'Azione sowie den Brigaden Giustizia e Libertà (GL), die den radikal-demokratischen Flügel der Partisanen-Bewegung bildeten. Aber nach 1945 wurde vor allem von offizieller Seite die Bezeichnung "Guerra di liberazione nazionale", Nationaler Befreiungskrieg, bevorzugt. Der Begriff "Bürgerkrieg" diente vor allem den besiegten Faschisten, um den ideellen Wert des Widerstandes zu mindern. Als Reaktion auf diesen ideologischen Gebrauch verzichtete die erinnernde Aufarbeitung der Linken lange Zeit auf diesen Begriff, anstatt ihn kritisch zu hinterfragen. Dies war ein Fehler: Die Charakteristika eines Bürgerkrieges der Jahre 1943 bis 1945 sind kein Stigma, das es auszulöschen oder zu verbergen gilt, sondern sie sind das Zeichen der moralischen Herausforderung der Resistenza. Erst kürzlich konnte der Erfolg des Buches *Una guerra civile* des linksorientierten Historikers Claudio Pavone dieses semantische Tabu brechen. Trotzdem bleibt in der offiziellen Geschichtsschreibung der Linken der Ausdruck "Bürgerkrieg" im Bezug auf die Resistenza stets mit denjenigen der "guerra patriottica" sowie der "guerra sociale" verknüpft. Dies ist die Theorie der "drei Kriege".

Die antifaschistischen Ex-Partisanen hingegen haben befürchtet, daß man sie auf eine Ebene mit den Soldaten der Repubblica sociale italiana (von Mussolini am 8. September 1943 unter dem Schutz der verbündeten deutschen Besatzer gegründet) stellen würde, wenn man den militärisch aktiven Antifaschismus als einen Bürgerkrieg auffaßte. Sie befürchteten eine Art moralischer Relativierung der Resistenza.

Einerseits haben die Ex-Partisanen die Situation richtig eingeschätzt; andererseits haben sie durch ihre Haltung ein reales historisches Problem verdrängt: den Grad der Akzeptanz der aggressiven, beinahe "terroristischen" Aktionen bei der Bevölkerung. Diese Aktionen brachten nämlich keine nennenswerten militärischen Erfolge gegen die deutschen Besatzer und den von ihnen wiederbelebten Faschismus, sie provozierten aber im Gegenzug gewalttätige Reaktionen. Damit sind wir beim spezifischen Thema der Gewalt angelangt.

Drei Faktoren machen die Kämpfe, die nach dem 8. September 1943 in Italien beginnen, zu einem Bürgerkrieg:

a) Die Unvereinbarkeit der politischen Ziele der beiden Konflikt-Parteien (Faschismus und Antifaschismus). Innerhalb einer nationalen Gemeinschaft stoßen zwei Projekte zur Gestaltung der Nation aufeinander, die sich nicht miteinander verbinden lassen. In diesem Kontext gewinnt die bewaffnete Gewalt eine eigene Modalität: Sie bezieht – wie keine andere Form der Auseinandersetzung – die gesamte Zivilbevölkerung mit ein, da sie keine Passivität duldet. In der Tat kann der einzelne Bürger sich nicht zurückziehen oder heraushalten. Stattdessen wird er häufig gegen den eigenen Willen in den Konflikt hineingezogen, obwohl er dessen Ende lieber in sicherer Distanz abgewartet hätte (der sogenannte "attendismo").

b) Um einen Bürgerkrieg handelt es sich auch wegen der spezifischen Formen und Mittel der Kampfhandlungen (Guerilla, Repressalien, Terrorismus).

c) Unter diesem Blickwinkel ist die Gewalt der Partisanen kein einseitiger, irrationaler Bruch der sozialen und politischen "Ordnung", einer legitimen und in ihrer Legalität funktionierenden Ordnung, wie man die Repubblica sociale italiana darstellen wollte. Im Gegensatz dazu ist die Gewalt der Partisanen ein rationales Verhalten mit dem Ziel, die Nation von der Diktatur zu befreien.

An dieser Stelle möchte ich gewissermaßen im technischen Sinn auf das Konzept des Terrorismus eingehen. Die Abschlachtung eines faschistischen Parteileiters auf offener Straße (wie des *federale* von Mailand, Aldo Resega), die Bombe, die ein Blutbad in einer Kolonne des Landsturms anrichtet (via Rasella in Rom), die Ermordung eines wehrlosen Philosophen (Giovani Gentile in Florenz) – dies sind Akte, die *ad hoc* einer Rechtfertigung bedürfen, die genauer sein muß als die allgemeinen Floskeln, mit denen die Gewalt des "Befreiungskrieges" legitimiert wird. Diese Gewalt (typisch für den Norden und das Zentrum Italiens, die seit September/Oktober 1943 von den Deutschen besetzt sind) versteht sich als legitime Antwort auf eine bereits vorhandene Gewalt, die nicht unbedingt offensichtlich sein muß, wohl aber in der systematischen Unterdrückung ihren Ausdruck findet. Dieser Zustand kann wiederum nur durch einen Akt der Gewalt durchbrochen werden, der die zuvor implizite Gewalt offensichtlich werden läßt. Hieraus resultierten der zivile Ungehorsam, die Desertationen, die Flucht in die Berge, also die Guerilla, der Partisanenkampf.

Wie aber paßt der "kalte" Terror in den Städten gegen einzelne Armeeangehörige oder Politiker zur Rationalität des Befreiungskrieges? Wissen nicht alle, daß auf diese Exekutionen unausweichlich grausame Repressalien folgen? Die Männer der Resistenza stellten sich schon damals diese Fragen – allerdings ohne sichere, allgemein anerkannte Antworten zu finden. Der radikale Flügel der bewaffneten kommunistischen Bewegung optierte für den Terrorismus in den Städten; dabei vertraute er auf die "professionisti" der Gewalt (GAP) und stellte die anderen Widerständler (Liberale, Katholiken, Sozialisten, Aktionisten) vor vollendete Tatsachen. Die Haltung eines Vertreters der Aktionisten, Leo Valiani, in jenen Tagen ist typisch. Er war sich des Risikos bewußt, die Sympathien der Bevölkerung mit diesem Vorgehen zu verlieren: "il rischio di una alienazione delle simpatie della gente impaurita dalle esecuzioni in massa di ostaggi cui i nazisti e fascisti sarebbero ricorsi come rappressaglia". Schließlich akzeptierte er aber das Risiko und gab ebenfalls seine Zustimmung.

Die Gründe der Entscheidung für den Terror in den Städten rührten von einer jakobinischen und mazzinianischen Vision her (die durch den Mythos der Bolschewiken verstärkt wurde), die die "pädagogische" Funktion des Terrors verherrlichte, um die Massen an die "prosaische und angstvolle Realität des bewaffneten Kampfes" des unmittelbar bevorstehenden Aufstandes zu gewöhnen.

Tatsächlich hatte der Aufstand im April 1945 in keiner Weise den Charakter eines großen bewaffneten Zusammenstoßes des Volkes mit den Invasoren. Hingegen mangelte es nicht an Zeichen der zunehmenden Grausamkeit, "dell'inferocimento degli animi tipico di ogni guerra civile che abitua i singoli a farsi giustizia da se", wie es Valiani formulierte, der damit die Meinung anderer Widerstandskämpfer ausdrückte, auch die der Kommunisten. Er bezieht sich auf das Kapitel der sogenannten "delitti partigiani" – eine nachträgliche Abrechnung, die tiefe Spuren im kollektiven Gedächtnis hinterlassen hat. Die Linke hat sich sehr bemüht, diese Probleme zu bewältigen, obwohl sie nicht selten einfach geschwiegen hat.

Feinfühlige Vertreter einer linken, laizistischen Kultur waren sich über die unerträglichen Konflikte im klaren, die diese Form der Gewalt mit sich brachte: der Konflikt zwischen dem Kampf für die kollektive Freiheit auf der einen und dem Tod unschuldiger Opfer auf der anderen Seite. Ferruccio Parri, anerkannter Leader der Partisanenbewegung, schrieb über das Attentat in der Via Rasella, in dessen Folgen es zu dem furchtbaren Massaker der Fosse ardeatine kam, daß es sich um eine jener Entscheidungen handelte, die zwar aus politischen Überzeugungen heraus geplant werden, die aber ein unlösbares Problem der moralischen Verantwortung aufwerfen, "involvono un non risolto e forse non risolvibile problema di responsabilità".

Angesichts dieser Überlegungen eines Widerstandskämpfers ist es leicht, die ganze Oberflächlichkeit zu ermessen, die darin liegt, daß die Terroristen der 70er Jahre sich auf die "violenza della Resistenza rossa" berufen. Damit kommen wir zu unserem zweiten Punkt.

Die Jahre des "roten" und "schwarzen" Terrorismus

Links- und Rechtsterrorismus, Strategie der Spannung, "stragismo" (Bombenterrorismus) sind die wichtigsten Schlagworte, um eines der dramatischsten Kapitel der jüngsten italienischen Geschichte zu skizzieren.

Dabei ist es besonders bitter, feststellen zu müssen, daß die Schuldigen der schwersten Verbrechen, die man dem rechtsextremen Lager zuordnet, nicht gefunden wurden. Im Dunkel bleiben auch die möglichen Verbindungen zwischen den beiden Formen des Terrorismus oder ihre gegenseitige Duldung. Der Linksterrorismus unterscheidet sich aber schon allein dadurch, daß er sein Scheitern heute offen eingesteht. Hier ist nicht der Ort, um detailliert auf den Verdienst der Gnadenerlasse für die Häftlinge einzugehen, die als Terroristen in den italienischen Gefängnissen einsitzen. Ich beschränke mich darauf, diese Diskussion als ein Zeichen dafür zu erwähnen, daß die allgemeine Bewertung dieser Epoche in eine neue Phase eingetreten ist. Hier nun die Chronik der wichtigsten Ereignisse.

Am 12. Dezember 1969 explodiert eine Bombe in Mailand in der Banca dell'Agricoltura an der Piazza Fontana (16 Tote). Der Schock ist entsetzlich: Die traditionelle Linke trifft er völlig unvorbereitet. Die Polizei verhaftet einen unschuldigen Anarchisten. Im Lager der Linken wird der Anschlag zunächst als eine faschistische Provokation interpretiert. Ganz typisch stellt Pietro Nenni, der alte Sozialistenchef, eine Analogie zu einem anderen historischen Attentat her: zum Anschlag im März 1921 auf das Teatro Diana in Mailand, das den Faschismus Mussolinis einen großen Schritt vorwärts gebracht haben soll. Der Verdacht, daß es sich um ein von höchster Stelle gelenktes Manöver handelte, scheint sich im folgenden Jahr zu bestätigen, als der ungeschickte Versuch eines Staatsstreichs aufgedeckt wird (der sogenannte "golpe Borghese"). Der Versuch als solcher stellt sich als lächerlich dar, doch schürt das allgemeine Klima der Angst sowie der Wunsch nach einer Verfassungsänderung in Richtung einer latent autoritären (oder gaullistischen) *repubblica presidenziale* den Verdacht, daß ein "partito del golpe" wirklich existiert.

In der Tat haben wir bis heute keine gesicherten Beweise. Die Existenz einer Organisation (*Stay Behind* oder *Gladio*), die eine geheime Truppe entschiedener Antikommunisten aufgestellt hat, die im Fall einer kommunistischen Machtübernahme in Italien hätten einschreiten sollen, scheint keine wirkliche Gefahr für die Institutionen dargestellt zu haben.

Gleichzeitig bildet die extreme Linke kleine militante Gruppen, die dem Klassenkampf einen bewaffneten Anstoß geben sollen, während sich die Studentenbewegung zurückentwickelt und außerparlamentarische Bewegungen auf den Plan treten, die eine extreme rhetorische und symbolische (anti-institutionelle) Gewalt praktizieren. Es handelt sich hierbei noch nicht um Terrorismus im engeren Sinn des Wortes, aber Ende 1969 verkündet Giacomo Feltrinelli, der berühmte Mailänder Verleger, den Niedergang des kommunistischen "Revisionismus" und schließt die Möglichkeit aus, daß man eine sozialistische Revolution ohne die "Kritik der Waffen" vollenden könne ("si possa compiere una rivoluzione socialista senza la critica delle armi"). Zur selben Zeit erklärt Renato Curcio, der Begründer der Brigate

Rosse (BR), den bewaffneten Kampf zum Königsweg des Klassenkampfes. Auch ein ehemaliger kommunistischer Leader, Pietro Secchia, der von der Parteispitze ausgegrenzt wurde, greift den Gedanken des bewaffneten Kampfes wieder auf, allerdings mit dem traditionellen Ziel, die Errungenschaften der Arbeiterklasse zu sichern, wobei er eine Verbindung zur "Resistenza rossa" herstellt. Diese sei verraten worden, da man sie daran gehindert hatte, sich zu einer sozialen Revolution weiterzuentwickeln. So entsteht ein Ideologie-Gemisch aus revolutionärem "terzomondismo" (der Mythos Che Guevara), der Rückbesinnung auf die Tradition des bewaffneten kommunistischen Kampfes sowie neuen Theorien des von multinationalen Konzernen beherrschten Imperialismus – ein Gemisch, das die Basis für eine sogenannte Kultur des Terrorismus liefert.

Vor diesem Hintergrund erscheint der Gedanke des Terrors als Schwungrad des bewaffneten Kampfes und folglich der sozialen Revolution. Die erste demonstrative Aktion der Brigate Rosse erfolgt am 25. Januar 1971 mit der Zerstörung einiger Lastwagen der Pirelli-Werke in Mailand. Bald aber fallen alle Schranken zwischen Gewalt gegen Dinge und Gewalt gegen Personen, zwischen demonstrativem bewaffnetem Kampf und Terrorismus. Brüchig wird die Trennung zwischen der Gewalt illegaler Massenaktionen der außerparlamentarischen Gruppen und der expliziten Gewalt der "gruppi di fuoco".

Im März 1972 wird Feltrinelli Opfer eines Sprengsatzes, den er selbst an einen Hochspannungsmast in Segrate bei Mailand anbringen wollte.

Im April 1974 veröffentlichen die Brigate Rosse eine Schrift, die typisch ist für die ideologische Grundhaltung und die Sprache des Terrorismus: "Contro il neogollismo portare l'attacco al cuore dello stato". Beinahe gleichzeitig findet in Genua die erste aufsehenerregende Entführung statt, die des Richters Mario Sossi. Fünf Tage später explodiert in Brescia ein Bombe auf der Piazza della Loggia (8 Tote und 100 Verletzte). Die Justiz verfolgt erfolglos eine Spur in Richtung des Rechtsextremismus. Am 4. August 1974 geschah dann das Zug-Attentat gegen den *Italicus* (12 Tote und 48 Verletzte).

Es ist nicht einfach, die Angst zu beschreiben, die sich angesichts dieser Lage unter der Bevölkerung verbreitete. Einige fragten nach dem Unterschied zwischen den beiden Formen der Gewalt (Entführungen der Linken, blutige Attentate der Rechten; die Linke produziert Dokumente und Diskurse, die Rechte legt Bomben ohne weiteren Kommentar). Doch in Wirklichkeit herrschten Angst und die Unfähigkeit zu verstehen, was geschah.

Mit dem Jahr 1976 beginnt eine neue Phase. Auf der politischen Ebene wuchs der von Enrico Berlinguer geführte Partito Communista Italiano (PCI) in einem scheinbar nicht zu bremsenden Maße. Gleichzeitig schienen die Brigate Rosse durch die Verhaftung ihres Kopfes Curcio im Januar 1976 entscheidend getroffen zu sein (er wurde durch Mario Moretti ersetzt). Doch 1977 brachen unerwartet neue Jugendproteste aus, die die Themen der 68er-Bewegung bis aufs äußerste strapazierten. Von der Anzahl her gesehen war "il movimento del 77" eher begrenzt; seine symbolische Bedeutung war aber stark. Viele sind der Ansicht, daß diese Bewegung dem Terrorismus neue Energien und neuen Spielraum verschafft hat. Diese Deutung entspricht dem ideologischen Schema, daß die moderate, revisionistische Politik des PCI, die auf den "Historischen Kompromiß" mit der Democrazia Cristiana abzielte, den revolutionären Trend in der Gesellschaft blockiert und damit die Repression von Regierungsseite unterstützt habe, weshalb die Proteste immer radikaler wurden.

Heute ist es einfach, die Unhaltbarkeit dieser Auffassung zu zeigen, die von gänzlich falschen Grundlagen ausging. Und diese Erkenntnis ist nicht erst im nachhinein möglich. Wer damals dabei war, der weiß, daß schon seinerzeit kein Mangel an korrekten politischen Analysen herrschte; aber die Intellektuellen, die bei der Linken Gehör fanden, waren anderer

Meinung (viele von ihnen haben heute ihre Meinung geändert). Es war die Zeit des absurden Slogans "né con le BR né con lo Stato", "weder mit den Roten Brigaden noch mit dem Staat", ein klassisches Beispiel für das fehlende Verantwortungsbewußtsein der Intellektuellen. Natürlich gab es auch andere, die ihren Mut und ihre Verbundenheit mit der Demokratie mit dem Leben bezahlten (wie in Turin der Vizedirektor der Stampa, Casalegno, und der Mailänder Journalist Walter Tobagi, die beide von den Brigate Rosse ermordet wurden).

Die Jahre 1977/78 brachten wahrscheinlich den Höhepunkt des Terrors des "partito armato" (ein harter Kern aus einigen Hundert Personen für "Prima Linea" mit zweitausend Sympathisanten; dreihundert feste Mitglieder der Brigate Rosse und zwei- bis dreitausend gelegentliche).

Am 16. März 1978 wird in der Via Fani in Rom Aldo Moro entführt, der wichtigste christdemokratische Politiker (die fünf Polizisten seiner Eskorte werden erschossen). Die Wirkung auf das Land ist gewaltig: Die Roten Brigaden scheinen allmächtig; tatsächlich haben sie aber einen fatalen Fehler begangen. Auch wenn viele, zu viele Aspekte der Episode bis heute im Dunkeln liegen, sind zwei Tatsachen ausschlaggebend: Fast die gesamte Bevölkerung verurteilt diesen terroristischen Akt und distanziert sich gleichfalls von allen Sympathisanten; die italienischen Politiker entscheiden sich – nicht ohne dramatische interne Konflikte – gegen Verhandlungen mit den Entführern. Das feierliche Staatsbegräbnis Moros, dessen Leichnam die Entführer im Zentrum Roms als einen letzten Beweis ihrer Macht hatten auffinden lassen, gestaltete sich als symbolische Begegnung von Volk und demokratischem Staat (auch dank des herzergreifenden Appells von Papst Paul VI.).

Nachdem die Roten Brigaden praktisch am Ende sind, hört der Rechtsterrorismus nicht auf. Am 2. August 1980 tötet eine Bombe im Bahnhof von Bologna 85 Menschen und verletzt 200; eine andere Bombe im

Schnellzug von Rom nach Mailand hat am 23. Dezember 1984 18 Tote und 130 Verletzte zur Folge. Die Tatsache, daß weder die Ausführenden noch die Auftraggeber dieser Bluttaten je entdeckt wurden, verstärkt den Verdacht, daß sie einen gewissen Schutz von einigen Teilen des Geheimdienstes genossen haben. Unbeantwortet bleibt auch die Frage, ob die Verbrechen rein national waren oder in Verbindungen mit ausländischen Organisationen erfolgten. Es wurde auch der Verdacht geäußert, daß gewöhnliche Verbrecher (Mafiosi) die Täter waren, um die Aufmerksamkeit der Ordnungskräfte von ihren Aktionen abzulenken.

In der Tat hat das organisierte Verbrechen in den vergangenen Jahren den ersten Rang bei der Ausübung offener Gewalt in Italien eingenommen. Es ist vielleicht kein Zufall, daß das erste berühmte Opfer der Mafia im September 1982 der General Alberto Della Chiesa war, den die Regierung nach Sizilien geschickt hatte, um die organisierte Kriminalität zu bekämpfen, nachdem er sich im Kampf gegen den Terrorismus die größten Verdienste erworben hatte.

Das organisierte Verbrechen

Giovanni Falcone, ein mutiger Richter und ein Symbol des Kampfes gegen das organisierte Verbrechen, der selbst Opfer der Mafia wurde, schrieb:

"Die Mafia zeichnet sich dadurch aus, daß sie archaische Werte schnell den gegenwärtigen Bedürfnissen anzupassen versteht, daß sie geschickt mit der bürgerlichen Gesellschaft verschmilzt, durch Einschüchterung und Gewalt, durch die Anzahl und die kriminelle Statur ihrer Mitglieder, durch ihre Fähigkeit, sich ständig zu verändern und sich selbst ständig treu zu bleiben."

Natürlich kann man die Dimension der Gewalt nicht isoliert vom Phänomen der Mafia, der 'Ndrangheta und der Camorra in seiner Gesamtheit sehen, einschließlich seiner 'unternehmerischen' Seite. Auf den verschiedenen Ebenen – vom Marktplatz des kleinen Dorfes bis hin zu großen Bauunternehmen der Metropolen – wird Kapital durch Gewalt gesammelt, durch Einschüchterung, Erpressung und sogar Morde, und dieses Kapital wird anschließend wieder in Umlauf gebracht.

All dies wäre auf den höheren Ebenen nicht möglich ohne eine politische Dimension, die es der Mafia gestattet, alle Gelegenheiten zu nutzen, die die wirtschaftliche Entwicklung wie auch die dirigistischen Eingriffe der Regierung (in die Geschichte eingegangen ist der Fall der Raffinerie Gioia Tauro in Kalabrien) ihr bieten. Das organisierte Verbrechen macht Politik, indem es über Wählerstimmen verfügt, die es einzelnen Politikern oder Parteien zur Verfügung stellen kann. Je stärker sich diese Verbindung von Kriminalität und Wirtschaft entwickelt (systematische Kontrolle über die großen öffentlichen Aufträge) und je größer die geographische Reichweite wird (internationaler Drogenhandel), desto intensiver gestalten sich die politischen Verflechtungen. Hierzu schrieb Luciano Violante, Präsident der parlamentarischen Antimafia-Kommission bis zu seiner Nominierung als Präsident des Abgeordnetenhauses im Jahre 1996:

"Die mafiosen Organisationen sind heutzutage in der Lage, brutalen Mord mit komplexen Finanzanlagen zu verbinden, das althergebrachte Gesetz des Schweigens mit der Diskretion des Aufsichtsrats einer modernen Aktiengesellschaft, das traditionelle Verhältnis zur Politik, das auf dem Austausch von Wählerstimmen gegen Vorteile basiert, mit einer neuen Verflechtung, die ihnen Straffreiheit garantiert, große Unternehmungen und die Verleumdung gemeinsamer Gegner durch den geschickten Einsatz der Kommunikationsmedien."

Der tragischste Aspekt des Phänomens Mafia aus ethischer Sicht ist die breite Zustimmung (oder Duldung), die ihr in der Bevölkerung zuteil wird, und dies geschieht nicht nur aus Angst, sondern um Ressourcen zu gewinnen, zu denen man sonst kaum Zugang fände. Hierbei handelt es sich um eine 'Fürsprache' bei öffentlichen Stellen, wodurch man als Vergünstigung erhält, was man juristisch nicht durchsetzen kann; oder man schützt sich gegen örtliche Gewalt, die anders nicht im Zaum gehalten werden kann. Natürlich schafft all dies einen Teufelskreis. Es ist unnötig zu wiederholen, daß der sogenannte "Schutz" eines Stadtviertels durch die Mafia weder Kriminalität noch Gewalt vermindert. Er verändert lediglich ihre Qualität.

"Das Ausmaß und die Gefährlichkeit, die das Phänomen Mafia in Sizilien, Calabrien und Campanien mit beunruhigenden Verzweigungen in andere Regionen wie Apulien, inzwischen angenommen hat, machen es zu einem zentralen Bestandteil der Probleme Süditaliens, der *questione del Mezzogiorno*".

Dies sagte am 4. August 1989 vor der parlamentarischen Antimafia-Kommission der damalige Ministerpräsident Giulio Andreotti. Heute steht Andreotti selbst unter Anklage mafioser Verbindungen in Palermo vor Gericht. Es ist nicht unsere Aufgabe zu richten, aber diese tragische Verkettung zwingt uns doch zum Nachdenken.

(aus dem Italienischen von Carolin Fischer)

Riassunto

I cinquant'anni di storia italiana che ci separano dal 1945 sono caratterizzati da un tasso di violenza manifesta inconfrontabile con quello della prima metà del secolo. Soprattutto sono di qualità diversa. A colpo d'occhio infatti i fenomeni di violenza del dopoguerra si possono riassumere in tre categorie:

- i conflitti di classe che mantengono una forte intensità (inizialmente ancora con episodi di sangue) ma via via si istituzionalizzano in forme 'rituali' (scioperi) con alto tasso di simbolicità politico-ideologica;
- il terrorismo degli anni '70, in parte collegabile all'ideologismo degli anni precedenti, in parte rispondente a nuove logiche di violenza;
- la criminalità organizzata che in alcune regioni meridionali ha le dimensioni di una vera e propria sfida allo Stato.

Questi fenomeni provocano nella cultura (non solo politica) italiana una forte riflessione, più o meno sistematica, sulla violenza – non soltanto su quella immediatamente percepita (il nesso tra Sessantotto e terrorismo) ma anche su quella storica precedente. L'esempio più importante è l'apertura di un forte dibattito sui processi di nascita della Repubblica (la Resistenza come „guerra civile“, il confronto fascismo/antifascismo).

Aurelio Musi
Università degli Studi di Salerno

Der bewaffnete Intellektuelle : Kultur und Politik in Italien von der Nachkriegszeit bis zum Ende der fünfziger Jahre

1.

Man macht keine neue Entdeckung, wenn man daran erinnert, daß sich die intellektuelle Praxis beinahe seit Beginn ihrer Geschichte zwischen zwei Darstellungsformen bewegt, die sich sehr häufig gegenseitig ergänzen. Dabei handelt es sich um die Darstellung in der Sprache des Militärs einerseits und die Darstellung in der Sprache der Kleriker andererseits. Schlachtfeld und Kirche, Lager und Mission, um nur einige Metaphern zu nennen, die gemeinhin ein mit der intellektuellen Praxis und Funktion verbundenes Beziehungspaar darstellen.

Ich möchte hier zunächst auf den ersten Punkt dieses Paares eingehen. Die Vorstellung des *bewaffneten Intellektuellen* ist das Ergebnis der *Gewalt der Geschichte* und kann oft *Geschichten der Gewalt* erzeugen. Es handelt sich also, um einen etwas aus der Mode gekommenen marxistischen Begriff, der vielleicht unzeitgemäß ist. Ich möchte damit sagen, daß er beinahe als eine Antwort auf die Gewalt der Geschichte entstanden ist. Beispiele hierfür können viele angeführt werden: Von Savonarola über Luther bis hin zum historisch-politischen Kontext im Nachkriegsitalien, wie wir noch sehen werden. Die Häufigkeit und der rekurrente Charakter der Exemplifikation haben in der Tat mehrfach dazu geführt, die Vorstellung vom bewaffneten Intellektuellen von der Ebene der Zufälligkeit auf die der Notwendigkeit, von der individuellen historischen Ebene auf die Ebene eines positiven und idealen Modells zu heben. Im jüngsten *Intervista sull'intellettuale* unterstreicht Eugenio Garin ausdrücklich an mehreren Stellen: "Kultur bedeutet immer eine moralische und politische Auseinandersetzung, die man nicht aus der Mauerschau gewinnen kann, um ein Bild Homers zu verwenden. Man muß in Aktion treten." [1]

Wir begegnen der Metapher des Kampfes und der Auseinandersetzung auch an anderer Stelle bei Garin: "Ich denke weiterhin, daß es ein gutes Zeichen für das demokratische Leben in einem Land ist, wenn die ideologische Auseinandersetzung innerhalb der großen Parteien lebhaft und hartnäckig ist, so daß die gegensätzlichen Tendenzen gut herauskommen." Eine andere mögliche intellektuelle Antwort auf die Gewalt der Geschichte ist die Verstellung. Ihr bedeutendster Theoretiker, Torquato Accetto,[2] besteht auf dem Begriffspaar Frieden/Verstellung sowie auf der Triade Vorsicht/Langsamkeit/Genuß: "Es liebt derjenige den Frieden, welcher mit ehrenwertem Ziel das verfälscht, was ich sage, und dabei tolerant, schweigsam und abwartend ist." Der Intellektuelle des Barock erinnert an "den Schaden, den mir die ungebremste Lust, die Wahrheit zu sagen, hätte zufügen können; als Liebhaber der Wahrheit werde ich sie jedoch während meiner restlichen Tage weniger besorgt anbeten."

Die Praxis der Verstellung bedeutet nicht die Beseitigung, sondern die Verschiebung des Kampfes von der äußeren Ebene des potentiell konfliktreichen intellektuellen Zeugen und damit Erzeugers von Gewalt auf die innere Ebene der Anstrengung, einen Sieg zu erringen. Dabei handelt es sich um die bekannte neostoische Verknüpfung von Verstellung, Bekenntnis, Selbstdisziplin.

---

1 E. Garin, *Intervista sull'intellettuale,* Bari 1997.

2 T. Accetto, *Della dissimulazione onesta* (1641), Turin 1997.

2.

Die Verbindung zwischen intellektuellem Engagement als Bildung politischer Lager und einer besonderen Form der Verstellung führte in Italien während der unmittelbaren Nachkriegszeit zu einer besonderen historischen Variante des bewaffneten Intellektuellen. Der zeitliche Bezugsrahmen zwischen dem Jahre 1945 und dem Ende der fünfziger Jahre sowie die Kategorien, die unmittelbar mit diesem Kontext in Verbindung gebracht werden, sind der Kalte Krieg auf internationaler Ebene, der Kalte Bürgerkrieg auf nationaler Ebene, und die Aufsplitterung in eines der beiden gegensätzlichen Lager.

Es ist die Zeit des "großen Umbruchs" in Italien vom Agrar- zum Industrieland mit einem großen Gewicht des Dienstleistungssektors sowie des öffentlichen Dienstes. Wirtschaft, Gesellschaft, Kultur, Politik, Lebens- und Verhaltensarten waren massiv in diesen Übergang einbezogen. Hier können jedoch nur die Hauptelemente der Geschichte dieses Übergangs dargestellt werden. Dabei sind besonders folgende zu nennen: der Wiederaufbau von Wirtschaft und Demokratie des Landes, die Verfassung als Kompromiß der wichtigsten politischen und moralischen Kräfte Italiens und als Ersatz für die historische Notwendigkeit einer tiefgreifenden Einigung über die nationalen Grundlagen des zivilen und gemeinschaftlichen Lebens; Krise und Bruch des Paktes der nationalen Einheit, der den Nachfolgeregierungen des Befreiungskommitees zum Leben verholfen hat; die Zuspitzung der sozialen und politischen Auseinandersetzungen im Land vor dem Hintergrund der internationalen Aufspaltung in einen Ost- und einen West-Block; die langsame Umwandlung der Vorkriegsparteien in Massenparteien sowie die Arbeitsweise des italienischen politischen Systems nach dem Modell des polarisierten Pluralismus, der Terminus *ad quem* jener Zeit; die neue Phase der Industrialisierung und das sogenannte Wirtschaftswunder zwischen 1958 und 1963. Der bewaffnete Intellektuelle jener Zeit kann demnach wie folgt charakterisiert werden:

a) ideologisches Primat, das beinahe alle wirksamen Waffen der Kritik bereitstellt;
b) äußerst starke Politisierung, wenn auch, wie wir sehen werden, die Bezugsmodelle der Verbindung von Kultur und Politik voneinander abweichen;
c) tiefgreifendes Bewußtsein von der Mission des Gelehrten.

Die ersten beiden Elemente, das ideologische Primat und der hohe Grad der Politisierung, haben im Glauben an die Parteien einen gemeinsamen Bezugspunkt, der über die unterschiedlichen kulturellen Werte und die Zugehörigkeit zu politischen Lagern hinausgeht. Die italienische Verfassung des Jahres 1948 fügt die Institution der Parteien in den demokratischen Staat ein. Sie beschränkt sich jedoch darauf, sie als einen der bedeutendsten Bestandteile des jungen, demokratischen, nationalen Pluralismus herauszustellen, registriert die Ängste und aktiviert Gegenkräfte für den Fall des Wiederauflebens totalitärer und antidemokratischer politischer Kräfte. Diese dreifache Notwendigkeit – eine schwache, sozusagen minimalistische Definition der Institution, ihr noch nicht exklusiver und absoluter Charakter sowie die Verhinderung der Bildung faschistischer Strukturen – bildet den Hintergrund für eine ganze Reihe von Verfassungsartikeln, die sich dem Problem der politischen Parteien in Italien widmen. Den Rahmen bildet eines der grundlegendsten Prinzipien, das im Artikel 18 der Verfassung festgelegt ist, der den Bürgern "das Recht [zuerkennt], sich frei und ohne Genehmigung zu Zwecken zu versammeln, die nicht strafrechtlich verboten sind". Die Verfassungsgeber sehen eines der entscheidenden Motive für die Krise des Staates, nämlich die Bildung eines Parallelstaates geheimer Mächte, die häufig effizienter als die eigentlich Mächtigen sind, quasi voraus, wenn sie "geheime Versammlungen und solche, die auch indirekt politische Ziele mit Hilfe militärischer Organisationen verfolgen", verfassungsrechtlich verbieten. Die Übergangsklausel XII verbietet zudem in jeglicher Form "die Organisation der zerschlagenen Faschistischen Partei". Der die Parteiform begründende Artikel 49 besagt: "Alle Bürger haben das Recht, sich frei in Parteien zusammenzuschließen um mit demokratischen Mitteln die nationale Politik zu bestimmen". Die Verfassung beschränkt sich also da-rauf, ausschließlich den Weg oder das Verfahren zur Bildung und Entwicklung der politischen Parteien in Italien zu formulieren. Dieses Verfahren muß frei und demokratisch sein sowie die nationale Politik bestimmen. Die höhere Funktion ist gewiß die Sorge um das Gemeinwohl, um die allgemeinen Interessen der Nation, die notwendig ist, um Reformen voranzutreiben.

Es könnten mehrere Antworten gegeben werden, um die Sorgen der Verfassungsgeber, die diesem Artikel zugrunde liegen, verständlich zu machen. Das Bedürfnis, Grenzen zu setzen, strenge Regelungen für politische Parteien zu finden, ist ganz offensichtlich mit dem Aufschwung einer jungen Nation, die die traumatische Erfahrung des Faschismus erst seit wenigen Jahren hinter sich gelassen hat, unter dem Gesichtspunkt der demokratischen Beteiligung in Verbindung zu setzen. Eine Partei, die vor allem den allgemeinen Willen und weniger das Interesse bestimmter Schichten oder Gruppen repräsentiert, kommt dieser Forderung, das faschistisch-totalitäre Modell zu überwinden, in besonderem Maße nach.

Die Parteien zur Zeit der Verfassungsgebung sind nach ihren Merkmalen und Funktionen noch Parteien der Vorkriegszeit. Die ideologische Ausrichtung ist vor allem in den massenintegrierenden Parteien sehr stark. Diese versuchen, ihre eigenen Mitglieder ständig und vollständig einzubeziehen, fordern aktive Mitarbeit und ständige Mitgliedschaft und üben somit einen wachsenden Einfluß auf die gesamte Privatsphäre des Menschen aus.

Der Zusammenhang zwischen Kultur und Politik wird hierdurch soweit geprägt, daß man Politik mit den Parteien vollständig identifizieren kann; die Parteien selber werden sowohl von ihren Funktionären als auch von den Intellektuellen als bevorzugte, wenn nicht alleinige Träger des demokratisch organisierten Pluralismus angesehen. Es stellt sich aber die Frage, ob die Waffen, die von der Partei geliefert werden, nicht im Gegenteil das Bewußtsein von der Mission des Gelehrten, das die Intellektuellen aller Richtungen als höheren Wert betrachten, beschädigen. Die Antworten auf diese Frage variieren zwischen dem Ende der vierziger Jahre bis zum Anfang der fünfziger Jahre. Es handelt sich um die Suche nach dem schwierigen Gleichgewicht zwischen Klerikern und Laien, zwischen "Menschen der Wahrheit" und "Menschen der Macht", um eine Formulierung Julien Bendas[3] aufzugreifen, zwischen Kultur und Politik also. Gewiß ist die Distanz zwischen Benda und Ortega y Gasset[4] und ihrer Art, die Frage der Intellektuellen zu stellen, offensichtlich. Die "Mission des Gelehrten" kann nicht vollständig ausgeübt werden, wenn sie auf das Motto des Geistlichen bei Ortega verzichtet: "Mein Reich ist nicht von dieser Welt". Sicher kann Intelligenz nicht, wie bei Ortega, eine "private Übung" bleiben. Dennoch ist es gerade die Verherrlichung der "Mission des Gelehrten", seine Existenz als "Salz der Erde", um eine Formulierung der Gruppe um die Zeitschrift *Società* aufzugreifen, die die Intellektuellen aller Richtungen dazu führt, auf dieser Grundlage und über die Identifikation mit dieser Funktion, ihre Autonomie zu fordern. Eine Autonomie, die "der Vertreter einer Vernunft" (Ortega y Gasset) nicht als kollektiver Intellektueller auf dem Altar der Parteien opfern kann.

---

3 J. Benda, *Il tradimento dei chierici. Il ruolo dell'intellettuale nella socità contemporanea*, Turin 1976.

4 J. Ortega y Gasset, *La ribellione delle masse*, Turin 1979.

3.

Vor diesem Hintergrund bewegt sich die Analyse dreier italienischer Zeitschriften und ihrer bedeutendsten historischen Erfahrungen während der zwanzig Jahre nach dem Zweiten Weltkrieg, die ich in einer meiner jüngsten Veröffentlichungen vorgenommen habe. Diese spiegeln beispielhaft die Auseinandersetzungen, die die marxistischen und die liberaldemokratischen intellektuellen Kräfte führten. Sie sind aber auch Zeugnis sowohl der Uneinheitlichkeit der beiden Blöcke, der Brüche, die sich in ihrem Innern abspielten, als auch der Verbindungen zwischen beiden Seiten, des "gegenseitigen Verständnisses" sozusagen zwischen Marxisten und Liberaldemokraten.

Während diese beiden Bereiche das Feld der politisch-kulturellen Auseinandersetzung über die Rolle des Intellektuellen bestimmten, beschäftigten sich die Katholiken vor allem mit den Bildungsapparaten, der Reproduktion des Wissens und der strengen und starren Kontrolle der Schulen. Hochkultur und Basiskultur erscheinen während dieser Zeit als zwei miteinander unvereinbare Welten mit einer sehr verschiedenen Entwicklungsdynamik. Die kulturelle Auseinandersetzung wurde sehr lebhaft und anregend mit allen Waffen der Kritik geführt, produzierte aber auf der Ebene der Institute und Bildungseinrichtungen unbedeutende Ergebnisse. Nach Garin jedoch ist "eine aufrichtig innovative Kultur, die eine Reform der Schulen vortäuscht, jedoch nicht die Kraft hat, diese politisch durchzusetzen, dazu gezwungen, sich auf einen sterilen Positionskrieg zu reduzieren." Damit möchte ich auch schon diese Überlegungen, deren genauere Betrachtung durchaus lohnend wäre, beschließen und komme zu den drei Zeitschriften zurück. Bei den Zeitschriften, die hier betrachtet werden sollen, handelt es sich um: *Società*, die zwischen 1945 und 1961 erschien, *Nord e Sud*, die 1954 gegründet wurde und noch heute, wenn auch mit verändertem politisch-kulturellen Gewicht und Ausrichtung, verlegt wird, sowie *Cronache meridionali*, die zwischen 1954 und 1964 herausgegeben wurde. Erstere vereinigte vor allem Intellektuelle aus Mittel- und Norditalien; *Nord e Sud* sowie *Cronache*, die beide von Neapel aus agierten, forderten und praktizierten immer eine starke süditalienische Identität. Dabei gelang es vor allem *Nord e Sud*, nationale Themen aufzugreifen. *Società* und *Cronache* hatten einen gemeinsamen ideologischen Bezugsrahmen in einer Zeit, in der der Verweis auf die Ideologie das Gefühl der Zugehörigeit zu einer politischen Gruppe begründete. Natürlich war der Marxismus, der die Artikel von *Società* kennzeichnete, reicher und sensibler gegenüber der intellektuellen Kritik als der bürokratische Marxismus von *Cronache*, der vor allem direkter Ausdruck der Führung der Italienischen Kommunistischen Partei war. Die Unterschiede in Inhalt, Stil und Ton waren auch darin begründet, daß *Società* Artikel von Universitätsprofessoren, *Cronache* jedoch Artikel von Parteiführern und aus Kreisen der PCI in Süditalien veröffentlichte. Beide waren jedoch gezwungen, sich am Parteienmodell Togliattis zu messen, insbesondere an seiner Art, die Verbindungen zwischen Kultur und Politik, Intellektuellen und breiter Masse, historischer Tradition und dem Aufbau des Sozialismus auf nationaler Ebene herzustellen, sowie an der Hinführung Italiens zum Sozialismus. Demgegenüber versammelte *Nord e Sud* eine Reihe von herausragenden Intellektuellen, die, wenn sie sich auch nie definitiv einer bestimmten Partei zugehörig erklärten, sich doch in der liberaldemokratischen Politik wiederfanden.

Es scheint mir an dieser Stelle angebracht, eine kurze Charakterisierung der drei Zeitschriften vorzunehmen, um den Aufbau der Beziehungen zwischen Kultur und Politik verständlich zu machen. Die Zeitschrift *Società* war vor allem damit beschäftigt, Qualität und Wesen des Engagements der Intellektuellen marxistischer Gesinnung in Kultur und Gesellschaft zu definieren. In diesem Rahmen wurden Übereinstimmung und Konflikte mit der Kulturpolitik der PCI herausgestellt. Diese verteidigte die Rolle des Intellektuellen als untergeordnetes Instrument im Dienste der Arbeiterklasse, der seinen Sinn und seine Funktion lediglich innerhalb der avantgardistischen Massenpartei erringen konnte. Der Intellektuelle wird vom Spezialisten zum Funktionär. Hierbei handelt es sich um eine starre Auslegung der Konzeption Gramscis vom "Intellektuellen neuen Typs", der dem "Intellektuellen traditionellen Typs" gegenübersteht, nämlich der *organische Intellektuelle.*

Die Zeitschrift *Società* spürte vor allem während einiger Jahre ihrer Geschichte den erdrückenden Einfluß der Führung der PCI. Es gelang ihr jedoch insgesamt, sich nicht von der organischen Vision des Intellektuellen im Sinn der dogmatischen Auslegung Togliattis erdrücken zu lassen. Vor allem das Krisenjahr 1956 in Folge der Ereignisse in Ungarn führte die Gruppe um die Zeitschrift zum Nachdenken über die Möglichkeit von Theorie und Praxis eines politisch-kulturellen Engagements, das sowohl die Teilung der Kultur über die Spezialisierung als auch die parteiliche Instrumentalisierung überwinden soll. Die Polemik gegen den Marxismus und die Ablehnung einer Dienstleistung der Kultur bestimmten thematisch die Auseinandersetzung in *Nord e Sud*, die von Francesco Compagna und Vittorio De Capriis gegründet wurde. Das Ziel, das alle Mitarbeiter in den ersten zehn Jahren des Bestehens der Zeitschrift vereinte, war die Modernisierung Süditaliens. Unerläßliche Instrumente, um die politischen und kulturellen Ziele zu erreichen, waren für *Nord e Sud* der Kampf gegen das von Achille Lauro in Neapel aufgebaute Machtsystem, der Kampf gegen die Klientelwirtschaft in der süditalienischen Politik, die Annäherung an modernste Methodologien der Geistes- und Sozialwissenschaften. Das Projekt der Einbeziehung Süditaliens in eine national einheitliche wirtschaftliche und politische Entwicklung wurde später in *Nord e Sud* zum fruchtbaren Diskussionsgegenstand und führte zur überzeugten Unterstützung der politischen Mitte-Links-Wende. Die neue Formel wurde nicht mehr nur als erweiterte Regierungdarstellung betrachtet, sondern allgemeiner als politische Übertragung der tiefgreifenden Veränderungen, die in Wirtschaft, Gesellschaft und im Kollektivverhalten vor sich gingen. Die Bildung einer neuen Führungsschicht, die Überwindung des Spezialistentums und der intellektuellen Kompetenz waren zusammengefaßt die Ziele, die sich *Nord e Sud* in der entscheidendsten Phase ihres Bestehens setzte.

Kurz aber sehr intensiv waren die Jahre des Bestehens der Zeitschrift *Cronache meridionali*, die darüber hinaus vor allem in Süditalien mit einer äußerst kritischen Phase in der Geschichte der Kommunistischen Partei zusammenfielen. Die Jahre 1954 bis 1964 waren Jahre einer neuen kapitalistischen Akkumulation, die dem italienischen Wirtschaftswunder vorausgingen. Die Emigration, die massive Abwanderung aus landwirtschaftlichen in industrielle Zentren, also vom Süden in den Norden Italiens, traf die linken Parteien völlig unvorbereitet; sie waren nicht fähig, diesem Phänomen eine geeignete Strategie entgegenzusetzen. Aber auch die Umwandlung der Democrazia Cristiana in eine Partei der Bessersituierten und in eine Vermittlerin zwischen den Klassen wurde von der Linken, die sich gerade im Prozeß der Trennung der Kommunisten von den Sozialisten befand, nur spärlich verstanden. *Cronache meridionali* war vor allem eine Zeitschrift zur Bildung der kommunistischen Führungsschicht in Süditalien. Als solche begleitete sie die ganze Problematik und Ratlosigkeit, die die Auseinandersetzung der PCI in Süditalien kennzeichneten. Zu nennen sind hier die Verfestigung radikaler Vorurteile, die Schwierigkeiten, Süditalien zu modernisieren und gleichzeitig Italien in den Sozialismus zu führen, der Widerspruch zwischen Demokratie und Marxismus sowie die zu spekulative und instrumentalistische Vision von der Beziehung zwischen Kultur und Politik. Auf dem Gebiet der politisch-kulturellen Debatte stellten *Cronache meridionali* gemeinsam mit *Nord e Sud* dennoch den einflußreichsten Beitrag Süditaliens in der Nachkriegsgeschichte dar. Dieses Urteil erscheint möglicherweise weniger übertrieben, wenn man die in beiden Zeitschriften zum Ausdruck kommende Kraft und Qualität der idealen Wirklichkeit mit der aufgeblähten Mittelmäßigkeit unserer Zeit vergleicht. Anhand der Geschichte dieser drei Zeitschriften können drei Wege des Aufbaus einer Beziehung zwischen Intellektuellen und Politik aufgezeigt werden:

a) Die vollständig von der Politik, dem aktiven Eingriff bestimmte Kultur: Dieser Weg wurde von *Cronache* beschritten.
b) Freiheit und Laizität des Wissens als unerläßliche Voraussetzung der Politik: dieser Weg wurde von *Nord e Sud* angeregt.
c) Das kritische Ringen um eine einheitliche Vision des Lebens und der Kultur als Modell für die politische Umgestaltung war der Weg von *Società*.

Das politische Bewußtsein löste sich allerdings vom freiwilligen, ethischen und parteigebundenen Engagement und nahm statt dessen komplexere Inhalte auf, die die kritische Ordnung des Wissens betrafen. Das Modell von *Cronache* wurde von der Geschichte überholt. Auf der Höhe der gegenwärtigen Probleme bleiben möglicherweise die anderen beiden Wege, die von *Nord e Sud* sowie *Società* aufgezeigt wurden. Die politisch-kulturelle Bildung einer neuen Führungsschicht, die ein Hauptproblem unserer Gegenwart darstellt, verläuft demzufolge über die Verbindung dieser beiden Möglichkeiten, die Beziehung zwischen Intellektuellen und Politik zu verstehen.

Kommen wir jedoch zur Zeitschrift *Società* zurück. Vor allem die ersten drei Jahre ihres Bestehens von 1945 bis 1947 zeichneten sich durch ein hohes Maß an Originalität aus, was nicht so sehr auf die Inhalte und Themen, die *Società* aufgriff, zurückzuführen war, sondern vor allem auf das besondere Modell des Intellektuellen, das die Gruppe um *Società* darzustellen verstand. Zu jener Zeit war Delio Cantimori die einflußreichste Persönlichkeit. Auf ihn war auch das besondere Verständnis der Beziehung von Kultur und Politik zurückzuführen, die Vision einer historiographischen Suche als fortschreitende Befreiung vom Mythos und den falschen Eingebungen der Ideologie sowie die Wertschätzung der gelehrten Spezialisierung und der technischen Dimension des Intellektuellen. Er wurde mit der Aufgabe betraut, "Material zu sammeln", das mit philologischer Genauigkeit und kritischer Distanz zur "Dienstleistung" für die breite Masse und für den Aufbau einer politischen Strategie nutzbar zu machen war. Neben einem Arbeits- und Forschungsprogramm sollten zahlreiche Geschichten und Biographien kommunistischer Intellektueller den Inhalt abrunden. Programmatisch setzte sich *Società* folgende Ziele:

a) die mit humanistisch-literarischen und rhetorischen Mitteln geführte Auseinandersetzung mit dem italienischen Historismus und die Distanzierung von Croce;
b) die Öffnung zu modernsten europäischen Kulturströmungen (vom Existenzialismus bis hin zum Neopositivismus), die während der Jahre des Faschismus nur spärlich in Italien verbreitet wurden;
c) die Betonung des internationalen Charakters der Geschichte des sozialistischen Gedankens sowie der italienischen Arbeiterbewegung.

Auf dieser Grundlage war eine Auseinandersetzung zwischen der Gruppe um *Società* und Togliatti unausweichlich, deren Inhalte einleuchtend waren: spezialisierter versus organischer Intellektueller; Notwendigkeit eines kulturellen Kosmopolitismus als Grundlage für den Aufbau einer italienischen marxistischen Identität als Kontrast zur togliattianischen Vorstellung von einer nationalen Besonderheit des sozialistischen Weges, die sich auf eine substantielle historische Kontinuität von Vico über Croce bis hin zu Gramsci gründet. Es muß daran erinnert werden, daß dies auch die Jahre waren, in die der Bruch zwischen Togliatti und *Il Politecnico* fiel. Dies stellt den Höhepunkt einer heftigen Auseinandersetzung dar, und zwar nicht zwischen Politik (Togliatti) und Kultur (Vittorini), sondern – wie Garin unterstrich – "zwischen einer kulturellen Orientierung, die mit Gramsci ihren Höhepunkt und Marx und Lenin über den südlichen Hegelianismus erreichte, sowie den

Nachfolgern der nördlichen Aufklärung, die aufmerksam den wissenschaftlichen Fortschritt der Welt verfolgte, was sich auch in dem nicht zufällig gewählten Namen *Politecnico* widerspiegelt".

Società schloß 1947 im Gegensatz zu *Politecnico* ihre Erfahrungen nicht ab. Sicher war in den Jahren nach 1947 der massive Beitritt von bedeutenden Vertretern der kommunistischen Führungsgruppe wie Giuseppe Berti, Ambrogio Donini, Emilio Sereni zu spüren. Diese setzten eine deutliche Entscheidung durch, um die politisch-kulturelle Auseinandersetzung mit der PCI zwischen dem Ende der vierziger und dem Anfang der fünfziger Jahre und die Neuorientierung der Debatte um Gramsci, die mit Togliattis Ausgabe seiner Schriften aufbrach, zu unterstützen sowie die Beachtung der Beziehung zwischen Basis und Überbau. Die zaghafte Öffnung gegenüber den Geistes- und Sozialwissenschaften verlief entweder über den Filter der strengen politischen und ideologischen Kritik oder über Verfahren der Verfremdung ("doppelte Wahrheit", Ironie, kritische Unterscheidungen und Vorbehalte gegenüber dem theoretischen Kern der Wissenschaften, Anerkennung der wissenschaftlichen Gültigkeit empirischer Untersuchungsergebnisse usw.). Hierfür werde ich einige Beispiele anführen.

Antonio Banfi veröffentlichte 1951 in *Società* den Artikel "Per una polemica sulla psicanalisi". Sein Gesprächspartner war der sozialistische Psychoanalytiker Cesare Musatti. Für Banfi war die gegenwärtige westliche Psychologie nur die Folge der Krise der bürgerlichen Wahrnehmung des Individuums, eine Begleiterscheinung des Klassenkampfes. Die Psychoanalyse spielte "mit ihrer überheblichen und naiven Wissenschaftlichkeit" auf "der seichten und verworrenen Tastatur der psychoanalytischen Theorie" und reduzierte den Menschen zu "einem System von Vibrationen des irrationalen Unbewußten und als Entwicklung einer mysteriösen Libido". Da sie nur gültig war für die Behandlung von Neurosen, konnte die Psychoanalyse nicht zu einer "universellen theoretischen Disziplin" werden. Sie war "häßliche Metaphysik". Der einzige theoretische Horizont war der des dialektischen historischen Materialismus. Wir sind, wie jedem ersichtlich ist, bei der Anwendung der Stalinschen Theorie der Widerspiegelung angekommen.

Wenn man diesen Artikel mit anderen Beiträgen zum Thema Psychoanalyse vergleicht, die einige Jahre zuvor in der Zeitschrift *Il Politecnico* erschienen sind, wird die Klimaänderung deutlich. Während Banfis Artikel einen bedingungslosen Verriß darstellt, spürt man in der Zeitschrift Vittorinis eine – wenn auch sehr zurückhaltende – Öffnung gegenüber den wissenschaftlichen Erkenntnissen der Psychoanalyse. Aber selbst Banfis heftige Polemik unterscheidet sich durch eine ernsthaft geführte Argumentation von der zeitgleich in französischen kommunistischen Kreisen geführten Debatte. Hier ist der Ton sehr viel rauher, wie aus einer Studie von 192 Artikeln aus verschiedenen kommunistischen Veröffentlichungen hervorgeht.

Zwischen 1954 und 1957 ist eine weitere Klimaänderung zu verzeichnen. Auf den Seiten von *Società* zirkulieren als bisher unveröffentlichte interdisziplinäre Neuigkeiten naturwissenschaftliche Artikel über die friedliche Nutzung der Kernenergie auf der Basis der Quantenmechanik. Maßstab ist jedoch noch immer die Beziehung zwischen wissenschaftlichem Überbau und materieller Basis. Die Universalität des Experiments ist keiner Abhängigkeit von der materiellen Basis unterworfen, der theoretische Inhalt des Experiments jedoch ist unbedingt von der Struktur abhängig. Dieselbe Logik geht auch der Revision der alten Idiosynkrasie im Vergleich mit der Anthropologie Ernesto De Martinos voran. Die Schriften des Ethnologen, die in jenen Jahren in *Società* veröffentlicht werden, werden in ihren empirischen Ergebnissen akzeptiert, aber in der Ausrichtung der Zeitschrift bleiben die alten theoretischen Vorbehalte bestehen.

4.

Ist es in der Zeit des bewaffneten Intellektuellen im Kontrast dazu auch möglich, eine Typologie des entwaffneten Intellektuellen zu entwerfen? Während über den ersteren viel geschrieben wurde, fand der zweite nur geringe Beachtung. Auch deshalb, weil wir es hier mit Fällen zu tun haben, die nur schwer einer bestimmten Typologie zugeordnet werden können. Es sei ausreichend, hier einen Fall besonders zu betrachten: den Fall Carlo Levi. Es war Luigi Russo, der in einer berühmten Rezension zum Werk Levis, *l'Orologio*, die in der Zeitschrift *Belfagor* veröffentlicht wurde, die Besonderheiten des entwaffneten Intellektuellen während der Periode des bewaffneten Intellektuellen beschrieb. Russo schreibt: Dieser "essayhafte Roman ist ein wenig Epos oder Tragik, um die Bösen zu befriedigen, heroisch-komisch-tragische Epik der Aktionspartei". Levi "bleibt auf halber Strecke zwischen Hölle und Paradies, ein Mann der dritten Kraft, der sich freiwillig im lieblichen Tal der Vorhölle in Begleitung zögerlicher Fürsten aufhält." Es ist klar, – fährt der Herausgeber von *Belfagor* fort – daß "dem Autor ein tiefer politischer Glaube fehlt". Wie zahlreiche andere Kritiker stellt Russo zusammengefaßt fest, daß der Realismus Carlo Levis nicht den Modellen der Zeit entsprach, inaktuell war. Die tief verborgene Realität, die er in ihrer substantiellen Unwandelbarkeit mit der poetischen Darstellung der Gerüche, der Worte, der Gesichter, der Tiere, der Menschen, auszudrücken versuchte, war sehr weit von der Sensibilität und den bedrängenden Problemen der intellektuellen Zeitgenossen Levis entfernt. Welches war also die Schlüsselvorstellung vom entwaffneten Intellektuellen und was machte ihn gleichzeitig so unbeliebt bei marxistischen wie liberaldemokratischen Intellektuellen? Sein unpolitisches Wesen, seine Distanz zu Parteien. Für Levi sind es "*luigini* per definizione", diese Vertreter und Organisatoren des "ausgerotteten, unförmigen, amöboiden Kleinbürgertums in allen seinen Arten, Unterarten und Varianten", die "Industriellen und Händler, die sich an den

Milliarden des Staates festhalten", die "Arbeiter, die für sie arbeiten", die "Landarbeiter und Bauern von derselben Art".

Die gesunden Kräfte können sich nicht "innerhalb und mit den Parteien" artikulieren, sondern nur in einer Großzahl autonomer Organisationen, die "sich den wahren Problemen zuwenden, die man nicht politisch zu nennen wagt, die aber die einzige reale Politik sind, die über eine gemeinsame Organisation verbunden sind, die auch im Namen aller das Wort erhebt". Dabei handelt es sich um eine Perspektive, die sich nur behaupten kann, "wenn die alten Parteien, die nach dem Faschismus wieder zum Vorschein gekommen sind, eine nach der anderen gescheitert sind". Für Levi besteht die Aufgabe des Intellektuellen darin, "ergebene und aktive Engel der Ideenzirkulation" zu sein. Sie müssen sich befreien von der "eher jesuitischen als machiavellistischen Degeneration einer Führungspartei, die zur Glaubenspartei wurde, vom verrückten Stolz derer, die sich für unfehlbare Vorkämpfer einer Religion halten, die die Struktur der Kirche als Basis setzt, um den Menschen und seine wirkliche Freiheit zu mißachten."

5.

Ich denke, ich habe mit meinen kurzen Ausführungen deutlich gemacht, was ich unter dem *bewaffneten Intellektuellen* in einer Zeit der besonders zugespitzten politischen und sozialen Auseinandersetzungen verstehe. Es handelt sich um die Vorstellung der Kultur als Kampf, Positionsverteidigung und Verteidigung der Werte innerhalb einer bestimmten Schlachtordnung. Zwischen 1945 und der Ungarn-Krise von 1956 verband die marxistischen und die liberaldemokratischen Intellektuellen das Bewußtsein der Mission des Gelehrten und das Gefühl, etwas Wesentliches aufzubauen. Die Marxisten hielten die Intellektuellen nicht für Erzeuger von wirtschaftlichen Werten, sondern von Dienstleistungen. Sie betrachteten die Intellektuellen daher als unbedeutend für den Prozeß der Klassenbildung und zeigten den Weg zu dem Identitätsmodell des kollektiven Intellektuellen als Parteielite der Arbeiterklasse. Gerade in diesem Zusammenhang stellte sich das dramatische Problem der Autonomie. Die ungleiche Wechselbeziehung zwischen intellektuellen Marxisten und PCI-Anhängern führte zu differenzierten Antworten, komplexen Gewichtungen, auch zu einigen Spaltungen. Bis zur Krise von 1956 jedoch fand kein außergewöhnlich bedeutender Bruch statt.

Die liberaldemokratischen Intellektuellen bekämpften die marxistischen Intellektuellen mit den Waffen einer ethisch-politischen Auffassung der Kultur, die von Croce inspiriert war, einer Kultur der Autonomie, der Laizität des Wissens sowie der Vorherrschaft westlicher Zivilisation und kapitalistischer Werte.

Das Ende des bewaffneten Intellektuellen in Italien fiel zeitlich mit der internationalen Entspannung zusammen, mit der Krise der Ideologie sowie dem fortgeschrittenen Stadium der kapitalistischen Akkumulation. Der neue Verlauf des Parteiensystems, der durch den Übergang vom polarisierten zum zentripetalen Pluralismus gekennzeichnet ist, ging in großem Maße mit einer weiteren einschneidenden Veränderung einher. Die Formen des kulturellen Engagements der fünfziger Jahre wurden durch zwei neue Figuren der sechziger Jahre ersetzt, dem Intellektuellen der Masse und dem technischen Intellektuellen der Programmierung und der Reformen.

Neue Rhythmen, neue Mythen also. Aber dies ist ein anderes Kapitel.

(aus dem Italienischen von Andrea Kästner)

Riassunto

Nell'età del "pluralismo polarizzato" (Sartori), della "guerra civile fredda" e della "guerra civile minacciata" prima, quindi negli anni della grande accumulazione capitalistica italiana (1958-63), la bandiera dell'ideologia e del partito sventolò nelle piazze, segno distintivo della lotta sociale e politica, simbolo di contrapposizione tra due blocchi di civiltà. Ma una battaglia assai vivace, stimolante, senza esclusione di colpi e condotta con tutte le armi della critica, fu combattuta anche sul fronte della cultura. Lo scontro politico-culturale, in Italia, negli anni Cinquanta e nei primi anni Sessanta, non si svolse tanto tra cattolici e comunisti, quanto tra area liberaldemocratica e area marxista. Vorrei analizzarne alcune congiunture, attraverso l'analisi di alcune riviste (*Società, Nord e Sud, Cronache meridionali*).

In particolare mi soffermo su:

1. il contesto storico-politico
2. i modelli di intellettuale e del suo rapporto con partiti e politica
3. i momenti più significativi del conflitto
4. continuità/fratture col Sessantotto.

DIETER KATTENBUSCH
Humboldt-Universität zu Berlin

SÜDTIROL ZWISCHEN FASCHISMUS UND NATIONALSOZIALISMUS: DIE OPTION

> Die Mitte der Welt ist Südtirol nicht.
> Und doch kenne ich kein Volk,
> dem »Heimat« so wichtig wäre.
>
> Reinhold Messner[1]

Es fällt einem Italophilen immer schwer, sich zu einem geschichtlichen Ereignis zu äußern, das zu den traurigsten Kapiteln der deutsch-italienischen Beziehungen gehört und über das die Betroffenen heute, fast 60 Jahre danach, noch immer nicht emotionsfrei reden können: die Option.

Fragen wir unsere deutschen Landsleute oder italienischen Freunde, ob ihnen der Begriff der Option geläufig ist und was sie darunter verstehen, werden wir in den meisten Fällen ein Achselzucken ernten. Die meisten Deutschen und Italiener waren, wenn sie den Zweiten Weltkrieg erlebt haben, zu weit vom Geschehen entfernt. Die jüngeren unter ihnen können noch weniger mit dem Begriff anfangen, denn in den Geschichtsbüchern wird dieses Kapitel im allgemeinen übergangen[2] – Vergangenheitsbewältigung wird weder in Deutschland noch in Italien sehr groß geschrieben ...

Ich habe einmal – eher zufällig – in verschiedenen Lexika nachgeschlagen, welche Erklärungen man dort findet. Im *Dizionario Enciclopedico Universale* (Florenz 1981) steht unter dem Stichwort "opzione" folgende Definition:

---

1 R. Messner, "Heimat", in: ders. (Hg.) *Die Option,* München/Zürich 1989, S. 165.

2 So findet sich z.B. in dem an bayerischen Gymnasien verwendeten von R. Berg herausgegebenen *Grundkurs Geschichte 13*, Berlin 1994, keinerlei Hinweis auf die Option.

"Atto di diritto di optare, scegliere. || Nel caso di passaggio di un territorio dalla sovranità di uno stato ad un'altra, in seguito per es. a vicende belliche, diritto [...] concesso ai cittadini di quel territorio di rimanere in esso accettando la nuova cittadinanza o di trasferirsi altrove per mantenere la vecchia cittadinanza."

Und bezüglich Südtirol wird ergänzt:

"Un diritto analogo fu consentito (giugno 1939) per accordo italo-tedesco ai cittadini italiani di lingua tedesca viventi in Alto Adige, di scegliere la cittadinanza tedesca, e trasferirsi in Germania."

Der Sachverhalt könnte kaum kürzer dargestellt werden. Zudem ist hier die Rede von einem Recht, das den Südtirolern zugestanden wurde, und nicht, wie es den Tatsachen entsprechen würde, von einer Wahl, die ihnen aufgezwungen wurde. Die von der Option ebenfalls betroffenen Ladiner werden überhaupt nicht erwähnt.

Auch im *Dizionario Enciclopedico Italiano* steht zwar eine durchaus adäquate Definition des Terminus im Rahmen des internationalen Rechts, jedoch kein Hinweis auf Südtirol. Unter dem Stichwort "Alto Àdige" stößt man dann auf den Satz:

"L'alleanza italo-tedesca tra Mussolini e Hitler portò il 23 giugno 1939 a un accordo sul trasferimento della popolazione di lingua tedesca che avesse optato per la cittadinanza germanica"[3],

von Option im eigentlichen Sinn ist also auch hier nur indirekt die Rede.

Meyers Großes Taschenlexikon in 24 Bänden (Mannheim [3]1990) ist auch nicht auskunftsfreudiger, im Gegenteil:

"Im *Völkerrecht* bedeutet O. die staatsrechtl. Befugnis eines Individuums, durch einseitige Erklärung sich für eine Staatsangehörigkeit zu entscheiden. Sie ist v.a. von Bedeutung bei Gebietsabtretungen als Recht, zw. der bisherigen und der Staatsangehörigkeit des annektierenden Staates zu wählen, wobei freilich mit der Wahl der alten Staatsangehörigkeit meist die Notwendigkeit verbunden war, das Gebiet zu verlassen."

---

3 *Dizionario Enciclopedico Italiano*, Istituto della Enciclopedia Italiana, gegründet v. G. Treccani, Rom 1970, S. 51.

Kein Wort über Südtirol. Erst wenn man unter dem Stichwort "Südtirol" nachschlägt, erfährt man andeutungsweise, daß es so etwas wie eine Option gegeben hat:

"Das [...] Nationalitätenproblem, die sog. Südtirolfrage, wurde verschärft durch die Italienisierungswelle (sic!) während des Faschismus, *die halbherzige Umsiedlungspolitik*, nach 1945 durch die mangelhafte Ausführung des Gruber-De-Gasperi-Abkommens [...]" (Hervorhebung D.K.)

Das liest sich, als wären die Autoren dieses Artikel der Meinung, die Umsiedlung sei positiv zu werten!

Letztendlich ist "Option" das falsche Wort für das, was infolge dieses Aktes willkürlicher (zwischen)staatlicher Gewalt in Südtirol geschehen ist. Aber schauen wir uns die Fakten einmal chronologisch an.

1. Vorgeschichte

Mit dem Anschluß Südtirols an Italien infolge des Friedensvertrages von Saint Germain 1919 hatte Italien nicht nur die angestrebte natürliche Grenze erreicht, sondern es besaß plötzlich auch ethnische und sprachliche Minderheiten, deren Assimilation sich als ausgesprochen langwierig herausstellte. Einen Namen bei der Italianisierung Südtirols machte sich Ettore Tolomei, der bereits seit 1886 und verstärkt ab 1915 die Italianisierung der deutschen Ortsnamen in Südtirol betrieb. Sein schon 1916 in nur vierzig Tagen erarbeitetes Namenbuch (es enthält 12.000 italienische Übersetzungen deutscher Ortsnamen![4]) erlangte aufgrund eines Ministerialdekrets am 10. Juli 1940

4 In den Fällen, wo kein italienisches Exonym (wie z.B. *Bolzano* für *Bozen*) vorlag, wurde der Name, sofern er durchsichtig war, häufig übersetzt (*Grünsee* → *Lago Verde*); daneben kam eine phonetische Italianisierung in Frage (*Lengmoos* → *Lengomoso*!!), oder es wurde ein italienischer Name frei erfunden (*Gossensaß* 'Sitz des Gozzo' → *Colle Isarco*). Auch vorromanische Namen entgingen nicht einer Italianisierung: *Tisens* → *Tisana* (vgl. K. Mittermaier, *Südtirol. Geschichte, Politik und Gesellschaft*, Wien 1986, S. 39).

Gesetzeskraft, womit alle deutschen Ortsnamen in Südtirol abgeschafft wurden. Die von Tolomei 1906 gegründete Vierteljahresschrift *Archivio per l'Alto Adige* benutzte er – unter dem Vorwand der Wissenschaftlichkeit – konsequent zur Italianisierung.[5]

Schon vor und zu Beginn des ersten Weltkrieges, als Südtirol noch zu Österreich gehörte, waren in Italien von nationalistischen Kreisen Aussiedlungsabsichten in bezug auf die Deutschsüdtiroler ventiliert worden. So äußert z.B. der eher unbekannte Augusto Sartorelli 1916 den Wunsch, "daß alle Deutschen über den Brenner abgeschoben werden und daß dort, wo die Pässe Italiens sind, nur italienische Schildwachen stehen können".[6] Und einen Plan zur totalen Umsiedlung der Südtiroler hatte bereits 1914 der Marchese Adriano Colocci-Vespucci (1855-1951), ein enger Mitarbeiter Tolomeis, erarbeitet.[7] Tolomei stand diesem Plan zunächst skeptisch gegenüber. Nachdem sich aber die Entnationalisierung der Deutschsüdtiroler als äußerst schwierig herausgestellt hatte (auch die erzwungene Italianisierung eines Großteils der Familiennamen[8] konnte daran nichts ändern), liebäugelten die Faschisten – allen voran Ettore Tolomei – immer wieder mit einer Aus- oder Umsiedlung ihrer ungeliebten "connazionali".[9] Das gipfelte in

---

5 Zum *AAA* vgl. ausführlich G. Framke, *Im Kampf um Südtirol. Ettore Tolomei (1865-1952) und das "Archivio per l'Alto Adige"*, Tübingen 1987.

6 Montanus (= E. Widmoser), "Gewitterwolken ballen sich zusammen", in: *Südtirol in Wort und Bild*, Heft 3, 1963, S. 4, zit. nach O. Parteli, *Geschichte des Landes Tirol*, Bd. 4/I: *Südtirol (1918-1970)*, Bozen/Innsbruck/Wien 1988, S. 334.

7 Vgl. W. Freiberg [= Kurt Heinricher], *Südtirol und der italienische Nationalismus. Entstehung und Entwicklung einer europäischen Minderheitenfrage*, hg. v. J. Fontana , Teil 1: *Darstellung*, Innsbruck 1989, ²1994 (= *Schlern-Schriften* 282/1), S. 40.

8 Die Vorgehensweise war denkbar einfach: wo möglich, wurde einfach übersetzt; so wurde aus *Müller* (aber auch aus *Achmüller*, *Riedmüller*, *Steinmüller*) *Molinari*, aus *Schmidt Fusinato*, aus *Maier Massari* etc. Wie absurd die ganze Maßnahme war, zeigt sich darin, daß Familien gleichen Namens plötzlich unterschiedlich hießen, wie die Brüder *Ploner* aus Enneberg: *Piazza*, *Piano*, *Peroni*, *Ploner* (vgl. K. Mittermaier, S. 40).

9 Guido Dorna (Associazione Nazionale Volantari di Guerra, Legione Trentina, Sezione di Bolzano) in einem Schreiben vom 3. Mai 1938 an Tolomei: "Ripetiamo: solo quando

Tolomeis Vorschlag aus dem Jahre 1936, zweitausend Südtiroler Bauernfamilien nach Abessinien zwangsauszusiedeln, der glücklicherweise nie realisiert wurde.[10]

Die Annexion Österreichs im März 1938 durch Hitler ließ viele Südtiroler hoffen und die italienischen Faschisten fürchten, die deutschen Truppen würden jetzt auch in Südtirol einmarschieren,[11] wo es aufgrund von prodeutschen Aktionen zu Auseinandersetzungen mit den Faschisten kam. Die Hoffnungen der einen und die Befürchtungen der anderen Seite wurden von Hitler persönlich während seines Rom-Besuchs im Mai 1938 vom Tisch gefegt, wo er sich bei Mussolini für die Zurückhaltung während der Österreich-Annexion mit den Worten "Duce, das vergesse ich Ihnen nie!"[12] bedankte und zugleich den Gedanken äußerte, "die gesamte deutschsprachige Minderheit Südtirols nach Deutschland zu verfrachten".[13] Dennoch war es keineswegs von Anfang an deutsche Politik, das Südtirolproblem auf diese

---

tutti i tedeschi dell'Alto Adige si saranno definitivamente trasferiti al di là del Brennero, l'amicizia nostra con la Germania potrà essere sincera e duratura. – Ma fino a quando avremo fra noi 'cittadini italiani di lingua tedesca', questa amicizia sarà solo una labilissima opportunità, e non già un fattore stabile di convivenza internazionale" (zit. nach Freiberg, Teil 2: *Dokumente*, Innsbruck 1990 (= *Schlern-Schriften* 282/2), S. 533).

10 Daß die vor allem von Tolomei propagierte und vorangetriebene sprachliche Verfremdung nicht die einzige Maßnahme war, um Südtirol zu entnationalisieren, sei noch einmal am Rande erwähnt: bereits seit 1919 wurden in Südtirol gezielt Italiener aus anderen Regionen angesiedelt. Lebten 1910 in Südtirol lediglich rund 7.000 Italiener, so waren es 1953 rund 115.000. In Bozen stieg die Zahl von 1.316 (1910 bei einer Einwohnerzahl von 30.424) auf 69.834 (1961; 88.799 Einwohner). Weitere Zahlen bei E. Widmoser, *Südtirol von A bis Z*, Bd. 1 (A-F), Innsbruck/München 1982, S. 157f. u.182.

11 Dorna in seinem Brief an Tolomei: "Hitler, nel suo discorso del febbraio al Parlamento di Berlino, ha dichiarato con brutale franchezza che anche i tedeschi cittadini di altri Stati 'si trovano sotto la tutela e la protezione della grande Germania'" (Freiberg, Teil 2, S. 534). Und die von Hitler angestrebe Lösung sieht nach Dornas Ansicht so aus: "prima la tutela, poi – giunta l'occasione propizia – l'annessione: è storia di ieri e di oggi e sarà la storia di domani!"

12 Zit. nach Parteli, S. 338.

13 Zit. nach C. Gatterer, *Im Kampf gegen Rom – Bürger, Minderheiten und Autonomien in Italien*, Wien/Frankfurt/Zürich 1968, S. 598.

Weise zu lösen. Noch im Januar 1939 war man lediglich bereit, 2000 abwanderungswillige Südtiroler aufzunehmen, während der italienische Botschafter in Berlin, Graf Magistrati (ein Schwager Graf Cianos), im April 1939 die Meinung vertrat, Deutschland müsse als Gegenleistung für die Bereitschaft Italiens zu einem Bündnis alle Südtiroler aufnehmen – aus italienischer Sicht die einzige Möglichkeit, das Südtirolproblem aus der Welt zu schaffen.[14]

2. Das Abkommen

Da Hitler zur Verwirklichung seiner Kriegspläne Mussolini als Partner benötigte, war er bereit, auf Italiens Vorstellungen zur Lösung der Südtirolfrage einzugehen. In dem am 22. Mai 1939 geschlossenen Vertrag – dem sogenannten Stahlpakt – ist davon zwar noch nicht die Rede, es wurden jedoch umgehend Verhandlungen mit Italien aufgenommen, und ein von Himmler bereits Ende Mai 1939 vorgelegter Plan spricht erstmals von der Umsiedlung aller (deutschsprachigen) Südtiroler. Offensichtlich paßten die rund 200.000 zu erwartenden Umsiedler durchaus ins Konzept Nazideutschlands, konnten mit ihnen doch die – noch zu okkupierenden – fremdstämmigen Gebiete im Osten besiedelt – und germanisiert – werden (gedacht war offensichtlich vor allem an Nord-Mähren).[15] Die deutsche Absicht, zunächst 20.000 bis 30.000 Südtiroler in Nordtirol anzusiedeln, stieß in Italien auf Widerstand und führte schließlich zu einer Kehrtwendung in seiner Haltung. Besonders der Präfekt der Provinz Bozen, Giuseppe Mastromattei (1933-1940), trat für eine Teilumsiedlung ein, da er aus wirtschaftlichen Gründen nicht auf die Bergbevölkerung verzichten wollte (ebensowenig wie Himmler).[16]

---

[14] Vgl. Parteli, S. 341.
[15] Vgl. ebd., S. 342f.
[16] Vgl. ebd., S. 343.

Am 23. Juni 1939 fand in Berlin eine deutsch-italienische Besprechung zur Klärung der Umsiedlungsmodalitäten statt, die in der "Berliner Vereinbarung" mündete, ein lediglich mündliches Abkommen (später als Hitler-Mussolini-Abkommen bezeichnet), von dem beide Seiten unterschiedliche Protokolle anfertigten. Man war sich jedoch über eine zwangsweise Umsiedlung deutscher Staatsbürger ins Reich einig. Dazu sollten sich die Volksdeutschen, die italienische Staatsangehörige waren, frei entscheiden, "ob sie unter Beibehalt der italienischen Staatsbürgerschaft in Italien bleiben oder die deutsche Staatsbürgerschaft erwerben und damit die Verpflichtung zur Auswanderung nach Deutschland auf sich nehmen wollten".[17] Die Option wurde – gegen den Rat Tolomeis und Battistis[18] – auf die von Mastromattei als "schlechteste Italiener und turbulenteste Pangermanisten"[19] apostrophierten Ladiner ausgedehnt.

Deutsche Staatsbürger ohne Besitz hatten innerhalb von drei Monaten Südtirol zu verlassen. Den übrigen Deutschen und den auswanderungswilligen Optanten blieben zwei Jahre (der offizielle Terminus hierfür war "Rückwanderung"). Festzuhalten bleibt, daß die Vereinbarung vom italienischen Parlament nie ratifiziert wurde und somit jeglicher formaler Voraussetzungen entbehrte.

---

17 Freiberg, Teil 1, S. 381.

18 In einem Schreiben an den Oberbürgermeister von Eisenach – unterzeichnet übrigens mit "Heil Hitler" – nennt Carlo Battisti sich selbst einen "durchaus deutschfreundlichen faschistischen Sprachforscher" (handschriftliches Konzept, Mai 1938, vgl. Freiberg, Teil 2, S. 322).

19 Zit. nach Freiberg, Teil 1, S. 381. So auch der Marchese Blasco Lanza d'Ajeta, Kabinettschef im Außenministerium in einem Brief an Carlo Battisti vom 23.12.1939: "Purtroppo, in materia, precise esigenze politiche e sopratutto il fatto ampiamente documentato dalle nostre Autorità locali per il quale chiaramente risultava che i 'ladini' erano, tra queste popolazioni, i peggiori italiani e i più turbolenti 'pangermanisti' hanno fatto sì che la teoria abbia dovuto inchinarsi ad una precisa valutazione delle nostre necessità in questo settore particolare" (zit. nach Freiberg, Teil 2, S. 638).

3. Die Folgen

In Südtirol hielt sich hartnäckig das Gerücht, 20.000 bis 50.000 der für die italienische Staatsangehörigkeit optierenden Menschen würden – wegen ihrer antiitalienischen Gesinnung – in Gebiete südlich des Po (es war sogar die Rede von Sizilien und Abessinien) umgesiedelt werden, das durch Aussagen Mastromatteis der Art "un buon italiano non chiede dove può restare"[20] nicht gerade entkräftet wurde. Da kaum ein Südtiroler seinerzeit eine proitalienische Gesinnung für sich in Anspruch nehmen konnte, bestand für fast alle die Befürchtung, auf jeden Fall die Heimat – nach Norden oder nach Süden – verlassen zu müssen. Vielleicht erklärt sich daraus die hohe Zahl derjenigen, die letztendlich für das Reich optierten. Verstärkt wurden die Befürchtungen noch durch Maßnahmen und Aktionen der faschistischen Führung, noch bevor die Umsiedlungsämter am 17. September 1939 ihre Arbeit aufnahmen, so z.B. durch das Verbot Mastromatteis für alle Obstgenossenschaften, deutschsprachige Arbeiter anzustellen. Es kam zu Verhaftungen und Hausdurchsuchungen. Arbeiter wurden gezwungen, ihren Namen zu italianisieren – andernfalls hätten sie ihren Arbeitsplatz verloren.

Am 21. Oktober 1939 wurde ein – vom italienischen Parlament ebenfalls nie ratifiziertes – Durchführungsabkommen geschlossen. Die Südtiroler sollten sich bis zum 31. Dezember des Jahres unwiderruflich für eine Staatsangehörigkeit entscheiden. Im Falle der Annahme der deutschen Staatsangehörigkeit hatten sie bis zum 31. Dezember 1942 abzuwandern. In der Tatsache, daß die Südtiroler weder 1919 noch 1939, noch nach Ende des 2. Weltkriegs selbst befragt wurden, welchem Volk bzw. Staat sie sich zugehörig fühlen, liegt sicher einer der Gründe, wenn nicht der Hauptgrund für die Verbitterung, die bis heute – trotz der inzwischen erkämpften Rechte aufgrund des Autonomiestatuts – teilweise sehr deutlich zu spüren ist.

---

20 Parteli, S. 346.

Der Abschluß des Durchführungsabkommens und die in seiner Folge aufkommenden Gerüchte sowie die Pro- und Kontrapropaganda beider Seiten führten zu einer völligen Desorientierung der meisten Südtiroler und zu ihrer Aufspaltung in zwei entgegengesetzte Lager, das der Dableiber und das der Geher, wobei der Spalt häufig durch ein und dieselbe Familie ging. Konnte man in der Heimat bleiben, ohne sein Volkstum zu verraten? Konnte man abwandern, ohne Verrat an seiner Heimat zu begehen? Ein unlösbares Dilemma, ein Trauma, das viele Südtiroler, die die Option erlebten, bis heute nicht überwunden haben. Für viele junge Männer erhob sich die Frage, ob sie der Einberufung zur italienischen Armee (August 1939) – meistens Sizilien, Sardinien oder Abessinien – Folge leisten sollten: fast alle Einberufenen optierten für Deutschland, während ihre Eltern – vielleicht Bauern, deren Hof seit mehreren Jahrhunderten im Besitz der Familie war – oftmals trotz aller Drohungen versuchten, der Heimat treu zu bleiben. Daß für die aufzugebenden Güter von Italien eine Entschädigung in Aussicht gestellt war, dürfte kaum eine Entscheidung beeinflußt haben.

Es zeichnete sich bald ab, daß die Option infolge der effektiven Propaganda der Geher – inzwischen ganz gegen den Willen der italienischen Machthaber – zu einer Volksabstimmung für das Reich wurde: man rechnete mit bis zu 90 % Deutschlandoptanten. Um dem gegenzusteuern, wurden ab November Optionsberechtigte von den italienischen Behörden mit den verschiedensten Mitteln (z.B. durch die Ausgabe falscher Formulare, Verweigerung der Optionsberechtigung an Personen mit romanischem Namen) gezielt an der Wahl gehindert. Das allgemeine Durcheinander führte zu einer Torschlußpanik der Optionswilligen; manch einer mag für Deutschland optiert haben in der Absicht, nicht zu gehen (und – angesichts der Aussicht einer Ansiedlung in Galizien – in der Hoffnung, nicht gehen zu müssen). Infolge einer Intervention Himmlers am 21. Dezember konnten die Optanten schließlich bis zum 31. Dezember relativ unbehindert ihre Wahl treffen.

Erst am 21. März 1940 erlangten die Italienoptanten schließlich von Mussolini die Gewißheit, ihre Heimat nicht verlassen zu müssen. "Ihr werdet ruhig in Euren bisherigen Wohnstätten bleiben und Euren gewohnten Beschäftigungen nachgehen, und niemand hat je daran gedacht oder wird daran denken, Euch aus Euren Häusern zu entfernen, um Euch in andere Teile des Königreiches oder des Imperiums zu schicken."[21]

Wir sollten uns heute nicht anmaßen, eine der beiden Positionen – Gehen oder Bleiben – zu verurteilen oder auch nur zu kritisieren. Die meisten Südtiroler haben einen schrecklichen Gewissenskonflikt durchgemacht; sie waren vor die Wahl zwischen zwei Übeln gestellt, von denen sie bisher nur eines kannten, eine Wahl, die manchen an den Rand der Verzweiflung und einzelne sogar in den Freitod getrieben hat. Mit welchem Fanatismus aber die Optanten teilweise die Dableiber drangsalierten, ließe sich heute kaum nachvollziehen, gäbe es nicht Aussagen von Zeitzeugen. So schreibt Friedl Volgger (von 1960-68 Abgeordneter im Südtiroler Landtag und von 1968-72 Senator im römischen Parlament):

"Daß Bleiber von ihren Nachbarn, auch von ehemaligen Freunden, monatelang immer nur auf italienisch, also mit 'Buon giorno' begrüßt wurden, ohne daß man sie eines weiteren Wortes würdigte, gehörte zum ganz normalen Tagesablauf. Das war noch das mindeste, was man in Kauf nehmen mußte. Schlimmer war schon, daß die Schulkinder der Dableiber von den anderen Kindern immer nur als 'porci italiani' tituliert wurden, daß sie verprügelt und mit Steinen nach Hause getrieben wurden. Wenn in einem Kirchenstuhl ein Dableiber kniete, blieb er mutterseelenallein. Kein Optant betrat den Stuhl mehr, und das monatelang! Wenn der Kirchenstuhl fast voll war und ein Dableiber sich noch hineingesellte, verließen alle anderen die Bank. [...] Zu den Alltäglichkeiten gehörte es, daß man den 'Walschen' nächtlicherweise die Fensterscheiben einwarf, die Haushunde erschoß, die landwirtschaftlichen Maschinen und Werkzeuge ruinierte, die Haustüren mit allem möglichen Kot beschmierte usw. usw."[22]

---

21 *Dolomiten* vom 21.3.1940, zit. nach Freiberg, Teil 1, S. 414.

22 F. Volgger, *Mit Südtirol am Scheideweg. Erlebte Geschichte*, Innsbruck 1984, S. 57-58.

Daß die Umsiedlung nicht bis zum bitteren Ende durchgeführt wurde, ist vielleicht der einzig positive Aspekt, der den Kriegsereignissen in den auf die Berliner Vereinbarung folgenden Monaten und Jahren abzugewinnen ist.

Die von den zuständigen deutschen und italienischen Stellen gezeichnete amtliche Mitteilung, die am 10. Januar 1940 veröffentlicht wurde, ergab folgendes Optionsergebnis:[23]

	Optionsberechtigte	Optanten für Deutschland	Optanten für Italien	Nichtoptanten
Gesamt	266.985	185.365 (69,4%)	31.841 (11,9%)	50.049 (18.7%)
davon in der Provinz Bozen	229.500	166.488 (72,5%)	27.712 (12,1%)	35.300 (15,4%)
in der Provinz Trient	24.453	13.015 (53,2%)	3.802 (15,6%)	6.636 (31,2%)
Provinz Belluno	7.429	1.006 (13,5%)		6.423 (86,5%)
Provinz Udine	5.603	4.576 (81,7%)	337 (6%)	690 (12,3%)

In der Literatur variieren die Zahlen, auch was die Zahl der Optionsberechtigten angeht, teilweise erheblich. Nach Huter[24] optierten von 229.532 Optionsberechtigten der Provinz Bozen 198.784 für Deutschland. Das wären 86,6 %, eine Zahl, die in späteren Publikationen immer wieder auftaucht.

In den ersten zwölf Monaten nach Ablauf der Optionsfrist wurden 52.358 Volksdeutsche ausgesiedelt. Nachdem die kriegerischen Operationen im Osten nicht den gewünschten Erfolg brachten, wurde das Interesse an einer schnellen Rückführung auf deutscher Seite spürbar geringer. Nach Mussolinis Erklärung vom 21. März 1940, kein Italienoptant müsse seine Heimat verlassen, und erst recht, nachdem Mitte 1942 aus deutschen Krei-

23 Widmoser, Bd. 4 (O-Z) 1995, S. 47.

24 F. Huter, "Option und Umsiedlung", in: ders. (Hg.), *Südtirol, eine Frage des europäischen Gewissens*, Wien 1965, S. 341.

sen durchsickerte, es sei geplant, die Südtiroler geschlossen auf der Krim anzusiedeln, wurde auch unter ihnen der Drang nach Norden (bzw. nach Osten) erheblich geringer. Man wartete ab. Die Möglichkeit des Umoptierens war ab 11. August 1941 gegeben, und von 50.000 Anträgen wurden schließlich 12.000 positiv beschieden. Da man nicht in der Lage war, die Ausgesiedelten im Reich angemessen unterzubringen, verzögerte sich die Umsiedlung erheblich, so daß sich Italien Mitte 1942 mit einer Verlängerung der Frist bis zum 31. Dezember 1943 bereit erklären mußte. Insgesamt sind etwa 74.000 Personen aus Südtirol abgewandert, davon etwa die Hälfte nach Nordtirol und Vorarlberg, in die übrigen österreichischen Gebiete und nach Bayern, in geringerem Umfang auch in verschiedene andere deutsche Gebiete.[25] Mit der Entmachtung Mussolinis am 25. Juli 1943 und dem Einmarsch deutscher Truppen in Südtirol am 31. Juli war die Umsiedlung der Südtiroler endgültig beendet. Die meisten der Abgewanderten konnten nach dem Ende des Krieges, oft erst nach langen, mühsamen Odysseen (nicht wenige Südtiroler gerieten als deutsche Soldaten in russische Kriegsgefangenschaft) in ihre Heimat zurückkehren.

Die Ladiner waren zwar in die Option einbezogen, konnten jedoch nur im Gadertal und in Gröden (Provinz Bozen) relativ unbehindert abstimmen. In Ampezzo (Prov. Belluno) wurde die Abstimmung mehr oder weniger vollständig verhindert[26] (dort optierten nur 21 Personen; weitere 152 erklärten sich in Bozen bzw. Bruneck), in Buchenstein und Col (Colle Santa Lucia) behindert – daher die hohe Zahl von Nichtoptanten in der Provinz

---

25 Vgl. Parteli, S. 384-385.

26 In einem Brief Tolomeis an Enrico Scodnik (seit 1933 Vizepräsident der Dante-Alighieri-Gesellschaft) vom 31.12.1939 heißt es: "Bisogna anche dire che a Cortina abbiamo un valente Commissario, il Bacci, fiorentino. Se qualche italiano [zu den Italienern zählen nach Tolomei eben auch die Ladiner] si presentò a votare per il Reich venne espulso in malo modo. Se nei comuni di Gardena e Badia gl'italiani (naturalmente 'ladini' compresi) fossero stati *respinti*, com'io volevo non si sarebbe avuto il plebiscito per il Reich, vergognoso" (zit. nach Freiberg, Teil 2, S. 639).

Belluno. Die Fassaner waren nicht optionsberechtigt, 300 von ihnen wurde jedoch aufgrund einer späteren Vereinbarung (bereits nach Ablauf der Frist) die Möglichkeit gegeben, die deutsche Staatsbürgerschaft zu erwerben. In Gröden optierten von 5.621 Berechtigen 4.562 (81,2%) für das Reich, 1059 (18,8%) für Italien, im Gadertal von 6.143 Berechtigten 1.946 (31,7%) für das Reich, 4.197 (68,3%) für Italien.[27] Daß Tolomei darauf gedrängt hat, die Ladiner von der Option auszuschließen, ist kein Geheimnis. Daß aber auch der Linguist Carlo Battisti sich dafür eingesetzt hat, ist vielen nicht bekannt, läßt sich aber nicht nur aus verschiedenen seiner Schriften ableiten, sondern auch anhand eines Schreibens Battistis an Tolomei (vom 29.12.1939) belegen. Dort heißt es u.a.:

> "Ich habe den Rat gegeben, wenn es wirklich unmöglich sein sollte, den Ladinern die Option zu verweigern, nach erfolgter Stimmenzählung zu erklären, daß zur Abstimmung die gesamte Bevölkerung des Etschlandes und der benachbarten ehemals österreichischen Gebiete zugelassen wurde".[28]

Battisti agierte – oder besser agitierte – nach dem Krieg weiter gegen die Ladiner. So polemisiert er als Südtirolberater der Regierung öffentlich gegen die 1946 gegründete Ladinervereinigung Zent Ladina Dolomites. Auf den Vorwurf, er sei dabei "nicht den Geboten der reinen Wissenschaft gefolgt [...], sondern [habe] sein umfassendes Wissen zu politischen Zwecken mißbraucht", reagiert er mit einer Anzeige. Das von ihm angestrengte Verfahren gegen Generalvikar Dr. Alois Pompanin, den Verfasser der inkriminierten Schrift, endete schließlich mit einem Vergleich.[29]

Das Trauma der Option wirkt unter den Südtirolern bis heute nach. Bei den Ladinern wurde dieses Trauma verstärkt durch eine schreckliche

---

27 Widmoser, Bd. 4, S. 47.
28 Zit. nach Freiberg, Teil 1, S. 190.
29 Vgl. ebd., S. 196f.

Episode, die sich im Mai 1945 ereignete: In Gröden und Enneberg tauchten mehr als 100 Bewaffnete auf, verschleppten zahlreiche Einheimische ins Cadore, folterten sie und ermordeten und verscharrten fünf von ihnen. Es lag nahe, daß man hinter dieser "Strafexpedition" das Nationale Befreiungskomitee (CLN) als Drahtzieher vermutete. Zwei der überlebenden Verschleppten machten zwar genaue Angaben über die Anführer der Partisanen (als Komplizen wurden sogar ein Grödner und zwei in Gröden lebende Belluneser genannt), doch wurde die Tat nie aufgeklärt[30] – was Wunder, daß die Verbitterung bei den Betroffenen und deren Verwandten bis zu ihrem eigenen Tod fortlebt und die Ressentiments der Dableiber gegen die Geher bis in die jüngste Vergangenheit zu spüren war. Noch Mitte der 80er Jahre berichtete mir eine alte Grödnerin – den Tränen nahe – von der grausamen Tat.

4. Die Option in Literatur und Film

Daß während des Nationalsozialismus im deutschsprachigen Raum (einschließlich der Schweiz) nichts im weitesten Sinn Literarisches veröffentlicht wurde, was sich kritisch mit der Option auseinandersetzt, verwundert nicht. Erscheinen konnten natürlich Gedichtbände, die das Reich, den Führer und seine Politik und folglich auch die "Heimholung ins Reich" verherrlichten, wie der im NS-Gauverlag 1940 in Innsbruck erschienene Gedichtband *Bekenntnisse* des Südtiroler Heimatdichters Erich Kofler (Innsbruck 1940). Sein Gedicht "Aufbruch" bedarf keines weiteren Kommentars:

30 Vgl. J. Fontana, "Die Ladinerfrage in der Zeit 1918 bis 1948", in: *Ladinia* 5, 1981, S. 179.

Nun lasset das müde Trauern,
der Himmel steht heiß in Brand,
ein Heer von gläubigen Bauern
erobert ein neues Land.

Im Herzen traget das Erbe
der stolzen Vergangenheit,
daß nie das Geschlecht verderbe
in kleiner Tage Streit.

In heldischer Größe bewähre
das Herz sich, den Ahnen gleich,
im Kampf um die deutsche Ehre,
im Glauben an Führer und Reich!

Die Nachkriegsliteratur hat sich zwar sowohl in Italien als auch in Deutschland mit Themen des Zweiten Weltkrieges beschäftigt bzw. sich der Phänomene Nazionalsozialismus und Faschismus und ihrer Folgen angenommen,[31] das Thema Option hat sie bisher jedoch so gut wie völlig ausgeklammert – und wird es wohl auch weiterhin tun. Auch – und gerade Südtiroler – Autoren haben dazu mehrheitlich geschwiegen. Denken wir an Luis Trenker, dessen Romane von Millionen gelesen wurden, dessen spannende Filme unzählige Menschen im Kino (oder später im Fernsehen) sahen und dessen Erzählungen im Fernsehen man gebannt zuhören konnte. In seinen Romanen muß man lange suchen, bis man eine auf die Option bezogene Passage findet, die dann aber – und das muß man zu Trenkers Ehrenrettung sagen – den seelischen Konflikt durchaus deutlich macht. In seinem Roman *Heimat aus Gottes Hand* (Klagenfurt 1948) bricht dieser Konflikt offen hervor:

"Doch in den Menschen – welcher Aufruhr, welche Verwirrung! Es war, als hätte eine dunkle, unsichtbare Kraft tief in die Jahrhunderte gegriffen und aufgewühlt, was an Freude und Schmerz, an Lust und Qual, an verbissener Zähigkeit und ungebändigtem Willen jemals in den Herzen der Menschen aufgewacht war. Weggerissen waren die Hüllen, unverstellt lag alles, nackte Gier, eitle Selbstsucht und ungezügelter Haß. Und doch auch tiefste Liebe, zu jedem Opfer bereit. Und alles dies mündete in die eine, die letzte, unentrinnbare Frage: Bleiben oder gehen?

---

31 Vgl. z.B. die Romane von Heinrich Böll oder Carlo Levis autobiographischen Roman *Cristo si è fermato a Eboli.*

Es war das Furchtbarste, das jemals, seit Menschen in diesen Bergen lebten, über sie gekommen war. Es gab schlechte Jahre, gewiß, der Bauer trug sie. Der Hagel schlug ins Korn, die Sonne brannte die Wiesen aus, die Reben verdarben, der Sturm brach in den Wald. Krankheiten fielen über die Menschen. Seuchen liefen durch die Dörfer. Kriege kamen – doch was stand, blieb stehen [...] Seuchen und Krankheiten erloschen. Selbst der grimmigste Krieg ging einmal zu Ende. Bei jedem Unglück konnte der Bauer zufassen, konnte helfen, ordnen, bessern. Doch vor dieser furchtbaren Entscheidung brach alles nieder. Was half es, zu ernten, zu säen, was nützte es, rechtschaffen den Hof zu führen? Kein Ausweg, keine Hilfe! Umsonst, alles umsonst!" (263f.)

Ein weiterer bekannter Südtiroler Schriftsteller, dem man vorwerfen kann, er habe nicht deutlich genug zur Option Stellung genommen, ist der Träger des "Walther von der Vogelweide-Preises" und des "Tiroler Ehrenzeichens" Hubert Mumelter (1896-1981). Zwar spielt der dritte Teil seiner Dolomiten-Trilogie *Und leise fällt der Schnee* (Regensburg 1982) zur Zeit des italienischen Faschismus, doch endet die Handlung vor der Option, und nur vereinzelt wird Bezug genommen auf die politischen Ereignisse jener Jahre, die er wohl durchaus kritisch beurteilt hat. Zumindest wird das in einzelnen Passagen erkennbar, z.B. wenn einer seiner Protagonisten (Robert) bemerkt,

"[...] es könne passieren, daß er eines Tages verhaftet werde und womöglich vor das faschistische Sondergericht für Konfinierungen komme. Ja, alles sei möglich. Die Spitzel könnten auf die geheimen Zusammenkünfte, die bei ihm zuweilen stattfänden, darauf kommen. Der Terror werde ja immer ärger, und selbst die privaten Katakombenschulen für die deutsche Muttersprache würden in Stadt und Land drakonisch verfolgt, jede kleinste Regung und Organisation des Deutschtums in Südtirol sei verfemt. Man wisse, es würde in Rom sogar eine Umsiedlung Südtiroler Bauern nach Abessinien erwogen, natürlich nur um eine entsprechende Infiltration des Landes mit italienischen Elementen zu fördern. Man benütze die finanzielle Notlage der Bauern, um sie mittels eines neuen staatlichen Finanzierungsinstitutes von den Höfen zu drängen. Nachdem der politische Angriff nicht zum Ziele der Italianisierung geführt habe, versuche es Mussolini jetzt mit wirtschaftlichen Druckmitteln." (201)

Und kritisch – und realistischer – gegenüber den Nazis äußert sich Hilda:

"Wenn sich er [Robert] und seine Gesinnungsgenossen in der Südtiroler Frage auf Hitler verließen, würden sie möglicherweise schwere Enttäuschungen erleben. Soviel sie wisse, habe Hitler alles andere im Sinn, als Südtirol aus den Klauen Mussolinis zu befreien. Im Gegenteil, Südtirol sei ihm längst ein Dorn im Auge, weil es seine Italienpolitik belaste. Man solle bloß auf all die Phrasen und Einflüsterungen hierzulande nichts geben! Gespielt werde, was den Herren in den Kram passe, und mit Eiseskälte über die eigenen Ideologien hinweggegangen. Südtirol könne sich darauf gefaßt machen, daß es womöglich zum Ruhme der beiden Spießgesellen am Opferaltar der sogenannten Achse eines Tages rücksichtslos geschlachtet werde. Kein Hahn werde darüber zu krähen wagen!" (267)

In Mumelters Prosaband *Das Reich im Herzen* (der wie Koflers Gedichtband 1941 im NS-Gauverlag in Innsbruck erschien) ist von dieser kritischen Haltung noch nichts zu spüren. Besonders die Erzählung *Das große Opfer* nimmt auf die Option Bezug und legitimiert die Entscheidung, die Heimat zu verlassen, "da man sie im Herz auch in die Fremde mitnehmen kann".[32] Mumelters Aussage, er sei im Herzen ein Bleiber gewesen, hätte sich aber gezwungen gesehen, für Deutschland zu optieren, da ihm sonst die Möglichkeit zu publizieren genommen worden sei, läßt sich kaum verifizieren. Immerhin wurde er später einer der "schärfsten Kritiker einer gewissen deutschnationalen Ausrichtung der Südtiroler Kulturpolitik".[33]

1942 erschien in New York und 1944 in London der Roman *Beneath Another Sun* von Ernst Lothar,[34] bezeichnenderweise erst 1961 die deutsche Übersetzung: *Unter anderer Sonne* mit dem Untertitel *Roman des Südtiroler Schicksals* (Hamburg/Wien). Es ist der einzige mir bekannte Roman eines deutschsprachigen Autors, der sich ausschließlich mit der Option und ihren Folgen für eine Südtiroler Familie befaßt. Dabei handelt es sich – wie der

---

32 G. Riedmann, *Heimat. Fiktion – Utopie – Realität. Erzählprosa in Tirol von 1890 bis heute*, Innsbruck 1991 (= Innsbrucker Beiträge zur Kulturwissenschaft, Sonderheft 73), S. 313.

33 L. Steurer, "Option und Umsiedlung in Südtirol: Hintergründe – Akteure – Verlauf", in: *Die Option*, S. 17.

34 Ernst Lothar, geb. 1890 in Brünn, gest. 1974 in Wien, war Schriftsteller und Regisseur, 1935-38 Theaterleiter am Josefstädter Theater in Wien (Nachfolger von M. Reinhardt). Von 1938 bis 1946 lebte er in den USA in der Emigration. Danach Regisseur bei den Salzburger Festspielen. Seine Romane wurden teilweise verfilmt.

Autor selbst in seinem am 12. März 1942 in Colorado Springs im Exil verfaßten Vorwort erklärt – nur insofern um einen Roman,

"als Menschen und Schicksale darin dargestellt werden, als hätte die Einbildungskraft des Erzählers sie gebildet.
Das ist aber nicht der Fall. Sondern die Menschen und Schicksale dieses Buches gehorchen dem Erzähler bloß dort, wo er der Dolmetsch ihrer Gedanken und Gefühle wird.
Auch das, was sie denken und fühlen, hat nicht er, sondern die Geschichte ihnen vorgeschrieben, es beruht auf Dokumenten und ist eine Art Protokoll des Hexenprozesses der Gegenwart." (S. 7)

Die im Mittelpunkt des Geschehens stehende Bozner Familie gehört zu den einigen Tausend Südtirolern, die in Italien unerwünscht sind und die folglich nicht optieren dürfen, sondern noch vor Ablauf der Optionsfrist aus Italien zwangsausgesiedelt werden.

Eine der Schlüsselszenen ist für mich der Moment, in dem der 91jährige Großvater, der seine Enkel nach dem frühen Tod der Eltern allein aufgezogen hat, den Pfarrer im Beichtstuhl darum anfleht, freiwillig aus dem Leben scheiden zu dürfen. Er, der sein Leben lang Südtirol nicht verlassen hat, soll nun sein Haus räumen, ohne zu wissen, wohin man ihn und seine Enkel bringt:

"Am neunundzwanzigsten August in der Nacht werden wir abgeholt. Bis zum Achtundzwanzigsten hat alles übergeben, gepackt und fertig zu sein. Wir müssen um Streichung unserer italienischen Staatsbürgerschaft ansuchen. Und wir dürfen unsere Kleider mitnehmen. Nicht Schriften, nicht Bücher, nicht Bilder, nicht Möbel. Unsere Lire dürfen wir auch nicht mitnehmen, wir bekommen dafür deutsche Mark." (S. 156f.)

Auch im ersten in ladinischer Sprache erschienenen Roman von Angel Morlang, *Sonn de čiampanes* [Glockenklang] (San Martin de Tor 1988) nimmt die Option, diesmal aus ladinischer Sicht, großen Raum ein: Der wegen seiner Weigerung, in die faschistische Partei einzutreten, vom Dienst suspendierte Lehrer Bert erklärt – nach seiner Rückkehr aus der Verbannung auf eine Insel – gegenüber Freunden:

"Mo val' d'ater, val' cotan plü de rî él gnü porsura nüsc paîsc y nosta jënt. I savëis pa bëgn ći ch'i mini ... chësta Opziun maledida, oláche i ditaturs dala ćiamëja foscia y rossa ô ti tó a nosta jënt ći che é plü sant y ćer, le paîsc instës, la tera instëssa, les ćiases, les munts, i bosc y i prá oláche nüsc vedli á laurè cun le soiûs dla frunt, da vigni sajun, da vigni tëmp y da na scurité al' atra. Chësta Opziun desgraziada é la côssa plü spaventosa che é gnüda porsura nos."[35]

Ein zentraler Begriff all dieser Texte ist die Heimat. In Lothars Roman schreibt der Großvater, der letztlich am Verlust der Heimat (und der Tatsache, daß sein jüngster Enkel sich der Hitlerjugend anschließt) zugrunde geht, in seinem Abschiedsbrief, den nahen Tod vor Augen:

"Die Heimat ist das Beste, was wir Menschen besitzen. Und unsere Heimat ist eine der schönsten unter der Sonne. Unter der fremden Sonne, das weiß ich jetzt, seit ich unter ihr leben muß, gedeiht nur für die etwas, die dort zu Hause sind und sie bepflanzen. Für uns gedeiht dort nichts, und wir gedeihen nicht unter anderer Sonne." (S. 368)

Auch bei Morlang ist Heimat der Schlüsselbegriff, selbst wenn das Ladinische kein Wort hierfür hat: "Gonot baiâl inće dl amur ala 'Heimat' – Nos Ladins n'ún nia na parora che dij le medem, mo i savun impò ći ch'al é."[36] Für viele in unserer schnellebigen, medienverzerrten Zeit zu einer leeren Worthülse degradiert, hat der Begriff im Bewußtsein der Südtiroler Bevölkerung – und hier schließe ich den Teil der italienischen Bevölkerung Südtirols, der dort seit mehreren Generationen lebt, keineswegs aus – noch eine Bedeutung, auch wenn Friedl Volgger warnt: "Die heranwachsende Generation muß feststellen, daß nicht wenige Südtiroler, die das Wort Heimat stän-

---

35 S. 77f.; "Aber etwas anderes, etwas noch viel Schlimmeres ist über unser Land, über unsere Leute gekommen. Ihr wißt ja, was ich meine... diese verfluchte Option, mit der die Diktatoren mit dem schwarzen und dem roten Hemd unseren Leuten das Heiligste und Teuerste wegnehmen wollen: das Land selbst, die Erde selbst, die Häuser, die Almen, die Wälder, die Wiesen, wo unsere Vorfahren im Schweiße ihres Angesichts gearbeitet haben, bei jeder Jahreszeit, bei jedem Wetter, von früh bis spät. Diese verdammte Option ist das Schrecklichste, was jemals über uns gekommen ist." (Übersetzung D.K.)

36 S. 32; "Oft sprach er auch von der Liebe zur 'Heimat' – Wir Ladiner haben kein Wort, das dasselbe ausdrückt [wie das deutsche Wort], aber wir wissen trotzdem, was es ist." (Übersetzung D.K.)

dig im Munde führen und fortwährende Bereitschaft zu deren Schutz fordern, in Wahrheit darunter nur mehr eine Ware verstehen".[37]

Einer der wesentlich dazu beigetragen hat, daß das Thema "Option" nicht in den Schubladen der Geschichtsschreibung verstaubt und nach Jahrzehnten der Behandlung als Tabuthema seit Ende der 80er Jahre – vor allem in Südtirol – wieder öffentlich diskutiert wird, ist Reinhold Messner. Wohl wissend, "daß 'Geher' und 'Bleiber' zum Teil heute noch verfeindet sind",[38] sticht er – exakt fünfzig Jahre nach der Option – mit dem von ihm herausgegebenen Buch *Die Option*, das er als ein "Lehrstück in Zeitgeschichte" bezeichnet (Untertitel), in dieses Wespennest der verdrängten Emotionen. Auch für ihn ist Südtirol die Heimat, aber für ihn hat das Wort eine andere Bedeutung:

"Zuallererst möchte ich eine solche Heimat in mir selbst haben. Nicht als einen nach vorne gedachten Zustand, der aus Erinnerungen an die Kindheit genährt wird. Auch nicht als 'Heimat' aus zweiter Hand. Die Gefühle und Erinnerungen meiner Vorfahren machen meine Heimat nicht aus. Heimat hat für mich keine Fahne und kein Maß. Es ist ein Zustand, den ich mir Tag für Tag neu erarbeiten muß. Es ist nicht Rückkehr zu den Wurzeln und nicht Suche nach einer verlorenen Zeit, es ist Schlagen von Wurzeln. Sich als Individuum zu begreifen und sich Schritt für Schritt weiterzutasten macht vielleicht nicht glückselig, aber es schafft Heimat." (S. 167)

Und hier bei Messner meldet sich endlich auch die italienische Seite zu Wort: Zendron beschreibt "Die Option aus italienischer Sicht". Dabei wird deutlich, daß es *die* Italiener schlichtweg nicht gab und daß auch hier vor Verallgemeinerungen gewarnt werden muß; da waren

"*die* faschistischen Amtsbürgermeister ('podestà'), *die* Arbeiter der Bozner Industriezone, *die* Bewohner der neuerbauten Sozialwohnungen, *die* zugewanderten öffentlichen Bediensten und auch *die* Bauern aus dem Unterland [...], die von altersher aus dem Trentino stammten und zweisprachig oder gemischtsprachig waren".[39]

---

37 Volgger, S. 305.

38 R. Messner, "Fünfzig Jahre sind vergangen", in: *Die Option,* S. 9.

39 A. Zendron, "Die Option aus italienischer Sicht", in: *Die Option*, S. 174.

Viele von ihnen wußten nicht, was in Südtirol wirklich vor sich ging, geschweige denn waren sie alle Anhänger des Faschismus. Die schon vor der Annexion in Südtirol lebenden Italiener nennt Zendron die "etwas eigenartigen Italiener" (S. 177), denn sie fühlten sich – auch nach der Annexion – vielfach Österreich verbunden, und unter ihnen waren viele, die für Deutschland optierten. Erst 1923, mit Beginn des faschistischen Regimes, begann der Zuzug der "echten" Italiener, "denen die politische Aufgabe zugedacht war, das Land zu entnationalisieren, obschon dieser Auftrag den einzelnen fast immer völlig unbewußt war" (S. 177). Wie suspekt den faschistischen Kreisen die "eigenartigen" Italiener waren, zeigt die Tatsache, daß zu Beginn der 30er Jahre die aus dem Trentino stammenden Lehrer aus den Südtiroler Schulen entfernt wurden.[40] – Da waren aber auch jene, die vor der politischen Entwicklung die Augen verschlossen, jene, denen das Schicksal ihrer deutschsprachigen Mitmenschen völlig egal war, und jene, die sich aus der Abwanderung der Deutschsüdtiroler wirtschaftliche Vorteile erhofften.

Der aus Sexten im oberen Pustertal stammende Claus Gatterer (*1924) geht in seinen Kindheitserinnerungen *Schöne Welt – Böse Leut,*[41] in denen er die Schwierigkeiten, die der Faschismus für die Menschen seiner Heimat mit sich brachte, in einigen Kapiteln auch auf die Option ein. Er setzt sich unter anderem auch mit der von beiden Seiten verwendeten Terminologie auseinander:

"Wir [die Schüler des kirchlichen Gymnasiums Vinzentinum in Brixen] versuchten uns Klarheit zu verschaffen über den Sinn des Unternehmens, das so heimtückisch harmlos 'die Wahl' hieß. Dennoch erschien mir diese Bezeichnung noch als die dem Geschehen gemäßeste. Studierte man dagegen die offiziellen Dokumente, die italienischen oder die

40 Ebd., S. 181.

41 Wien/München 1969, 2. Auflage Wien/München/Zürich/Innsbruck 1977.

deutschen, so verirrte man sich vollends in einem babylonischen Gewirr von Begriffen. Die Italiener bezeichneten das Ganze als 'rimpatrio', als 'Rückführung in die Heimat'; die Deutschen sprachen und schrieben bald von einer 'Umsiedlung', bald von 'Rückwanderung'. Es waren gerade die mit 'Rück' beginnenden Definitionen, die mich durch ihre unbekümmerte Verlogenheit zugleich abstießen und faszinierten: war 'Rückführung in die Heimat' nicht eine honigsüße Lüge für die gallenbittere Wahrheit der 'Entheimatung'? Und welche infame Übersetzungskunst vermochte aus der 'Umsiedlung' – das heißt aus der Aus- und Neuansiedlung – eine 'Rückführung' zu machen, eine Umsiedlung an einen Ort also, an welchem die Auszusiedelnden, wie das 'Rück' vorgab, schon einmal gesiedelt haben mußten? Unwillkürlich dachte ich an die Heimkehr des verlorenen Sohnes; an den besorgten greisen Vater, der den Heimgekehrten ans Herz drückt und das schönste Kalb im Stall für ihn schlachten läßt. Wie dieses Gleichnis der Lüge alle Schleier von der Fratze riß: unsere 'Heimkehrer' kehrten nicht heim, sondern wanderten in die Fremde aus; und sie fanden dort keinen Vater, der bereit war, sie ans Herz zu drücken und ihnen ein Kalb zu opfern, sondern einen Führer, der Aufopferung forderte – 'Bekenntnis und Opfergang'" (S. 357).[42]

Haben sich einige wenige österreichische und Südtiroler Autoren zumindest am Rande mit der Option auseinandergesetzt, so muß man der deutschen und der italienischen Literaturszene vorwerfen, daß sie das Thema gänzlich ausgeklammert, ich würde sogar sagen totgeschwiegen hat. Eine löbliche Ausnahme bildet der 1989 produzierte zweiteilige Fernsehfilm *Verkaufte Heimat*, eine italienisch-österreichisch-deutsche Gemeinschaftproduktion von ORF, NDR, RAI Bozen und RAIUNO (Erstsendung in Deutschland: ARD 4./11.2.1990). Allerdings muß man auch hier gleich einschränken: das Drehbuch stammt von Felix Mitterer,[43] Regie hatte Karin Brandauer – zwei Österreicher. Der Film, dessen Handlung sich um die scheinbare Unmöglichkeit der Beziehung einer Südtiroler Bauerntochter zu einem aus Sizilien stammenden Carabiniere rankt, versucht eine ernsthafte Aufarbeitung der geschichtlichen Ereignisse. Auch wenn die Handlung insgesamt erfunden ist, sie setzt sich aus Tausenden von Elementen zusammen,

---

42 Ähnlich hatte Erich Kofler seinen zweiten im NS-Gauverlag in Innsbruck 1942 erschienenen Gedichtband genannt: *Opfergang und Bekenntnis*.

43 Der aus Tirol stammende Felix Mitterer ist Dramatiker und Schauspieler. Von ihm stammt auch die *Piefke-Saga*, die als mehrteiliger Fernsehfilm verfilmt wurde.

die, wenn sie so nicht wirklich passiert sind, doch so passiert sein könnten. Dem Film gelingt es, ein Verständnis aufzubauen sowohl für die Geher als auch für die Dableiber. Er zeigt die Tragik eines Volkes auf, das – egal wofür sich der einzelne entschied – kollektiv zum Opfer einer verbrecherischen Politik und Propaganda zweier Größenwahnsinniger wurde (auch wenn mancher der Betroffenen als Individuum selbst wieder zum Täter wurde), wobei – und auch das zeichnet das Gespür Mitterers und Brandauers aus – die Verzweiflung der aus Süditalien auf den verlassenen Hof gezogenen Bauern in der neuen ihnen feindlich gesinnten Umgebung entsprechende Berücksichtigung findet. Der Film wurde übrigens in Südtirol von der RAI/Sender Bozen 1989 ausgestrahlt. Der Sender, der in Italien die Urheberrechte für den Film besitzt, hat ihn der RAI-Nazionale angeboten, allerdings blieb eine Reaktion aus Rom aus ...

Riassunto

Un'accordo tra Hitler e Mussolini ha obbligato nel 1939 gli altoatesini di lingua tedesca a decidersi tra l'abbandono della loro Patria accettando di far parte del Reich oppure il restarci, costretti a subire l'italianizzazione totale. La cosidetta Opzione è uno dei capitoli più tristi delle relazioni italo-tedesche. Oggi, quasi 60 anni più tardi, le persone che ne furono colpite hanno ancora difficoltà a palarne senza emozioni e pregiudizi. L'articolo dà una sintesi degli eventi storici che portarono a questo accordo, toccando inoltre le sue ripercussioni fino ad oggi e dà una panoramica della situazione attuale delle minoranze in Italia.

RENZO BRAGANTINI
Università degli Studi della Basilicata, Potenza

PATHOS UND DISTANZ: PRIMORDIALE GEWALT UND HISTORISCHE NÄHE IM WERK BEPPE FENOGLIOS

Mit der Gewalt in der Literatur kann man sich nur beschäftigen, indem man sich dem Problem der Darstellung dieser Gewalt zuwendet. Deshalb stehen im folgenden zwangsläufig Geschichten der Gewalt und nicht die Gewalt der Geschichte im Mittelpunkt. Oder, um den Sinn dieser Auswahl deutlicher zu machen: Wenngleich die Gewalt der Geschichte den bedauerlicherweise notwendigen Inhalt bildet, können wir in der literaturwissenschaftlichen Betrachtung lediglich eine angemessene Beschreibung der narrativen Darstellung, der *mise en oeuvre* dieses Sujets liefern. Damit möchte ich keineswegs die Autonomie der Literatur predigen, sondern mich lediglich ihrer Besonderheit zuwenden, ohne die sich jede thematische Untersuchung in reinem Positivismus verlieren würde. Eine weitere Klarstellung erscheint mir in Hinsicht auf das Thema und die gewählte Perspektive notwendig. Im Vergleich zu den heutigen Zuständen, die viele Bewohner der westlichen Hemisphäre mit der Angst vor einer Gewalt konfrontiert, die sich – in (relativ) friedlichen Zeiten – durch ihre Willkür und ihre Unberechenbarkeit auszeichnen, aber durch die Reizüberflutung der Medien gedämpft werden, sind der gewissermaßen ritualisierten und kollektiven Gewalt des Krieges ganz andere Merkmale zu eigen. Folglich bleibt der jeweilige Gegenstand nicht konstant, sondern muß in Verbindung mit der entsprechenden Situation untersucht werden. Selbst wenn man den Blickwinkel auf die aktuellen Zustände in einem einzigen Land beschränkte, könnte selbst der unbedarfteste Betrachter zu Recht die verschiedensten Kategorien und Subkategorien urbaner Gewalttätigkeit auflisten.

Die Gefahr, sich zu verzetteln, wird nur bedingt durch die Entscheidung begrenzt, sich auf Texte eines Autors zu konzentrieren. Reduziert wird sie vielmehr deshalb, weil es sich bei diesem Autor um Beppe Fenoglio handelt, dessen Werk geradezu obsessiv um wenige Themen kreist. Was nun die Art der Darstellung dieser Themen betrifft, liefert uns Italo Calvino die beste Einführung, in einem Brief von 2. November 1950 an Fenoglio, der im *La paga del sabato* zur Lektüre geschickt hatte.

"[...] il tuo racconto mi ha preso dalle prime pagine e ho dovuto andare sino in fondo. Ti dico subito quel che ne penso: mi sembra che tu abbia delle qualità fortissime; certo anche molti difetti, sei spesso trascinato nel linguaggio, tante piccole cose andrebbero corrette, molte cose urtano il gusto – specie nelle scene amorose – e non tutti i capitoli sono ugualmente riusciti. Però sai centrare situazioni psicologiche particolarissime con una sicurezza che davvero mi sembra rara. I rapporti di Ettore colla madre e col padre, quei litigi, quei desinari in famiglia, e anche i rapporti con Vanda, e tutto il personaggio di Ettore; [...] hai coraggio, hai idee chiare su quello che fa e che pensa la gente, e lo dici. Idee fin troppo chiare: evidentemente tu hai l'orgoglio di riuscire a dire tutto e non la modestia di chi si limita a dare occhiate spaurite nelle sempre misteriose vite altrui. È questo spesso a forzarti la mano [...]. Sei troppo, mi sembra, giovanilmente ambizioso delle cose che racconti. [...] Ma molte cose sono buone nel tuo racconto e sono molto contento d'averlo letto. Non ultimo merito è quello di documento della storia di una generazione; l'aver parlato per la prima volta con rigorosa chiarezza del problema morale di tanti giovani ex-partigiani. Tu non dai giudizi espliciti, ma, come dev'essere, la morale è tutta implicita nel racconto, ed è quanto io credo debba fare lo scrittore".[1]

Es wäre schwierig, ein ähnlich konzises und angemessenes Urteil zu fällen, das in seinen positiven Abschnitten noch immer als präzise Analyse der furiosen und direkten Erzählweise Fenoglios gelten kann. Freilich fand er nur wenige derart einfühlsame Leser. Allein um im Verlag Einaudi zu bleiben, lehnte Elio Vittorini den Roman ab und schlug vor, einige Bruchstücke herauszunehmen.[2] Die grundlegende Aversion Vittorinis kommt noch im Klap-

---

1 I. Calvino, *I libri degli altri. Lettere 1947-1981*, hg. v. G. Tesio, Turin 1991, S. 32f.

2 Die Kapitel I-III und V wenn nicht auch VII sollten überarbeitet mit *Ettore va al lavoro* und *Nove lune* in die *Ventitre giorni della cità di Alba* aufgenommen werden. Vgl. die Kommentare in: B. Fenoglio, *Romanzi e racconti*, hg. v. D. Isella, Turin 1992, S. 1449-1465. Alle folgenden Zitate stammen, sofern nichts anderes vermerkt ist, aus dieser Ausgabe.

pentext zum Ausdruck, den er über *La malora*, also eines der Meisterwerke der italienischen Nachkriegsliteratur, schrieb; es lohnt sich, einen Auszug aus seiner Beurteilung zu lesen:

"Questo [libro] che ora gli pubblichiamo [...] è per molti aspetti più bello [de *I ventitre giorni della città di Alba*] nello stesso senso di rappresentazione (e rappresentazione a contropelo) di quanto può essere aspro l'uomo con l'uomo. Racconta di rapporti umani in campagna ridotti alla nuda spietatezza (anche tra marito e moglie, anche tra padri e figli) del rapporto di lavoro. Ma ci conferma in un timore che abbiamo sul conto proprio dei più dotati tra questi giovani scrittori dal piglio moderno e dalla lingua facile. Il timore che, appena non trattino più di cose sperimentate personalmente, essi corrano il rischio di ritrovarsi al punto in cui erano, verso la fine dell'ottocento, i provinciali del naturalismo, i Faldella, i Remigio Zena: con gli " spaccati" e le "fette" che ci davano della vita; con le storie che ci raccontavano, di ambienti e di condizioni, senza saper farne simbolo di storia universale, col modo artificiosamente spigliato in cui si esprimevano a furia di afrodisiaci dialettali. È solo il rischio ch'essi corrono. Un dirupe lungo il quale camminano. Ma del quale è bene che siano avvertiti" (S. 1467).[3]

Hierbei dürfen wir natürlich die literarischen Polemiken jener Jahre (Regionaldichtung, Neorealismus) genauso wenig aus den Augen verlieren wie die harten ideologischen Grabenkämpfe der Zeit, zwei Aspekte, mit denen Fenoglio nicht vertraut war. Aber Calvinos Urteil beweist, daß ein aufmerksamer Beobachter des literarischen Geschehens durchaus in der Lage war, dem Autor Gerechtigkeit widerfahren zu lassen. Contini bezeichnet *I ventitre giorni della città di Alba* scharfsinnig als "una trascrizione prettamente esistenziale, non agiografica, di probità flaubertiana (si pensa al referto sugli avvenimenti politici nell'*Éducation sentimentale*), tanto più meritoria per chi era stato fra gli attori dell'evento",[4] – eine definitive, wenn auch postume Wiedergutmachung an Fenoglio. Daß diese Wiedergutmachung auf stilistischer Ebene leistet, was Calvino zuvor über die implizite Moral geschrieben hatte, ist nicht unwichtig, denn es erklärt die Isolation Fenoglios. Die Wertungen Calvinos und Continis, die unterschiedlich moti-

---

[3] Eine kluge Bewertung von Vittorinis Urteil finden wir auf S. 1468f.

[4] G. Contini, *Letteratura dell'Italia unita, 1861-1968*, Florenz 1968, S. 1012.

viert sind, sich aber in gewisser Weise ergänzen (und von Dante Isella meisterhaft in seine Textausgabe aufgenommen wurden), eignen sich hervorragend, um die diversen Formen der Gewaltdarstellung im Werk dieses Autors zu analysieren.

Als Beispiel dienen uns in erster Linie *I ventitre giorni della città di Alba*, *Un giorno di fuoco*, *Una questione privata*. Die Leser Fenoglios wissen, daß *La malora* kaum Neues in dieser Hinsicht bringt, genauso wenig *Il partigiano Johnny*, ein Roman, der die im folgenden analysierten Formen auf eine Ebene der kohärenten Intensität transponiert. Gibt es für diese Formen einen kleinsten gemeinsamen Nenner? Ich würde sagen: ja, und – um bei der Verknüpfung von Form und Inhalt zu bleiben – möchte ich hinzufügen, daß wir ihn in dem eigentümlichen Kontrast zwischen der tragischen Unvermeidlichkeit kriegsbedingter Gewalt und der extremen Trockenheit, der metikulösen Sparsamkeit finden, mit der sie im Text wiedergegeben werden. Man kann deshalb sogar behaupten, daß gerade der Kontrast zwischen der tatsächlichen Gewalt und ihrer genau berechneten literarischen Umsetzung einen Grundzug von Fenoglios *écriture* ausmacht. Dies erinnert andererseits an gewisse Charakterzüge der Person Fenoglios, dessen Scham und Zurückhaltung die stark reduzierte Suggestivkraft des Textes genau entspricht. Deshalb kann man überzeugend von einem epischen Rhythmus sprechen.[5] Ihn kennzeichnet eben die Verbindung der trockenen Darstellungsweise (niemand ist so abgestuft und zurückhaltend wie Fenoglio) und Kontrolliertheit; auf inhaltlicher Ebene wird die natürliche Umgebung den menschlichen Handlungen kontinuierlich als Kontrapunkt entgegengesetzt. Dieses Verfahren führt nicht selten soweit, daß dem geographischen Rahmen anthropomorphe Züge verliehen werden; dabei werden ursprünglich mythenkreierenden Gegebenheiten durch ausführliche Beschreibungen der

---

5 Vgl. G.L. Beccaria, *La guerra e gli asfodeli. Romanzo e vocazione epica di B. Fenoglio*, Mailand 1984; E. Soletti, *B. Fenoglio*, Mailand 1987, S. 92-154.

formulierenden Statik entzogen, wie in gewagten Zusammenstellungen von zeitgenössischen Tatsachen und scheinbar unwandelbaren Konstellationen, wie der Zyklus der Jahreszeiten und Witterungsbedingungen.

In *L'andata*, der zweiten Erzählung der *Ventitre giorni della città di Alba*, machen sich fünf Partisanen, Negus, Colonnello, Treno, Biagino und Bimbo, letzterer kaum fünfzehnjährig, auf den Weg nach Alba. In einer Gaststätte oberhalb der Stadt gelingt es ihnen, einen Sergeanten der faschistischen Republik gefangen zu nehmen, den sie in das von ihnen kontrollierte Gebiet zu bringen versuchen. Unterwegs werden sie jedoch von der faschistischen Kavallerie aufgegriffen und müssen über die Hügel fliehen. Hier nun, als Beispiel für die genannte Erzählökonomie Fenoglios, seine Beschreibung ihres Endes.

"Negus scivolava, ficcava nel fango le punte delle scarpe, ma ci faceva una tale disperata fatica che voleva scampare non foss'altro che per riprovare il piacere d'applicare sulla terra tutt'intera la pianta del piede. Si buttò panciaterra e saliva coi gomiti. Voltò mezza testa e vide giù nella strada Bimbo lungo e disteso sulla faccia. Doveva esser caduto un attimo prima perché sopra il suo corpo era ancora sospesa una nuvoletta di polvere. Dieci passi più avanti, un cavalleggero spronava contro Colonnello che cadeva in ginocchio alzando le lunghe braccia.

[...] Echeggiarono colpi, ma non vennero dalla sua parte e Negus pensò che erano stati per Treno e per Biagino.

[...] Dalla strada sparavano fitto, ma non lo coglievano, e sì che lui era un lucertolone impaniato nel fango d'un pendio a tramontana.

Si girò a vedere se qualcuno l'inseguiva su per il pendio, e se a salire faceva la sua stessa pena. Ma erano rimasti tutti sulla strada e stavano allineati a sparare come al banco d'un tirasegno. Il primo a sinistra era distintamente un ufficiale. Sulla punta dell'arma dell'ufficiale, infallibilmente spianata su di lui, vide scoppiare dei colori cosi ripugnanti che di colpo il vomito gli invase la bocca. Scivolava giù per i piedi, e le sue mani aperte trascorrevano sull'erba come una lunghissima carezza. A una gobba del terreno non si fermò, ma si girò di traverso. Prese l'avvio e rotolò al fondo e l'ufficiale dovette correre da un lato per trovarsi a riceverlo sulla punta degli stivali" (S. 32f.).

Dieses erste Beispiel belegt die sparsame Darstellungsweise, seine Technik, die man als Verlangsamung bezeichnen könnte und der Fenoglio prinzipiell treu bleibt. Es kennzeichnet den zitierten Bericht, daß Negus den Tod seiner

Gefährten nur indirekt miterlebt, wodurch dem Leser die eigentliche Gewalttat gewissermaßen unterschlagen wird. Das Ereignis wird damit in der Schwebe gehalten und jeweils einen Augenblick vor oder nach dem Höhepunkt der Gewalt beschrieben. Auch die kaum merkliche aber bedeutsame Verschiebung der Erzählperspektive trägt wesentlich zu diesem Verfahren bei. Bis zu dem Augenblick, in dem die Schüsse auf Negus fallen, verbindet sich der Blick des Erzählers mit demjenigen des Partisanen, der verzweifelt zu fliehen versucht, doch dann übernimmt der Erzähler wieder ganz die Kontrolle, um noch vor dem Tod die grausame Niederlage zu schildern. Dieser sparsamen und spannungsgeladenen Verwendung der Mittel gelingt es außerdem, einen stärkeren Schrecken auszulösen, wohingegen der Kampf in seiner ganzen furchtbaren Barbarei beschrieben wird, wie bei der Schlacht von Verduno in *Una questione privata*, wo es heißt "che il sangue ruscellava come vino e pezzi di cervello vi galleggiavano sopra" (S. 1074).

Meistens dominiert allerdings der oben beschriebene Darstellungsmodus, was auch der Tod des alten Blister in der gleichnamigen Erzählung der *Ventitre giorni* zeigt. Dieser Abschnitt macht auch eine andere Eigenheit der Gewaltdarstellung bei Fenoglio deutlich, nämlich eine Art Zeitlupeneffekt, der in kalkuliertem Gegensatz zum meist wirbelnden Rhythmus des Stils steht und dem Schluß eine größere dramatische Spannung verleihen soll. An dieser Stelle sei erwähnt, daß viele Leser Fenoglios, angefangen bei Calvino, einen filmischen Aspekt seines Schreibens hervorgehoben haben.[6] Dem können wir durchaus zustimmen, doch dürfen wir nicht vergessen, daß es sich hierbei um eine typische Strategie epischen Erzählens handelt, die von der Spannung zwischen der subjektiven Erwartung des Kampfes und

6 Vgl. Calvino, S. 32 (in dem bereits zitierten Brief schreibt Calvino über den zugeschickten Text: "c'è dietro molto di già scritto, molto cinematografico"). Mit Datum vom 8. November 1950 schreibt er über *La paga del sabato* an Vittorini, daß Fenoglio, "quando non è alle prese con una situazione psicologica, fa del cinema, ma del buon cinema, credo di quello che tu definisci 'secco'" (ebd., S. 34).

der objektiven Aufzeichnung seiner tatsächlichen Geschwindigkeit lebt. Blister ist der älteste Partisan der Gruppe, dem seine Gefährten den Prozeß machen, weil er zwei Bauern bestohlen hat. Die ganze Erzählung ist geprägt vom Kontrast zwischen der Verzögerung durch Blisters Selbstverteidigung, der in seiner Verzweiflung bis zuletzt an seine Begnadigung glaubt, und der ungeheuren Beschleunigung des Schlusses. Auch hier sehen wir, daß die Beschreibung einen Augenblick vor dem Tod abbricht, gemäß der erwähnten Strategie des Weglassens:

"Morris tendeva l'orecchio al castagneto, sentiva venirne il picchio della zappa di Pietro, faceva un rumore dolce. Guardò Blister per capire se anche lui sentiva quel rumore, ma dalla faccia sembrava di no e allora Morris si disse che Blister era veramente vecchio. Invece Blister afferrò quel rumore e capì ed emise un mugolio di quelli che fanno gli idioti che han sempre la bocca spalancata. Poi urlò: – Raoul...! – con una voce che fece drizzar le orecchie a tutti i cani nella lunga valle, e corse incontro a Set che era apparso in fondo al corridoio. Corse avanti colle mani protese come a tappar la bocca dell'arma di Set e così i primi colpi gli bucarono le mani" (S. 68).

Nicht sehr viel anders wird der Stoff in der folgenden Erzählung, *Un altro muro*, behandelt, die ursprünglich als letzter der sieben *Racconti della guerra civile* den Titel *Raffica a lato* trug (vgl. S. 1460). Im Vergleich zur Rohfassung können wir den vollen Umfang von Fenoglios Korrekturen erkennen, der wie üblich von einer Fassung zur nächsten gekürzt hat.[7] Vor allem wird zu Beginn für die Drucklegung das Verhör des Gefangenen durch den Major gestrichen, so daß wir direkt ins dramatische Geschehen hineingezogen werden; die Überarbeitung kondensiert auch sonst verschiedentlich den Stil. Die Erzählung handelt von Max, einem Partisanen aus der Gefolgschaft Badoglios, der von den Faschisten gefangen wurde und auf seine Erschießung wartet. Sein Gefängnis teilt er mit Lancia, einem "roten" Partisanen (Fenoglio hat kurze Zeit der kommunistischen Brigata Garibaldi angehört, bevor er im September 1944 in die Reihen der "Blauen" wechsel-

[7] Vgl. Soletti, S. 30-33.

te); ihre wiederholten Gespräche zeigen die starken Divergenzen ihrer politischen Bildung sowie ihres politischen Bewußtseins, die sich freilich nicht reduzieren, wohl aber in Erwartung des gemeinsamen Todes mildern. Es erwartet sie jedoch nicht dasselbe Schicksal, was Lancia von Anfang an vermutet hatte.[8] Zwar werden beide an die Wand gestellt, aber nur der "rote" Partisan wird erschossen; Max, für den ein Priester den Austausch mit einem von den Partisanen gefangenen Faschisten hatte aushandeln können, erhält lediglich "una lezione per quando sarà di nuovo libero", wie es der Kommandant des Exekutionstrupps ausdrückt. Die ganze Erzählung folgt Maxens Blick, aus dem Dunkel der Zelle ins Freie bis zu der Mauer, die er für den Schauplatz einer doppelten Exekution hält.

"Max allargò un gomito a toccar Lancia, ma non ci arrivava, vide soltanto con la coda dell'occhio la nebbietta che faceva nell'aria l'ultimo fiato di Lancia.

Si concentrò a fissare un segno rosso nel muro, una scrostatura che denudava il mattone rosso vivo tra il grigio vecchio e sporco dell'intonaco. Decise di fissare quel segno rosso fino alla fine.

Dietro c'era assoluto silenzio. Le ginocchia gli si sciolsero, ma il segno rosso rimaneva all'altezza dei suoi occhi.

Sentì il rumore della fine del mondo e tutti i capelli gli si rizzarono in testa. Qualcosa al suo fianco si torse e andò giù morbidamente. Lui era in piedi, e la sua schiena era certamente intatta, l'orina gli irrorava le cosce, calda tanto da farlo quasi uscir di sentimento. Ma non svenne e sospirò: – Avanti!

Non seppe quanto aspettò, poi riaprì gli occhi e guardò basso da una parte. Rivoletti di sangue correvano diramandosi verso le sue scarpe, ma prima di arrivarci si rapprendevano sul terreno gelato. Risalì adagio il corso di quel sangue ed alla fine vide Lancia per terra, preciso come l'aveva visto dormire la notte in cella. Vide la mascella di Lancia muoversi un'ultima volta, come la mascella di chi mastica nel sonno, ma doveva essere un abbaglio della sua vista folle" (S. 85).

---

8 "-Io ero badogliano.- L'altro gli andò via da davanti. -Allora puoi ancora sperare,- disse cominciando a fare il giro della cella, -i preti si fanno in quattro per salvarvi la vita a voi badogliani. Ma per noi rossi non alzano un dito" (S. 70). Richtige Beobachtungen über die offensichtliche "bipolarità" des Paares Lancia-Max, die aber auch in anderen Erzählungen des Bandes wie in *Gli inizi del partigiano Raoul* auftreten, findet man bei R. Bigazzi, *Fenoglio, Personaggi e narratori*, Rom 1983, S. 24-26.

Die Konzentration auf den Blick von Max, bis hin zu seiner krampfhaften Aufmerksamkeit auf den roten Fleck in Erwartung des Todes, dient auch hier dazu, einen Kontrast zu schaffen zwischen der Ausdehnung der subjektiven Zeitwahrnehmung und der unerbittlichen Beschleunigung des Geschehens, das mit unerschütterlicher Energie registriert wird,[9] wobei brutale Details ganz offensichtlich abgelehnt werden – wir brauchen nur daran zu denken, wie das sanfte Zusammensacken von Lancias Körper angedeutet wird, ein perfektes Gegenstück zu dem zarten Geräusch der Schaufel, mit der Blisters Grab ausgehoben wird. Da ist es beinahe überflüssig zu betonen, daß diese Raffung oder auch Dämpfung die Wirkung der Schilderung gewiß nicht mindert, wenn Max mit den Augen der Blutspur des Zellengenossen folgt und sich dabei bewußt wird, selbst überlebt zu haben. Zwischen den Zeilen versteckt, aber offensichtlich für den Leser, steht Lancias Treue zu den eigenen Überzeugungen im Kontrast zur Wahl, die Max ursprünglich aus reiner Nachahmung traf und die sich deshalb als nicht gerade solide erweist: "-Se me la cavo, se il maggiore ritira l'ordine della mia fucilazione e mi libera [...] esco e non m'intrigherò mai più di niente. Di niente. Nei partigiani non ci torno, tiro una croce sulla guerra e sulla politica" (S. 79); ein weiteres Indiz für die frühzeitig von Calvino erkannte implizite Moral.

In *Un giorno di fuoco* können wir vor allem einen Wechsel der Perspektive feststellen, mit starkem Gewicht auf der ersten Person, selbst wenn Erzähler und Autor nicht übereinstimmen, wie in der *Novella dell'apprendista esattore*, der letzten Erzählung der Reihe. Da in dieser ersten Person meist Kindheitserinnerungen evoziert werden, bewirkt sie eine zeitliche (und begrenzt auch räumliche) Distanz, die den Ereignissen eine Aura funktionaler Kristallisation bei der Registrierung ihrer eignen Außerordentlich-

9 Bigazzi, S. 29, betont "il bisogno di sondare i personaggi in modo oggettivo attraverso il punto di vista, e, con apparente contraddizione, il bisogno di affidarsi invece a un narratore".

keit verleiht. Ich möchte mich hier jedoch auf die Titelgeschichte konzentrieren, die allerdings mit der letzten eng verbunden ist.[10] Wie Brigazzi ganz richtig bemerkt, "l'*io* riferisce di se stesso bambino testimone delle angustie dello ziastro, che, a sua volta, narra, e soprattutto interpreta quanto si sta svolgendo altrove; il giuoco della distanza (temporale per l'*io* narrante, spaziale per il personaggio) conferisce al fatto il suo alone straordinario".[11] Diese Ungewöhnlichkeit fällt von Beginn an auf, der nicht umsonst als eine Art Rahmen funktioniert (den der *auctor* setzt), in dem sich die nüchterne Aufzeichnung der Wahnsinnstat von der sowohl subjektiven als auch populären Weitschweifigkeit abhebt, derer der interne Erzähler gedenkt und die die Erzählung beherrscht.

"Alla fine di giugno Pietro Gallesio diede la parola alla doppietta. Ammazzò suo fratello in cucina, freddò sull'aia il nipote accorso allo sparo, la cognata era sulla sua lista ma gli apparì dietro una grata con la bambina ultima sulle braccia e allora lui non le sparò ma si scaraventò giù alla canonica di Gorzegno. Il parroco stava appunto tornando da visitare un moribondo di là di Bormida e Gallesio lo fulminò per strada, con una palla nella tempia. Fu il più grande fatto prima della guerra d'Abissinia" (S. 205).

Es handelt sich also um eine gewissermaßen private Geschichte der Gewalt; aber Saccone erinnert scharfsinnigerweise auch hier an die Erfahrung des Krieges (natürlich des ersten, den sowohl der jetzige als auch der vorige Ehemann der Tante, der gefallen ist, miterlebt haben, und über den der Stiefonkel in ironischem Tonfall berichtet).[12] Es werden auch andere Paral-

---

10 E. Saccone, *Fenoglio. I testi, l'opera*, Turin 1988, S. 97-123, analysiert Analogien und Unterschiede. Für die Berührungspunkte zwischen *Una questione privata, Novella dell'apprendista esattore* und *Ferragosto* (letzter wurde von Isella in der Rubrik *Gli altri racconti* herausgegeben) vgl. Saccone, S. 16f., und die Anmerkungen Isellas, S. 1479f. u. 1651-1653.

11 Bigazzi, S. 52.

12 Vgl. Saccone, S. 111. Der Onkel sagt: "-Parla del suo primo uomo! Donna, io e Taricco eravamo nello stesso battaglione, quindi di storie a me non ne puoi contare! Ma che pallottola s'è preso il tuo primo uomo? Taricco alla prima cannonata ha avuto una tale rivoluzione nella pancia che abbiamo dovuto portarlo di peso all'ospedale, a Tarcento, ah, non ti è nuovo questo nome di Tarcento! e all'ospedale con la diarrea gli è uscita l'a-

lelen zum Krieg gezogen, beispielsweise von den Insassen des Wagens von Placido ("informarono che a Gorzegno si aveva l'impressione di essere al fronte", S. 215) oder vom Stiefonkel, der zu seinem Neffen während des Höhepunkts der Schießerei sagt: "-Gli stanno dando l'attacco. Io lo so. Anche noi in guerra quando sparavamo tanto così era perché subito dopo attaccavamo" (S. 218).[13] Hier nun wird die dämpfende Wirkung durch eine Strategie erzeugt, die mit der gesamten Aussage des Textes eine Einheit bildet. Niemand, der dem Kind nahesteht, ist bei dem Zusammenstoß dabei; weder der Erzähler, noch die Tante oder der Stiefonkel (der deshalb oft und heftig, aber stets umsonst protestiert). So ist das Kind derjenige, der als zum Autor gewordenen Erzähler berichtet, doch gleichzeitig sind die Erzählung über Gallesio und was ihn zu seiner extremen Tat getrieben hat sowie die direkt aufgefangenen Informationen an das Kind gerichtet, vor allem aber die Interpretation der Zeichen der Schlacht, die der Onkel liefert. Die Distanz der Darstellung steigert die Bedeutung der Schießerei und reiht sie in eine Folge von verzweifelten, ausweglosen Gesten ein. Als das Kind den Stiefonkel fragt, ob es nicht besser wäre, daß Gallesio lebend gefaßt würde, erschüttert ihn die Reaktion des Erwachsenen:

"Mi si rivoltò da mozzarmi il fiato. -No! No, bambino, no! Quando si fanno certe cose, dopo bisogna morire. Certe cose si fanno proprio perché si è sicuri di aver dopo la forza di morire. Guai se non fosse così. Guai a Gallesio!" (S. 217)

Auf die Nachricht, daß Gallesio nicht von den Carabinieri getötet wurde, sondern sich mit einer Patrone in den Mund geschossen hat, die er zu diesem Zweck aufbewahrt hatte, sagt er:

---

nima. Questo è quanto. Il tuo primo uomo. Non fare confusioni, io sono tutt'un altro uomo, anche se tu m'hai sposato solo perché non sapevi come mandare avanti i campi" (S. 213).

13 Und der Onkel fährt fort: "-Bisogna esserci stati per sapere cos'è stare sotto il fuoco. Provare per credere. Tuo padre ti ha mai raccontato?"

"-Bravo Gallesio.
-Perché gli dici bravo?
-Perché è stato al gioco. Tutt'oggi ho vissuto con la paura matta che si arrendesse, che si facesse prendere vivo, ma lui è stato al gioco. Non m'ha fatto pentire. Di Gallesio voglio ricordarmene fin che campo-. Poi si voltò a guardare un'ultima volta il cielo sopra Gorzegno. Anch'io, e sembrava un lago dove fossero finalmente finiti i cerchi provocati dai tonfi di migliaia di pietre" (S. 219).[14]

Genau gesehen bringt dieser Konflikt in San Benedetto "separato da una sola collina dal paese dove Gallesio era nato e vissuto ed aveva ammazzato" (S. 205) ganz andere Konflikte zum Ausbruch, vor allem zwischen dem Universum der Männer und der Frauen, die sich nicht immer versteckt durch Fenoglios gesamtes Werk ziehen.[15] Vor diesem Hintergrund sollten wir auch den Kontrast lesen, den die trockene Beschreibung der Attacke durch den *auctor* (ein vertikaler Bruch der gewöhnlichen Zeit, der durch die Schießerei hervorgerufen wird) und die Litanei der Tante am Schluß bilden.[16] Dasselbe gilt für die Vieldeutigkeit der Worte der Tante, die vom

---

[14] Auf Passagen wie diese bezieht sich Calvino in einem Brief vom 20. Januar 1956 an Fenoglio: "Molto bello. Così teso, con quegli spari per aria, con un linguaggio proprio al punto giusto. Uno dei tuoi racconti più belli. (Io lo avrei voluto anche più secco, con meno digressioni di memoria, e rendendo meno esplicita, più sottintesa, la solidarietà dello zio con l'assassino)"; "Itinerario fenogliano", in: *Romanzi e racconti*, S. 1419.

[15] Und nicht nur das Werk, wenn wir folgenden Seiten des Tagebuches Glauben schenken dürfen: "[...] I vecchi Fenoglio, che stettero attorno alla culla di mio padre, tutti vestiti di lucido nero, col bicchiere in mano e sorridendo a bocca chiusa. Che sposarono le più speciali donne delle langhe, avendone ognuno molti figli, almeno uno dei quali segnato. Così senza mestiere e senza religione, così imprudenti, così innamorati di sé. | Io ei sento tremendamente i vecchi Fenoglio, pendo per loro [...]. A formare questa mia predilezione ha contribuito anche il giudizio negativo che su di loro ho sempre sentito esprimere da mia madre. Lei è d'oltretanaro, d'una razza credente e mercantile, giudiziosissima e sempre insoddisfatta. Questi due sangui mi fanno dentro le vene una battaglia che non dico"; *Diario*, XXXIV: *Myself*, in: *Opere*, hg. v. M. Corti, Turin 1978, Bd. 3, S. 208f.

[16] "Lei lo fissò [lo ziastro] con quei suoi occhi neri [...] e disse, a me ma per lui: -Tra dieci minuti ceniamo. Tu lavati le mani. Io scappo in chiesa a pregare per le anime delle vittime di Gallesio ed anche per l'anima sua. E chiederò al Signore che ci perdoni tutti e ci illumini, perché di tutto il male che capita su queste langhe la causa è la forte ignoranza che abbiamo", S. 220.

"teatro di Gallesio" spricht, und der Bewertung des Erzählers, der der bäuerlichen Theatralität nicht weniger Aufmerksamkeit widmet als der epischen Erinnerung an den Zusammenstoß, was nicht nur das äußerst unterschiedliche Vokabular zeigt, sondern auch die Tatsache, daß die Ereignisse nicht mittels des individuellen Elements (nämlich Gallesio) bezeichnet werden: "passavano uomini a squadre, e tutti con un gran passo come se avessero gli alemanni al culo, e non c'era dubbio che si affrettavano tutti a vedersi la battaglia di Gorzegno" (S. 207). Die Tante hingegen spricht von der "battaglia di Gallesio" (S. 213), eine Kompromißformel, in der allerdings die persönliche Verantwortung zum Ausdruck kommt. Dieser radikale Schnitt geht auch durch die Generationen. Das Kind seufzt erleichtert auf, als es Marcelle nicht zu Hause antrifft, zu der es von der Tante geschickt worden war, um dem vermeintlich gefährlichen Einfluß des Stiefonkels zu entgehen: "Marcelle era troppo esuberante per me, dovevo continuamente subirla e mi diceva M... e macaroni ogni cinque minuti. Figurarsi la mia voglia di sprecar con lei quella mattinata straordinaria" (S. 209). Die Episode der "ospite misteriosa", die den Erzähler stark anzieht, scheint allein dieses Schema zu durchbrechen. Aber alles an ihr, das Aussehen ("bionda come una donna d'altri paesi"), ihre Verschlossenheit ("gli occhi sempre protetti da occhiali neri per modo che nessuno poteva dire di averglieli visti mai, così come pochissimi potevano dire d'aver sentito la sua voce", S. 216), ihre Herkunft aus der Stadt, ihre berufliche Qualifikation sowie ihre vermutlich unheilbare Krankheit, all das stellt sie außerhalb der Welt der tragischen Geschehnisse. Ansonsten bleibt das System der emotionalen Identifikation sauber zweigeteilt, und selbst das Kind optiert durch die Vermittlung des Stiefonkels für Gallesio: "quella mattina mio ziastro mi piaceva ed io parteggiavo decisamente per lui" (S. 207).[17] Wenngleich die Gewalt durch den

[17] Zur Identifikation des Kindes mit Gallesio vgl. Saccone, S. 112-114.

epischen Filter der Distanz gezeichnet wird, scheint ihre objektive Gegenwart in eine unabänderliche Ordnung eingeschrieben zu sein.

Zum Abschluß wollen wir uns *Una questione privata* zuwenden, einem der besten Texte Fenoglios, den Calvino im Vorwort einer Neuauflage des *Sentiero dei nidi di ragno* für einen Roman hält, der in der Lage ist, der Arbeit einer ganzen Generation "un coronamento e un senso" zu verleihen. Wie auch in *Il partigiano Johnny*, wird auf der ersten Ebene ständig an die Härte der äußeren Umstände (Regen, Schlamm, Nebel) erinnert, hier allerdings – im Gegensatz zu der klaren epischen Gegenwärtigkeit im *Partigiano* – nur in Anspielungen, die der ungenauen Wirklichkeitswahrnehmung Miltons entsprechen.[18] Die zirkuläre Struktur der Geschichte beruht auf Gedächtnisstützen, die der eigentlichen Handlung kontrapunktisch entgegenstehen; so können verschiedene Episoden aus der Erinnerung auftauchen, vor allem diejenige an die Schlacht von Verduno, an die sich Miltons und Hombres Flucht vor der faschistischen Kavallerie über die Hügel anschließt. Bedeutungsvoll wird dieser binäre Rhythmus genau in den entscheidenden Kapiteln (9 und 10) unterbrochen, wenn Milton die Gefangennahme eines Sergeanten der Republik von Salò sorgfältig vorbereitet mit Hilfe der Alten, in deren Weinberg er auf der Lauer liegt. Er möchte diesen Sergeanten gegen Giorgio austauschen, doch glaubt der Gefangene trotz aller gegenteiligen Versicherungen, daß Milton ihn töten will, ergreift plötzlich die Flucht und zwingt Milton, auf ihn zu schießen. Auch in dieser Szene erkennen wir die erwähnte Technik der Verlangsamung: Die Handlung scheint in der Schwebe zu bleiben, während Miltons Hoffnung zerbricht, durch den Austausch mit Giorgio zu einer eigenen Wahrheit finden zu können.

"Le dita del sergente si slacciarono da sulla nuca con un schiocco terribile. Le braccia remigavano nel cielo bianco. Così sospeso, era tremendo e goffo. Volava di lato, verso il ciglio, e il corpo già pareva arcuarsi nel tuffo in giù.

---

[18] Vgl. Bigazzi, S. 79f.

-No!- aveva gridato Milton, ma la Colt sparò, come se fosse stato il grido ad azionare il grilletto. Ricadde sulle ginocchia, e stette per un attimo, tutto concentrato, con la testa appiattita e il naso piccolo e marcato come conficcato nel cielo. Pareva a Milton che la terra non c'entrasse, né per lui né per l'altro, che tutto accadesse in sospensione nel cielo bianco.

-No!- urlò Milton e gli risparò, mirando alla grande macchia rossa che gli stava divorando la schiena" (S. 1100).

Doch darf man nicht glauben, daß die Virtuosität dieses Abschnitts, die im übrigen durch die typische Bündigkeit Fenoglios aufgewogen wird sowie von einem Dialog, der in der zeitgenössischen Literatur an Kaliber und Natürlichkeit kaum seinesgleichen findet, von der Tiefenstruktur des Romans losgelöst sei. Diese verlangsamte Darstellung macht deutlich, daß mit Miltons Plan auch seine private Suche nach der Wahrheit über Fulvia und Giorgio zusammenbricht. Doch sie bildet auch ein Gegengewicht zum schwindelerregenden Schluß, wo der Protagonist atemlos im Kreuzfeuer der Feinde flieht, wundersamerweise unverletzt bleibt und schließlich die Realität der fremden wie der eigenen Ereignisse erkennt.

(aus dem Italienischen von Carolin Fischer)

Riassunto

Tra i grandi scrittori dell'immediato dopoguerra Beppe Fenoglio ha beneficiato del giudizio, sempre ambiguo in una tradizione come l'italiana, di irregolare, per molti motivi: la sua stessa parabola biografica (uno scrittore che ha sempre operato al di fuori del quadro letterario ed editoriale italiano, con la luminosa eccezione del suo rapporto privilegiato con Calvino); la sua irripetibile attitudine linguistica, audacemente personale eppure lontana da ogni sperimentalismo esibito o eversione programmatica; la scelta di un radicamento fedele e persino ossessivo attorno a pochi, privilegiati temi. Lontano sia da altre prove narrative sulla guerra partigiana, sia da letture della civiltà contadina che ne privilegino una rilettura in chiave mitica. Il caso tipico è rappresentato, per questo punto, da Pavese, da cui Fenoglio rimane distantissimo, anche là dove sembrerebbero di poterlo trovare accostato: il testo in questo senso più significativo è forse *La malora*, in cui la costruzione dialettale funge da motore verso uno straniamento netto e arcaizzante dell'italiano, piuttosto che, come in Pavese, come innesto per rinvigorire la lingua letteraria.

Il partigiano Johnny, il romanzo della guerra partigiana sulle Langhe, da Fenoglio vissuta personalmente (ma trascritta nell'assolutezza epica della terza persona), è insieme il punto più alto della letteratura della Resistenza (qualifica d'uso corrente e giusto, ma non da sola sufficiente), e una narrazione condotta sul crinale di una lontananza in qualche modo definitiva e primigenia: un libro tragicamente inserito nelle vicende della storia (e insieme della natura e delle sue stagioni, comprimarie dei fatti), e a un tempo filtrato da una distanza tanto assoluta quanto ricca di compartecipazione. Al di fuori di ogni maniera e coercizione, così nel pathos come nella distanza (ragione non ultima delle molte incomprensioni cui libro è andato per lungo tempo incontro). Caratteristico ne è il risultato per quanto concerne la rappresentazione letteraria della violenza, male non sradicabile, analizzato nelle sue componenti cicliche e nella concretezza storica degli eventi.

GABRIELE HUBER
Bibliotheca Hertziana, Rom

PINELLIS SCHUHE: PIAZZA FONTANA – EIN BOMBENATTENTAT UND SEINE KÜNSTLERISCHEN FOLGEN

"In den finsteren Zeiten, wird da auch gesungen werden?
Da wird auch gesungen werden, von den finsteren Zeiten"

(Bertolt Brecht, 1938)

Der körperliche Schmerz hat keine Stimme. So beginnt Elaine Scarry ihr Buch *The body in pain.*[1] Der körperliche Schmerz ist nicht nur resistent gegen Sprache, er zerstört sie. "Findet er jedoch zu einer Stimmme, so beginnt er eine Geschichte zu erzählen".[2]

Scarrys zentrale These ist, daß erlittener Schmerz Individualität auslöscht, sie durch den Diskurs der Macht ersetzt. Da die Opfer infolge der Torturen die Fähigkeit, sich zu artikulieren, verloren haben, muß ein anderer für sie sprechen, wenn das Schweigen gebrochen werden soll. In dem von mir im Folgenden zu analysierenden Fall ist es die Kunst, die stattdessen zu erzählen beginnt: Pier Paolo Pasolini, Enrico Baj und Dario Fo nahmen jeweils eine Geschichte von Schmerz und Gewalt zum Ausgangspunkt für einen Film, eine Assemblage und ein Theaterstück. Die Geschichte handelt von Bomben und einem Anarchisten mit Namen Pino Pinelli, der am 12. Dezember 1969 in Mailand verhaftet wurde und drei Tage später während eines Verhöres unter mysteriösen Umständen aus dem Fenster des 4. Stokkes des Polizeipräsidiums fiel und starb. Die Vorgänge dieser Dezembertage, Schlüsselereignis für Italiens Geschichte bis heute und daher allen Italie-

1 E. Scarry, *Der Körper im Schmerz. Die Chiffren der Verletzlichkeit und die Erfindung der Kultur*, dt. v. M. Bischoff, Frankfurt a.M. 1992, S. 11.
2 Ebd.

nern wohlvertraut, doch in Deutschland weitestgehend unbekannt, möchte ich anhand der genannten Kunstwerke 'erzählen'; exemplarisch sollen drei unterschiedliche Strategien bei dem Versuch der künstlerischen Umsetzung von Gewalt untersucht werden.

Die für den historischen Kontext unabdingbaren Eckdaten sollen dabei jeweils nach Bedarf mitgeliefert werden: Der Film, mit dem ich beginnen möchte, bezieht sich sehr stark auf Vorfälle im Umfeld des Fenstersturzes, den er als ein Glied in einer Folge von Ereignissen sieht, vielleicht als deren wichtigstes. Die Person Pinos erschließt sich nur durch ihre Absenz: Der Tote ist lediglich in den Sätzen seiner Freunde und Verwandten da.

Die Assemblage dagegen stellt uns Pino *in effigie* vor Augen, ja sie macht gerade seinen Fenstersturz zum Mittelpunkt. Kunst fungiert hier als Rechtsinstrument: Das Bild ist 'Augenzeuge' dessen, was geschehen war.

Das Theaterstück verfolgt eine dritte Strategie, indem es vorgibt, von einer anderen Geschichte zu sprechen: In den USA fiel 1921 ein italienischer Emigrant, auch er ein Anarchist, aus dem Fenster des New Yorker Polizeipräsidiums. In Fos Stück ist dieser Anarchist durch einen "Verrückten" ersetzt worden, der unter dem Schutz seines Narrengewandes den Polizisten, *carabinieri* und anderen hohen Würdenträgern die Wahrheit ins Gesicht sagen kann...

1. Der Film (1970/71)

Aus ursprünglich 80.000 Meter gedrehtem Material entstanden zwei Filmversionen mit einer Dauer von 104 bzw. (unlängst) von ca. 43 Minuten.[3] Wie Rossellinis berühmter Episodenfilm *Paisà* zeigt er verschiedene Etappen einer Reise durch Italien, von Nord nach Süd und retour. Und wie viele Filme des Neorealismus arbeitet er mit Laien und versteht sich als eine Art

3 Darauf komme ich später zurück, vgl. auch Anm. 22 u. 23.

film-inchiesta.[4] Er trägt den Titel *12 dicembre* und eine der ersten Einstellungen zeigt eine Demonstration in Mailand am 12. Dezember 1970, d.h. exakt ein Jahr nach dem Bombenanschlag – bezeichnenderweise ist das Datum des Attentats zu seinem Titel geworden, gegen Ende des Filmes sehen wir entsprechend eine Demonstration am 12. Dezember 1971.

Was war im Dezember 1969 geschehen? Eine Reihe von Bombenattentaten erschütterten das Italien der späten 60er Jahre, das schwerste in der Banca dell'Agricoltura im Zentrum Mailands, bei dem ca. 100 Menschen verletzt wurden und 16 starben. Man brauchte einen Schuldigen und zwar möglichst sofort und fand ihn unter den Anarchisten in der Person des ehemaligen Tänzers Valpreda. Die Polizei verhaftete etliche Anarchisten, unter ihnen den Eisenbahner Pino Pinelli. Er wurde illegal drei Tage festgehalten, war unschuldig und fiel schließlich während eines Verhörs aus dem Fenster. Die genauen Umstände seines Todes sind bis heute ungeklärt.

Das Bombenattentat in Mailand 1969 nannte man unlängst "Mutter aller weiteren Anschläge".[5] Etliche Zeugen wie Richter, die mit dem Fall befaßt waren, starben unter ungeklärten Umständen; in Attentaten der folgenden Jahre, vermutlich rechtsradikalen Ursprungs, kamen ca. 140 Menschen ums Leben, etwa 600 wurden verletzt. Pasolini sprach von einer "strage antropologica" und schrieb in einem Text der *Scritti corsari* mit dem Titel *Il romanzo delle stragi*: "Io so. Io so i nomi dei responsabili..."[6]

---

4 Vgl. etwa F. di Giammatteo, *Lo sguardo inquieto. Storia del cinema italiano (1940-1990)*, Florenz 1994, S. 65-100.

5 L. Lanza, *Bombe e segreti. Piazza Fontana 1969*, Mailand 1997, S. 125: "Piazza Fontana è una strage di Stato. Di più: la madre di tutte le stragi".

6 P.P. Pasolini, "Il romanzo delle stragi", in: *Scritti corsari*, Mailand 1975, S. 74. Zuerst erschienen im *Corriere della sera*, 14.11.1974, mit dem Titel "Che cos'è questo golpe". (dt. ders., "Der Roman von den Massakern", in: *Freibeuterschriften. Die Zerstörung der Kultur des Einzelnen durch die Konsumgesellschaft*, Berlin 1987).

Im Juni 1970 erschien eine Untersuchung eines "Comitato di controinformazione" mit dem Titel *La strage di stato*, ein Ausdruck, der rasch zu einer Art Schlagwort wurde, d.h. der Staat selbst wurde zum Urheber des Blutbades erklärt und zwar:[7]

1. weil mit Kenntnis, Billigung oder Beteiligung allerhöchster Regierungskreise ein Unschuldiger, der Anarchist Pinelli, als Sündenbock verhaftet wurde, aus dem Fenster des vierten Stocks des Polizeireviers fiel und starb;
2. weil mit Kenntnis, Billigung oder Beteiligung allerhöchster Regierungskreise die wahren Verantwortlichen (Neofaschisten) gedeckt wurden;
3. weil mit Kenntnis, Billigung oder Beteiligung allerhöchster Regierungskreise geplant war, vermittels der sogenannten "Strategia della tensione" einen Staatsstreich (nach dem Vorbild von Papadopoulos in Griechenland) durchzuführen; und dies – so die *vox populi* wie auch die neueste Fachliteratur – in enger Zusammenarbeit mit den internationalen Geheimdiensten, möglicherweise auch der Mafia.[8]

Der Film wollte dementsprechend den historisch-politischen Kontext der als "Piazza Fontana" in das Kollektivgedächtnis eingegangenen Ereignisse dokumentieren. Nach Interviews mit beteiligten Personen wie der Mutter Pinellis, seiner Witwe und dem Taxifahrer, der als einziger Zeuge Valpreda belastet hatte und der einige Zeit nach seiner Aussage unter mysteriösen Umständen starb, läßt der Film Arbeiter in Carrara, der historischen Heimat des Anarchismus und mittlerweile Grabstätte Pinellis, zu Wort kommen, die Kamera zeigt gleichzeitig Gräber der Opfer von Betriebsunfällen, den Folgen inhumaner Arbeitsbedingungen. In Bagnoli (Campi Flegrei, bei Neapel)

---

7 F. Calvi, F. Laurent, *Piazza Fontana. La verità su una strage*, Mailand 1997, S. 126.

8 Vgl. ebd. speziell zum Aspekt der Verwicklung mit den internationalen Geheimdiensten.

wird die Erbitterung und die Verzweiflung der Arbeitslosen vorgeführt, schließlich folgen beklemmende Bilder aus dem bettelarmen Süden, aus Kalabrien. Dort war in Gioia Tauro im *Treno del sole* im Juli 1970 wieder einmal eine Bombe explodiert. In Reggio Calabria war eine Art Krieg zwischen Bevölkerung und Regierung ausgebrochen. Der Film, unter diesen Bedingungen nur unter Einsatz von persönlichem Mut zu drehen,[9] zeigt Bilder des Vorgehens der wohlbewaffneten Polizei, explodierende Tränengasbomben, Steine, brennende Barrikaden in den Slums und anderswo.

Einer der bedeutendsten Filme des italienischen Kinos, Rossellinis *Paisà* (1947), der erheblich früher entstanden war als Pasolinis Film, 'reist' ebenso den Stiefel entlang, von Sizilien nach der Poebene. Rossellini zeigt die Kämpfe und die Befreiung Italiens von Nationalsozialismus und Faschismus und folgt in der Bewegung des Filmes von Süd nach Nord der Richtung des amerikanischen Heeres, zum Teil auch der der italienischen Partisanen. *Paisà* ging in die Geschichte des italienischen Nachkriegskinos ein, ja es entstand eine regelrechte Gattung von "Episodenfilmen", deren Protagonist die unterschiedlichen Regionen Italiens sind. Auch Pasolinis Film steht in seiner Tradition. Doch seine Bewegung ist im Gegensatz zu der Rossellinis 'geschlossen', d.h. der Film beginnt in Mailand, 'fährt' über Mittelitalien nach Süden bis nach Kalabrien, streckenweise mit dem *Treno del sole*, anschließend kehrt er aber nach Norden zurück. Die Reise von Norden nach Süden folgt teilweise einer historischen Abfolge der Ereignisse, während die von Süd nach Nord den Weg der Emigranten und ihre Ankunft in Turin zeigt, einer Stadt florierender Industrie mit Fabriken wie Fiat

---

9 G. Bonfanti, "80 mila metri di pellicola", in: *Il malore attivo dell'anarchico Pinelli. La sentenza del 1975 che chiuse l'istruttoria sulla morte del ferroviere Pino Pinelli, che entrò innocente in un ufficio al quarto piano della Questure di Milano e ne uscì dalla finestra il 15. dicembre 1969*, hg. v. A. Sofri, Palermo 1996, Bd. 4, S. 100. – Zu Pasolini und seiner Position in der italienischen Gesellschaft dieser Jahre vgl. auch J. di Stefano, "Picturing Pasolini: Notes from a Filmmakers Scrapbook", in: *Art Journal*, 56/2, Summer 1997, S. 18-23.

oder Pirelli. Die letzten Bilder zeigen von neuem Mailand, Demonstrationen, die Anwälte von Lotta Continua und Valpreda, dann 'Steckbriefe' der Mitglieder des neofaschistischen *Ordine Nuovo*,[10] die mutmaßlich an den Anschlägen beteiligt waren, und schließlich von neuem die Anarchisten aus Pinellis Zirkel *Ponte della Ghisolfa*.

Beide Filme drehen sich um politische Geschichte, beide haben keinen Helden im klassischen Sinn, Protagonist ist Italien, seine Kollektivseele. Beide Filme arbeiten mit Laienschauspielern und setzen sich zum Ziel zu dokumentieren. Doch obgleich Rossellinis *Paisà* historisch viel weiter zurückliegt, bleibt im Film über die Ereignisse der Jahre 1969-70 mehr Fremdheit trotz wohlvertrauter Parolen oder vielleicht gerade aufgrund ihrer deutlichen Präsenz:

"È passato, da quando il film fu girato, appena un quarto di secolo: e però quelle immagini sembrano venire da molto più lontano, da un tempo e un luogo che non possono essere stati quelli della nostra generazione di mezzo"

schreibt Adriano Sofri. Und er fügt hinzu:

"Le facce dei partigiani anarchici e comunisti che raccontano la loro resistenza tradita sono parenti più stretti di quelle di Pudovkin e Eisenstein che della 'gente' che popola un qualunque salotto televisivo di oggi: e anche le loro idee. È questa lontananza inaspettata a mettere idee, parole, gesti, al riparo della necessità di una ulteriore presa di distanze politica, dentro un'autenticità e un rispetto indiscutibili."[11]

Beispiele für diese Fremdheit, von Sofri als "antichità" etikettiert, stellen die Gesichter der Partisanen dar, die ihre Hoffnungen und Enttäuschungen diskutieren, oder, gegen Ende des Filmes, diejenigen einer Mutter und Tochter,

---

10 "Ordine Nuovo": rechtsradikale Abspaltung des (neofaschistischen) "M(ovimento) S(ociale) I(taliano)" der 50er Jahre; der Film zeigt ganz kurz eine der berüchtigsten Parteizentralen in Rom, gefilmt von Pasolini.

11 A. Sofri, "Introduzione", in: *Il malore attivo*, S. 11. Vgl. auch *P.P. Pasolini, A Future Life*, Rom 1989, S. 206f. sowie, z.T. identisch *Pier Paolo Pasolini, Le regole di un'illusione. I film e il cinema*, hg. v. L. Betti u. M. Gulinuci Rom 1991, S. 346f.

die, nach Turin emigriert, beide von ihrer Heimat Sizilien sprechen: Während die Mutter, deren Herz in der *Conca d'oro* in Palermo blieb, sich dorthin zurücksehnt, hat die Tochter für sich entschieden, daß Sizilien wohl schön sei, doch lediglich für die Ferien. Den stärksten Eindruck aber hinterlassen das Gesicht der Witwe Pinellis und das seiner Mutter. Pasolini besuchte und filmte die beiden Frauen. Sie erzählen knapp und ruhig die Ereignisse der tragischen Dezembertage. Pasolini ließ sie frontal aufnehmen; die Mutter wendet ihr Gesicht im Laufe der Erzählung häufig der an ihrer linken Seite stehenden Schwiegertochter zu, ist somit auch im Profil zu sehen, beides sind klassische Positionen, wohlvertraut aus der Porträtmalerei. Am Ende ihrer Erzählung angekommen, bricht die Mutter, Rosa Malacarne, in Tränen aus, während Pinellis Witwe Licia mit unerschütterlicher Ruhe gesprochen hatte. In Pasolinis Aufnahmen gewinnen beide eine Monumentalität, die an antike Statuen erinnert, oder vielmehr an deren Rezeption in bestimmten trauernden Frauenfiguren, wie etwa Giottos Magdalenen- oder Madonnenbilder.[12] Seine ganze Aufmerksamkeit galt den Gesichtern, wie Bonfanti, ein wichtiges Mitglied des Filmteams und natürlich von Lotta Continua, berichtet: "Gli stava a cuore quel repertorio di facce e gesti e lingue [...] raccolti dal vivo attraverso il nostro viaggio dell'altra Italia"; und Pasolinis beständige Ermahnung lautete: "Sta attento alle facce".[13]

Ist die Ferne, die uns in den Gesichtern des Films von Pier Paolo Pasolini anblickt, die der Malerei Giottos? Ohne die Problematik Giottos (sowie des Realismus bzw. Naturalismus) hier diskutieren zu können, ist jedoch zu konstatieren, daß schon seine Zeitgenossen feststellten, der Künstler demonstriere in seinen Bildern, daß er über ein lebhaftes Interesse an physiognomischer oder auch pathognomischer Schilderung verfüge.[14]

---

[12] Vgl. die Äußerung Pasolinis zu seinem Film *Mamma Roma* in "Diario al registratore", (3. maggio 1962), in: P.P. Pasolini, *Mamma Roma*, Mailand 1962, S. 145.

[13] Bonfanti, S. 99.

[14] Vgl. z.B. Ch. Harrison, "The Arena Chapel: Patronage and Autorship", in: *Siena, Flo-*

Wie sehen Leute aus? Wie gelingt es, das Gesicht der Verschlagenheit (des Judas) oder mit Gesten die verschiedenen Zustände der Trauer auszudrücken? Um Expression und Emotionen zu vermitteln, half sich Giotto, indem er eine in der Antikenrezeption gründende physiognomische Neugierde für seine Bilder fruchtbar machte und so Figuren und Gesichter schuf, die man vielleicht mit aller Vorsicht unter die Gattung "Pathosformeln" (um einen Ausdruck Aby Warburgs zu verwenden) subsumieren könnte.

Ist es die Umsetzung der poetisch-herben Welt des *Trecento* durch Pier Paolo Pasolini, die die von Sofri irritiert vermerkte Distanz schafft? Ist es diese Ferne, die ihrerseits von der Notwendigkeit, sich weiter zu distanzieren, schützt und damit die Möglichkeit von Kontaktaufnahme und Verstehen erst eröffnet?

Adriano Sofri weist in dem zitierten Text auf Probleme hin, die sich im Laufe der Drehzeiten zwischen Pasolini und Lotta Continua herausgebildet hatten. Letztere wollten einen politischen Film, "eine Illustration unserer politischen Idee". Für Pasolini "manipulierte" Lotta Continua zuviel, was seiner Ansicht nach das "Material vertrocknen ließ".[15] Er war der Meinung, daß ein illustrativer Film nicht unbedingt ein authentischer sein müsse, wie es auch nicht eine natürliche Folge der Arbeit mit Laienschauspielern sei, den Zuschauer direkt zu erreichen. Im Gegenteil, daraus können auch Probleme der Verständlichkeit entstehen: Welcher Laie verfügt schon über eine ausgebildete Stimme?[16] Rossellini, der in *Paisà* ja ebenso mit Laien gear-

---

rence and Padua: Art, Society and Relgion, Bd. II., New Haven 1995, S. 102. Zu den Gesichtern Giottos vgl. auch J. Thomann, "Pietro d'Abano on Giotto", in: *Journal of the Warburg and Courtauld Institutes* 54, 1991, S. 238-243.

15 Bofanti, S. 99.

16 P. Sorlin, *Sociologia del cinema*, Mailand 1979, S. 271; seiner Theorie zufolge zieht die Arbeit mit Laienschauspielern eine Reihe von Problemen nach sich: "I personaggi recitano dei testi e siccome rischiano di dirli male, sono doppiati da attori professionisti: in un certo senso, il ricorso alla 'gente presa dalla strada' porta a moltiplicare gli artifici".

beitet hatte, hatte das Problem der Verständlichkeit zu einem Problem der künstlerischen Umsetzung gemacht: In *Paisà* sprechen alle bedingungslos die ihnen eigene Sprache – nicht nur die Amerikaner amerikanisch, die Deutschen deutsch, die Italiener italienisch, sondern auch sizilianisch, neapoletanisch etc. Das Sprachbabylon in Rossellinis *Paisà* ist für niemanden komplett übersetzbar: Die Sprache wird als einfaches Mittel der Kommunikation abgeschafft oder sie hat im Film als solches gar nie fungieren können. Schon in der ersten Episode, als die Amerikaner in Sizilien landeten, hielten die Sizilianer sie trotz (oder aufgrund?) ihrer Sprache für Deutsche, und ein großer Teil der Handlung des gesamten Films basiert auf kulturellen wie sprachlichen Mißverständnissen oder schlichtem Unverständnis (so etwa Passagen der Episode in Neapel zwischen dem schwarzen amerikanischen Soldaten und dem kleinen Neapolitaner). Rossellinis Strategie ist, vermittels von Dialekten und unprofessionellen Stimmen die Authentizität seiner Szenen unter Beweis zu stellen und den Eindruck eines lebenswahren Realismus zu erwecken. Doch dies erzeugt einen anderen Effekt, der sich gleichzeitig quasi automatisch einstellt, nämlich den einer zumindest partiellen Unverständlichkeit. Dies scheint mir kein Versehen des Regisseurs zu sein, sondern wohlkalkuliert: Rossellini opfert in *Paisà* die gängige Vorstellung, Sprache diene schlicht und einfach der Verständigung: Bereits zu Beginn des Films, in der Episode in Sizilien, im verzweifelten Versuch einer minimalen Konversation eines amerikanischen Soldaten mit einer jungen Sizilianerin, wird programmatisch gezeigt, wie die Kommunikation, die auf der Sprachebene basiert, völlig scheitert; ein rudimentäres Verständnis bahnt sich erst dann an, als der Soldat Photographien seiner Angehörigen aus der Tasche zieht: Die Verständigung funktioniert über Bilder, Gesten oder auch Laute.[17] Sprache dient – überspitzt formuliert – nicht dazu, Handlung ver-

[17] Doch für den amerikanischen Soldaten wird der Versuch fatal: Als er ein Streichholz anzündet, um die Photographien im kompletten Dunkel der Festung sichtbar zu ma-

ständlich zu machen, sondern diese wird vor allem durch die Bilder einsichtig. Die Stimmen werden auf diese Weise von ihrer erklärenden Funktion befreit, somit aufgewertet und umdefiniert: Stimmen und Geräusche sind geradeso wie optische Eindrücke Teil der uns umgebenden Realität. Filme ohne Stimmen, die Stummfilme, sind weniger realistische als vielmehr höchst artifizielle Produkte im Vergleich zu denen des *neorealismo*.

Festzuhalten ist, daß der Umgang mit Sprache und Stimmen in *Paisà* gegen den ersten Eindruck einem wohlberechneten Kalkül unterworfen ist: Rossellini entzieht der Stimme ihre Kommunikationsfunktion, setzt sie dagegen als Medium künstlerischer Kreativität ein, um so den Eindruck größtmöglicher Natürlichkeit zu suggerieren.

In Pasolinis Film gibt es keine Fremdsprachen, doch wird auch hier Dialekt gesprochen, allerdings ein bedeutend verständlicherer. Auch hier dient dies dem Zweck, authentisch zu sein, doch ist es im Gegensatz zu *Paisà* vom steten Bemühen begleitet, sich verständlich zu machen: Man spricht Dialekt, wie das alle tun, doch möglichst zurückgenommen. Auch Pasolini war sich der Problematik der Stimmen völlig bewußt.[18] Bonfanti erinnert sich, daß der entscheidende Streit wegen eines Arbeiterchores ausbrach:

"Una volta si arrivò sull'urlo di un litigio, perché lui [Pasolini] voleva togliere il 'coro' degli operai, che accompagnava il film, e io non ne voleva sentire. Alla fine si arrivò a una strana riunione in cui, col consiglio degli avvocati, si decise che lui non avrebbe firmato la regia".[19]

Es gab folglich heftige Konflikte zwischen Lotta Continua und Pasolini, die, sehe ich das richtig, eher klassischer Natur waren, der Regisseur wollte im Gegensatz zu Lotta Continua keinen dokumentarisch-politischen

---

chen, wird auch er sichtbar – und sofort erschossen.

[18] Er hatte unmittelbar vorher (1969) mit einer der berühmtesten Stimmen überhaupt – Maria Callas – *Medea* gedreht.

[19] Bonfanti, S. 99.

Film wie ihn letztere sich vorstellte.[20] Da das Problem nicht zu lösen war, gab Pasolini die Regie ab; an seine Stelle trat Bonfanti; die Mitarbeit Pasolinis ist dadurch festgehalten, daß im Vorspann des Filmes zu lesen ist: "da un idea di Pier Paolo Pasolini".

Sprache, Stimmen, Musik waren also auch für Pasolini ein entscheidendes künstlerisches Kriterium, ein Arbeiterchor war ihm unerträglich. Musik gibt es – abgesehen von dem Chor – im Film nicht, und die vielleicht eindringlichste Szene ist der Anfang des *Interviews* mit den Arbeitslosen von Bagnoli, für die Pasolini verantwortlich zeichnete:[21] Einer von ihnen ist taubstumm und während man eine merkwürdig unmenschliche Industrielandschaft (nur in der längeren Version) und die lebhafte Diskussion ohne Ton mit der Gruppe der Männer sieht, hört man gleichzeitig das, was nur unzulänglich als "Stimme" des Taubstummen bezeichnet werden kann, eine Art Töne, deren menschliche Ursprünge nicht mehr zu erkennen sind. Während sie ganz langsam leiser werden, legt sich parallel dazu – wie in einer Art Palimpsest – die 'normale' Stimme eines Mitgliedes der interviewten Gruppe über dieses Geheul des Taubstummen, wird durch sie ersetzt – übersetzt?[22]

---

20 Zumal, wenn die Interpretation der Stimmen und Sprachen für Rossellinins *Paisà* überzeugend sein sollte, dies Indiz dafür ist, daß der Neorealismus keineswegs schlichte Wiedergabe einer vorfindlichen Wirklichkeit ohne künstlerische Umsetzung ist, zumindest nicht in allen seinen Vertretern. Das Problem der Sprache im Film hat in jüngster Zeit im übrigen eine Fortsetzung gefunden, siehe folgende Anmerkung.

21 Sofri, S. 10, und freundliche Bestätigung der Associazione Fondo Pier Paolo Pasolini, Roma. Diese Angabe fehlt in den in Anm. 11 genannten Katalogen zu Pasolini.

22 So die vereinfachte Version des Videos, auf die ich mich, einer strafferen Argumentation zuliebe, hier ausnahmsweise beziehe. In der längeren Version ist der Schnitt komplizierter: Man sieht zunächst Bilder der Industrielandschaft, dann die Gruppe der Arbeitslosen, beide Einstellungen vom Geheul des Taubstummen untermalt. Dann eine Gruppe 'militanter' Kinder mit kommunistischem Gruß, die Revolutionslieder singen. Dann wieder die Gruppe der Diskutierenden, deren Stimmen jetzt zu hören sind, dann wieder die Kinder.

"Der Schmerz hat keine Stimme" – es sei denn die geliehene der Kunst. Die gilt auch im Fall von Sergio Bianchi, eines im Kerker verschwundenen Gefangenen: Der Schriftsteller Nanni Balestrini lieh einem der ansonsten "sprachlos" gebliebenen Opfer der *Bleiernen Zeit* seine Stimme: In seinem Roman mit dem Titel *Gli invisibili* schildert er die Niederschlagung eines Gefängnisaufstandes, bei dem die bis zu den Zähnen bewaffnete Polizei mit Bomben und anderen Waffen auf die wehrlose Masse der "Unsichtbaren" losgeht.

Nicht nur Hoffnungen und Utopien dieser Jahren gingen verloren, auch eines ihrer Dokumente, das Originalexemplar des Filmes *Lotta Continua* von Pasolini mit seinen 80.000 Metern gedrehten Materials. Was blieb, war eine gekürzte Kopie in mittlerweile schlechtem Zustand, die man 1972 nach Deutschland, genauer nach Berlin, zum XXII. Filmfestival gesandt hatte, und deren Original der Fondo Pasolini in Rom aufbewahrt. Diesen Film restaurierte und kürzte Laura Betti, die Seele und Körper des Fondo Pasolini, zusammen mit dem Regisseur Enzo Ocone und Adriano Sofri, so daß die eingangs erwähnte dreiundvierzigminütige Version entstand,[23] vielleicht um einen Teil des Befremdens – wie es Sofri formuliert hatte – zu diminuieren, doch auch wegen seiner schlechten Qualität. Die gesamte Passage des Finales von über zehn Minuten, in der analog zu dem Beginn des Films eine Demonstration in Mailand am 12. Dezember 1971 gefilmt war, wurde gestrichen.

---

[23] Sofri, S. 10. Die kurze Fassung ist als Video erhältlich.

Enrico Baj, *I funerali dell'anarchico Pinelli* (1972), Moderna Museet Stockholm

2. Die Assemblage (1971/72)

Pasolinis Film *Lotta Continua* hatte den 12. Dezember programmatisch zu seinem Titel gemacht, Bajs Werk aus den Jahren 1971/72 zeigt dagegen den Pinellis Fenstersturz, der sich am 15. Dezember ereignete. Die Assemblage mißt ca. zwölf mal drei Meter und besteht aus einer Tafel, die wie ein großes Puzzle aus dreizehn Stücken zusammengesetzt ist, sowie vier zusätzlichen Figuren, Pino Pinelli, seiner Frau Licia und seinen beiden Töchtern Claudia und Silvia, ferner einem von einer Aedikula bekrönten und von umwundenen Doppelsäulen gerahmten Fenster mit einer Lampe und vier Armen.

Im Rahmen des Mailänder Kulturprogramms, das Ausstellungen zu bedeutenden Künstlern der Nachkriegszeit, die in dieser Stadt wirkten, organisierte, hatte man eigentlich eine traditionelle Retrospektive Bajscher Werke im Palazzo Reale geplant. Baj schlug dagegen vor, nur ein einziges Bild zu zeigen und entwarf *I funerali dell'anarchico Pinelli*, wobei der Ort der Präsentation, die *Sala delle Cariatidi*, für die Entstehung des Werkes eine entscheidende Rolle spielte. Für die Mailänder Ausstellung war die Haupttafel auf einem flachen Podest an einer der beiden Schmalseiten aufgestellt worden, während das erleuchtete Fenster mit Lampe und Armen separat über der Ausgangstür an der Wand gegenüber angebracht war.

Die Vernissage war für den 17. Mai 1972 angekündigt. Am Morgen dieses Tages wurde Luigi Calabresi erschossen, der Kommissar, der für die Verhöre Pinellis verantwortlich zeichnete.[24] Er hatte gegenüber dem Anarchisten die Lüge geäußert, Valpreda habe alles gestanden, worauf sich Pinelli aus Verzweiflung aus dem Fenster gestürzt habe, einem der fünf oder sechs anwe-

[24] Wie aktuell die Frage nach der persönlichen Schuld Calabresis lange geblieben ist, zeigen u.a. mehrere Zeitungsartikel, die im Oktober 1987 in *la Repubblica* erschienen sind (25. Oktober, S. 8f.). Dario Fo etwa erklärte: "Pinelli fu ucciso, ma Calabresi non c'entra", während Valpreda nach wie vor Calabresi für schuldig hält. Die Meinungen der ehemaligen Mitglieder von Lotta Continua selbst sind durchaus unterschiedlich.

senden Polizisten sei es zwar gelungen, ihn am Fuß zu packen, doch in seiner Hand sei ihm nur der Schuh geblieben...

Aufgrund des Mordes an Calabresi wurde die Vernissage aus "technischen Gründen verschoben" – die Ausstellung wurde in Mailand nie mehr eröffnet.

Für Baj war Picassos *Guernica* das "einzige moderne dramatische" Bild, ein Kunstwerk, das mit den Mitteln der Avantgarde Empörung und Schmerz über eine politische und menschliche Katastrophe des eigenen Landes ausdrückte. Gegen die moderne Mediengesellschaft, die das Bild als Meisterwerk feiern wollte und, indem man es zum Klassiker machte, seine Sprengkraft durch allgegenwärtige Reproduktionen zu entschärfen drohte, stellte Baj 1969 in einem transgressiven Akt ein eigenes *Guernica* als parodistisches *remake* von Picassos berühmtem Gemälde aus.

In seiner Assemblage *I funerali dell'anarchico Pinelli* ging Baj für die Darstellung des Opfers und der leidtragenden Familie Pinellis in zwei Weisen auf Picasso zurück: *Pino*, *Licia* und die Lampe des Fensters sind direkte Zitate aus *Guernica*; *Claudia*, genauer ihr Gesicht, entstammt dagegen dem Formenrepertoir aus der Auseinandersetzung Bajs mit Picasso: "Picabaj" (ein von Queneau geprägter Ausdruck). Das von Händen bedeckte Gesicht *Silvias* schließlich ist ein klassischer Trauergestus.

Antagonistisch stehen sich Gruppen der *Anarchisten* auf der linken und der *Polizei* auf der rechten Seite gegenüber, eine Positionierung, die man wohl als politische Metapher lesen darf. Viele der *Anarchisten* weinen gläserne Tränen, andere protestieren. *Baj* selbst mit am weitesten nach vorne gestreckter Hand scheint den *Polizisten* sein "J'accuse" entgegenzuschleudern. *Pinos* Gesicht hat sich in futuristischer Manier verdoppelt, um so Bewegung und Geschwindigkeit seines Fenstersturzes zu zeigen. Sein rechter Schuh fehlt, der Mund mit wenigen Zähnen ist zum Schrei geöffnet, die Hände vergeblich nach vorn ausgestreckt, um den Sturz abzumildern. Der *Polizist* rechts neben ihm deutet schon mit seiner Linken auf den Boden, die Stelle von Pinellis Aufprall; seine Rechte hält den Schlagstock bereit. Unmittelbar hinter ihm gestikulieren andere *Generäle*, sie fletschen die Zähne, rollen Roboteraugen, schwingen ihre Gewehre und drängen gewaltsam zur Bildmitte. Ganz rechts außen, hinter der bis auf ihre Arme nackten, schmerzentblößten *Licia*, kommandiert ein monströser *General* à la Hieronymus Bosch und sucht in seiner Geste ein erfolgreiches Ende in seinem Sinne zu beschwören. Mit ihren uniformierten Körperpanzern haben diese *personaggi* nichts Menschliches mehr an sich, die *Generäle* sind anonyme Träger der Macht, gesichts- und seelenlose. Orden zeichnen sie aus. Die italienischen Farben rot, weiß, grün beherrschen diesen Teil der Assemblage. Die Rustikamauer aus Stoff, vor der sich *Pinellis* Drama abspielt, evoziert die quattrocenteske, fortifikatorische Mauer des *torrione* des Mailänder Castello Sforzesco, ehemals Sitz dieses die Stadt im Mittelalter dominierenden Adelsgeschlechts, deren auffällige, scharfeckige Diamantrustika Baj graphisch und ikonographisch umsetzt.

Hätte der Besucher der Mailänder Ausstellung diese von lebensgroßen phallokratischen Monstern dominierte Welt verlassen, hätte er als letztes das Fenster mit der Lampe aus Picassos *Guernica* gesehen. Dessen eigenartig umwundene Doppelsäulen mit nur einem Kapitel und nur einer Basis hätten vielleicht die Erinnerung an die Kathedrale von Lucca oder San Michele in Foro geweckt: Lucca war für Dante Abbild der Korruption einer Kommune und deren Magistratur, Stadt der Staatsbetrüger, wo man aus einem "Nein" ein "Ja" zu machen wußte.

Die klassizistische *Sala delle Cariatidi* im Palazzo Reale erlitt bei dem Bombardement der Stadt im Jahre 1943 schwere Schäden, die aufgrund fehlender konservatorischer Aktivitäten der Nachkriegszeit noch gravierender wurden. In diesem Saal wurde 1953 Picassos *Guernica* ausgestellt. Die Mailänder Inszenierung der Tragödie Pinellis evozierte durch den Rückbezug auf die Zerstörung Guernicas in der "Strage di piazza Fontana" ein weiteres 'staatliches' Massaker, diesmal unter Beteiligung der Neofaschisten; dies hätte den ruinösen Mauern des von Bomben teilzerstörten Palazzo Reale den Charakter eines Mahnmals gegeben.

Kunst als Aufforderung zu Gerechtigkeit, als Anklage, wo gegen diese eklatant verstoßen worden ist, als *lotta poetica*, der Künstler als Anwalt – dafür lassen sich in Bajs *Pinelli* zahlreiche Indizien finden. Dem entspricht die Reaktion der zuständigen Magistrate, die die 'Aussage' zensierten oder genauer: durch das Ausstellungsverbot der Öffentlichkeit in Mailand unzugänglich machten.

Und doch ist die These vom Bild als Anklage eine Vereinfachung. Das wird deutlich, wenn man das Manifest *Cosa è un quadro?* liest, das Baj für dieses Werk schrieb. Hier erklärt der Künstler: "Ein Bild ist nichts." Hat nicht nur der Schmerz keine Stimme, sondern ist ebenso Gewalt letztlich nicht darstellbar, unsichtbar wie der Titel des Romans von Balestrini *Gli invisibili* suggeriert?

Das Manifest beginnt mit einer sorgfältigen Auflistung der Größe der Assemblage, der angewendeten Technik und der benutzten Materialien: Nur wenn das Material, aus dem das Kunstwerk gemacht ist, vermittels seiner Qualität Haltbarkeit verspricht, kann dieses ein dauerhaftes Zeugnis ablegen. Daran schließt eine kritische Reflexion über die Möglichkeiten von Kunst an: Im Vergleich mit der Realität sei sie ein Geringes, ein Bild nichts. Ein Autofriedhof und eine wirkliche Müllhalde seien deren Bild vorzuziehen, da die Dinge ihrem Abbild vorausgingen. Doch jetzt unterbrechen Picabia und Breton die ontologischen Spekulationen Bajs – oder sind es nicht eher solche Platons? – über die Realität der Bilder, indem sie den Unterschied zwischen Kunst und Leben für aufgehoben erklären: Die Kunst müsse lediglich die Repräsentation, die verdoppelnde Nachahmung des Lebens aufgeben, und schon sei sie von ihrer dienenden Funktion befreit und könne wie das Leben selbst gestalten: "Arte ovunque, fuori e dentro".

Doch die Tragödie Pinellis hebt für Baj die Gleichsetzung von Kunst und Leben momentan auf und setzt die Autonomie der Kunst außer Kraft: Der Künstler ist aufgerufen, den Schmerz Licias, Claudias und Silvias darzustellen, also eine Repräsentation des Ereignisses zu schaffen, denn nur ein Werk in der Tradition von *Guernica* ist – so Bajs Manifest – fähig, die Abwehr der durch die moderne Mediengesellschaft von Informationen und Bildern überschütteten Betrachter aufzulösen und lebendiges Zeugnis zu sein und zu bleiben.

Sind uns Giotto wie Picasso so ferngerückt, daß wir gegen sie keine Distanz aufbauen müssen? Ist uns alle darstellende Kunst so fremd, daß wir uns nur noch von ihr anrühren lassen?

Wie oder was stellen *I funerali* denn dar? Jedenfalls kein Begräbnis – im Unterschied zu Carràs Gemälde *I funerali dell'anarchico Galli* von 1911, auf die der Titel von Bajs Werk anspielt. Dargestellt ist der Fenstersturz Pinellis, gleichzeitig die Konfrontation der Polizei mit einer Gruppe von Anarchisten und Freunden Pinellis sowie die Trauer seiner Familie – Begebenheiten, die allenfalls zu verschiedenen Zeitpunkten stattgefunden haben: Als Pinelli aus dem Fenster stürzte, erwartete ihn kein Polizist mit dem Schlagstock mehr, es kam nicht zu einer Konfrontationen zwischen Polizei und Anarchisten, das Begräbnis fand einige Tage später statt. Kurz, ein solches Ereignis, wie es auf dem Bild zu sehen ist, hat sich in Wirklichkeit nie abgespielt. Das Werk ist also keine Darstellung der Vorfälle.

Doch wie könnte auch ein Ereignis dargestellt werden, bei dem offiziell nichts feststeht außer einem Fenstersturz eines Anarchisten, der zum "simbolo emblematico della crisi della giustizia e dell'intera società italiana"[25] wurde, zum Symbol für die Existenz einer *qua definitione* unsichtbaren Kryptoregierung, einen Begriff, unter den Noberto Bobbio "l'insieme

[25] C. Cederna, *Una finestra sulla strage*, Mailand 1971, S. 40. Das Zitat stammt von den Advokaten Smuraglia und Contestabile (sic!).

delle azioni compiute da forze politiche eversive che agiscono nell'ombra in collegamento coi servizi segreti, o con una parte di essi, o per lo meno da questi non ostacolati" subsumiert.[26]

I funerali dell'anarchico Pinelli sollten somit eine Geschichte darstellen, die jedoch offiziell aus unaufgeklärten und unaufklärbaren Ereignissen besteht. Bajs Strategie ist dementsprechend komplex: Zunächst ist sein Bild Augenzeuge. Für jeden zu erkennen, stellt es den Fenstersturz des Anarchisten dar, der fehlende Schuh war wie die ausgestreckten Hände obendrein Zitat der offiziellen Verlautbarungen von Polizei und Justiz. Und doch rufen die Figuren von *Pino Pinelli* und seiner Familie ein anderes Bild herauf, zitieren ein Werk der Kunst. In diesem Rekurs auf Picassos *Guernica* stellt Baj, ebenfalls für jeden zu erkennen, die Dimension dieser politischen und menschlichen Katastrophe heraus. Die *Polizei* zeigt in ihren Deformationen die Unmenschlichkeit staatlicher Gewalt, zumindest in manchen ihrer Vertreter. Die *Anarchisten* beweisen ihre Unschuld in ihrer körperlichen Integrität. Analog denunzierte die Architektur 'Mißregierung' in einem Fenster und einer Zitadellen-Mauer, obendrein durch den Kontext, für den das Werk ursprünglich geschaffen war, die Ruinen der *Sala delle Cariatidi*. In der Deformation der Figuren und der Dissoziation von Raum und Zeit, in der Technik der Juxtaposition, liegt, glaube ich, die Wirkungsmacht, die für *I funerali dell'anarchico Pinelli* schon durch die sofortige Zensur bezeugt ist. Deformation und Dissoziation als Mittel der Kunst werden so, fast versehentlich, zu Metaphern für die moderne Gesellschaft überhaupt. Die Krise seines Landes war für Baj zunächst zur Krise der nicht-darstellenden Kunst geworden. Doch der Versuch, sie momentan zu suspendieren, im Bild die Gewalt anzuklagen, begleitet von der selbstkritischen Erkenntnis der Nich-

[26] N. Bobbio, "La democrazia e il potere invisibile", in: *Il futuro della democrazia. Una difesa delle regole del gioco*, Turin 1984, S. 98. (dt. "Die Demokratie und die unsichtbare Macht", in: *Die Zukunft der Demokratie*, Berlin 1988, S. 109)

tigkeit von Bildern angesichts einer solchen Realität, führte für Baj zur Krise der Kunst überhaupt. Doch diese Aporie war gleichsam Bedingung für das Entstehen eines Werkes oder ist überhaupt symptomatisch für engagierte Kunst unserer Zeit, die sich der Problematik aller Ideologien bewußt ist.

3. Das Theaterstück (1970)

Im Mai 1970 beschloß der Untersuchungsrichter Caizzi, die Angelegenheit Pinelli *ad acta* zu legen. Weite Kreise der Bevölkerung hielten Calabresi für schuldig. Niemand war verurteilt worden, im Gegenteil, man hatte den Kommisar befördert trotz verschiedener Prozesse, etwa mit Lotta Continua, die er wegen Verleumdung angezeigt hatte: Sie hatte ihn in gezeichneten Vignetten immer wieder als Mörder angeklagt. Ohne Folgen blieb auch die Anzeige der Witwe Pinellis wegen Mordes vom Herbst 1971, der Prozeß wurde im Oktober 1975 eingestellt.[27]

Im Dezember 1970 begannen die ersten Aufführungen von Fos Stück *Morte accidentale di un anarchico*. Probleme gab es wie bei der Assemblage Bajs auch hier: Mehrfach drohten anonyme Anrufer Bomben (!) während der Aufführung an. Um keinen Ärger mit der Zensur zu haben, fingierte man, eine andere Geschichte zu erzählen – das Stück handle wohl von einem Fenstersturz aus einem Polizeibüro; auch hier drehe es sich um einen Anarchisten, einen Italiener, doch die wiedergegebenen Ereignisse hätten sich in New York 1921 abgespielt.

War bei Pasolini Pinelli – doch nicht sein Fenstersturz – zum Symbol für einen unmenschlichen Staat geworden, war es bei Baj die Aporie, die es ihm erst ermöglichte, das eigentlich Unmögliche zu machen, so folgte Fo in seinem Stück einer dritten Strategie: Er 'fälscht' die Realität, indem er seinen

27 "Cronologia", in: *Il malore attivo*, S. 88; der Text des Urteils findet sich ebd., S. 69-71.

Pinelli siegen und sich weidlich über alle Staatsmacht lustig machen läßt. Er ist sozusagen wiederauferstanden, doch nun im Gewand des Narren. Und wie bestimmte *slogans* der späten sechziger, frühen siebziger Jahre, die Sofri im Film *12 dicembre* so befremdeten, klingen heute auch die Kommentare, die Fo zur selben Zeit zu seinem Stück abgab:

> "Alla base del testo, della serie scatenata di invenzioni comico-grottesche in cui si articola – come penosamente sono i risvolti delle vicende cui il testo fa riferimento –, c'è la riflessione leninista della teoria dello stato e delle sue funzioni. La magistratura e la polizia che lo spettacolo mette sotto accusa non sono istituzioni da criticare o da correggere, sulle quali far pressioni per evitarne le disfunzioni: sono le espressioni più dirette dello stato borghese, del nemico da classe da abbattere".[28]

Wie der Film war auch das Stück in Gemeinschaftsarbeit entstanden, und zwar mit dem Theaterkollektiv *La Comune*; die Premiere fand genau zu dem Zeitpunkt des Prozesses von Lotta Continua und Calabresi statt, die Komödie sah sich selbst als Kommentar zum Prozeß und wurde auch so verstanden.[29]

Fo legt seinem Stück die beiden offiziellen Polizeiprotokolle der Verhöre Pinellis zugrunde. Allein durch seine Montage jedoch wird die Sprache der Bürokratie zur Farce. Seine Strategie soll am Beispiel der drei Schuhe erläutert werden: Wie zitiert, hatte ein Polizist erklärt, er habe den sich aus dem Fenster stürzenden Pinelli gerade noch am Schuh erwischt; dieser allein sei ihm in der Hand geblieben. Dieses Detail, das im Protokoll schriftlich niedergelegt worden war, soll beweisen, daß die Polizisten den Anarchisten keineswegs aus dem Fenster geworfen hätten, sondern, im Gegenteil, alles taten, um ihn zu retten. Das Problem war nur: Er war mit beiden Schuhen im Hof gefunden worden.

---

[28] D. Fo, "Morte accidentale di un anarchico", in: *Le commedie di Dario Fo*, VII, Turin 1974, S. 80.

[29] Ebd., S. 79.

So gibt es, logisch gesehen, zwei Möglichkeiten: Wenn Pinelli mit nur einem Schuh aus dem Fenster flog, mit beiden Schuhen aber im Hof ankam, muß es dem Polizisten gelungen sein, ihm den Schuh während seines Sturzes wieder anzuziehen, wenn nicht, ist man mit dem Problem 'drei Schuhe' konfrontiert. Doch wird der akrobatische Akt des Polizisten ausgeschlossen, bleibt nur noch eine einzige Möglichkeit, die drei Schuhe zu erklären:

"Matto: Dunque, tre scarpe...Scusate, non vi ricordate, se per caso fosse tripede?
Questore: Chi?
Matto: Il ferroviere suicida...se per caso aveva tre piedi, è logico portasse tre scarpe.
Questore (seccato): No, non era tripede!
Matto: Non si secchi, la prego...a parte che da un anarchico si può aspettare questo ed altro!
Agente: Questo è vero!
Questore: Zitto!
Commisario: Che guai, per la miseria...bisogna trovare una ragione plausibile, se no...
Matto: L'ho trovata io!
Questore: Sentiamo." [30]

Dann erfand der Verrückte die Lösung einer Galosche, das heißt, Pinelli hatte an einem Fuß einen Schuh, am anderen zwei. Doch dies ist nicht *politically correct*, da Personen, die Galoschen tragen, in der Regel konservative Monarchisten seien – und daß jetzt ein Anarchist, Königsmörder *per se*, 'monarchische' Gebräuche haben und der Königsmord als Akt der Liebe zum Königtum gerechnet werden sollte, der Verrückte aus Zwängen der Logik die Anarchisten zu den Hauptstützen der Monarchie machte, ging wirklich nicht an.

Nachdem Polizei, *carabinieri*, Richter etc. die Waffen gestreckt haben, ist es ein Verrückter, der mit allen Mitteln versucht, eine Version der Vorgänge herzustellen, die Plausilibilität besitzt; doch die Protokolle sind so voller Widersprüche, daß sie sich von allein *ad absurdum* führen. Nachdem alle Möglichkeiten der Logik ausgeschöpft sind, legt sich den Zuschauern eine letzte nah – sie kann nicht ausgesprochen werden, braucht es aber auch

---

30 Ebd., S. 47f.

nicht. Die schlichte Anwendung der Logik demonstriert, daß es keine Möglichkeit gibt, daß sich die Dinge wie berichtet abgespielt haben – selbst beim besten Willen nicht –, da sich immer essentielle Widersprüche auftun.

Auf diese Weise gelingen Fo zwei Dinge: Erstens wird durch das Ausschlußverfahren klar gemacht, was passierte. Dies bleibt zwar, wie gesagt, unausgesprochen, doch wird sarkastischerweise staatstheoretisch untermauert – von einem Verrückten:

"Non si è mai messa censura per questi scandali [natürlich die Amerikas]. Ma è giusto! Così la gente ha la possibilità di indignarsi, orripilarsi: ma che razza di governo è? Generali schifosi! Assassini! E s'indigna e burp! Il ruttino liberatore".[31]

Zweitens wird deutlich, daß diese Wahrheit letztlich unerheblich wird: Letztendlich ist es egal, ob man einen Menschen durch psychische Folter zum Selbstmord verleitet oder eigenhändig umlegt; unmenschlich ist es allemal.

Da Pinelli *redivivus* ist, kann ihm alle staatliche Macht nichts mehr anhaben. Da er verrückt ist – was Fo in die schöne Formel vom "patentierten Verrückten", "matto patentato", übersetzt, schützt ihn das Gesetz, die Polizisten wagen es nicht – anders als in der Realität –, illegale Akte zu begehen. Anders als beim 'echten' Pinelli sind seine Polemiken gegen die Staatsdiener effektiv, und alle Versuche, ihn zu verhören, zerstören eher das seelische Gleichgewicht der Polizisten, seines jedoch nicht (mehr?) – er ist ja schon "verrückt".

Fos Sprache macht keine einfachen Aussagen,[32] sondern bedient sich ihrer Redundanz, ihres Reichtums für Anspielungen und Wortspiele: Drei Füße, der "tripodos", ist bekanntlich das Zeichen Siziliens; und der Kommissar trägt den Namen Calabresi; Kalabrien und Sizilien sind zwei arme

[31] Ebd., S. 72.

[32] Dario Fo benutzt gelegentlich auch eine eigene "Sprache", das *grammelot* der *giullare*, eine traditionelle "Kunstsprache" der Bänkelsänger und Spielleute.

Länder, voll von Mafia und 'Ndrangheta, Gebiete, aus denen die Emigranten nach Norden kamen. In umgekehrter Richtung sind es Orte der Strafversetzung. Fos *matto* spricht dann auch höchst ironisch von einem Kommissar "il fra non molto calabrese" und bringt ihn zur Weißglut, indem er ihm als fiktiver Vorgesetzter prophezeit, er werde in ein "calabresisches" Polizeipräsidium (straf)versetzt, das nur ein Stockwerk habe und sein Büro sei im *semiterrato*, d.h. er schon halbwegs hinter Gittern: *semi-internato.*[33]

Bei der Umsetzung von Gewalt durch Kunst ist es normalerweise das Kino, das das größte Publikum erreicht. Die zahllosen Filme, die Gewalt thematisieren, brauchen wohl nicht eigens erwähnt werden. Das ist in diesem Fall nicht gelungen. Der Film blieb eher unbeachtet. Die Assemblage Bajs erreichte ein recht großes Publikum. Doch Fos Komödie hatte die größte Breitenwirkung. Sie bediente sich der Komik sowie der Strategien der Farce, der der 'Verfremdung' bis hin zur 'Fälschung' in Form des *happy end.* Zwar konnte sie die "Institutionen des bürgerlichen Staates, des Klassenfeindes", nicht abschaffen im Sinne der zitierten "leninistischen Kriegserklärung" Fos, dennoch fungierte sie als eine Art von Rache vermittels des Gelächters. Weder Pasolinis *12 dicembre* noch Bajs *I funerali dell'anarchico Pinelli* arbeiten mit den Mitteln der entlarvenden Komik; dies tat lediglich Fos Komödie. Der Ungerechtigkeit der Welt wurde ins Gesicht gelacht; wenigsten in einem Text wurde sie abgeschafft. Darauf beruht, glaube ich, ihr ungeheuerer Erfolg.[34]

---

[33] Fo, S. 15.

[34] Global möchte ich an dieser Stelle auf die Diskussion von Adorno und Benjamin über den Charakter des Lachens verweisen: W. Benjamin, *Gesammelte Schriften*, Bd. I, *2 Abhandlungen*, hg. v. R. Tiedemann u. H. Schweppenhäuser, S. 459 u. 462; Bd. I, 3, S. 1003: Brief Adornos vom 18.III.1936 aus London, S. 1000-1006. Vgl. auch G. Huber, "Benjamin, Baj e Rabelais – l'arte di ridere", in: *Catalogo generale delle opere dal 1972 al 1996*, Pontedera 1997, S. 47-53.

Um allen Mißverständnissen vorzubeugen, möchte ich unterstreichen, daß es mir nicht darum ging zu analysieren, welches Medium prinzipiell das geeignetste ist, Gewalt zu bearbeiten, um schließlich dem gesprochenen Wort den Lorbeer zu reichen, sondern um eine Analyse unterschiedlicher Strategien.[35]

RIASSUNTO

Il contributo verte sulla strage di Piazza Fontana, a Milano, dove il 12 Dicembre 1969 l'esplosione di una bomba nella Banca dell'Agricoltura uccise 16 persone e ne ferì molte altre. Per la Storia italiana del secondo dopoguerra, questo attentato fu un evento, la cui importanza non si può sopravvalutare. Recentemente è stato definito "la madre di tutte le stragi", che negli anni seguenti avrebbero insanguinato l'Italia. Le indagini presero un'unica e immediata direzione; la cosidetta "pista anarchica". Furono interrogati molti anarchici, tra i quali ricordiamo il ferroviere Pinelli, che morì precipitando da una finestra della questura di Milano durante un interrogatorio. Le circostanze del suo decesso non vennero mai chiarite completamente.

Artisti come Dario Fo, Pier Paolo Pasolini, Enrico Baj, recentemente anche Tabucchi hanno creato opere ispirate a quei fatti. È possibile denunciare o semplicemente esprimere una tale tragedia con mezzi artistici? Ed esiste un mezzo più adatto degli altri?

Il testo cerca di analizzare tre esempi:

1. In collaborazione con Lotta Continua, Pasolini girava, fra il '71 e il '72, un film inchiesta, in cui si descrive un viaggio dal Nord al Sud, andata e ritorno; dalla Milano della strage alla Carrara anarchica, per giungere fino a Reggio Calabria, teatro allora di una circoscritta, ma drammatica 'guer-

35 Auf den Schlußexkurs über Antoni Tabucchis Roman *La testa perduta di Damasceno Monteiro* (Mailand 1970) mußte aus Platzgründen leider verzichtet werden (die Herausgeber).

ra civile'. Da lì si torna nuovamente al nord, nella Torino delle grandi fabbriche, lungo il percorso ben conosciuto da molti emigrati.

2. Nel 1972 Enrico Baj creò un assemblaggio gigantesco (3m x 12m), in cui viene raffigurata la caduta di Pinelli, testimoniando così la realtà attraverso l'arte. Immediatamente si ebbe l'intervento della censura; così l'opera, creata per essere esposta a Milano, non potè essere vista nè allora nè in seguito nella città, teatro di quell'avvenimento.
3. Dario Fo e il suo Collettivo Teatrale scrissero una commedia intitolata *Morte accidentale di un anarchico* (dicembre 1970), usando e citando documenti riguardanti l'inchiesta giudiziaria ed utilizzando un tipo di collage linguistico che (quasi automaticamente e senza mai ricorrere a una descrizione vera e propria degli eventi) faceva capire chiaramente cos'era accaduto, cercando di fornire al pubblico una spiegazione senza troppi controsensi, contrariamente a tutte le dichiarazioni ufficiali che si mostravano una più incongruente dell'altra. Secondo Fo il riso ha la capacità di distruggere il potere dell'Autorità.

ALBERTO GRANESE
Università degli Studi di Salerno

DIE SPRACHEN DER GEWALT ALS FORMEN DES LEBENS ODER LEBEN DER FORMEN. PASOLINI UND DIE ITALIENISCHE ERZÄHLUNG DER 70ER JAHRE

Obwohl die politisch demokratischen Institutionen auch in Italien vorhanden sind, hat sich im Verlaufe der 70er Jahre eine subtile, tägliche und selbstverständliche Gewalt verbreitet, die sich sowohl unserer Aufmerksamkeit als auch jeder Definition entzieht. Diese Gewalt tritt in verschiedenen Formen auf, und sie zieht sich in horizontalem, vertikalem, zentralem und peripherem Sinn durch all unsere Beziehungen: mit den anderen, mit uns selbst, mit der Natur, mit der Gesellschaft, mit dem Staat.

Bevor die Gewalt die Alpträume der kollektiven Phantasie weckt, tritt sie als wirkliche auf: als Rassismus, als Klassenherrschaft, als Antisemitismus, Haß auf andere, Verachtung des Schwachen. Aus dem Naturzustand Hobbes, in dem ein jeder des anderen Feind war, ist die bürgerliche Gesellschaft entstanden, die, obwohl sie der Gewalt der Einzelnen oder der Gruppen die Kraft der Gesetze oder Institutionen auferlegt, sich selber in der Geschichte nur allzu oft in Gewalt verwandelt hat. Das legitimiert allerdings nicht den politischen Terrorismus und die allgemeine Kriminalität, welche von familiären, sozialen Faktoren und von den Massenmedien häufig entscheidend bestimmt werden.[1]

[1] Vgl. die Sondernummer "La violenza", von: *I problemi di Ulisse*, Oktober 1978. Zwischen 1978 und 1980, genau in der Zeit als die Gewalterscheinungen und terroristischen Aktionen zunahmen, wurden viele Studien zu diesem Thema veröffentlicht, als Zeugnis für den Alarmzustand und die Besorgnis der Soziologen, Psychologen, Historiker, Philosophen und Journalisten über das von Gewalt aufgeheizte Klima. (*Sulla violenza*, Rom 1978; F. Basaglia u. F. Fornari, *La violenza*, Florenz 1978; M. Cavallini, *Il terro-*

Die Schriftsteller leben in der Masse, sie erleben deren Bedürfnisse nach und deuten sie. Dringt die Gewalt in die Phantasie der Massen und der Schriftsteller ein, so gelangt sie zur literarischen Gestaltung und verwandelt sich in einen Schriftkörper. Es entstehen "Geschichten" der Gewalt; hierbei ist die Gewalt zugleich das Subjekt und die Verursacherin der Geschichten wie auch deren Objekt, Inhalt und Hauptgegenstand. Als sozialhistorisches Phänomen und als Archetyp der Imagination bringt die Gewalt mit Hilfe der Sprache die "Geschichten der Gewalt" hervor. In diesem Sinn handelt es sich um einen Genitivus subjectivus. *Occidente* (1975) von Ferdinando Camon, *La violenza illustrata* (1976) von Nanni Balestrini, *L'affaire Moro* (1978) von Leonardo Sciascia, *In questo stato* (1978) von Alberto Arbasino sind ganz und gar aus dem Klima der 70er Jahre zu verstehen, das vom Alptraum des Terrorismus beherrscht wird; sie geben jene Wirklichkeit in Direktaufnahme und aus unmittelbarer Nähe wieder, wie durch ein Vergrößerungsglas, das Ereignisse und Personen übermächtig auf die geschriebene Seite wirft.[2] Die Gewalt erscheint also auch in der Schreibweise, sie wird zu einem formalen und inhaltlichen Element, zu einem konstitutiven Faktor des narrativen Verfahrens; sie verwandelt sich in eine kompositorische Dynamik, in eine referentiell denotative Sprache, in einen Stil, der tendenziell auf die Figuren und Metaphern verzichtet. Aus dieser Perspektive handelt es sich um "Geschichten der Gewalt" im Sinne eines Genitivus objectivus.

Eingelassen in die historische Gewalt jener Zeit ist *Occidente* eng mit der "historischen Gegenwart" verbunden, weil die Ereignisse und Personen, von denen die Zeitungen täglich berichteten, gezielt und überlegt nachge-

---

rismo in fabbrica, Rom 1978; W. Laquen, *Storia del terrorismo*, Mailand 1978; R. Villa, *La violenza interpretata*, Bologna 1979; S. Acquaviva, *Guerriglia e guerra rivoluzionaria in Italia*, Mailand 1979; F. Ferrarotti, *Alle radici della violenza*, Mailand 1979; *La violenza e la città*, Bologna, 1979; E. Severino, *Téchne. Le radici della violenza*, Mailand 1979; G. Salierno, *La violenza in Italia*, Mailand 1980.

2 F. Camon, *Occidente*, Mailand 1975; N. Balestrini, *La violenza illustrata*, Turin 1976; L. Sciascia, *L'affaire Moro*, Palermo 1978; A. Arbasino, *In questo stato*, Mailand 1978.

zeichnet waren. Seit dem Ende der 70er Jahre hat die Gewalt schließlich ihre Außergewöhnlichkeit, durch die sie sich anfangs noch auszeichnete, verloren und ist nunmehr vertrauter Inhalt unseres täglichen Lebens geworden, so als hätten sich die romanhaften Ereignisse von einst in eine normale tägliche Chronik verwandelt. Die Aufgabe des Erzählers ist schwieriger geworden, weil er die metaphorische und phantastische Dimension seiner Fabel über die wahrscheinliche Rekonstruktion und Organisation gegenwärtiger und brennend aktueller Geschehnisse erreichen muß. Camon versucht nicht von vornherein, den Terrorismus zu dämonisieren und ihn losgelöst von der Gesellschaft zu verstehen, sondern betrachtet ihn vielmehr als deren Ausdruck. Der Schriftsteller erforscht Motive des Terrorismus, die er mit einem präzisen Kontext verbindet und ins Bewußtsein hebt, um auf diese Weise die Logik einer komplexen und vielseitigen Phänomenologie gründlich auszuleuchten.

Occidente ist das Zeugnis einer Welt, die in Auflösung begriffen ist, und ein Zeugnis der Unruhe einer Gesellschaft, die sich mit der vagen Hoffnung auf Erneuerung formiert; *Occidente* repräsentiert – so hat es der Autor selber erklärt – das "Aufeinandertreffen der vorindustriellen und der industriellen Menschenwelt".[3] Dies erklärt, warum der Roman als atypisch innerhalb der Narrativik anzusehen ist, deren Bezugspunkte Tatsachen, Personen, Ideen und Ereignisse der Tageschronik sind. Als "politischer" Roman vereinigt dieser Roman in sich die komplexe Gewalt der Geschichte, dringt in ihr Inferno ein, in dem der "schwarze" mit dem "roten" Terrorismus herrschen, um die "Desintegration" des westlichen Systems zu veranschaulichen und an seiner Stelle eine neue geistesaristokratische und hierarchische Gesellschaft zu begründen; letzteres geschieht im Namen eines unerbittlichen, fanatischen Mystizismus oder angeblich kollektiver Bedürfnisse des Proletariats.

---

3 F. Camon, *Avanti popolo*, Mailand 1977, S. 6.

Auf der Basis von Reden, Diskussionen, Veröffentlichungen, geheime Programmen und Tonbandmitschnitten einer nazimaoistischen Gruppe aus dem Veneto rekonstruiert Camon die Aktionen spontaner Gruppen, die sich selbst die Direktiven erteilen, die keinen organischen Zusammenhang oder eine Beziehung zu den Massen haben; hieraus resultieren die Verantwortungslosigkeit, der verbrecherische Wahnsinn ihrer Gewaltbereitschaft, des terroristischen Einsatzes von Gewalt, um menschliches Leben auszulöschen. Diese extremistischen Grüppchen verweigern sich der Wirklichkeit und der Politik. Sie sind nicht revolutionär, weil ihre Waffe der Terrorismus ist, welcher nicht die "Waffe der Revolutionen", sondern vielmehr "das Symptom des ziellosen Revolutionarismus"[4] ist; aber es handelt sich auch um "eine verfehlte, weil schuldhafte Reaktion auf eine unerträgliche historische Situation, welche die Schuld an ihren Übeln und für abnorme Reaktionen auf dieselben trägt".[5] Darüber hinaus handelt es sich um einen Terrorismus, der die Wirkung der Massenmedien einberechnet:

"die große Resonanz, welche die Massenmedien den Anschlägen geben, kann eine Anregung zur Aktion oder ein Motiv des Verbrechens sein, weil die subversiven Zellen hierin ein Zeugnis ihrer eigenen Macht sehen. ('Man spricht von uns, also sind wir stark.') Gleichzeitig liegt darin aber auch das Dementi des eigenen Erfolges."[6]

Für Camon stehen auch die Roten Brigaden weder im Zusammenhang mit dem Marxismus noch mit dem Proletariat, weil die von ihnen konstruierte "bewaffnete Partei" eine reine Utopie ist und "mit dem heroischen Selbstmord, dem alten romantischen Traum aller verfehlten und – was dasselbe bedeutet – unmöglichen Revolutionen zusammenfällt".[7] Die militärische Krise des roten Terrors hat zum Aufschwung des schwarzen Terrors beigetragen, der in dem brutalen Attentat von Bologna seinen Höhepunkt fand.

---

4 Ebd., S. 20.
5 Ebd., S. 19.
6 Ebd., S. 60.
7 Ebd., S. 131.

Occidente zeigt die Präfiguration dieser Wahnsinnstat mit den Aktionen des Protagonisten Franco, eines kalten, schizoiden Neonazis, der keine emotionale Beziehung zur Wirklichkeit hat und eine totale Vernichtung plant, aus welcher "die neue Ordnung" entstehen soll.

Zu Beginn des Romans findet sich eine Gruppe von Jugendlichen zu einem Fest zusammen. Rachele, Valerio, Romana, Junio, Claretta, Kinder des venetischen Bürgertums, tanzen miteinander; aber von der Decke hängen Metallblätter. "Die Kinder erlebten die Zeit der Gewalt wie einen grandiosen Mythos, weil sie das ganze Jahrhundert erfüllt hatte, das sich nunmehr dem Ende zuneigte [...] man konnte töten, man war also in der Lage, den Tod zu exportieren" (S. 304f.). Diese jungen Leute ziehen bewaffnet durch eine Stadt unserer Tage, Schauplatz von Attentaten, Massakern und Rache; sie kommen heimlich zusammen, um Strafexpeditionen vorzubereiten, deren politische Vorgaben – wie im tragischen Vorfall von Brescia – immer anonym bleiben.

Die Patrouillen der Gewalt bringen durch den Terrorismus ihre Hoffnung und ihre Verzweiflung zum Ausdruck, "ihren Sieg und ihr Ende: weil sie den Tod, den sie nach außen tragen, in sich haben" (S. 306). Sie verneinen die Geschichte im Namen der Vitalität; aber mit ihrer nihilistischen Geste gehen sie auch ihrer Vitalität verlustig; insofern der Totschlag den Gesetzen des Selbstmordes folgt, töten sie sich selbst, oder den besten Teil ihrer selbst, wenn sie ihresgleichen töten. Camon versucht also, die Gewalt zu psychoanalysieren, das moralische und kulturelle System, in dem der zwielichtige Protagonist verwurzelt ist, zu kulpabilisieren; dieser vollzieht schließlich das Massaker, um den Zusammenhang seiner Tat mit seiner verfehlten pseudorevolutionären Mystik ins grelle Licht zu rücken.

In *La violenza illustrata* von Nanni Balestrini wird die innere Logik der Gewaltspirale rekonstruiert: dies geschieht in verschiedenen Szenen und mit Hilfe einer gebräuchlichen journalistischen Sprache. Protokolle eines Verhörs, Auszüge aus der feministischen Presse, Prozeßaussagen liefern das Material für die bunte Collage des Autors. Die Technik der Dekomposition und der Wiederholung, mit denen Balestrini die Sprache seiner Informationsträger behandelt, führt zu unterschiedlichen und vielfältigen Wirkungen oder sogar zum überraschenden Umkippen der ursprünglichen Bedeutung der ausgewählten Stücke. Mimisch manieriert erscheint die Sprache, sobald die Mächtigen gerechtfertigt werden; geheuchelt unparteiisch erscheint sie wiederum, sobald sie die aggressiven Antworten der Gegenseite verbergen soll – also die Stadtguerilla, die Zustände in den Betrieben, die Kriminalität, die Hausbesetzungen.

Neben die Parolen, welche oft die Themen einzelner Kapitel bilden ("auf die reaktionäre Gewalt der bürgerlichen Institutionen antworten wir mit der revolutionären Gewalt"; "Aufforderung: tausend Arme recken sich, um sein Gewehr zu fassen"), setzt der Dichter-Erzähler andere, eher literarische: "Demonstration: Schrift und Zerstörung Schrift und Befreiung" (S. 99-109, 111f., 123-131). So heißt es bei Balestrini:

"Inequivocabilmente la riproduzione quale viene proposta dal linguaggio di giornali si differenzia dal testo letterario, l'unicità e la durata si intrecciano strettissimamente in quest'ultimo quanto la labilità e la ripetitività nella prima. [...] Al posto della fondazione della scrittura nel rituale si instaura la fondazione su un'altra prassi vale a dire il suo fondarsi sulla politica." (S. 123)

Hier geht es also darum, daß man sich des Objektes, des Bildes mit Hilfe der Zeitungssprache bemächtigt, um mit einer "politischen" Montage ihre Brüchigkeit und Stereotypie zu überwinden.

Dieses Patchwork oder die Collage-Technik mit Sprachmaterial verschiedener Codes und Herkunft kennt man bereits als wesentliches Merkmal der Schreibweise Balestrinis. Er erreicht damit eine Distanzierung von der Subjektivität des Autors, er vermeidet den allzu leichten Gefühlsausdruck und gibt der Andersartigkeit des Realen oder besser der Sprach-Wirklichkeit

Raum, die sich unmittelbar im Geschriebenen niederschlägt. Ein ideologischer Gesichtspunkt dient als Sammel- und Mittelpunkt des breitgestreuten vorgefertigten Wortmaterials; aber die sozialen Spannungen und Konflikte werden nicht allein durch Gewalttaten ausgedrückt, welche die Betrachtung von Terrorismus und Repression ausfiltert, sondern vor allem durch die in der Sprache selbst verdichtete Gewalt: Sie 'explodiert' in den syntaktischen Strukturen der geschriebenen Seite.

Wir sollten die intellektuellen Einstellungen und das kulturelle Klima nicht unterschätzen, die gewalttätige Verhaltensweisen angeregt und objektiv verbreitet haben. Die hypnotische Faszination, die der Gestus der Gewalt vor allem auf Intellektuelle ausübt, ist gleichfalls das Ergebnis eines kulturellen Prozesses, welcher jenem Gestus eine "ästhetische" Dimension verliehen und ihn so als "schön und erhaben" beurteilt hat.[8]

Die intellektuellen Eliten, welche gewohntermaßen nach Jakobiner Art *für* die anderen und nicht *mit* den anderen denken, brüsten sich mit einem Auftrag der Massen, den sie niemals erhalten haben, und halten daran fest, daß nur ein unkontrollierter und gewalttätiger *acte gratuit* eine äußerst komplexe Situation endgültig lösen kann; das logische und rationale Vorgehen verachten sie hochmütig, weil es als zu langsam und in jedem Fall ungenügend gilt. Diese Denkweise entspringt unmittelbar dem Engagement des Intellektuellen, dessen Bürgerpflicht häufig nur ein Vorwand ist, um sein technisches Geschick im Umgang mit dem Wort und seine stilistische Virtuosität zur Geltung zu bringen. Mit diesem flexiblen Instrumentarium vermag er über die Wirklichkeit hinwegzugleiten, ohne konkret und unwiderruflich in sie einzugreifen, wie es allein dem eigentlichen Handeln zukommt.

Faschismus und Marxismus sind die beiden Welterklärungsmodelle, die lange Zeit in Italien vorherrschten und zutiefst in der Geschichte unserer

---

8 F. Ferrarotti, *L'ipnosi della violenza*, Mailand 1980.

Kultur verwurzelt sind, obwohl sie sich theoretisch und pragmatisch in ihrer jeweiligen historischen Tradition und durch ihre philosophischen Begründungen voneinander unterscheiden; aber sie zeigen dennoch eine gemeinsame Einstellung, insofern sie danach streben, endgültige und umfassende Antworten zu geben, Zweifel zurückzuweisen und das realistisch rationale Vorgehen durch die gläubige Anstrengung zu ersetzen, kraft derer ein utopisches Ideal unmittelbar und unter Beseitigung von Übergangssituationen verwirklicht wird; als Vorbereitung hierzu werden unvermeidliche Kompromisse mit der tatsächlich noch bestehenden Situation geschlossen.[9] Wenn diese Ideen vor allem in den Peripherien der Großstädte, wo ein gefährdetes Leben die Unterscheidung zwischen öffentlich und privat, legal und illegal geschwächt oder aufgehoben hat, eine schnelle Verbreitung finden, so entsteht die klandestine bewaffnete Organisation, welche sich vornimmt, die konstitutionellen Machtapparate des demokratischen Staates gewaltsam zu stürzen.

Das beständige Auseinanderklaffen von Worten und Taten, "die eingefleischte und fortgesetzte Doppelzüngigkeit", die sich in der chiffrierten Sprache der Politiker verbirgt, haben unserem Land unermeßliches Übel gebracht; "das grenzenlose Spiel mit der doppelten Wahrheit" hat "Elend auf Elend, Leiden auf Leiden" gehäuft.[10] Deswegen konnte Leonardo Sciascia nur ein ganz und gar pessimistisches Schwarz in Schwarz wahrnehmen: "die schwarze Schreibweise auf der schwarzen Seite der Wirklichkeit" wird einem persönlichen "öffentlichen Tagebuch" anvertraut, welches *in nuce* die Bücher enthält, die im Jahrzehnt von 1969 bis 1979 geschrieben wurden und sich als Fabel, Erzählung, Essay und Bekenntnis in mehrere Richtungen entfaltet hat.

---

9 G. Bocca, *Il terrorismo italiano. 1970-1980*, Mailand 1981, S. 7-8.

10 L. Sciascia, *Nero su nero*, Turin 1979, S. 14.

Auch in dem Pamphlet über Moro sucht Sciascia schon auf den ersten Seiten den Anschluß an den Autor der *Scritti corsari* (1975) und der *Lettere luterane* (1976):

"Con Pasolini. Per Pasolini: Pasolini ormai fuori del tempo ma non ancora in questo terribile paese che l'Italia è diventato...Fraterno e lontano, Pasolini per me. [...] Le lucciole. Il *Palazzo.* Pasolini voleva processare il *Palazzo* quasi in nome delle lucciole. Per le lucciole scomparse."[11]

Von Pasolinis "Artikel über die Glühwürmchen" aus den *Freibeuterschriften* geht der sizilianische Autor schließlich zurück zu den linguistischen Bemerkungen aus Pasolinis *Empirismo eretico* (1962), wo dieser die Sprache Moros analysiert und sie wegen ihrer "Unverständlichkeit" als "vollständig neu" bezeichnet hat; er ahnt eine "rätselhafte Wechselbeziehung" mit "den Anderen": "In diesem kleinen Hinweis Pasolinis", schreibt Sciascia, "steckt eine Art Vorgefühl oder Vorwegnahme der Affaire Moro. Heute wissen wir, daß der Zusammenhang ein Widerspruch war: und Moro hat ihn mit dem Leben bezahlt."[12] Während seiner Gefangenschaft sah sich der Parteiführer der italienischen Christdemokraten zu einer "grausamen Umkehr" gezwungen, weil

"ha dovuto tentare di *dire* col linguaggio del *nondire*, di farsi *capire* adoperando gli stessi strumenti che aveva adottato e sperimentato per *non farsi capire.* Doveva comunicare usando il linguaggio dell'incomunicabilità".[13]

---

11 Sciascia, *L'affaire Moro*, S. 12-13; P.P. Pasolini, *Scritti corsari*, Mailand 1975, S. 156-164. ("L'articolo delle lucciole" war schon mit dem Titel "Il vuoto del potere in Italia" im *Corriere della sera* vom 1. Februar 1975 erschienen); P.P. Pasolini, *Lettere luterane*, Turin, 1976, S. 92-98 und 107. (Ausführungen über "Palazzo" und "Processo").

12 Sciascia, *L'affaire Moro*, S. 15-16; P.P. Pasolini, *Empirismo eretico*, Mailand 1972, S. 21. Soweit es Pasolinis "Präfiguration" des Falles Moro (Prozeß und Tod) und die verschiedenen Unterstellungen betrifft, siehe E. Siciliano, *Vita di Pasolini*, Mailand 1978 und 1981, S. 521.

13 Sciascia, *L'affaire Moro*, S. 16.

Der "Prozeß" und der "Palazzo" sind zwei Motive, die in den letzten Schriften Pasolinis regelmäßig wiederkehren; ihnen gibt seine verdichtete, referentielle Ausdrucksweise die lebendige Eindeutigkeit, die apolitische Einfachheit und die unmittelbare Anschaulichkeit eines regelmäßig skandierten Werbe- oder Propagandaslogans. Sie sind auch für Sciascia die wahren und eigentlichen Archetypen der *Affaire*, so als wollte er eine direkte Verbindung zwischen Pasolini und sich selbst knüpfen, zwischen zwei Intellektuellen der zweiten Hälfte der 70er Jahre, die nichts miteinander zu tun haben und uneins sind.

Gewiß beschäftigte sich Sciascias Buch *L'affaire Moro* mit einem brennend aktuellen Ereignis, in das Handelnde und Zuschauer noch tief verstrickt waren und mit dessen Unbekannten sie sich immer noch auseinandersetzen mußten; das Buch war als ein politischer Eingriff zu verstehen und enthielt eine Reihe deutlicher und nicht immer begründeter Anklagen; die erste dieser Anklagen war, daß alle oder fast alle den Tod des christdemokratischen Politikers wollten. Aber vorschnelle Verdrehungen, eingewurzelte Vorurteile oder willkürliche Schlußfolgerungen sind mit brillanten psychologischen Einsichten verwoben, mit Passagen von zwingender Logik und überzeugender Argumentation. Man denke nur daran, daß Moros Tod auch das Scheiten einer 1977 und 1978 eröffneten neuen Politik bedeutete, indem die nun scheinbare und formale Einheit der politischen Kräfte der Mehrheit zutage trat, hinter der sich unterschiedliche und widersprüchliche Meinungen und Vorhaben regten. Das Opfer des Vorsitzenden der Democrazia Cristiana hat das Gebäude, das er selber errichtet hatte, schließlich nicht erneuert und gefestigt; sondern es bezeichnete den Anfang seines Zusammenfalls, weil sich die neue Mehrheit von diesem Augenblick an aufzulösen begann. Wenn Sciascia die Meinung vertritt, daß der Staat mit den Rotbrigadisten verhandeln sollte, nicht weil es gerecht war, sondern weil er so in Übereinstimmung mit seinem Zerfall gehandelt hätte, erklärt er nicht, was wirklich geschehen ist, sondern er projiziert einen unerfüllten Wunsch auf das Geschehen; unbewußt macht er sich zum Wortführer derjenigen, die sich ein Zurückweichen der Staatsmacht gewünscht hätten, um so deren Inkonsistenz zu beweisen. Der Schriftsteller macht sich zum Sprecher des kollektiven Unbewußten, einer allgemeinen Vorstellungswelt, wenn er in dem einsamen, verratenen und mitleiderregenden Gefangenen Moro den Archetypus des Großen der Welt nacherleben läßt, welcher vom Schicksal geschlagen, von den Untertanen-Freunden verlassen, erst angesichts des Martyriums seine eigenen Fehler bei der Ausübung der Macht bereit ist einzusehen.

Die ihn verkannt und abgelehnt haben, indem sie behaupteten, in dem Gefangenen der Roten Brigaden nicht mehr den früheren Moro wiedererkannt zu haben, und die die Lüge vom Staatsmann erfanden, der sich nicht als solcher zeigte, haben nach dem erbarmungslosen Verbrechen der Terroristen ein zweites unmenschliches Verbrechen begangen. Hierin liegt für Sciascia der Kern des Entführungsdramas: in der Verkennung und der moralischen und psychologischen Isolation eines Menschen; indem man aus einem Menschen, der bei klarem Verstand war und weiterhin so wie bisher dachte, ein vor Angst wahnsinnig gewordenes Individuum machte. Während man diesen Schwindel unter Mithilfe der italienischen Presse den Italienern anbot, zeigt Sciascia, der nie zuvor eine ungewöhnliche Sympathie für den Politiker Moro empfunden hatte, ein besonderes Interesse und ein aufrichtiges Empfinden für den vereinsamten und verratenen Menschen.

Mit einem zweideutigen Titel *In questo Stato* – mit Majuskel bezieht er sich auf die Institution unseres Staates; mit Minuskel auf unseren gegenwärtigen Zustand – und in einem weder frivolen noch ausschweifenden Stil, der die Dinge gemächlich umkreist, um sie eindringlich, aber eindeutig zu erfassen, läßt sich Alberto Arbasino auf die Alltagschronik, auf die sogenannte Ereignisgeschichte ein; er versucht diese weniger mit objektiven Dokumenten zu rekonstruieren, als die "fantasmi italiani", also unsere althergebrachten anthropologischen Konstanten, die während des Falles Moro wieder in Erscheinung getreten sind, sarkastisch vorzuführen.

Arbasinos Interesse für das Alltägliche, seine offensichtlich fragmentarische und zerstreute Schreibweise, die gelehrte Zitate und subtile Anspielungen in einem sich überstürzenden plauderhaften Diskurs bündelt, erinnern häufig an die *Giornalini* von Edoardo Sanguineti, angefüllt mit Notizen, Aufzeichnungen, Reflexionen über die winzigen und unbedeutenden Aspekte der Wirklichkeit und des täglichen Geschehens.[14] Die *Lutherbriefe* oder die *Freibeuterschriften* Pasolinis, die Aufzeichnungen Sanguinetis, Arbasinos Beiträge zur Kulturkritik repräsentieren unterschiedliche Gattungen und Stile, die durch den Verzicht auf die traditionelle Romanform die Krise Italiens erfolgreich nachzeichnen, indem sie Irrtümer und Schrecknisse bis auf den Grund ausloten, indem sie wie besessen einige grundsätzliche Ideen wiederholen und ausdrucksstark variieren. Um einer sich dynamisch verändernden Wirklichkeit gerecht zu werden, wird die Schreibweise unsystematisch, "fragmentarisch, rhapsodisch, aphoristisch, sehr körperlich, gesprochen, lautlich oder gar transversal" sein müssen; sie wird sich als Performance, Aufführung, Spektakel darstellen müssen.

Eine besondere Würdigung verdient ein einzigartiges Prosawerk, *San Paolo* von Pasolini; es ist ein Text zwischen Erzählung und Film, zwischen historischer Parabel, die auf die Gegenwart anspielt, indem die Vergangenheit behandelt wird, und der Tageschronik, die auf Episoden und Figuren der Vergangenheit anspielt und sie in den Strom gegenwärtiger Ereignisse hineinstellt. *San Paolo* ist als *Abbozzo di sceneggiatura per film su San Paolo (sotto forma di appunti per un direttore di produzione)* überliefert, an

---

[14] E. Sanguineti, *Giornalino, 1973-1975* und *Giornalino secondo, 1976-1977*, Turin 1976 und 1980.

dem der Schriftsteller schon 1968 intensiv gearbeitet hat.[15] Aus derselben Zeit stammt auch sein *Progetto per un film su San Paolo*, welcher die poetische Idee, die Thematik und die Komposition des Film beleuchtet und die vom Autor beabsichtigten Analogien anzeigt, wodurch die Aktualität der Geschichte des Paulus hervortritt. Beide Werke gehören eng zusammen; sie sind durch dieselbe Botschaft verbunden.

Etwa in der Mitte der 70er Jahre schrieb Pasolini die Auswirkungen der Homologisierung der Kultur der Existenz einer neuen "Macht" zu, die weder im Vatikan noch im Heer, noch bei den Industriemagnaten oder bei den Machtträgern der Democrazia Cristiana zu erkennen sei. In der Tat bezeichnete Pasolini diesen "Potere" mit der Majuskel: "weil ich nicht weiß, worin die neue Macht besteht und wer sie repräsentiert. Ich weiß nur, daß sie da ist."[16] In der Folge behauptete er, einige Merkmale dieser "Macht ohne Gesicht" zu kennen und sie an "ihrer Entschiedenheit, die Kirche verlassen zu wollen", "ihrer von Erfolg gekrönten Bestimmtheit, Bauern und Lumpenproletariat in Kleinbürger zu verwandeln", vor allem an "ihrer sozusagen kosmischen Gier, die Entwicklung von Produktion und Konsum umfassend durchzusetzen"[17], zu erkennen. Das Phantombild dieser neuen Macht zeigt deutlich moderne Züge, welche der Toleranz und dem Hedonismus geschuldet, aber grausam und repressiv sind. Wir erkennen Pasolinis Polemik nach dem Referendum über die Ehescheidung, das den hohen Grad der Laizisierung des Landes anzeigte und dem freibeuterisch argumentierenden Schriftsteller den Eindruck einer verderblichen Amerikanisierung vermittelte.[18]

---

15 P.P. Pasolini, *San Paolo*, Turin 1977.

16 P.P. Pasolini, *Scritti corsari*, S. 54. Der Artikel vom 24. Juni 1974 "Il vero fascismo e quindi il vero antifascismo" erschien das erste Mal im *Corriere della Sera* unter dem Titel "Il Potere senza volto".

17 Ebd.

18 Ebd., S. 46-52: "Studio sulla rivoluzione antropologica in Italia"; zuerst am 10. Juni 1974 im *Corriere della Sera* unter dem Titel "Gli italiani non sono più quelli".

Gerade weil Pasolini die Machtmechanismen in einer spezifischen Gesellschaft wie der unsrigen analysiert, ist er in der Lage, ein Heilmittel vorzuschlagen. Seiner Meinung nach kann man der schrecklichen Wirklichkeit des Landes nur begegnen, indem man einen Prozeß, ein Gerichtsverfahren einleitet, in welchem die Übeltaten derjenigen angeklagt werden, die seit dreißig Jahren die Macht innegehabt haben, so daß ihr Leichtsinn bei der Verwaltung der öffentlichen Angelegenheiten offenbar wird. Die Schuld der Mächtigen besteht darin, daß sie sich und ihre Macht, deren anschauliches und beklagenswertes Beispiel sie sind, falsch beurteilen. In dem Prozeß würde den Bürgern etwas Wesentliches über ihre Existenz offenbart werden: Daß nämlich die Mächtigen, die sie regierten, nicht verstanden haben, daß die Form der Macht, der sie servil gefolgt sind, am Ende war: "eine Epoche einer bestimmten Macht ist zu Ende, und die Epoche einer 'gewissen' anderen Macht hat begonnen".[19]

Bevor das üble Regiment an die Grenze des Verbrechens stößt, muß das Gerichtsverfahren in Gang gebracht werden; denn nur "durch den Prozeß gegen die Verantwortlichen kann Italien sich selbst den Prozeß machen und sich selbst erkennen".[20] "Macht", "Palast", "Prozeß" waren die drei teuflischen Hirngespinste, von denen Pier Paolo Pasolini in den Monaten vor seinem tragischen Tod wie besessen war – die Initialen von "Potere", "Palazzo" und "Processo" fallen bedeutungsvoll mit denen seines Namens zusammen! Es handelt sich gewiß nicht nur um die prosodische Umsetzung einer rein poetischen Vision; sondern es handelt sich wohl um die konstitutiven Faktoren des schrecklichen bürgerlichen Universums, dem schon die wütend provozierenden Anklagen des Autors der Gedichte *Le Ceneri di Gramsci* (1957) galten.

---

[19] Pasolini, *Lettere luterane*, S. 116. (*Corriere della Sera*, 24. August 1975)
[20] Ebd., S. 137.

1974 erschien der Augenblick gekommen, um den Film über Paulus zu drehen. Pasolini hat seinen Drehbuchentwurf sechs Jahre später aus der Sicht neuer historischer Einsichten modifiziert; er hat damit allerdings nicht Wesen und Struktur des Textes verändert. Die Kostenberechnung erschien zu hoch für ein "so riskantes" Thema; deswegen verzichtete der Autor auf die Verfilmung und plante, nach neuerlicher Beschäftigung mit dem Text, die Veröffentlichung als literarisches Werk. Auch dieser Plan wurde nicht verwirklicht; das Manuskript liegt in seiner ursprünglichen maschinenschriftlichen Fassung mit den Veränderungen des Autors von 1974 vor. Die Verbesserungen wurden mit Tinte eingetragen; Erweiterungen und Umstellungen sind nur skizziert worden. In der ersten Fassung hat Pasolini das gesamte Geschehen aus der Zeit des Apostels in unsere Zeit versetzt; dieses geschah mit dem klaren Ziel,

"filmisch auf direkte und brutale Art und Weise den Eindruck und die Überzeugung der Aktualität zu vermitteln. Dem Zuschauer sollte explizit und ohne ihn zum Nachdenken zu zwingen, gesagt werden, der Heilige Paulus *ist hier, heute, unter uns*, und dies ist er quasi physisch und materiell. Er wendet sich an unsere Gesellschaft; unsere Gesellschaft beklagt und liebt er, ihr droht er und ihr verzeiht er; sie greift er an und umarmt sie zärtlich" (S. 5).

Deswegen werden die alten Kapitalen der Macht und der Kultur durch die heutigen Metropolen New York, Paris, Rom, München, Marseille ersetzt. Das antike Jerusalem wird zum Beispiel durch das Paris der Jahre 1938 bis 1944 ersetzt. In seiner Bearbeitung vertauscht Pasolini allerdings Paris, "Sakrarium des aufgeklärten und intelligenten Konformismus", gegen Rom, das in der ersten Fassung mit dem antiken Athen identifiziert wurde, der Stadt der großen historischen, aber nicht religiösen Tradition. Indem er die Städte austauscht, tauscht er auch die Gebäude gegeneinander aus: der Palast des "Gran Sacerdote" ist der Vatikan. Auch die Handlung wird im Sinn dieser Veränderungen bearbeitet. Neue Szenen ersetzen frühere, die durch eckige Klammern markiert werden, oder sie werden hinzugefügt und sollen die Darstellung der Figur des Apostels vertiefen: seine Kindheit, seine

Beziehung zum Vater, seine Jugend; oder neue Figuren treten auf, Satan, die Teufel, ein teuflischer Auftraggeber. Der Film hätte die Form einer "Episoden-Tragödie" annehmen sollen, mit bedeutsamen Episoden aus dem Leben des Heiligen: der Tod des Stefano, die Bekehrung des Paulus, seine Predigten und sein Martyrium.

Der Hauptgegenstand des Autors ist es, das ökumenische Apostolat des Paulus im Rahmen des zeitgenössischen Konformismus darzustellen, der typisch für die aktuelle bürgerliche Zivilisation ist; dieser Konformismus erscheint sowohl "unter dem heuchlerischen und konventionell religiösen Aspekt (analog dem der Juden) als auch unter dem laizistisch liberalen und materialistischen Aspekt (analog dem der Heiden)" (S. 6).

In der sozialgeschichtlichen Wirklichkeit hat Paulus "mit der einfachen Kraft seiner religiösen Botschaft einen Typus der Gesellschaft (die römische), die auf die Klassenherrschaft, den Imperialismus und vor allem auf die Sklaverei begründet war, revolutionär zerstört" (S. 6). Heute ist nicht mehr Rom "das Zentrum der modernen Welt – die Kapitale des Kolonialismus und des modernen Imperialismus –, der Sitz der modernen Macht über den Rest der Erde", sondern New York mit Washington, deren Gesellschaft auf denselben Elementen beruht, welche dem antiken Rom seine Macht verliehen. Um die Aktualität dieser Elemente zu veranschaulichen, bemüht sich der Autor, daß die Dinge, die Personen und die Umgebungen einen unmittelbar modernen Ausdruck annehmen: Die Fragen, die die zum Evangelium Bekehrten dem Apostel stellen, oder die Aussagen, die sie sich zuflüstern, werden als spezifisch moderne und politische in einer für unsere Tage typischen Sprache formuliert.

"In ihm ist etwas, das nicht stimmt, etwas Schreckliches. Er selbst brachte die Gefangenen um, als er Nazi war. Dinge, die man nicht mehr aus dem Lebens streicht, sie gehören dazu. Und wirklich ein Fanatiker, ein Fanatiker ist er geblieben. Sein Moralismus ist grausam [...]" (S. 93).

Die Worte des Paulus dagegen werden ausschließlich als religiöse Worte in einer universalen, ewigen, aber im strengen Sinn nicht aktuellen Sprache formuliert: "Jede Bitterkeit, Feindseligkeit, Wut, Geschrei und Beleidigung sowie jede Art von Bosheit bleibe euch fern. Seid dagegen wohlwollend untereinander, barmherzig, verzeiht einander wie Gott der Herr euch durch Christus verziehen hat" (S. 104). Pasolini hob hervor, daß der Film

"durch dieses Vorgehen seine tiefere Thematik [offenbart hätte]: den Gegensatz zwischen 'Aktualität' und 'Heiligkeit' – die Welt der Geschichte, die in ihrer extremen Gegenwart und Eile dazu neigt, ins Geheimnisvolle, Abstrakte, die reine Frage zu entfliehen – und die göttliche Welt, die dagegen in ihrer religiösen Abstraktion unter die Menschen kommt und konkret wirksam wird" (S. 7).

Paulus, Protagonist und alleinige herausragende Figur, gewinnt an Körperlichkeit durch flüchtige, aber intensive psychologische Beschreibungen. Er ist ein Pharisäer und gehört durch eine lange Familientradition in diese Gesellschaft; in Paris wohnt er als harter Fanatiker der Erschießung des Stefano bei, eines bei den Partisanen engagierten jungen Mannes:

"Im Gesicht des Paulus las man etwas Schlimmeres als Bosheit; man las die Gemeinheit, die Grausamkeit, die Entschlossenheit, niederträchtig zu sein, die Heuchelei, die so tut, als geschehe all dies im Namen des Gesetzes oder der Tradition – oder Gottes. All das kann jenes Gesicht schließlich auch verzweifelt erscheinen lassen" (S. 21).

Paulus, der sich bei der Jagd auf den Gläubigen ausgezeichnet hat, wird nach Spanien entsandt, um Verhaftungen im Namen des Gesetzes durchzuführen, an das er glaubt. Während der Reise trifft ihn ein "Blitzschlag" und er ist eine zeitlang blind; aber ein göttliches Licht hat ihn erleuchtet. So beginnt er seine Missionstätigkeit unter Qualen, Leiden und Wundern, indessen die Freunde von einst die Jagd auf ihn eröffnen. Paulus, schwer erkrankt, wird verhaftet und verlangt, daß er in Rom vor Gericht gestellt wird. In New York nun gewinnen die zeitgenössische Gewalt und die gewalttätige Aktualität die Oberhand bei der vom Autor konstruierten Übertragung der

Inhalte von einer Epoche in die andere. Die Korruption der heidnischen Antike und die unruhestiftende Ahnung, daß das Ende der Welt bevorsteht, werden erstickt durch eine neue ungeheure Korruption, durch die Verzweiflung, die sich in unserem Atomzeitalter ankündigt und die aus Neurosen, Drogensucht und einem radikalen Protest gegen die Gesellschaft genährt wird.

Die antike Sklavenhaltergesellschaft des großen Rom wird vom Rassismus und von der sozialen Situation der Schwarzen überschattet. Die Welt des Reichtums und der Macht steht der Angst, dem Todesdrang, dem verzweifelten Kampf der Schwarzen gegenüber, wo Paulus das Evangelium verkündet. Er wird inmitten der Wirrsal der Weltstadt, der Wolkenkratzer, des betäubenden Verkehrs ermordet; aber die Menge geht wie eine Lawine über ihn hinweg, setzt ihr gleichgültiges und gehetztes Leben vor dem Schauspiel des Todes fort. Gottes Wort wurde ausgesprochen, aber wieviel haben es gehört? Und hier tritt die innere Empörung des Autors beunruhigend hervor; das Bewußtsein, in dieser ungeheuren Menge allein zu sein, wird beängstigend. Ein alter Mann spricht den Zuschauer des Films an:

"Keine Wüste wird unbewohnter sein als ein Haus, ein Platz, eine Straße, wo man eintausendneunhundertsiebzig Jahre nach Christus lebt. Das ist die Einsamkeit. Schulter an Schulter mit dem Nachbarn, in Kleidern aus deinen Kaufhäusern, Kunde in deinen Geschäften, Leser deiner Zeitungen, Zuschauer deines Fernsehens – herrscht das Schweigen. Es gibt keine andere Metapher für die Wüste als das tägliche Leben." (S. 35)

Während in anderen Werken der 70er Jahre fernliegende Epochen rekonstruiert werden, um der zeitgenössischen Welt eine metaphorische Dichte zu geben, kehrt Pasolinis Werk dieses Verfahren um, denn er versetzt die Missionstätigkeit des Apostels in die aktuelle Situation, um ihr eine universelle symbolische Bedeutung zu verleihen.Man kann behaupten, daß in *San Paolo* die "Geschichten der Gewalt" mit der "Gewalt der Geschichte" in neuer und origineller Weise verbunden werden.

Wenn man bei der Formulierung "Geschichten der Gewalt" den Genitivus subjectivus vom Genitivus objectivus unterscheidet, so wird man dies auch für die Formulierung "Gewalt der Geschichte" tun können; die chiastische Form beider Syntagmen verleiht ihnen eine konzentriert emblematische Bedeutung.

Die Gewalt der Geschichte ist eine ihrer strukturellen invariablen Konstanten; in diesem Sinn handelt es sich um einen Genitivus subjectivus: die historischen Ereignisse sind als solche "gewalttätig". Wir können das Syntagma aber auch im Sinne eines Genitivus objectivus verstehen: Wir üben Gewalt auf die Geschichte aus, insofern wir ihr dynamisches Geschehen interpretieren, auch wenn es sich hierbei um einen unbedingt notwendigen und unvermeidbaren Annäherungsversuch an die Wahrheit handelt. Wenn außerdem noch durch die expressive und stilistische Gestaltung eines Autors eine im eigentlichen Sinn Literarisierung hinzukommt, so handelt es sich um eine prinzipielle Form der Gewalt: Pasolini zum Beispiel mußte für sein Buch *San Paolo* die historische Diachronie vergewaltigen, um aus ihrer synchronen Anordnung einen Reichtum an Konnotationen zu gewinnen. Paradoxerweise können also die Geschichten der Gewalt – als Leben der Form – nicht ohne die Gewalt entstehen, die wir der Geschichte – ihren Lebensformen – zufügen.

Aus dieser Art von Gewalt entspringt nämlich ein Mehr an Verständnis, die zusätzliche Bedeutung, die nur die Kunst dem historischen Geschehen abgewinnen kann.

(aus dem Italienischen von Peter Brockmeier)

La violenza, come fenomeno storico-sociale e come archetipo dell'immaginario, produce, attraverso la pratica del linguaggio, le "storie della violenza", diventa quindi fattore costitutivo della struttura stessa del procedimento narrativo, si trasforma in dinamica compositiva e in corpo della scrittura.

La violenza illustrata di Nanni Balestrini ricostruisce la logica interna di quella spirale della violenza, che ha attraversato le scene più diverse, adoperando il materiale del linguaggio giornalistico con cui essa viene ogni giorno rappresentata. Le tecniche di scomposizione e di ripetizione, usate da Balestrini per il "trattamento" del linguaggio dei mezzi di informazione, producono effetti vari e diversi, oppure sorprendenti ribaltamenti del significato originario degli inserti selezionati. In questo modo le tensioni e le conflittualità del sociale vengono espresse dalla violenza condensata negli elementi stessi del linguaggio, che "esplodono" nelle strutture sintattiche della pagina scritta. *Occidente* di Ferdinando Camon coglie la complessa violenza della storia, si addentra nel suo inferno, in cui si attua la "disintegrazione del sistema" occidentale per fondare al suo posto una nuova società, in nome di un intransigente, fanatico misticismo o di presunti bisogni collettivi. Si presenta, quindi, come un tentativo di psicoanalizzare la violenza, il un sistema morale e culturale in cui è radicato il torbido protagonista che, per dare una prova di lucida coerenza con la sua aberrante mistica pseudorivoluzionaria, compirà il gesto finale della strage.

Pier Paolo Pasolini attribuì gli effetti dell'omologazione della cultura all'esistenza di un nuovo "Potere senza volto", che possiede tratti decisamente moderni, dovuti alla tolleranza e all'ideologia edonistica, ma, nel fondo, feroci e repressivi. Anche la cosidetta "verità" è prodotta, sostenuta e diffusa dai grandi apparati politico-economici, organici ai sistemi di potere (università, stampa, mass-media). In questo quadro, l'intellettuale non è più il "portatore di valori universali", con l'illusoria missione di affrancare la verità dal potere (dal momento che la verità è essa stessa potere), ma il suo compito consiste nel capire se si può costituire una nuova politica della verità. Proprio in questa direzione – la ricerca di una nuova politica della "verità", di un messagio che "duri" nella storia – si muove una singolarissima opera in prosa, *San Paolo*, di Pasolini, a mezza strada tra la narrativa e il film, tra la parabola storica, che allude al presente discorrendo del passato, e la cronaca attuale, che allude ad episodi e a figure del passato, immergendoli nel caldo flusso di fatti accaduti nel presente. Obiettivo principale dell'autore è rappresentare l'apostolato ecumenico del Santo nel conformismo contemporaneo, tipico dell'attuale civiltà borghese. Alla fine San Paolo viene trucidato in mezzo alla confusione della metropoli con i suoi grattacieli, con il suo vertiginoso traffico. La folla, come una falange, passa senza fermarsi, continua la sua via davanti allo spettacolo di morte, indifferente e frenetica. È in questi momenti che il rovello interiore dell'autore si manifesta più prepotentemente e con tanta inquietudine; la coscienza di essere solo in questa enorme folla diviene angosciante.

Mentre in altre opere di narrativa vengono spesso ricostruite epoche lontanissime nel tempo per dare uno spessore metaforico al mondo contemporaneo, l'opera pasoliniana ribalta questa impostazione, poiché colloca nella situazione attuale l'antica vicenda dell'Apostolo per conferirle un valore simbolico di portata universale. Si può affermare che nel *San Paolo* di Pasolini la storia della violenza si fonde con la stessa violenza della storia in modo nuovo e originalissimo.

HELENE HARTH
Universität Potsdam

MACHT UND GEWALT IM POLITISCHEN IMAGINÄREN EINES SIZILIANERS. LEONARDO SCIASCIA UND DIE MORO-AFFÄRE

In einem Interview mit einem kommunistischen Freund, Davide Lajolo, hat Leonardo Sciascia 1981 geäußert, sein Buch über die Moro-Affäre sei weniger ein politisches als ein religiöses Buch. Wörtlich sagte er: "Ho detestato la politica di Moro, ma dal momento in cui è stato preso dalle Brigate Rosse è diventato il mio prossimo più prossimo."[1] Zugleich unterstreicht er, daß er während der Affäre den Aufruf der linken Gruppierung Lotta Continua zur Aufnahme von Verhandlungen und zur Rettung von Moros Leben nicht unterstützt habe, da er immer der Meinung gewesen sei, daß Moro nicht zu retten war.[2]

Diese Äußerungen über die Moro-Affäre wirken auf den ersten Blick rätselhaft, ja fast unverständlich. Was veranlaßt einen politisch denkenden Autor wie Sciascia, ein "religiöses Buch" über einen so offensichtlich politischen Fall wie die Entführung und Ermordung des christdemokratischen Präsidenten durch die Roten Brigaden im Jahre 1978 zu schreiben? Was bringt den Laizisten und Aufklärer Sciascia dazu, sich mit dem inhaftierten katholischen Christdemokraten Moro emphatisch zu identifizieren? Eine

---

1 L. Sciascia/D. Lajolo, *Conversazione in una stanza chiusa*, Mailand 1981, S. 31.

2 "In quanto al caso Moro: io sono stato sempre dell'opinione che non si poteva salvare. Non ho firmato, infatti, l'apello di Lotta continua per le trattative. Quel che mi ha indignato, e mi ha fatto scrivere un libro che sarà....sempre più vero, sempre più importante, è stata l'operazione da regime, e complice quasi totalitariamente la stampa, di farlo diventare un'altro, un uomo che non sapeva quel che dicesse, un uomo che aveva soltanto paura. Questa è stata un'atroce mistificazione. Moro era se stesso, lucidamente. E lo si vede sempre più chiaramente." (ebd.)

Antwort auf diese Fragen läßt sich nur geben, wenn wir zunächst retrospektiv Sciascias Überlegungen zum Zusammenhang von Aufklärung, Recht, Macht und Gewalt aus seinem literarischen Werk rekonstruieren und seine Analyse der Moro-Affäre dann in den sich dort abzeichnenden Zusammenhang einordnen. Dabei wird sich zeigen, daß sich das am Beispiel der mafiosen Gesellschaft Siziliens entwickelte Konzept der Gewalt und des Terrors, dem Sciascia ganz und gar verhaftet bleibt, nicht ohne Brüche und Paradoxien auf eine andere politische Ebene übertragen läßt. Ja es stellt sich die Frage, ob Sciascias Konzeption des Politischen überhaupt mit einem modernen Politikbegriff kompatibel ist.

Schon in den frühen Mafia-Krimis, *Il giorno della civetta* und *A ciascuno il suo*, wird von Sciascia das Mystery-Element der klassischen Detektivgeschichte in einem eklatanten Bruch der Gattungskonvention vom Täter auf den gesellschaftlichen Kontext übertragen.[3] Sciascias Thema ist nicht der Mord als Ausnahmeerscheinung in einer ansonsten normalen Gesellschaft. Ihn beschäftigt vielmehr das mafiose Verbrechen, das einem quasi-rituellen Wiederholungszwang unterliegt und das zum Indiz eines kriminalisierten Zustandes der Gesellschaft und zum Anzeichen ihres omnipräsenten Gesetzes der Gewalt wird. Der Carabinieri-Hauptmann Bellodi, der in *Il giorno della civetta* aus Parma nach Sizilien gerufen wird, um die Morde an dem Bauunternehmer Colasberna und dem Landarbeiter Nic-

---

[3] Vgl. dazu U. Schulz-Buschhaus, "Leonardo Sciascia oder die Beunruhigung des Kriminallesers", in: *Zur Aktualität des Kriminalromans. Berichte, Analysen, Reflexionen zur neueren Kriminalliteratur*, hg. v. E. Schütz, München 1979, S. 142-157; F. Blaha, "The Detective Novel Unbound: The Novels of Leonardo Sciascia", in: *Clues*, Bd. IV,1, 1983, S. 3-18; H. Sanders, "Zur Form der Individualität im modernen Kriminalroman. Leonardo Sciascia", in: *Romanistische Zeitschrift für Literaturgeschichte*,Bd. XIX, 1995, S. 162ff. Zur Interpretation von *Il giorno della civetta* vgl. S. Moraldo, "Leonardo Sciascia oder die Destruktion des Kriminalromans in *Il giorno della civetta*. Mit einem Exkurs über den *giallo italiano*", in: *Neophilologus*, Bd. LXVII, 1983, S.215-227; Nicola Fano, Come leggere "Il giorno della civetta" di Leonardo Sciascia, Mailand 1993.

colosi aufzuklären, versteht sich nicht als Gehirnakrobat vom Schlage eines Hercule Poirot oder eines Lord Peter Wimsey. Er sieht sich selbst vielmehr als "Arm des Gesetzes", der gekommen ist, um in der mafiosen Gesellschaft Siziliens den Zustand der Rechtlosigkeit zu beenden.[4] Die Metaphorik und die Bildersprache des Textes weisen ihm die quasi-mythische Rolle eines antiken Theseus zu, der in das Labyrinth Siziliens eindringt, um das todbringende Monstrum der Mafia zu besiegen.[5] Doch dieses aufgeklärt-optimistische Selbstverständnis des Detektivs wird im Fortgang der Erzählung zunehmend problematisiert und als unhaltbare Illusion entlarvt. Dank der üblichen analytischen Kombinationen und einer Reihe von Zufällen gelingt es Bellodi zwar rasch, die Morde an Colasberna und Niccolosi aufzuklären und den gedungenen Killer Diego Marchica und den lokalen Mafia-Boss Don Mariano Arena als eigentliche Drahtzieher der Verbrechen dingfest zu machen. Doch die Frucht seiner kriminalistischen Recherchen wird durch das nahtlose Zusammenspiel von lokaler Mafia und zentraler Staatsmacht zunichte gemacht. In eingeschobenen Dialogen zwischen dem Abgeordneten Livigni und dem römischen Minister Mancuso, die mit wachsender Besorgnis Bellodis erfolgreiche Aufklärungsarbeit verfolgen, karikiert der Autor ironisch die zynische Interessenverflechtung von staatlicher Macht und mafioser Gewalt, an der Bellodi letztlich scheitert.

Zu den Schlüsselerlebnissen Bellodis zählt dabei seine Begegnung mit dem lokalen Mafia-Boss Don Mariano Arena.[6] Der Aufklärer Bellodi trifft hier auf einen Repräsentanten mafioser Mentalität, der seine eigene Auffassung von Legalität, von Recht und Gesetzt auf tragische Weise karikiert. Während der Detektiv als Vertreter der Ratio und der Legalität traditionsgemäß die Wahrheit sucht, um den irrationalen Schrecken des gewaltsamen

4 L. Sciascia, *Il giorno della civetta*, Mailand 1961, S. 29.

5 Vgl. dazu vor allem die Landschaftsbeschreibungen in *Il giorno della civetta*, S. 36 u. S. 83f. (das *chiarchiaro di Gràmoli* als Symbol des Todes im Herzen Siziliens).

6 Sciascia, *Il giorno*, S. 94ff.

Todes zu bannen, ist für Don Mariano die Wahrheit identisch mit dem Tod. Er erklärt Bellodi: "La verità è nel fondo di un pozzo: lei guarda in un pozzo e vede il sole e la luna; ma se si butta giù non c'è più ne sole né luna, c'è la verità." (S. 103)

In der Gestalt Mariano Arenas enthüllt sich die Logik mafiosen Handelns als Ausdruck einer vor- oder außerstaatlichen, quasi naturrechtlichen Moral, die vom Recht des Stärkeren bestimmt ist und auf die Etablierung einer omnipräsenten Ordnung der Gewalt abzielt. Der gewaltsame Tod ist in diesem System ironischerweise kein Ausnahmefall, der die bestehende Ordnung stört, sondern geradezu ein Garant für ihre Unerschütterlichkeit. Anders formuliert: das Verbrechen gewinnt eine didaktische Funktion. Indem die Mafia ihren Opfern in einer Art danteskem *contrappasso* symbolische Verstümmelungen zufügt (z.B. durch Abschneiden der Zunge oder durch Abhacken der Hände), die symbolisch auf ihre Vergehen gegen das mafiose System verweisen, bedient sie sich auf ironisch-tragische Weise noch der toten Körper, um den Überlebenden pädagogisch einzuhämmern, was ihnen bevorsteht, wenn sie gegen das herrschende Recht des Stärkeren verstoßen.

Allerdings kennzeichnet der Erzähler die von Don Mariano Arena verkörperte Perversion eines aufgeklärten Rechtsdenkens seinerseits als Mentalität eines Opfers der Geschichte. Im Text heißt es dazu:

"Al di là della morale e della legge, al di là della pietà, era una massa irredenta di energia umana, una massa di solitudine, una cieca e tragica volontà; e come un cieco ricostruisce nella mente, oscuro ed informe, il mondo degli oggetti, così Don Mariano ricostruiva il mondo dei sentimenti, delle leggi, dei rapporti umani. E quale altra nozione poteva avere del mondo, se intorno a lui la voce del diritto era sempre stata soffocata dalla forza e il vento degli avvenimenti aveva soltanto cangiato il colore delle parole su una realtà immobile e putrida?" (S. 94ff.)

Sciascia führt hier also das mafiose Gewaltsystem, das er als zynische Perversion eines aufgeklärten Staats- und Rechtsdenkens interpretiert, historisch gesehen auf das notorische Fehlen staatlicher Rechtsgarantien in Sizilien zurück. Zugleich demonstriert er, daß dieses mafiose System auf einem radikalen anthropologischen Pessimismus und einem Geschichtsverständnis basiert, das jede mögliche Veränderung des herrschenden Zustandes negiert.

In den beiden Romanen *Il contesto* und *Todo Modo* gewinnt die Auseinandersetzung Sciascias mit dem System mafioser Gewalt eine neue Dimension. Die beiden Romane spielen nicht mehr in einem sizilianischen, sondern in einem stark stilisierten gesamt-italienischen Ambiente. Das Gattungsstereotyp des traditionellen Detektivromans wird hier lediglich aufgegriffen, um dessen juristische, moralische und theologische Implikationen *ad absurdum* zu führen. Thema ist hier nicht mehr das einzelne mafiose Verbrechen. Es geht vielmehr um die mafiose Interessenverfilzung der öffentlichen Institutionen, die eigentlich als Garanten von Moral und Gerechtigkeit anzusehen wären, also der Justiz, des Staates samt seiner politischen Parteien und der katholischen Kirche. Im historischen Rückblick erscheint es dabei erstaunlich, wie prophetisch Sciascia in seiner Literatur reale Entwicklungen der italienischen Politik antizipiert hat. So nimmt *Il contesto* als Parabel in mancher Hinsicht die politische Problematik des historischen Kompromisses vorweg, und *Todo modo* ließe sich auch als Antizipation der Moro-Affäre und des Skandals um die Geheimloge P2 lesen. Zweifellos ist Sciascias politischer Spürsinn durch die Erfahrung der mafiosen Gesellschaft geschärft. Zugleich demonstrieren die beiden Romane aber auch Gefahren der Fehleinschätzung, die die bruchlose Übertragung der sizilianischen Erfahrung auf den gesamt-italienischen politischen Kontext mit sich bringt.

Im Mittelpunkt von Sciascias *Il contesto* steht zwar auch noch eine detektivische Recherche; das eigentliche Thema des Buches ist aber die Falsifizierung eines Basistextes der europäischen Aufklärung, nämlich von Voltaires *Traité sur la tolérance*, durch den Machtzynismus der kriminalisierten politischen und juristischen Institutionen.[7] Zu Beginn des Romans wird Inspektor Rogas als Vertreter der staatlichen Justiz in eine italienische Kleinstadt gerufen, um dort eine Reihe rätselhafter Morde an hohen Justizbeamten aufzuklären. Dies gelingt ihm auch rasch mit Hilfe der klassischen detektivischen Analyse, wobei er allerdings von der ungewöhnlichen Prämisse ausgeht, daß der Täter zu den Opfern der ermordeten Justizvertreter gehören müsse. In Gestalt des untergetauchten Apothekers Cres, der zu Unrecht wegen eines aus angeblicher Eifersucht begangenen Mordes an seiner Frau verurteilt worden war, gelingt es Rogas, den Urheber der Justizmorde dingfest zu machen. Doch mit dieser Aufklärungsleistung ist Rogas' Mission keineswegs beendet. Die Frage nach den Motiven, die Cres zu einer solchen terroristischen Selbstjustiz veranlaßt haben könnten, führt Rogas überraschend zu der Einsicht, daß der Staat selbst, die politischen Parteien und die Justiz Teil einer *concatenazione mafiosa* geworden sind, die seine eigene Rolle als Wahrheitssucher und Rechtsgarant längst *ad absurdum* geführt hat. Der Präsident des obersten Gerichtshofes, der in seiner Freizeit an einer Widerlegung von Voltaires *Traité sur la tolérance* arbeitet, legt Rogas mit zynischer Offenheit den Machtkalkül der kriminalisierten Institutionen bloß. Er sagt wörtlich:

"Il suo mestiere, mio caro amico, è diventato ridicolo. Presuppone l'esistenza dell'individuo, e l'individuo non c'è. Presuppone l'esistenza di dio, il dio che acceca gli uni e illumina gli altri, il dio che si nasconde: e talmente a lungo è rimasto nascosto che possiamo presumerlo morto. Presuppone la pace e c'è la guerra...Questo è il punto: la guerra.... C'è la guerra: e il disonore e il delitto debbono essere restituiti ai corpi della moltitudine, come nelle guerre militari ai reggimenti, alle divisioni, alle armate. Puniti nel numero. Giudicati dalla sorte." (S. 90)

---

7 L. Sciascia, *Il contesto. Una parodia*, Turin 1971. Dazu S. Moraldo, "Leonardo Sciascia *Il contesto* und Jorge Luis Borges *la muerta y la brujula*, in: *Neophilologus*, Bd. LXVI-II, S. 389-399. Vgl. auch die zahlreichen Stellungnahmen von italienischen Kritikern und Intellektuellen zu Sciascias *Il contesto* in *Leonardo Sciascia. La verità, l'aspra verita*, hg. v. A. Motta, Manduria 1985, S. 369ff. (mit Beiträgen von R. Roversi, L. Mondo, G. Gramigna, P. Milano, P. Citati u.a.).

Mit dieser an stalinistische Praktiken erinnernden Kulpabilisierung der Massen wird der aufklärerische Rechts- und Staatsbegriff endgültig als Illusion und Fassade verabschiedet. Die mafiose Logik der Gewalt hat die Institutionen erobert. Die klassischen Rollenstereotypen des Kriminalromans sind austauschbar geworden. Die Ermordeten sind nicht mehr unschuldige Opfer, sondern Repräsentanten der kriminalisierten Institutionen, die von Rechtsgaranten zu Delinquenten degradiert sind. Der Mord wirkt in diesem System geradezu als ironischer Akt ausgleichender Gerechtigkeit. Während der Präsident des obersten Gerichtshofes Rogas noch seine zynische Theorie der Massendelinquenz und der Nicht-Existenz des Individuums entwickelt, ist das zum Individualterroristen gewordene Justizopfer Cres bereits auf dem Wege, ihn zu ermorden. Im zweiten Teil des Romans taucht Rogas selbst unter und wird zum *alter ego* des terroristischen Einzelgängers Cres. Er beseitigt den Führer der korrupten Revolutionspartei und wird am Ende in einer Gemäldegalerie selbst von tödlichen Schüssen des Geheimdienstes erlegt. Rogas, der seine Ermordung vorhersieht, vertraut den Bericht über seine detektivische Recherche dem befreundeten Schriftsteller Cusan an, der ihn seinerseits in einem Exemplar von Dostojewskis *Schuld und Sühne* versteckt. Letzteres Detail mag als Hinweis darauf gedeutet werden, daß für Sciascia angesichts eines in seinen Augen undurchdringlich gewordenen Machtkartells der kriminalisierten Institutionen die Literatur zum einzig möglichen Ort der Wahrheit geworden ist.[8]

Liest man *Il contesto* im historischen Kontext seiner Entstehungszeit, so wird deutlich, daß für Sciascia der zu Beginn der 70er Jahre sich anbahnende "Historische Kompromiß" traumatische Phantasien geweckt haben muß, die auf typisch sizilianischen Erfahrungen beruhen. In der möglichen Beteiligung der Kommunisten an einer großen Koalition sieht er keineswegs eine Maßnahme, die mehr Bewegung in das seit dem Ende des zweiten

8 Dazu z.B. L.Sciascia, *Candido ovvero un sogno fatto in Sicilia*, Mailand 1990, S. 71.

Weltkrieges zunehmend erstarrte politische System Italiens bringen könnte. Vielmehr nimmt in seiner von sizilianischen Erfahrungen geprägten Phantasie der Staat damit die Gestalt eines undurchdringlichen kriminalisierten Machtkartells an, das, wie das mafiose System, die bestehenden Verhältnisse für alle Zukunft einbetoniert. Politik erscheint damit nicht mehr als ein wie auch immer flexibles Spiel kalkulierter gesellschaftlicher Interessen, sondern als eine Art undurchdringliches Fatum, das von einer unsichtbaren, unkontrollierbaren Macht verhängt und am Einzelnen als hilflosem Opfer vollstreckt wird. Diese Tendenz zu einer wachsenden Dämonisierung und quasi-religiösen Verabsolutierung von Macht und Gewalt setzt sich in *Todo Modo* fort.

Im Mittelpunkt dieses Buches steht die Kritik am Machtzynismus einer verweltlichten Kirche, die mit dem politischen Machtkartell kooperiert. Der Ich-Erzähler des Romans, ein erfolgreicher und berühmter Maler, befindet sich in einer existentiellen Krise. Er wird sich bewußt, daß sein künstlerischer Erfolg in der Gesellschaft um den Preis der Gleichgültigkeit und des Selbstbetruges erkauft ist. Von sich selbst sagt er in einem für das Verständnis des Textes wichtigen Eingangspassus:

"Per dirla più semplice: non avevo impegni di lavoro e sentimento; avevo quel tanto, poco o molto (ma fingevo fosse poco), che mi consentiva di soddisfare ogni bisogno o capriccio; non avevo né un programma né una meta (se non quelle fortuite, delle ore del pasto e del sonno); ed ero solo. Nessuna inquietudine, nessuna apprensione. Tranne quelle, oscure e irrepprimibili, che ho sempre avute, del vivere e per il vivere; e vi si innestavano e diramavano l'inquietudine e l'apprensione per l'atto di libertà che dovevo pur fare: ma leggere e leggermente stordite, come mi trovassi dentro un gioco di specchi, non ossessivo ma luminoso e quieto come l'ora e i luoghi che percorrevo, pronto a ripetere, a moltiplicare, quando sarebbe scattato, quando avrei voluto farlo scattare, il mio atto di libertà." [9]

---

9 L. Sciascia, *Todo modo*, Turin 1974, S. 4. Zur Interpretation von *Todo modo*, vgl. Ph. Renard, "Les lunettes de Sciascia", in: *Italianistica 1977*, S. 23ff.; J. Cannon, "*Todo modo* and the enlightened hero of Leonardo Sciascia", in: *Symposium*, Bd. XXXIV, S. 282-291.

Einem Anflug von Neugierde nachgebend, folgt der Maler-Erzähler einem seltsamen Straßenschild, das ihn zu einer abgelegenen Eremitage mit dem ungewöhnlichen Namen *Zafer* führt. Sie fungiert als Luxushotel, in dem führende Politiker und Persönlichkeiten des öffentlichen Lebens sich unter der Leitung des Priesters Don Gaetano zu einwöchigen geistigen Exerzitien versammelt haben. Der fast schon metaphysisch zu nennende Schrecken der Leere, den der Untergang einer eindeutigen Wahrheit, eindeutiger Rechtsgarantien und eines eindeutigen Moralsystems im zynischen Zwielicht politischer Interessenkonflikte in Sciascias Phantasie ausgelöst haben muß, spiegelt sich im ersten Teil des Buches in einer Häufung von Metaphern und Sinnbildern der Leere und des Illusionären (vgl. S. 25f.). Die gesamte Wirklichkeit scheint sich in ungreifbare Fiktionen, in Lügen und Illusionen zu verflüchtigen. Auch der Erzähler selbst präsentiert sich in einer quasi-schizophrenen Gespaltenheit zwischen faktischer Knechtschaft, der Abhängigkeit seiner Kunst vom Beifall der Gesellschaft und der Illusion eines möglichen Aktes der Freiheit, der nie vollzogen wurde. Sein authentisches Selbst ist ihm abhanden gekommen wie Peter Schlemihl der Schatten. Unauthentisch ist auch der Ort, an dem die Handlung spielt, die angebliche Einsiedelei des Eremiten Zafer, den es in Wirklichkeit nie gegeben hat. Eine schlechte Kopie des Originals ist schließlich auch das Gemälde, auf das sich die Gründungslegende der angeblichen Einsiedelei Zafer stützt. Es zeigt eine berühmte Darstellung des Sieneser Malers Rutilio Manetti, die Versuchung des Heiligen Augustinus durch einen bebrillten intellektuellen Teufel. Eine Leerstelle bildet schließlich den Mittelpunkt eines angsterregenden Rosenkranzzeremoniells, das mit der rätselhaften Ermordung des Präsidenten Michelozzi endet.

Vom Augenblick des ersten Mordes an spaltet sich die detektivische Wahrheitssuche in zwei unterschiedliche Handlungsstränge. Auf einer vordergründig-banalen Ebene versuchen der herbeizitierte Staatsanwalt

Scalambri und ein namenloser Kommissar vergeblich, die Morde aufzuklären. Die eigentliche Wahrheitssuche, die für den Maler zugleich die Suche nach seiner eigenen Identität und nach einem möglichen Akt existentieller Befreiung einschließt, verlagert sich auf die Ebene einer spirituellen Auseinandersetzung zwischen dem Ich-Erzähler und dem diabolischen Priester Don Gaetano. Letzterer übernimmt den Part des bebrillten Teufels aus Manettis berühmtem Gemälde.

Sciascia hat mit der Figur Don Gaetanos, eines aufgeklärten klerikalen Machtzynikers, eine Gestalt geschaffen, die sich als literarische Replik auf den Großinquisitor in Dostojewskis *Die Brüder Karamasow* entziffern läßt. Wie aus dem Großinquisitor Dostojewskis spricht auch aus Don Gaetano die Stimme der durch den Zynismus weltlicher Machtinteressen korrumpierten Kirche. Sie muß den Geist Christi, ihres eigentlichen Religionsstifters, Lügen strafen und ausrotten, um ihren Legitimitätsanspruch als weltliche Machtinstitution zu wahren. Wie der Großinquisitor hat Don Gaetano die Religion der Befreiung in eine Religion des Todes umgedeutet. Er begründet das Herrschaftsrecht der Kirche wie dieser auf eine zynisch-negative Anthropologie. Sie besagt, daß der Mensch von Natur aus zur Freiheit unfähig ist, daß er betrogen werden muß und will. Der Mensch braucht Ordnung, Ordnung setzt Herrschaft voraus, und Herrschaft braucht Lüge. Wer herrschen will, muß bewußt Gebrauch machen von Religion, Ideal, intellektueller Verführung und notfalls von Gewalt. Für den Machtmenschen Don Gaetano wird alles, auch die Sphäre der Zwecke und Ziele, zum bloßen Mittel des Machterhaltes.

Zu Beginn des Buches ist der Maler von der zynischen Offenheit und der intellektuellen Brillanz Don Gaetanos noch sichtlich fasziniert. Doch diese Haltung weicht einer zunehmend radikalen Opposition, die den Ich-Erzähler schließlich zu jenem ersehnten irreversiblen Akt der Befreiung führt, der Ermordung Don Gaetanos. Dabei ist dieser mörderische Akt der

Befreiung, der im Text nicht explizit erwähnt, sondern in symbolischer Verschlüsselung angedeutet wird, ironischerweise nichts anderes als die Anwendung der apokalyptischen Todesreligion des Priesters auf dessen eigene Person. Nicht die materiellen Indizien der detektivischen Recherche, sondern die symbolisch verschlüsselten Zeichen des Textes führen in *Todo modo* den Leser zu einer kryptographisch verschlüsselten Wahrheit, die er selbst entziffern muß. Dabei fällt auf, daß noch stärker als in *Il contesto* das, was Pascal den metaphysischen Schrecken genannt hat, in Sciascias Buch einem quasi religiösen Schrecken der Macht gewichen ist. Sie erscheint als das diabolische Absolutum, das die Individuuen permanent mit Lüge, Knechtschaft und Auslöschung ihrer persönlichen Existenz bedroht. In Sciascias politischer Phantasie ist damit ein Zustand erreicht, bei dem der Einzelne nur noch die Möglichkeit hat, sich dem tödlichen Zugriff eines kompakt gewordenen Systems der Macht durch Rückzug in die Privatheit, die persönliche Subversion und die Kunst zu entziehen.

Angesichts dieser Diagnose verwundert es nicht, daß Sciascia die 1978 von den Roten Brigaden inszenierte Entführung und Ermordung des christdemokratischen Politikers Aldo Moro als ein Ereignis empfunden hat, das in seinen eigenen Büchern präfiguriert war und das gleichsam als Realität gewordene Literatur erschien. Er selbst hat dieses Faktum mehrfach in Interviews und Zeitungsartikeln unterstrichen.[10] Und in der Tat weist die Affäre Züge auf, die sich mit seiner literarischen Sicht des Staates und der politischen Parteien als eines dämonisierten Machtkartells decken. Aber

[10] Vgl. dazu z.B. das Interview Sciascias mit *Panorama* (September 1978) in: L. Sciascia, *La palma va a nord*, Mailand 1982, S. 74ff., und weitere dort abgedruckte Interviews. Ähnlich äußert sich Sciascia auch in *L'affaire Moro*, Palermo 1978, S. 27: "È da dire, intanto, che, come il Don Chisciotte, *L'affaire Moro* si svolge irrealmente in una realissima temperie storica e ambientale. Allo stesso modo che don Chisciotte dai libri della cavalleria errante, Moro e la sua vicenda sembrano generati da una certa letteratura. Ho ricordato Pasolini. Posso anche – non rallegrandomene ma nemmeno rinegandoli – ricordare due miei racconti, almeno due: *Il contesto* e *Todo modo*."

wird dieses Konzept der politischen Wirklichkeit tatsächlich gerecht? Um diese Frage zu beantworten, ist es zunächst erforderlich zu untersuchen, wie Sciascia die Grundzüge dieses politischen Skandals gemäß seinem politischen Konzept stilisiert.

Der Text des Pamphlets *L'affaire Moro*, das noch 1978 veröffentlicht wird, beginnt mit einer nostalgisch anmutenden Erinnerung an das Verschwinden der Glühwürmchen, einer, wie es wörtlich heißt, "Reliquie oder Erinnerung an das Licht in der schrecklichen Finsternis". Das Motiv der Glühwürmchen stellt eine assoziative Verbindung zur Gestalt Pasolinis her, der in einem berühmt gewordenen Essay über die Glühwürmchen und den Palazzo der Macht im Namen der Hoffnung den Kampf angesagt hatte.[11] Pasolini, so heißt es bei Sciascia, wollte dem Palazzo den Prozeß machen, im Namen der Glühwürmchen, für die verschwundenen Glühwürmchen. Pasolini war es auch, der als erster in einem im *Corriere della sera* erschienenen Artikel die unverständliche Sprache Moros als das neue enigmatische Latein der Macht identifiziert hatte, ein Latein, das den Laien ebenso von der Kommunikation ausschließt wie das damals gerade abgeschaffte Latein der Kirche.[12] Die Gestalt Pasolinis wird von Sciascia beschworen als brüderlich verwandt und fern zugleich. Verbunden sieht er sich ihm im Kampf gegen die immer undurchdringlicher werdenden Bastionen der Macht. Ferner fühlt er sich ihm angesichts der quasi-religiösen Aura, die Pasolini diesem Kampf verleiht. In *L'affaire Moro* heißt es:

"Per mia parte, sentivo come un muro che ci separasse una parola a lui cara, una parola-chiave della sua vita: la parola 'adorabile'. Può darsi che questa parola io l'abbia qualche volta scritta, e sicuramente più volte l'ho pensata: ma per una sola donna e un solo scrittore [...] Pasolini trovava invece 'adorabile' quel che per me dell'Italia era già straziante [...] e sarebbe diventato terribile. Trovava 'adorabili' quelli che inevitabilmente sarebbero stati strumenti della sua morte." (S. 12)

---

11 P.P. Pasolini, "L'articolo dell lucciole", in: ders., *Scritti corsari*, Mailand 1975, S. 128-134.

12 Vgl. dazu P.P. Pasolini, *Empirismo eretico*, Mailand 1972, S. 17.

Sciascia wendet sich also dagegen, den politisch bedingten Schrecken der Macht mit religiösen Konnotationen zu versehen. Aber ist er dieser Versuchung selbst wirklich entgangen? Gibt es nicht auch bei ihm Ansätze zu einer Dämonisierung der Macht, deren Verwüstungen insbesondere aus der Perspektive der Opfer ein religiös konnotiertes Entsetzen auslösen? Seine politischen Parabeln *Il contesto* und *Todo modo*, aber auch das Pamphlet über die Moro-Affäre weisen zumindest in eine solche Richtung.

Sciascias Analyse der Moro-Affäre geht aus von der undurchsichtigen Sprache des christdemokratischen Politikers, seinem Latein der Macht, das ähnlich wie der Diskurs der Mafia etwas sagt und zugleich verbirgt, gegebenenfalls mit tödlichen Konsequenzen.[13] Moros Tragödie, eine Tragödie, die sein Mitleid und seine Sympathie weckt, besteht in Sciascias Augen darin, daß er als entmachteter Mächtiger, als Gefangener der Roten Brigaden, in einer Art danteskem *contrappasso* die tödlichen Konsequenzen seines politischen Latein am eigenen Leibe erfahren muß. Aller Machtfunktionen beraubt, sieht er sich im Gefängnis der Roten Brigaden gezwungen, mittels einer nicht-kommunikativen Sprache eine menschliche Kommunikation mit seinen vom Machtkalkül gelenkten Parteifreunden herzustellen, um sein Leben zu retten. Sciascia spricht in einer religiösen Terminologie vom Erbarmen ("pietà") für das Schicksal Moros, der, wie er es in der Sprache Pirandellos formuliert, von einer Charaktermaske der Macht zum Menschen wird und schließlich zur schlichten Kreatur im Angesicht des sicheren Todes.[14] Der Weg Moros vom Mächtigen zum menschlichen Opfer verifiziert in Sciascias Interpretation auf ironische Weise die Lehren des Mafia-Bosses Don Mariano Arena aus *Il giorno della civetta* und die des diabolischen Priester Don Gaetano aus *Todo modo*. Moro, der lange Zeit, wenn auch als der "am wenigsten kompromittierte von allen" die Lügen der offiziellen

---

13 Zur Sprache der Mafia vgl. z.B. Sciascia, *Il giorno della civetta*, S.19.
14 Vgl. dazu Sciascia, *L'affaire Moro*, S.72f.

Machtpolitik mitgetragen hatte, wird als Gefangener der Roten Brigaden unfreiwillig zu einer Wahrheitserkenntnis und einem Akt der menschlichen Befreiung gezwungen, der aber nicht Leben ermöglicht, sondern mit dem Tod zusammenfällt.[15]

Bezeichnenderweise erinnert sich Sciascia in diesem Zusammenhang an die meridionale Herkunft des Präsidenten der Democrazia Cristiana – Moro stammt bekanntlich aus Apulien – und stilisiert ihn explizit als Repräsentanten einer auch für den mafiosen Kontext Siziliens typischen tragischen Todesverfallenheit. Im Text heißt es:

"Non credo che abbia avuto paura della morte. Forse di quella morte: ma era ancora paura della vita. 'Secoli di scirocco', era stato detto, 'sono nel suo sguardo.' Ma anche secoli di morte. Di contemplazione della morte. Di amicizia con la morte. Ronchey aveva scritto: 'E l'incarnazione del pessimismo meridionale.' Che cosa è, in che cosa consiste il pessimismo meridionale? Nel vedere ogni cosa, ogni idea, ogni illusione – anche le idee e le illusioni che sembrano muovere il mondo – correre verso la morte. Tutto corre verso la morte, tranne il pensiero della morte, l'idea della morte. 'Nonché un pensiero, il pensiero della morte è il pensiero stesso.' Penetra ogni cosa, come lo scirocco: nei paesi dello scirocco."[16]

Sciascia stilisiert seine Moro-Figur aus sizilianischer Sicht als tragisches Opfer eines diabolischen staatlichen Machtkartells, das in seiner Struktur der tödlichen Kompaktheit der mafiosen Strukturen vergleichbar ist. Und wie in den frühen Mafia-Krimis, insbesondere in *Il giorno della civetta*, der Tod der Opfer literarisch mit religiösen Konnationen versehen ist, so auch der Tod Aldo Moros.[17] Die Übertragung der sizilianischen Erfahrung mit dem mafiosen System und seinem kriminellen Terrorismus auf den Staat ist

---

15 Aus der Fülle der Literatur zur Moro-Affäre zitiere ich nur einige wenige Titel, die die Möglichkeit bieten, die literarische Rekonstruktion Sciascias mit anderen Darstellungen zu vergleichen und damit das besondere Profil des Moro-Bildes von Sciascia zu erkennen: I. Pietra, *Moro fu vera gloria?*, Mailand 1983; A. Arbasino, *In questo stato*, Mailand 1978; W. Raith, *In höherem Auftrag. Der kalkulierte Mord an Aldo Moro*, Berlin 1984; S. Flamigni, *La tela del ragno. Il delitto Moro*, Rom 1988.

16 Sciascia, *L'affaire Moro*, S. 52.

17 Vgl. dazu z.B. die Darstellung des Todes des "confidente" Calogero Dibella in *Il giorno della civetta*, S. 54f.

damit perfekt. Sciascias politisches Denken wird zum Teil einer Art "Negativen Theologie", die dem Einzelnen nur noch den metaphysischen Schrecken vor dem Abgrund der Macht und die Flucht vor den kriminalisierten politischen Institutionen offen läßt. Differenzierungen innerhalb des politischen Kräftespiels und eine differenzierte Sicht einzelner Politikerpersönlichkeiten sind damit nicht mehr möglich. Als eine Journalistin von *Il manifesto* Sciascia 1978 fragt, wie sich seine menschliche Rehabilitierung des tragischen Opfers Moro mit der früheren politischen Linie dieses Mannes, seiner Verteidigung der amerikanischen Vietnampolitik und seiner Verteidigung korrupter Christdemokraten in der Lockheed-Affäre vertrage, antwortet Sciascia:

"Nell'ambito della DC credo che fosse diverso dagli altri...La prova mi pare stia nel fatto che è morto. Egli crede nella democrazia italiana, ma agisce in un contesto che non è per nulla democratico. Quindi c'è un divario fra quello che fa e quello che pensa." [18]

Sciascia ist nicht einmal im Ansatz in der Lage, die – wie immer auch später durch tatsächliche Aktionen pervertierten – Ziele des linken Terrorismus als von ihrer Intention her revolutionäre Ziele zu begreifen. Für ihn sind vielmehr die Brigate Rosse identisch mit der Mafia und dienen mit stalinistischen Methoden der Zementierung eines todbringenden Machtblocks. Er schreibt:

"Le Brigate rosse avranno studiato ogni possibile manuale di guerriglia, ma nella loro organizzazione e nella loro azione c'è qualcosa che appartiene al manuale non scritto della mafia. Qualcosa di casalingo, pur nella precisione ed efficienza. Qualcosa che è riconoscibile più come trasposizione di regola mafiosa che come esecuzione di regola rivoluzionaria."[19]

Die Realisierung des "Historischen Kompromisses", für die die politische Figur Moros symbolisch einstand, stellt für Sciascia, wie wir gesehen haben,

---

[18] L. Sciascia, *La palma va a nord*, S. 115f.
[19] Sciascia, *L'affaire Moro*, S. 128.

ein Trauma dar, das Trauma der politischen Sizilianisierung Italiens, das Trauma eines kompakten Machtblocks ohne Alternative. Heute wissen wir, daß Moro das Opfer einer politischen Strategie wurde, die, vielleicht unterstützt vom amerikanischen Geheimdienst und rechtsradikalen Kräften der Geheimloge P2, eine Beteiligung der kommunistischen Partei an der Macht und damit ein Stück Bewegung in einer seit dem Zweiten Weltkrieg ausschließlich von den Christdemokraten monopolisierten Regierungsverantwortung um jeden Preis verhindern wollte. Eine besondere Ironie, die Sciascia zumindest teilweise auch registrierte, liegt darin, daß die Roten Brigaden, die das Machtkartell der Democrazia Cristiana zerschlagen und das "Herz des Staates" treffen wollten, mit der Entführung und Ermordung Moros zunächst unfreiwillig zu seiner Konsolidierung beitrugen. Wie Paul Thibaud in einem erhellenden Artikel über den Hintergrund von Sciascias Politikverständnis gezeigt hat, fürchtete der sizilianische Schriftsteller nichts mehr als diesen "verhärteten" und gleichsam "sakralisierten" Staat. Sciascia verurteilte die Roten Brigaden, weil ihr anti-staatlicher Terrorismus letzten Endes in seinen Augen zu einer Betonierung des staatlichen Machtkartells führen mußte, das er weit mehr fürchtete als den traditionellen Klientelismus der Democrazia Cristiana. Langfristig behielt Sciascias pessimistische Prognose allerdings nicht recht, wie Paul Thibaud treffend bemerkt:

> "La suite des événements n'a que très partiellement confirmé ces craintes [d.h. von Sciascia], elle a plutôt montré l'incompréhension de Sciascia, metteur en scène, théoricien et dénonciateur du paléoterrorisme, devant le brigadisme. Il n'a pas su voir que la restauration pratique de l'État ne pouvait pas aller sans une restauration symbolique. Et si, au moment de L'affaire Moro, il a bien senti que la Démocratie chrétienne conditionnée et cornaquée par le PC était engagé dans un déclin sans remède, il n'avait pas prévu que les communistes verraient le compromis historique leur filer entre les doigts et les socialistes se substituer à eux dans le rôle qu'ils ambitionnaient. En somme, la restauration post-terroriste de l'État italien semble ne pas avoir été l'éteignoir antidémocratique que craignait Sciascia, elle semble plutôt favoriser les éléments de pluralisme en Italie, malgré les stigmates laissés dans le système policier, judiciaire et carceral par la lutte contre les Brigades."[20]

---

20 P. Thibaud, "L. Sciascia entre deux terrorismes", in: *Esprit*, Bd. X-XI, 1984, S. 166f.

La riflessione sul potere è il cuore dell'opera letteraria di Sciascia. I primi impulsi che lo portarono a scrivere nascevano da un sentimento di impotenza sociale e politica in una regione che non fu trascurata dallo stato e dalle grandi istituzioni, ma ne fu addirittura ignorata (*Le parocchie di Ragalpetra*). Nei romanzi sulla mafia, Sciascia cambia il modello letterario del romanzo giallo classico, mettendo in risalto il rapporto tra potere, giustizia e ragione. Tale mescolanza veniva normalmente esclusa dal romanzo giallo classico, poichè esso si intende piuttosto come gioco di enigmi intellettuali, presupponendo, naturalmente, un sistema giuridico funzionante. Punto di partenza delle riflessioni di Sciascia è la società mafiosa siciliana, caratterizzata tradizionalmente da una forte distanza dallo stato, dalla mancanza di un movimento illuministico borghese nonchè da un sistema criminale di clientelismi organizzati secondo modelli familiari. Sciascia, già nelle sue prime opere, si ritrova a criticare e combattere questo sistema e nello stesso tempo ad articolare gli stereotipi di un immaginario politico, sostenitori di un sistema misterioso, ed i loro effetti nella fantasia collettiva. Nel suo libro *L'affaire Moro* pubblicato nel 1976, Sciascia si fa interprete del concetto del tragico *mondo siciliano*, per sempre imbrigliato nella morte, nell'ingiustizia e nel crimine, nella realtà dello stato nazionale. Moro viene visto come rappresentante tipico del pessimismo meridionale che, nell'ambito di una congiura statale, di un *contrapasso* quasi dantesco, diventa lui stesso vittima tra due blocchi di potere: il terrorismo delle Brigate Rosse e il cinico calcolo politico dei partiti statali. A posteriori l'analisi politica pare dar ragione all'avvenuta trasmissione della situazione locale siciliana a quella nazionale intesa da Sciascia. Nel mio articolo pongo la questione della validità di questo trasferimento. Nello stesso tempo, si pone anche una questione più ampia circa il ruolo che l'immaginario politico articolato nelle opere di Sciascia può giocare per confermare o superare la situazione politica reale.

Marc Föcking
Freie Universität Berlin

Mimesis und Gewalt. Gewaltdarstellung nach dem Ende der Repräsentation (Sanguineti, Calvino, Tabucchi)

Für Sebastian Neumeister
zum 60. Geburtstag.

Gewalt, so heißt es in der knarrenden Prosa eines einschlägigen Strafrechtskommentars, ist der "physisch vermittelte Zwang zur Überwindung eines geleisteten oder erwarteten Widerstandes"[1] und als solcher eines der beunruhigendsten, die individuelle Freiheit radikal negierenden Phänome unserer Lebenswelt. Soll aus dieser lebensweltlichen Gewalt ein literarisches Sujet werden, dann setzt das zumindest Rudimente eines mimetischen literarischen Diskurses voraus, Grundzüge einer repräsentativen, kommunikativen Funktion von Literatur, die Aussagen aus und über die Lebenswelt überhaupt erst möglich macht. Bekanntlich konnten die diversen literaturtheoretischen wie literarischen Avantgarden der zweiten Jahrhunderthälfte einer mimetisch-referentiellen Funktion von Literatur nicht mehr viel abgewinnen; und wenn es trotz aller Unterschiede zwischen Strukturalisten, Poststrukturalisten, *Tel-Queliens*, *Nouveau nouveau romanciers*, dem *Gruppo '63* bis hin zur Postmoderne einen einigenden Schlachtruf gab, dann war es der gegen die Repräsentation als naiver, unerkannt mit den Ideologien des 19. Jahrhunderts getränkter Glaube an die unproblematische Abbildbarkeit von Wirklichkeit. Aber wenn als Konsequenz nicht mehr Wirklichkeit, son-

1 *Strafgesetzbuch und Nebengesetze*, erläutert v. E. Dreher u. H. Tröndle, München 1995, S. 1167.

dern nur noch die Problematisierung ihrer Darstellbarkeit bis hin zur autothematischen Inszenierung von Textmechanismen zum Sujet von Literatur taugt, wenn etwa für Ricardou aus dem Balzac'schen "récit d'une aventure" eine "aventure d'un récit" wird[2] – sind dann in diesem Sinne avantgardistische *Geschichten der Gewalt* überhaupt möglich?

1. Sanguineti, die "letteratura della crudeltà" und die Gewalt des Diskurses

Selbst wenn wir aus der Polysemie des deutschen Wortes Gewalt die Bedeutung als "violentia" isolieren, sind seine semantischen Umrisse alles andere als klar konturiert, denn diese verschieben sich je nach Definition. So kennzeichnen die Strafrechtler Dreher und Tröndle Gewalt, wie das Strafgesetzbuch sie versteht, offen als normativen Begriff.[3] Gewalt *ist* nicht einfach, vielmehr hängt die konkrete Semantik des Gewaltbegriffs von dem historischen Zuschnitt des Diskurses ab, in dem er verwendet wird.[4]

Wenn auch die Frage, ob eine Handlung in einem konkreten historischen Fall Gewalt ist, also auf eine genaue diskursanalytische Untersuchung angewiesen bleibt, lassen sich doch verschiedene Formen von Gewalt abhängig von soziokulturellen Gesellschaftsformen nach ihren Agenten klassifizieren. Geht Gewalt von einem autonomen Individuum aus, wird sie gemeinhin als "primäre Gewalt" bezeichnet, weil sie als ursprüngliche nicht

2 J. Ricardou, *Problèmes du nouveau roman*, Paris 1967, S. 111. – Zur Problematik der negierten "Repräsentation" im französischen Strukturalismus siehe J. Culler, *Structuralist Poetics*, London 1975, S. 189ff.; zu Poststrukturalismus und *Tel Quel* K.W. Hempfer, *Poststrukturale Texttheorie und narrative Praxis*, München 1976; zur italienischen *neoavanguardia* neuerdings U. Petry, *Dunkelheit in neuem Licht. Zur Konstitution einer narrativen Poetik innerhalb der italienischen "Neoavantgarde"*, Berlin 1997.

3 Dreher/Tröndle, S. 1167.

4 Vgl. M. Foucault, *Archäologie des Wissens*, Frankfurt a.M. 1973, S. 61ff.

auf Gewalt reagiert, sondern den Willen eines Individuums mit physischem oder psychischem Zwang durchsetzt.

Seit den liberalen Gesellschaftstheorien der frühen Neuzeit ist das schrankenlose Wirken individueller Gewalt im Krieg aller gegen alle die ursächliche Motivation für eine allgemeine Übereinkunft gewesen, die dem Staat das Gewaltmonopol zuerkennt. "Sekundäre Gewalt" ist nicht institutionelles Mittel zur Aufrechterhaltung von Herrschaft, sondern reaktive Gewalt eines Individuums (als "Notwehr") oder eines Gemeinwesens, das Sanktionen gegen denjenigen bereithält, der die Freiheit des Individuums oder den diese garantierenden Staat durch Gewalt bedroht.

Diesem liberalen Gewalt-Begriff liegt notwendigerweise die Auffassung einer weitgehenden Unabhängigkeit des Individuums von gesellschaftlichen und staatlichen Strukturen zugrunde. Einen modernen, postliberalen Gewaltbegriff aber prägt die Tatsache, daß der moderne Staat planend, koordinierend und korrigierend in gesellschaftliche Prozesse eingreift.[5] Damit ist die Freiheit des Individuums nicht absolut, sondern von gesellschaftlichen Strukturen abhängig und bestimmt.[6] Je stärker sich ein Staat als totalitärer konstituiert oder als solcher begriffen wird, desto stärker beeinflußt er die individuelle Entfaltung seiner Bürger. Er übt damit "strukturelle Gewalt" aus. Der Soziologe Franco Ferrarotti hat diese "violenza istituzionale" bestimmt als "violenza lenta, nascosta nelle pieghe degli automatismi del quotidiano".[7] In einem "strukturelle" Gewalt verabsolutierenden, modernen Gewaltbegriff wird zwar der unvermeidlichen Eingebundenheit des Individuums in ein Netz von gesellschaftlichen und staatlichen Bezügen Rechnung getragen, jedoch mit der Gefahr, daß Gewalt zum bloßen Zwang durch anonyme Strukturen nivelliert und der Einzelne aus seiner individuellen

[5] J. Habermas, *Strukturwandel der Öffentlichkeit*, Darmstadt/Neuwied [16]1986, S. 172.
[6] R. Keller, *Strafrechtlicher Gewaltbegriff und Staatsgewalt*, Berlin 1982, S. 27ff.
[7] F. Ferrarotti, *L'ipnosi della violenza*, Mailand 1980, S. 12.

Verantwortung entlassen wird; das "Primäre" des liberalen Gewaltbegriffs kann nun umgekehrt verstanden werden als reaktiv, als durch strukturelle Gewalt generiert. Gemeinsam aber ist diesen Gewaltbegriffen, daß sie nicht legitimierte, "schlechte" Gewalt als Antithese zur Freiheit und Herausforderung des Individuums begreifen und deshalb die Notwendigkeit ihrer gerechtfertigten Abwehr beinhalten: Gewalt impliziert die Pflicht zur Reaktion gegen sie, wenn denn die Legitimität dieser Reaktion nicht im *bellum omnium contra omnes* verlorengehen soll.

Sobald Gewalt nicht mehr notwendig an individuelle Handlungen, sondern im Gewaltbegriff der sechziger und siebziger Jahre an Strukturen, Institutionen, Ideologien gebunden werden kann, hat das für die Relation von Gewalt und "Literatur" jenseits einer rein Histoire-gebundenen mimetischen Darstellbarkeit von Gewalt einschneidende Folgen.

Spätestens mit und im Umkreis des *Gruppo '63* wurden bekanntlich nicht nur die neorealistischen Gründungsmythen der italienischen Nachkriegsrepublik verabschiedet, sondern auch die Fähigkeiten von Sprache und Literatur in Frage gestellt, Wirklicheit zu repräsentieren.[8] Edoardo Sanguineti, einer der profiliertesten Vertreter des Gruppo, hat diesen *linguistic turn* dezidiert marxistisch motiviert: Das Kernthema seines Aufsatzbandes *Ideologia e linguaggio* von 1965 läßt sich am besten wiedergeben, indem man die Kopula "e" als Hilfsverb "è" liest: "Ideologia è linguaggio", Ideologie ist Sprache. Ideologie bedeutet dem Marxisten Sanguineti "falsches Bewußtsein", das aus bestimmten Produktionsverhältnissen erwächst und das deren Machtverhältnisse als gegeben, notwendig, unabänderbar zu perpetuieren sucht.[9] Sprache stellt sich damit stets als Überbauphänomen historischer Produktionsbedingungen dar, an das die Mitglieder dieser Gesellschaft ge-

---

8 Vgl. Petry, S. 179.

9 E. Sanguineti, "Per un'avanguardia rivoluzionaria" (ital. 1965), in: *Tel Quel*, 1965/67, S. 87.

bunden sind und mit dem sie diese transportieren. "La parola è concretamente, come dovremmo sapere sempre, una ideologia nella forma di linguaggio".[10] Deshalb ist Sprache zwangsläufig das subtilste Medium eben jener "strukturellen" Gewalt, die der Marxismus in allen bürgerlichen Gesellschaften walten sieht. Da nach marxistischer Doktrin der Ideologie aber das richtige Bewußtsein des dialektischen Materialismus entgegengesetzt werden kann, ist Sprache nicht letzter Grund einer konstruktivistischen Wirklichkeitskonstitution, sondern vielmehr epistemologisch zu durchstoßende Oberfläche, unter der sich ein wahrer Grund verbirgt. Warum die unhintergehbare Ideologiehaltigkeit der eigenen Sprache dann doch überwunden werden kann, bleibt allerdings das Geheimnis einer marxistischen Erweckungsphilosophie, die sich nicht semiotisch, sondern nur ontologisch fundieren kann.

Diese der Sprache innewohnende Gewalt aufzudecken, ohne aber über ein anderes als das ideologisch belastete Medium zu verfügen, ist das Dilemma, in dem für Sanguineti eine avantgardistische Literatur steckt. Eine "Letteratura della crudeltà" – so der abschließende Essay seines Aufsatzbandes – könne selbst keine "realistische", auch keine "sozialistisch-realistische" sein. Wenn auch Sanguineti an dem aufklärerischen Ziel von Literatur als einer "comprensione" der "nessi reali delle cose stesse" festhält,[11] die Ideologiehaltigkeit von Sprache aber unüberwindlich ist, kann das weder eine mimetische Abbildung herrschender noch die einer Utopie kommunistischer Verhältnisse meinen. Das "Wirkliche", das für Sanguineti an die marxistische Gewißheit um die ideale, materialistische Realität kommunistischer Gesellschaftsform gebunden bleibt,[12] kann so nur in seiner Abwesenheit unter der inauthentischen Schicht bürgerlicher Ideologie dar-

[10] E. Sanguineti, *Ideologia e linguaggio*, Mailand 1975, S. 133.
[11] Ebd.
[12] Petry, S. 35, 38.

stellbar werden. In deren Demaskierung liegt die "crudeltà" einer avantgardistischen Literatur, die gleichsam als Gegengewalt zur strukturellen Gewalt ideologischer Sprache deren Funktionsmechanismen deautomatisiert und der scheinbaren Selbstverständlichkeit der bürgerlichen "visione del mondo" "una sperimentazione critica delle gerarchie del reale" entgegensetzt.[13] Wiewohl also für Sanguineti Literatur nicht mimetisch sein kann, haben "violenza" und "crudeltà" des avantgardistischen Diskurses eine konkrete repräsentative wie pragmatische Funktion auf der Ebene des *discours*, da sie die strukturelle Gewalt von Sprache behaupten und diese mit "revolutionärer" Gegengewalt des avantgardistischen Experiments beantworten. Die Literatur stellt sich damit der Herausforderung zur Reaktion, die von einer lebensweltlichen und als unrechtmäßig empfundenen Gewalt provoziert wird. Damit ist der *discours* selbst letztes, aber umso umfassenderes Rückzugsgebiet eines lebensweltlichen Gewaltbegriffs geworden, dessen Darstellung sich die *histoire* nach dem Ende der Repräsentation verweigern muß.

2. Calvinos *Viaggiatore* und die Diskursivität der Gewalt

Bietet Sanguinetis Romanpraxis etwa in *Capriccio italiano* auf dieser theoretischen Grundlage eine gewaltfreie *histoire* in gewalttätigem *discours*, so kehren sich in Calvinos Roman von 1979 die Positionen geradezu um: Hier entfalten sich blutige Familienfehden, werden brutal ermordete Kriminelle in Plastiksäcken durch Paris geschleppt, entfesseln sich Bürgerkriege, werden Studentinnen gekidnapped und Ehrenhändel mit dem blanken Messer ausgetragen: Gewalt ist mehr oder minder deutlich das Thema von neun der zehn eingelegten Romananfänge[14] – und das alles in einem Stil, der zur

13 Sanguineti, S. 133.

14 Lediglich "Sul tappeto di foglie illuminato dalla luna" (I. Calvino, *Se una notte d'inver-*

"lisibilité" zurückzukehren scheint. Wenn dennoch der letzte Rest einer auf die Lebenswelt verweisenden Gewaltdarstellung getilgt wird, dann liegt das an der für Calvino typischen, ironischen Inszenierung autorepräsentativen Schreibens, die den *Viaggiatore* nicht nur zu einem Kassenschlager, sondern auch zu einem Lieblingsroman theoriebewußter Literaturwissenschaftler gemacht hat.

Autoreferentialität und unverkrampfter Umgang mit Basistheoremen des französischen Poststrukturalismus sind hinlänglich untersucht worden, so daß es hier bei einigen Bemerkungen bleiben kann.[15] Die Jagd eines Lesers und einer Leserin nach zehn Romanen, deren Lektüre nach wenigen Seiten immer wieder unterbrochen wird, macht den Lektürevorgang selbst zum Thema, ja macht Lektüre auf doppelte Weise zum Abenteuer. Zum einen wird der textinterne Leser tatsächlich in die Abenteuer einer weltumspannenden Verschwörung von Romanfälschern verwickelt, zum anderen liest der empirische, durch pseudoperformative Verfahren dem textintern-fiktiven Leser angeglichene Leser damit nicht nur einen Abenteuerroman – nämlich *Se una notte d'inverno un viaggiatore* –, sondern elf: den Gesamtroman und die zehn eingefügten abgebrochenen Romananfänge. Wenn die *histoire* des Romans eben durch die stets frustrierte Jagd nach kontinuierlicher Lektüre getragen wird, bildet das genau das Discours-Verfahren eines bestimmten Romantyps ab, dessen Lektüre Calvino nach eigenen Worten im *Viaggiatore* thematisieren wollte: des

no un viaggiatore, Mailand 1994, S. 233-246) macht eine Ausnahme, da hier eine erotische Episode in fernöstlich-ästhetisierter Weise erzählt wird.

15 Vgl. etwa G. Regn, "Lektüre als Geschichte. Tel Quel und die Fiktionalisierung von Literaturtheorie in Italo Calvinos *Se una notte d'inverno un viaggiatore*", in: *Romanistisches Jahrbuch* 34, 1983, S. 153-168, und A. Kablitz, "Calvinos *Se una notte d'inverno un viaggiatore* und die Problematisierung des autoreferentiellen Diskurses", in: *Poststrukturalismus – Dekonstruktion – Postmoderne*, hg. v. K.W. Hempfer, Stuttgart 1992, S. 75-94.

"romanzo romanzesco [...] che si basa in primo luogo sulla capacità di costringere l'attenzione su un intreccio nella continua attesa di quel che sta per avvenire. Nel 'romanzo romanzesco' l'interruzione è un trauma, ma può anche essere istituzionalizzata (l'interruzione delle puntate dei romanzi d'appendice [...])".[16]

Und daß sich Calvino eben diesen Romantyp ausgesucht hat und nicht etwa den des komplexen psychologischen oder auch des experimentellen Romans selbst, ist nicht etwa Zufall, sondern ebenfalls Teil einer Strategie, die die Selbstbezüglichkeit von Literatur auf eine ganz bestimmte Weise in die Texte einschreiben will: Ulrich Schulz-Buschhaus hat die erstaunliche Konjunktur des Kriminalromans als paradigmatische Form des *romanzo romanzesco* während der achtziger Jahre mit dem post-avantgardistischen Interesse an etablierten Erzählformen erklärt. Ein Interesse, das nicht aus dem avantgardistischen Impetus der Zerstörung vorgängiger Kunstformen erwächst, sondern aus dem Bemühen, diese Formen in ihrer markierten Konventionalität zu gebrauchen und eben durch diese Markierung deren "Literarität" sichtbar zu machen.[17] Die Augenfälligkeit dieser Konventionalität im Kriminalroman-Schema, aber auch im populären Schema des Liebesromans à la Heliodor ist eine Bedingung für diese neue Präferenz, die sich in Calvinos *Viaggiatore* ebenso nachweisen läßt wie in Ecos *Nome della rosa* (1980) oder Laura Mancinellis *Dodici abati di Challant* (1981). Nicht von ungefähr bemerkt Eco in der Postille zu *Il nome della rosa*, daß der "romanzo d'intreccio", vom *Gruppo '63* als Prototyp konsolatorischer Literatur verteufelt, "sotto forma di citazioni di altri intrecci" seine Unschuld "naiver" Wirklichkeitsillusionierung verliere "e che la citazione avrebbe potuto essere meno consolatorio dell'intreccio citato".[18]

---

16 Calvino, *Se una notte d'inverno un viaggiatore*, S. VIII.

17 U. Schulz-Buschhaus, "Kriminalroman und Post-Avantgarde", in: *Merkur* 41/4, 1987, S. 287-296.

18 U. Eco, *Il nome della rosa*, Mailand [18]1987, S. 528.

Von dieser autoreflexiven Verwendung des Konventionellen läßt sich nun der Bogen schlagen zur auffälligen Häufung der Thematik *sex and crime* im *Viaggiatore*. Wenn in den zehn Romananfängen und zum Teil auch in der Rahmenhandlung Gewalt und Sex dominante Themen sind, dann nicht, weil Calvino auf Phänomene der Lebenswelt hinweisen wollte, sondern weil beides traditionelle Inhalte des *romanzo romanzesco* sind. Die Grundform dieses Romantyps charakterisiert er folgendermaßen:

"Io ho scelto, come situazione romanzesca tipica, uno schema che potrei enunciare così: un personaggio maschile che narra in prima persona si trova ad assumere un ruolo che non è il suo, in una situazione in cui l'attrazione esercitata da un personaggio femminile e l'incombere dell'oscura minaccia d'una collettività di nemici lo coinvolgono senza scampo".[19]

Für Calvino besteht das "romanzesco" in einer bestimmten semantischen Füllung von Erzähl-Aktanten im Sinne von Greimas, also von rekurrenten Funktionen der Histoire-Struktur, die durch eine erotische Subjekt-Objekt-Beziehung in gefahrvoller Umgebung bestimmt wird. Die "vera biblioteca, per la varietà di generi (dal romanzo di ambiente al poliziesco a quello spionaggio o del dissenso o rivoluzionario) o di modelli (americano, ispanoamericano, russo, giapponese)", die Calvino nach Segre[20] durchspielt, ist eine genre-spezifische Aktualisierung dieses Schemas. Damit ist der *Viaggiatore* als Text angelegt, in dem die unterschiedlichen Ausprägungen des *romanzesco* nicht als Konsequenz eines lebensweltlichen Problems präsentiert werden, sondern als literarische Diskurse, die die spezifische Ausprägung und semantische Füllung des Grundschemas *intreccio* generieren. Und dazu gehört wesentlich auch die genre-spezifische Gewalt, ob das nun die Morde in Ecos *Nome della rosa*, in Mancinellis *Dodici abati di Challant* oder die Gewalttaten in Calvinos *Viaggiatore* sind.[21]

---

[19] Calvino, S. XI.

[20] C. Segre, "Se una notte d'inverno uno scrittore sognasse un aleph di dieci colori", in: *Strumenti critici* XIII, 1979, S. 185.

[21] Daher scheint es mir völlig abwegig, den Roman Ecos wie auch den Mancinellis als

Damit Gewalt aber derart ihre pragmatische Funktion, die Sanguineti auf Discours-Ebene ja immer noch vertreten hatte, verlieren kann, muß sie allerdings auf Histoire-Ebene eine bestimmte Gestaltung erfahren und durch markierte Systemreferenzen und Intertextualität auf Discours-Ebene als Gattungsmerkmal vorgeführt werden. Calvino suspendiert durch die exotisch-phantastische, auf realistische Authentifizierung verzichtende Ambientierung der jeweiligen Gewaltakte in literarischen Phantasieländern, aber auch die typischen *flat characters* des *romanzo d'intreccio* jede Frage nach Rechtmäßigkeit, die ein lebensweltlich perspektivierter Gewaltbegriff aufwerfen würde. In den modernen Formen des *romanzo romanzesco* wie Detektivroman oder Thriller kommt es schließlich auf kühle Ratio oder kraftvolles Zuschlagen an, nicht auf deontologische Grübeleien. Gewalt wird hier nicht zu einem ethischen Problem auf Histoire-Ebene, ihre 'Unrechtmäßigkeit' ist dem klassischen Detektivroman in axiomatischer Gewißheit zwar vorgelagert, verliert aber hinter der rein technischen Komplexität des zu lösenden Kasus an Bedeutung. Und im Thriller kommt es lediglich auf die instrumentelle Rolle von Gewalt an, auf ihre "bloße Faktizität und ein grobes Raster sinnlicher Wahrnehmbarkeit".[22] Wenn dann diese konventionellen Schemata nicht wirklichkeitsillusionierend, sondern als reine Zitate reproduziert werden, ist die Distanzierung der dargestellten Phänomene von der Lebenswelt perfekt.

Wie das funktioniert, sei kurz am fünften Romanbeginn, *Guarda in basso ove l'ombra s'addensa,* erläutert. Calvino wie die Kritik haben in ihm den Prototyp eines "romanzo [...] cinico-brutale", in dem "esplode la violenza più brutale" gesehen.[23] Diese Beschreibung trifft den Inhalt ziemlich ge-

---

Exempel für die Darstellung einer referentiell mißverstandenen "violenza della storia" heranzuziehen, die A. Granese, *La leggenda del Nilo. L'immaginario e il sociale nella narrativa italiana degli Anni Settanta*, Neapel 1984, S. 249ff., zu beschreiben versucht.

22 P. Nusser, *Der Kriminalroman*, Stuttgart ²1992, S. 61.

23 Calvino, Kap. VI.

nau: Der Ich-Erzähler, als notorischer Gangster auf der Flucht vor Mitwissern vergangener Verbrechen, lockt seinen Rivalen Jojo ins Bett seiner eigenen Freundin Bernardette und schlägt ihm von hinten den Schädel ein. Den weitaus größeren Teil des Romanbeginns aber nimmt nicht die Tat, sondern das Bemühen ein, die Leiche unauffällig verschwinden zu lassen, was nach ziellosen, nächtlichen Autofahrten mit der Leiche auf dem Rücksitz dann auch endlich zu gelingen scheint: Er und Bernadette kippen den Toten aus einer Mülltüte vom Dach aus in einen finsteren Innenhof, um einen Selbstmord vorzutäuschen. Doch die Angelegenheit ist damit nicht erledigt, denn vor dem Aufzug warten drei finstere Gestalten, die aus der vermeintlich leeren Mülltüte anklagend einen Schuh des Toten ziehen. An diesem Punkt des größten *suspense* bricht der Roman, angeblich von einem belgischen Autor namens Bertrand Vandervelde verfaßt, ab.

Die Grundform des *intreccio* entfaltet sich hier im Modus des Thrillers: Mord wird als technisches, nicht moralisches Problem perspektiviert; nicht Schuld bewegt den Protagonisten, sondern die Frage, welche Mülltüten-Größe zum Transport die geeignete sei. Calvino bedient sich eben jenes Darstellungsmodus' kruder sinnlicher Wahrnehmbarkeit, die Nusser als typisch für den Thriller beschrieben hat. Diese "violence is fun"-Technik deutet im Verein mit der Bindung der Perspektive nicht an einen Detektiv, sondern an den Mörder auf den modernen Thriller, in dem es nicht um die Syntagmatik sukzessiver Analyse, sondern um paradigmatisierte Action- und Gewaltszenen geht.[24]

Calvinos Text erschöpft sich aber nicht in der offensichtlichen Systemreferenz zum Genre des Thrillers, er scheint sogar auf einen bestimmten Text zu verweisen: nämlich auf Patricia Highsmiths *The Talented Mr. Ripley* (1955),[25] in dem der Protagonist seinen reichen Freund Dickie in

---

24 Vgl. Nusser, S. 52ff.
25 Dt.: *Der talentierte Mr. Ripley*, Zürich 1979.

Italien ermordet, in dessen Rolle schlüpft und einen weiteren Mord begeht, um nicht als falscher Dickie enttarnt zu werden.[26] Wie Calvinos Held mordet er gegen die Vergangenheit an, und wie bei Calvino wird der Leser zum Komplizen des Mörders, dessen Versuche, sich der Leichen zu entledigen, er atemlos verfolgt. Das geht bis in inhaltliche Details: Calvinos Erzähler kann den Verdacht zweier Polizisten in einer brenzligen Situation zerstreuen, indem er die Leiche über eine Seine-Brüstung hängt und vorgibt, einem Betrunkenen zu helfen. Dergleichen flößt Ripley dem eben erschlagenen Freddy Miles Gin ein, um ihn als scheinbar stockbetrunkenen Freund ins Auto zu transportieren und so einen neugierigen Passanten abzuwimmeln. Die Fahrt durch das nächtliche Rom mit der Leiche auf dem Beifahrersitz und die Suche nach einem geeigneten Platz, sie loszuwerden, entsprechen wiederum den Irrfahrten des Calvino'schen Mörders durch Paris. Das offene Ende des Calvino'schen Thrillers hingegen verweist weniger auf den Roman von Highsmith, in dem sich Ripley allen Verdächtigungen entziehen kann, sondern vielmehr auf dessen berühmte Verfilmung von René Clément mit Alain Delon als Ripley: Denn als Tom hier am Ende des Films alle Verfolger abgeschüttelt zu haben glaubt und das Boot, auf dem er Dickie vor Monaten ermordet hat, verkaufen will, kommt die eingeschnürte Leiche zum Vorschein, die sich im Ruderblatt verfangen hatte. Schnitt und offenes Ende – wie bei Calvino, aber mit einem entscheidenden Unterschied: Highsmiths Roman und seine Verfilmung entfalten die gewalttätige Handlung mimetisch mit der Illusion ihrer Realität, bei Calvino konstituiert sie sich als Kette von Verweisen auf das Modell des Thrillers und einen wiederum durch ein anderes Medium mediatisierten Text. Damit wird auf typisch

[26] Dabei ist zu bemerken, daß Highsmiths Ripley-Romane zwar Berührungspunkte mit dem Schema des Thrillers haben – Perspektive des Täters, Verbrechen als Vorgang *in actu*, nicht als aufzuklärender Fall etc. -, wegen der subtilen psychologischen Anlage aber keineswegs mit dem diesbezüglich eher grobschlächtigen Thriller identisch sind, dazu siehe Nusser, S. 143f.

postmoderne Weise der Eindruck semantischer Tiefe zerstört zugunsten einer Oberflächenspannung zwischen Signifikanten.[27] Das trifft auch für die postmoderne Gewalt-Darstellung insgesamt zu: Es geht nicht um lebensweltliche Substanz jenseits von Texten, sondern um eine Diskursivität, die sich allein aus der Relation zu anderen Texten ergibt.

3. Tabucchis *Sostiene Pereira* als deontologischer Roman

Als 1994 Antonio Tabucchis Roman *Sostiene Pereira* erschien, ließ sich vielen Rezensionen neben Anerkennung auch eine gewisse Irritation entnehmen, denn – so Alice Vollenweider – "von einem raffinierten und subtilen Erzähler wie Antonio Tabucchi, der von klaren Konturen und unumstößlichen Gewißheiten wenig hält, hätte man eigentlich alles andere als einen politisch engagierten Roman erwartet".[28] Das Irritierende ist die Diskrepanz zwischen den "romanzi delicati, evocativi, complessi, irresolti" wie *Notturno indiano* oder *Requiem*, die die Kritik stets postmoderner Selbstbezüglichkeit und autoreflexivem Spiel zugeschlagen hat, und einem "politischen Roman", einem "romanzo civile" wie *Sostiene Pereira*, der vielen Kritikern als Vorbote für Tabucchis besonders in der Tagespresse vollzogene Wandlung zum "intellettuale guida" gilt.[29] Diese Perplexität läßt sich unmittelbar auf die zu Beginn gestellte Frage zurückführen, die der Roman selbst zu stellen scheint: Wie sind Geschichten der Gewalt möglich, wenn der Modus des Autoreflexiven Geschichten selbst unmöglich oder nur als ironisches Zitat aussprechbar macht? Tabucchis Roman ist ein Beispiel dafür, wie der Versuch einer ethischen Reperspektivierung von Gewalt zum Entwurf eines neuen Erzähldiskurses führt, der weder in postmoderner

---

27 Vgl. G. Regn, "Postmoderne und Poetik der Oberfläche", in: *Poststrukturalismus*, hg. v. K.W. Hempfer, S. 58ff.

28 A. Vollenweider, "Lissabon, August 1938", in: *Neue Züricher Zeitung*, 18.3.96, S. 33.

29 Vgl. A. Codacci-Pisanelli, "La testa perduta di Tabucchi", in: *Espresso*, 24.4.97, S. 102.

Oberfläche aufgeht, noch zu den Modi traditioneller Mimesis zurückkehren kann.

Wie immer man die unklaren Etikettierungen wie *romanzo civile* hinsichtlich ihrer pragmatischen Implikate auch verstehen mag, läßt sich doch die *histoire* des Romans als Entfaltung eines deontologischen Problems beschreiben: Der alternde, schöngeistige Journalist Pereira, Redakteur der Kulturseite einer eher auf Klatsch und Gesellschaftsskandale abonnierten Wochenzeitung, lernt im Portugal des Sommers 1938 den jungen Monteiro Rossi kennen, der zusammen mit seiner Freundin Marta gegen das totalitäre Salazar-Regime opponiert. Widerstrebend läßt er sich in diese klandestinen Aktivitäten hineinziehen, versteckt Rossi schließlich in seiner Wohnung und muß hier erleben, wie dieser von Schergen des Regimes gefoltert und erschlagen wird. Erst jetzt veröffentlicht er einen den Mord und die politischen Verhältnisse anklagenden Artikel und bereitet seine Flucht vor.

Die strukturelle Gewalt eines totalitären Regimes ist in diesem Roman anders als bei Calvino nicht eine der möglichen, austauschbaren Ambientierungen einer Intreccio-Handlung, sondern vielmehr durch ihr sich steigerndes Eingreifen in Pereiras Alltag selbst Movens einer Geschichte, in der Gewalt kein Gattungsmerkmal, sondern ethisches Problem auf der Histoire-Ebene ist. Tabucchi hat das durch die Abkoppelung der Gewaltthematik vom konventionellen *romanzo romanzesco* unterstrichen und konsequent alle Intreccio-Motive ebenso getilgt wie markiert intertextuelle Verweise auf Modelltexte: Zum einen ist Pereira kein agiler, in erotische Abenteuer verstrickter Held, sondern ein sentimentaler, ältlicher Witwer; zum anderen ist die Handlung nicht durch die *suspense*-trächtige Schnelligkeit von Orts- und Situationswechseln bestimmt, sondern durch eine sukzessive, an äußeren Bewegungen arme und in ihren Ergebnissen vorhersehbare Steigerung des äußeren Drucks. Spannung wird selbst dort nicht aufgebaut, wo man sie traditionellerweise erwarten würde, so etwa in der Szene, in der Pereiras

Wohnung von Geheimpolizisten durchsucht wird. Daß sie dort Monteiro im vorletzten Kapitel aufgreifen, ahnt der Leser von Anfang an dank der ständigen Verweise auf die Spitzeltätigkeit der Portiersfrau in Pereiras Redaktionsgebäude.[30] Auch der Schnitt zwischen Kapitel 23 und 24 ist nicht *suspense*-gerecht als Suspendierung einer erwarteten Handlung angelegt; vielmehr erfährt der Leser bereits am Ende von Kapitel 23, daß vor der Tür die *polizia politica* steht.[31] Das ist genau das Gegenteil der "interruzione istituzionalizzata" des *romanzesco*, von dem Calvino gesprochen hat.[32]

Nun könnte man erwarten, daß mit der Unterdrückung postmodern funktionalisierbarer Intreccio-Thematik und einer *histoire*, die als Reaktion der Protagonisten auf eine faschistische Diktatur angelegt ist,[33] eine Art neo-neorealistische *letteratura impegnata* herausgekommen sei. Aber auch dagegen hat Tabucchi schon auf Histore-Ebene angearbeitet: Pereiras Reaktion leitet sich nicht ab aus einem fertigen, kollektiven Wissen um das 'richtige' und 'falsche' politische Handeln, vielmehr betont der Roman das Zufällige und Individuelle seiner Entscheidung zur Praxis. Die Bekanntschaft mit Rossi, also die Initialzündung des geschilderten Prozesses, erwächst aus dem *puro caso* der Lektüre eines Artikels über Rossis Doktorarbeit.[34] Diese Zufälligkeit wird stets an die Individualität Pereiras gekoppelt: "Io non sono compagno di nessuno", sagt Pereira über sich, und Marta nennt ihn einen "anarchico individualista".[35] Er will sich nicht in kollektive ideologische Raster einordnen lassen, auch nicht in die des Marxismus, die Marta vertritt. Pereiras ethische Prinzipien müssen sich erst bilden, und dieser Prozeß steht im Mittelpunkt des Romans, und zwar so sehr, daß völlig offenbleiben kann,

---

30 Vgl. A. Tabucchi, *Sostiene Pereira*, Mailand 1996, S. 13, 49, 148.
31 Tabucchi, S. 189.
32 Calvino, Kap. VIII.
33 Vgl. Tabucchi, S. 57, 129.
34 Ebd., S. 7.
35 Ebd., S. 86, 97.

ob Pereiras anklagender Artikel überhaupt erschienen ist, welchen Effekt er gehabt hat, ob Pereira seinetwegen verfolgt worden ist etc. Das heißt auch, daß Tabucchi Pereiras Heraustreten in die öffentliche Opposition nach deontologischen Kriterien modelliert: Da die Histoire über die Effekte der Handlung kein Wort verliert, sie stattdessen allein als Ergebnis von und in Übereinstimmung mit einem inneren Prinzip beschreibt, spielt der teleologische Ansatz einer Handlungsethik, auf der der Neorealismus *grosso modo* basiert, keine Rolle. Man vergleiche nur das ergebnisindifferente Romanende von *Sostiene Pereira* mit Silones *Fontamara* von 1930, wo Berardos aufopfernde Tat, sich als der gesuchte "Solito Sconosciuto" auszugeben, nicht für sich steht, sondern seine Berechtigung aus dem Ergebnis gewinnt: der wirkliche "Sconosciuto" kann entkommen und organisiert in Fontamara die antifaschistische "stampa clandestina".

Die deontologische Ethik in Tabucchis Roman rekurriert aber nicht auf das Kantsche Prinzip des freien, autonomen und deshalb guten Willens als Grundprinzip, das jedem Menschen immer schon eigen ist,[36] vielmehr geht es um die prozeßhafte Formierung dieses Prinzips. Zur Entscheidung kommt Pereira nicht aus eigener Einsicht, sondern einerseits durch den Druck kontingenter historischer Ereignisse, andererseits durch die akkumulierte Kommunikation mit anderen: Die Schritte, die Pereira von der Theorie zur ethischen Praxis tut, sind zu rekurrent an über den ganzen Roman verstreute Gespräche mit Monteiro, Marta, der deutschstämmigen Jüdin Delgado, mit Dr. Cardoso und dem Priester Don António gebunden, um nicht an eine Art von Habermas'schem Konzept einer Diskursethik zu erinnern, nach dem ethische Normen nicht apriorisch *sind*, sondern sich durch eine kommunikative Alltagspraxis zu allererst begründen.[37]

---

36 Vgl. I. Kant, *Grundlegung zur Metaphysik der Sitten*, Akademieausgabe Bd.IV, Berlin 1911, S. 393.

37 Vgl. D. Horster, "Jürgen Habermas", in: *Metzler Philosophenlexikon*, hg. v. B. Lutz, Stuttgart 1995, S. 335ff. Das heißt nicht, daß für Habermas ethische Grundsätze relati-

Und schließlich – auch das ist alles andere als neorealistisch – ist Pereiras Erziehung zur Praxis gebunden an eine Situation historischer Vergangenheit, an die konkrete geschichtliche Situation Portugals im Sommer 1938, über deren Übertragbarkeit auf andere (aktuelle?) Verhältnisse der Text des Romans selbst kein Wort verliert. Damit fehlt Pereira, damit fehlt dem Roman insgesamt die Exemplarität neorealistischer Protagonisten, ohne die auch jede Form von *letteratura impegnata* mit ihren unmittelbaren Handlungsanweisungen unmöglich ist.

Für die italienische Kritik waren der vermeintliche "imperativo etico-ideologico" Tabucchis und der "riavviciniamento al realismo"[38] zwei Seiten derselben Medaille. Aber sowenig man von einem "imperativo" reden kann, sowenig trifft das Etikett "realismo" auf den Roman zu. Vielmehr findet sich die besondere deontologische Problematik auf eine Weise vermittelt, die eine realistische Schreibweise zwar evoziert, aber gezielt unterläuft.

Der Untertitel von *Sostiene Pereira* lautet *Una testimonianza*, was im Deutschen als *Eine Zeugenaussage* übersetzt wurde. Akzeptieren wir diese Übersetzung, dann würde Tabucchi das sonst unter einem Romantitel zu erwartende Signal der fiktionalen Gattung *romanzo* durch die Bezeichnung eines nicht-fiktionalen, juridischen Texttyps ersetzen. Diese Defiktionalisierung entspricht realistischen wie neorealistischen Textstrategien, die sich

---

vistisch das wären, was eine historische Kommunikationsgemeinschaft dafür hält; er geht vielmehr von einer "räumlich, sozial und zeitlich unbegrenzten Kommunikationsgemeinschaft" aus, für die moralische Gebote über kultur- und schichtenspezifische Wertorientierungen hinaus Gültigkeit haben. Auch in Tabucchis Roman ersetzt die ideologische Wertnorm des "patriottismo", in dessen Namen Monteiro Rossi ermordet wird, nicht die überhistorische, gleichwohl erst im Gespräch transparent gemachte Pflicht zum Auftreten gegen unrechtmäßige Gewalt. Dieses Thema findet sich übrigens auch im Zentrum von Tabucchis letztem Roman *La testa perduta di Damasceno Monteiro* (1997).

38 S. Giovenardi, "Ora aspettiamo un romanzo italiano", *L'Espresso* 24.4.1997, S. 105.

eher als "studio sincero e spassionato" (Verga) oder als "processi verbali" (De Roberto) denn als *romanzi* auswiesen.

Dieser realistisch funktionalisierbaren Textsorte scheint die Erzählsituation zu entsprechen: Ein primärer, extradiegetisch-heterodiegetischer Erzähler gibt wieder, wie Pereira als sekundärer, intradiegetisch-homodiegetischer Erzähler[39] von ihm Erlebtes berichtet, wobei der primäre Erzähler scheinbar nur durch das *verbum dicendi* "sostiene Pereira" in Erscheinung tritt. Der Akt der Wiedergabe siedelt sich in der Gegenwart an, das Wiedergegebene in der Vergangenheit.

Hier beginnen aber schon die Probleme: Die Lücke zwischen Pereiras geplanter Flucht aus Portugal kurz nach der Lancierung seines regimekritischen Artikels und der präsentischen Situation der vermeintlichen Vernehmung wird nicht durch Informationen gefüllt, folglich wird die Erzählsituation nicht durch Daten der *histoire* motiviert. Dieser Kunstgriff der Paralipse, in der dem Leser eine wichtige, sowohl dem Protagonisten als auch dem Erzähler verfügbare Information vorenthalten wird, schafft eine Unbestimmtheit, die sich nicht durch die Hypothese "Vernehmung" erklären läßt: Denn weshalb sollte eine polizeiliche Befragung gerade die Umstände der Flucht des Verhafteten auslassen, hingegen nebensächliche Details wie das Wetter an einem bestimmten Tag, Pereiras Speisefolgen oder den Bratfettgeruch im Hausflur aufnehmen? Und schließlich: Vernehmungen enthalten gemeinhin präzise Fragen, wenn diese aber vereinzelt im Text auftauchen ("Perché? Questo a Pereira è impossibile dirlo"[40]), dann geht es nicht um Komplizen, Verbindungsmänner etc., sondern um subjektive Befindlichkeiten, etwa um den Grund, warum Pereira in einer bestimmten Situation an den Tod gedacht habe. Pereiras Aussagen lassen sich mithin nicht aus

---

39 Zur Terminologie vgl. G. Genette, "Discours du récit", in: ders., *Figures III*, Paris 1972, S. 255ff.

40 Tabucchi, S. 7.

einer Vernehmungssituation motivieren, was wiederum auf die semantische Doppeldeutigkeit von *testimonianza* (als Texttyp der Zeugenaussage oder schlicht als Zeugnis oder Bezeugung) zurückverweist. Die von Tabucchi konstruierte Erzählsituation konstituiert sich damit deutlich als Kombination von vermeintlicher Nähe und tatsächlicher Differenz zu realistischen Erzählsituationen, wobei "realistisch" hier im allgemeinen Sinne als sich authentifizierende und motivierende Erzählsituation verstanden wird.

Auch wenn unklar bleibt, wer der Erzähler ist, könnte doch sein neutraler Gestus des durch *sostiene* eingeführten Registrierens auf seine bloße Funktion als Protokollant hindeuten. Aber selbst diesen Eindruck erweckt der Text nur, um ihn zu enttäuschen. Als "una relazione semplice, rapida e fedele di un avvenimento svolgentesi sotti gli occhi di uno spettatore disinteressato" hat der Verist Federico De Roberto den "processo verbale" definiert und als defiktionalisierendes Modell für die "impersonalità" seiner Erzählungssammlung *Processi verbali* reklamiert.[41] Das Protokoll basiert für De Roberto wie für den historischen Realismus überhaupt auf der Möglichkeit einer kategorialen Scheidung zwischen außersprachlicher Welt und der sie registrierenden, transparenten Sprache des *spettatore disinteressato*. Es impliziert die völlige Rücknahme und Nichteinmengung des Protokollanten, was Tabucchis Text zunächst auch einzulösen scheint: Der erste Satz "Sostiene Pereira di averlo conosciuto in un giorno d'estate" trennt einen neutral-reduzierten Erzähler als bloßen Registrator von dem, was es zu registrieren gilt. Ein Eindruck, den das für den Leser rätselhafte anaphorische Pronomen "lo" anstelle eines Eigennamens zu bestätigen scheint, denn es bezieht sich auf den Informationsstand Pereiras, der die Namensnennung überflüssig macht. Der primäre Erzähler registriert diese Aussage, ohne selbst eine Erklärung einzufügen oder zu verlangen. Bereits der dritte Satz

41 F. De Roberto, *Romanzi, Novelle, Saggi*, hg. v. C.A. Madrignani, Mailand 1984, S. 1641f.

aber beginnt mit "pare che Pereira stesse in redazione" und verläßt damit die Ebene der Wiedergabe des von Pereira Gesagten zugunsten einer eigenen Erzähler-Konjektur über das Nicht-Gesagte. Diese Konjektur, die durch "pare che" ja immerhin noch die mangelnde Verbindlichkeit der eigenen Vermutung unterstreicht, geht dann über in den Modus des personalen Erzählens, der sich am reinsten in der erlebten Rede manifestiert:

> "E Pereira era cattolico, o almeno in quel momento si sentiva cattolico, un buon cattolico, ma in una cosa non riusciva a credere, nella risurrezione della carne. Nell'animo sì, certo, [...]; ma tutta la sua carne, quella ciccia che circondava la sua anima, ebbene, quella no".[42]

Der Protokollant dementiert seine zuvor eingenommene Rolle des Registrators, weil er nun plötzlich, einem unsichtbaren Flaubertschen Erzähler gleich, die Perspektive Pereiras einnehmen kann. Da diese erlebte Rede dann aber durch das nachgeschobene "si chiedeva Pereira" als dem Erzähler mitgeteilte indirekte Rede in einer vergangenen Situation erscheint, wird der in der syntagmatischen Abfolge der Lektüre erzeugte Eindruck personaler Verquickung von Erzähler und Fokusträger wieder kassiert. Die durch das rekurrente *sostiene* markierte Neutralität des Protokollanten wird auf diese Weise gleichzeitig unterstrichen und desavouiert und damit auch der vermeintlichen sprachlichen Transparenz des 'Protokolls' ein negatives Urteil gesprochen.

Tabucchis Roman kehrt mithin nicht zu einem realistischen Erzählen zurück, das den Eindruck unverfälschter Mimesis von "Wirklichkeit" wesentlich durch die Verwischung der eigenen sprachlichen Gemachtheit erzielt.[43] Denn gerade die aufdringliche Rekurrenz des *Sostiene Pereira*, das ohne Variation anderer *verba dicendi* allein im ersten Kapitel vierzehnmal wiederkehrt, lenkt den Blick auf die Sprachlichkeit des Textes. Was hier

---

42 Tabucchi, S. 8.

43 Vgl. P. Hamon, "Un discours contraint", in: *Littérature et réalité*, hg. v. R. Barthes u.a., Paris 1982, S. 132ff.

jedoch auf den ersten Blick als poetische Sprachfunktion im Sinne Jakobsons erscheint, wird durch die variationslose Insistenz identischen Wortmaterials sogleich als Mechanik eines durchschaubaren Verfahrens, quasi als Zitat einer poetischen Sprachfunktion durchsichtig gemacht. Daß der Roman derart von der Vermitteltheit alles Erzählten und der markierten Sprachlichkeit des Diskurses durchtränkt ist, ist typisch postmodern und gleichzeitig typisch für Tabucchi, dessen Texte ja auch vor *Sostiene Pereira* bevorzugt um die Dilemmata des Wiß- und Erkennbaren in ihrer Sprachlichkeit kreisten. In *Sostiene Pereira* aber beschränkt sich die Anlage des Diskurses nicht auf die performative Exemplifizierung epistemologischer Aporien, vielmehr vermittelt Tabucchi hier ein deontologisches Problem individueller Verantwortung, das sich seinerseits als diskursethisches präsentiert hat. Und deshalb ist die Behandlung ethischer Fragen in einem Text, der die Sprachlichkeit von Wirklichkeitserfassung thematisiert, kein Widerspruch.

4. Tabucchi, Rorty und die Kritik am ubiquitären Gewaltbegriff

Wenn auch die Kombination von ethischen Fragen mit der typischen narrativen Praxis Tabucchis keinesfalls so aporetisch ist, wie es viele Kritiker dargestellt haben, so bedeutet doch die Behandlung von struktureller Gewalt als Herausforderung für die individuelle Verantwortung eine thematische Erweiterung seines erzählerischen Spektrums. Ich möchte mich nicht an den sich ganz aus den tagespolitischen Polemiken zwischen Tabucchi, Eco oder Arbasino speisenden Spekulationen über die Gründe für diesen Themenwechsel beteiligen,[44] sondern auf einen Artikel Richard Rortys in der *Frankfurter Allgemeinen Zeitung* vom Mai 1997 verweisen, in dem einige Auszüge seines neuen Buches *Achieving our Country. Leftist Politics in Twentieth–Century America* zu lesen waren. Rorty, bislang als Vertreter

[44] Vgl. dazu Codacci/Pisanelli, "La testa perduta di Tabucchi".

einer postmetaphysischen Philosophie kultureller Kontingenz bekannt, in der Wahrheits– und Sinnfragen lediglich Ergebnisse sozialer Sprachspiele sind,[45] schreibt hier Sätze, die von einem Philosophen des postmodernen *anything goes* nie zu erwarten gewesen wären. Vor allem beklagt er, daß der theoretische "Narzißmus der kleinsten Differenz", dem die intellektuelle Linke der achtziger Jahre gehuldigt habe, jede Praxis unmöglich mache, führte er doch zur Zerstörung von Begriffen wie "Sinn", "Gerechtigkeit" und "Macht": "Wenn man die geistige Welt betritt, die einige von ihnen bewohnen, verläßt man die Welt, wo die Bürger einer Demokratie sich zusammenschließen können, um Phantasien sadistischer Gewalt und Selbstsucht entgegenzutreten".[46] Sein Grimm gilt vor allem dem Dekonstruktivismus à la Derrida, besonders aber dem späten Foucault und dessen Begriff von Macht und Gewalt, die "ebenso ungreifbar wie aufdringlich [...], immer schon vorhanden" sei: "Man kann der Macht im Foucaultschen Sinne nicht gegenübertreten und die Konfrontation mit ihr suchen, denn sie ist ebenso in einem wie draußen". Belege für diese polemische These sind im von Rorty beschriebenen Milieu leicht zu finden: In einem Aufsatzband mit dem programmatischen Titel *The Violence of Representation*[47] wird der Gewaltbegriff so diffus, daß bereits "writing is not so much about violence as a form of violence in its own right".[48] Da Sanguinetis marxistische Gewißheit einer objektiv berechtigten Gegengewalt ersatzlos verlorengegangen ist, wird Gewalt ubiquitär, wird abgekoppelt von Werthierarchien und letztlich be-

---

[45] Vgl. U. Tietz, "Der gemäßigte Kontextualismus Richard Rortys", in: *Poststrukturalismus*, hg. v. K.W. Hempfer, S. 129-160.

[46] R. Rorty, "Auszug aus dem Land der Trugbilder", in: *Frankfurter Allgemeine Zeitung*, 2.5.1997, S. 39.

[47] *The Violence of Representation. Literature and the History of Violence*, hg. v. N. Armstrong/L. Tennenhouse, London/New York 1989.

[48] Ebd., "Introduction", S. 2.

liebig: "Die These von der Allgegenwärtigkeit der Macht erinnert an die Allgegenwärtigkeit Satans oder der Erbsünde".[49]

Rortys Alternative zu dieser jede Praxis verstellenden Verabsolutierung struktureller Gewalt liegt nun nicht in der Rekonstruktion einer abgetanen Philosopie ontologischer Gewißheiten, er plädiert vielmehr für die Rückkehr zur ethischen Praxis und zu den Werten eines Verfassungspatriotismus demokratischer Staaten, "auch wenn wir mit Dewey moralische und wissenschaftliche Überzeugungen als Instrumente ansehen, die uns helfen, etwas mehr menschliches Glück zu erlangen, und (auch wenn) wir Descartes den Rücken kehren, die Subjektivität versprachlichen und alles um uns und in uns für eine Konstruktion halten".[50]

Die Reaktion auf diesen "Abgesang"[51] war die des erschrockenen Erstaunens, nicht unähnlich dem über Tabucchis ganz ähnliche "ethische Wende". Aber wenn Rorty jenseits und Tabucchi diesseits des Atlantiks das Thema "Gewalt" aus seiner postmodern–poststrukturalistischen Indifferenz lösen, um ihm seine deontologischen Implikate zurückzugeben, ohne die epistemologischen Grundpositionen des Postmodernismus aufzugeben, dann scheint das keine zufällige Koinzidenz einsamer Wertkonservatismen zu sein. Rorty und Tabucchi haben vielmehr die Konsequenz aus einer sich totlaufenden poststrukturalen Theorie gezogen.

Riassunto

Da quando Roman Jakobson trovò il segno indelebile della letteratura nella funzione poetica di un messaggio, e Roland Barthes e Jean Ricardou caratterizzarono la narrativa dell'avanguardia non più come "récit d'une aventure"

---

49 Rorty, "Auszug", S. 39.

50 Ebd.

51 H. Ritter: "Abgesang. Richard Rortys Kehre", in: *Frankfurter Allgemeine Zeitung* 2.5.1997, S. 37.

ma come "aventure d'un récit", rappresentazione e mimesi hanno perso il loro valore estetico positivo. Questo fatto rende problematica ogni "storia" della violenza e provoca diverse reazioni verso di essa dalla parte dei movimenti d'avanguardia della seconda metà del nostro secolo: Edoardo Sanguineti, uno dei più noti rappresentanti della neoavanguardia degli anni sessanta, trasferisce il tema della violenza dal livello dell'*histoire* a quello del *discours*, mentre nella soluzione postmoderna del romanzo *Se una notte d'inverno un viaggiatore* di Italo Calvino essa viene ridotta ad un significante letterario privo di referente coi mezzi dell'intertestualità. Però nel penultimo romanzo di Antonio Tabucchi *Sostiene Pereira* la violenza recupera una funzione referenziale in un racconto deontologico che però non disdice la validità di stilemi postmoderni.

Hermann H. Wetzel
Universität Regensburg

Narrative Formen der Gewaltdarstellung (Vittorini, Levi, Calvino, Simon)

Der folgende Beitrag geht der Frage nach, welche Formen von Gewalt gegen Menschen[1] in bekannten Werken der italienischen und französischen Nachkriegsliteratur auf welche Weise dargestellt werden. Außerdem werden sich aus dem Was und vor allem aus dem Wie begründete Vermutungen über die Funktion der Gewaltdarstellung innerhalb dieser Werke anstellen lassen, die sich – mit einiger Vorsicht – vielleicht auf die Funktion von Gewaltdarstellungen in der Literatur insgesamt übertragen und mit der Gewalt in den modernen audiovisuellen Medien vergleichen lassen.

Über die Allgegenwart der Gewalt in der Geschichte (nicht nur dieses Jahrhunderts), vor allem in Form von Kriegen,[2] besteht vermutlich kein Dissens. Nicht so leicht wird es allerdings sein, sich darüber zu einigen, ob und wie Geschichten geeignet sind, die "Gewalt der Geschichte" darzustellen. Denn um aus Geschichte Geschichten in der bis ins 20. Jahrhundert geltenden (sog. realistischen) Erzähltradition formen zu können, müssen ihre Ereigniskomponenten in einen Ereigniszusammenhang gestellt, das heißt von und zwischen handelnden Subjekten sinnvoll verknüpft werden.[3]

---

1 Positive Gewalt im Sinne von "Macht" sowie Gewalt gegen Sachen spare ich aus Zeitgründen weitgehend aus, zumal die zweite meist nur eine Vorstufe der Gewalt gegen Menschen darstellt.

2 Es gibt allerdings auch weniger spektakuläre, aber deswegen nicht unbedingt weniger gewalttätige und folgenreiche Formen der Gewalt im sog. Lebenskampf, in Verteilungskämpfen, Wirtschaftskriegen etc.

3 Vgl. hierzu den Sammelband *Geschichte – Ereignis und Erzählung*, hg. v. R. Koselleck u. W.-D. Stempel, *Poetik und Hermeneutik V*, München 1973; darin besonders die grundlegenden theoretischen Überlegungen von W.-D. Stempel, "Erzählung, Beschreibung und der historische Diskurs", S. 325-346.

Das bedeutet für Gewaltdarstellungen, daß ihnen je nach Gattung (Roman, Erzählung, Bericht) in unterschiedlich weit gehender Kohärenz vom Erzähler ein ideologisch begründeter Sinn zugeschrieben werden muß.

Um diesen Bezug zwischen Thema und gewählter Form nachvollziehbar zu machen und den vom Titel des Bandes nahegelegten Zusammenhang zwischen Historie und Literatur zu berücksichtigen, wurden hier literarische Beispiele gewählt, die mit dem gewalttätigsten Kapitel der Geschichte dieses Jahrhunderts, dem Zweiten Weltkrieg samt Vernichtungslagern und Bürgerkrieg in Italien, thematisch verbunden, formal aber sehr unterschiedlich gestaltet sind. Aus der Analyse dieser narrativen Gestaltung werde ich versuchen, Rückschlüsse auf die Funktion dieser Gewaltdarstellungen zu ziehen.

1. Sinngebung und Wahl der Perspektive

Daher zunächst ein paar Überlegungen zum Zusammenhang zwischen Sinngebung und Wahl der narrativen Verfahren. Ganz offensichtlich ist dieser Zusammenhang bei der Wahl

- der Erzählgattung (z.B. Roman oder Erzählung),
- der Art der Sujetfügung (wird die Fabel chronologisch oder thematisch angeordnet?) und
- der Sprechweise (was ist dominant: Erzählen, Beschreiben oder Reflektieren?).

Der traditionelle Roman (und dazu gehört auch, wie der Name schon sagt, trotz einiger moderner Einsprengsel, der neorealistische) bedarf, allein schon um den Zusammenhalt seiner Teile über Hunderte von Seiten zu gewährleisten, einer umfassenderen Sinngebung – in Form von als realistisch empfundenen Handlungszusammenhängen, die sich in ausführlichen Beschreibungen der psychologischen, sozialen, historischen etc. Motivierung des

Geschehens widmen können – als eine kurze Erzählung, die es sich eher erlauben kann, einen kurzen, nicht gedeuteten Realitätsausschnitt mit offenem Schluß unter Verzicht auf umständliche beschreibende Erklärungen dominant zu erzählen.

In einem narrativen Text verbinden sich im allgemein mindestens drei Sprechweisen, die in unterschiedlichem Maße mit dem Problem des Sinns in Verbindung stehen. Kausallogisches Erzählen braucht ein Telos, auf das sich die Handlung hinordnet und in das Beschreibungen dienend, d.h. motivierend eingeordnet sind. Der Sinn ist diesem Erzählen in der engeren Bedeutung des Wortes notwendig implizit. Verselbständigt sich das Beschreiben, wie etwa im *nouveau roman*, so ist dies ein Zeichen für den Mangel an umfassender Handlungslogik. Das Reflektieren schließlich tritt aus der Erzähl-Fiktion heraus und bringt die Stimme des Autors oder eines anderen Sprechers zu Gehör; sie kann zu einer externen Sinngebung führen, aber auch geradeso gut die Sinnlosigkeit feststellen.

Auch die Wahl der Erzählperspektive und die Sympathielenkung hängt vom Vorhandensein eines Sinnangebots ab. Wählt ein allwissender Autor die Täterperspektive – das wird in der Regel dann der Fall sein, wenn dem Täter die Sympathie des Autors gilt und diejenige des Lesers gelten soll –, dann ist zu vermuten, daß der Autor die Handlungen seines Helden chronologisch anordnet, lückenlos motiviert und damit als moralisch gerechtfertigt hinstellt. Als Musterbeispiel für einen solchen Gewalt moralisch rechtfertigenden Sinnzusammenhang eignet sich die Resistenza, zumal wenn sie in der Regel dem Absolut-Bösen gegenübergestellt wird. Man kann allerdings anhand erzähltechnischer Details feststellen, daß Autoren wie Vittorini und Calvino trotz ihres damaligen eindeutigen ideologischen Engagements mit der rechtfertigenden Singgebung von Gewalt gelegentlich Schwierigkeiten haben.

Von vornherein schwieriger stellt sich die Sinngebung der Gewalt aus der Sicht des Opfers dar, wenn sie nicht nur die Funktion einer Rechtfertigung für den das Opfer rächenden Täter hat. In Zeiten christlicher oder säkularisierter, politischer Märtyrer hat die erlittene Gewalt, hin bis zum Tod, angesichts der so verdienten Heilsgewißheit einen fraglosen Sinn im Kampf und als Zeugnis für die gerechte Sache. Mitte des 20. Jahrhunderts ist diese Sinngebung nicht mehr unbestritten, ja eigentlich für die Menschen unmöglich, die auf keine jenseitige Belohnung mehr hoffen, selbst wenn sie für die Weltrevolution kämpfen.[4] Entsprechend groß sind die Schwierigkeiten, überhaupt im Rahmen eines Erzählgenres aus der Perspektive eines ungläubigen Opfers über die Gewalt zu schreiben. Die strukturelle Notwendigkeit der globalen Sinngebung im Roman wird von den untersuchten Autoren daher auf verschiedene Weise unterlaufen bzw. verweigert:

- in Vittorinis *Uomini e no* (1945)[5] durch eine gespaltene – mal erzählende, mal reflektierende Perspektive;
- in Primo Levis *Se questo è un uomo* (1947)[6] durch den Verzicht auf eine sukzessive, durchgehend motivierte Handlung und die Ersetzung durch eine lediglich thematische Ordnung;
- bei Calvino entweder durch die Wahl der Gattung Kurzerzählung[7] mit märchenhaften Einsprengseln und offener Evaluation oder in seinem Resistenza-Roman *Il sentiero dei nidi di ragno* (1947) durch die kindliche Perspektive des Helden Pin, von dem man auf Grund seines Alters keine globale Sinngebung erwarten darf;

---

4 Nicht von ungefähr sind die Helden in Rossellinis *Roma città aperta* (1945) ein katholischer Priester, der aufs Jenseits hoffen kann, und ein kommunistischer Ingenieur, der wenigstens in seinem ungeborenen Kind weiterlebt.

5 E. Vittorini, *Uomini e no*, in: *Le opere narrativi*, Mailand [4]1990, I, S. 711-920.

6 P. Levi, *Se questo è un uomo*, in: *Opere* I, Turin 1987, S. 1-212.

7 I. Calvino, *I racconti*, Turin 1958.

- in Claude Simons *La Route des Flandres* (1960)[8] durch die Aufgabe zentraler struktureller Merkmale traditionellen Roman-Erzählens entsprechend den Forderungen der Theoretiker des *nouveau roman.*

2. Erzählen aus der Opfer-Perspektive (als Sympathieträger[9]):

Vittorini erzählt seinen Roman *Uomini e no*, wie schon erwähnt, aus verschiedenen Perspektiven: einer neutralen, welche die Partisanen teils als Opfer, teils als Täter distanziert, aber immer sympathisch schildert, und einer persönlich engagierten, in der das gespaltene Ich des Helden Enne 2 mit sich selbst spricht und die Ereignisse reflektiert. (Diese Kapitel sind typographisch durch Kursivschrift hervorgehoben.)[10] Schon allein diese Aufspaltung in verschiedene Erzähl- und Reflexionsinstanzen ist ein Indiz dafür, daß Vittorini dem allwissenden Erzähler skeptisch gegenübersteht und eine eindeutige auktoriale Sinngebung für problematisch hält.

Die grausamste Szene in Elio Vittorinis *Uomini e no* ist zweifellos die Hinrichtung des Widerstandskämpfers Giulaj durch einen deutschen SS-Offizier, der vor den Augen der italienischen Milizionäre sein Opfer von Wolfshunden zerfleischen läßt (Kap. XCIX – CIII). Doch obwohl vom Erzähler brutale Gewalt dargestellt wird, hat diese Szene wenig bis nichts mit denjenigen Gewaltszenen zu tun, die heutzutage die Jugendschützer auf den Plan rufen: Die überwiegend beschreibenden Passagen, in denen der Erzähler seine Szenerie aufbaut, sind spärlich und schildern ein allgemein bedrohliches Ambiente, das Angst auslöst, aber sehr wenig erzählende, logisch

8 C. Simon, *La route des Flandres*, Paris 1960.

9 Man könnte natürlich auch an eine Abwertung des Opfers und an eine Rechtfertigung des Täters aus faschistischer Sicht denken durch einen faschistischen Autor bzw. auch einen antifaschistischen in polemischer oder ironisch – kritischer Absicht.

10 Allerdings leider nicht in der deutschen Übersetzung, die sich auf eine Ausgabe stützt, in der Vittorini zwischenzeitlich diese typographische Unterscheidung aufgegeben und dazuhin einige Kapitel gestrichen hatte.

verknüpfende Erklärung für das unbegreifliche Geschehen anbietet: ein kahler, kalter Gefängnishof, hereinbrechende Dunkelheit, glitzernde Totenköpfe an den Uniformmützen, Männer mit Reitpeitschen, Wolfshunde; das mehrfach betonte "ernste Gesicht"[11] des SS-Offiziers, sein Zähneknirschen,[12] das Zischen der Peitsche, die scharfen deutschen, für das italienische Opfer unverständlichen Befehle an die Hunde. In dieser drückenden Atmosphäre, in der bis zuletzt unklar bleibt, worin die Handlungslogik und damit die konkrete Bedrohung besteht, wird die Spannung über nicht weniger als vier, die Exekution vorbereitende Kapitel gesteigert. Den weitaus größten Raum im Text nimmt allerdings die Wiedergabe von Dialogen aus ganz kurzen, meist nicht einmal eine ganze Zeile umfassenden Äußerungen der Täter, des Opfers und der Zuschauer ein: kurze Befehle und viele Fragen neben denen das Beschreiben und Erzählen kaum ins Gewicht fällt. Wenn überhaupt noch erzählt wird, dann herrschen die lediglich konstatierenden Verben des Sagens und der zeitlichen Folge vor: "disse", "chiese", "rispuose", "continuò". Das führt beim Opfer und entsprechend beim Leser, der kaum darüber hinausgehende Erzählerinformationen erhält, bis zuletzt zu einer beängstigenden Unsicherheit über die Absichten des SS-Offiziers.

Die Gewalt äußert sich in menschenverachtendem Sadismus, noch bevor es zur Hinrichtung kommt: der erniedrigende Befehl, sich vor den feixenden Milizionären in der Winterkälte völlig nackt auszuziehen, die nur scheinbar teilnehmenden Fragen nach den persönlichen Lebensumständen des Opfers (Alter, Wohnort, Familie), die, wie sich erst nachträglich herausstellt, nur dazu dienen, das Opfer in falsche Sicherheit zu wiegen und die Zerstörungslust zu steigern.[13]

---

[11] Vittorini, S. 149: "serietà nella sua faccia".

[12] Ebd.: "Strinse i suoi denti, carezzando i cani, fino a farseli risuonare come se rompesse noci in bocca".

[13] Ebd., S. 153: "Egli voleva conoscere che cos'era quello che stava distruggendo".

Im Leser wird durch die fast unerträglich ausführlich wiedergegebenen, oft scheinbar belanglosen Dialoge, welche die gedehnte Erzählzeit mit der erzählten Zeit fast zur Deckung bringen und in die nur ganz selten wirkliche Kausalverknüpfungen und Erklärungscharakter besitzende Beschreibungen eingefügt werden, systematisch die Angst um das Opfer gesteigert und dadurch das Mitleiden mit der gepeinigten Kreatur, die ebenso wie der Leser gar nicht verstehen kann, worauf die ganzen Vorbereitungen zielen. Gleichzeitig wächst der Abscheu gegenüber dem Mörder.

Das Ungeheuerliche einer Hinrichtung durch Zerfleischen bei lebendigem Leibe selbst, als "Sonderbehandlung" für den Tod einer Schäferhündin, wird von Vittorini nicht dargestellt, man kann es nur erschließen. Es fließt kaum Blut, es ertönt nur ein Schrei. All das, was in modernen Gewaltdarstellungen etwa eines Stephen King[14] im Zentrum steht, ist ausgespart. Das Kapitel CII endet mit den Sätzen:

"'Fange ihn! Beisse ihn!' disse il capitano.
Gudrun addentò l'uomo, strappando dalla spalla.
'An die Gurgel' disse il capitano.

CIII. Era buio, i militi si ritirarono dal cortile, e nel corpo di guardia Manera disse: 'Credevo che volesse fargli solo paura.'"

Vittorini vertraut auf die psychische Wirkung beim Leser, auf das imaginative Entstehen von Angst angesichts ungeklärter und für ein normales Verständnis unerklärlicher Fakten. Wenn der Leser aufgrund des Irrealis zu Beginn des Kapitels CIII ("Ich glaubte, er habe ihm nur Angst machen wollen") den tatsächlichen, grausamen 'Sinn' der Dialog- und Handlungsabfolge verstanden hat, werden der Sadismus des Täters und das Leiden des

[14] Z.B. St. King, *Dolores*, München [12]1997: Die Ausbreitung von brutalen und abstoßenden Details betrifft dort nicht nur die Gewaltszenen, es handelt sich generell um eine redundante Art zu schreiben, die den Leser auch bei oberflächlichster und flüchtigster Lektüre den Faden nicht verlieren läßt.

Opfers hinreichend deutlich, um den bedingungslosen Kampf der Partisanen gegen die Deutschen und ihre italienischen Helfer zu motivieren. Ein zusätzliches detailliertes Ausmalen der körperlichen Qualen des Opfers wäre redundant und würde die von Vittorini intendierte Wirkung eher in Frage stellen.

Denn der Fähigkeit des Menschen, Schmerzen zu erinnern oder gar ohne eigene Schmerzerfahrung zu imaginieren, sind – vermutlich zu seinem eigenen Besten – Grenzen gesetzt. Die ausführliche Darstellung von brutaler Gewalt garantiert noch keine Deutung durch den Leser im Sinne des Autors. Im Gegenteil, die schamlose Exhibition des Opfers als wehrloser Gegenstand von Gewalt leistet eher sadistischem Voyeurismus Vorschub, wie er im Roman selbst vom SS-Offizier und den zuschauenden Milizionären repräsentiert wird.

Statt Gewalt *in extenso* darzustellen und den Leser mit der Deutung allein zulassen, geht Vittorini lieber einen sicheren Weg, um die Wirkung dieser Szenen und ihre Funktion im Romanganzen zu gewährleisten: Er reflektiert anschließend mehrere Kapitel lang (Kap. CIV-CVII) über das Geschilderte. Das bedeutet erzähltechnisch: Er spricht in der ersten Person (Singular oder Plural) und im Präsens und nicht mehr in der dritten Person des *passato remoto*. Es sind die zentralen Kapitel des ganzen Buches, in denen er in persönlicher Rede (Diskurs) die im Titel des Romans emblematisch zusammengefaßte Problematik des Menschseins der Unmenschen in der Auseinandersetzung mit Thomas Hobbes' berühmtem Diktum *homo homini lupus* entfaltet. (Die Metapher des Wolfs ist im Zusammenhang mit der Hinrichtung durch einen Wolfshund wörtlich genommen.)

Es ist eigenartig, wie wenig in Levis *Se questo è un uomo* von Gewalt die Rede ist. Bei der Ankunft an der berüchtigten Rampe von Auschwitz stellt er fest: "Ci saremmo attesi qualcosa di piú apocalittico: sembravano semplici agenti d'ordine. Era sconcertante e disarmante." (I, 12) Die Gewalt ist im KZ allgegenwärtig und gleichzeitig versteckt. Von Schlägen[15] und Schmerzen ist fast nur generalisierend die Rede, ausführlich von Erschöpfung und Kälte, von Hunger und Durst. Nur eine einzige Hinrichtung wird geschildert,[16] obwohl er bei dieser Gelegenheit erwähnt, daß er schon vorher an einem Dutzend teilnehmen mußte. Sie wird allerdings nicht geschildert, um eine Gewalttat zu dokumentieren, sondern den Widerstandsgeist des Hingerichteten und die keiner Reaktion mehr fähige Gebrochenheit der zum Zuschauen Verdammten. Levi interessieren weniger die Auswirkungen der Gewalt auf den Körper, der schon bald gegenüber dem Übermaß an Leiden apathisch wird, sondern die Auswirkungen auf das Verhalten und das Selbstbewußtsein des Menschen.

Als die schlimmsten Angriffe auf seine Person empfindet er daher nicht einmal die physischen Leiden, sondern die Aberkennung des Mensch-Seins[17] durch die Prozedur der Aufnahme ins KZ, wie er sie im Kapitel "Sul fondo" schildert: die Wegnahme sämtlicher persönlicher Gegenstände, an die sich die menschliche Erinnerung heften könnte, die Degradierung zu einer bloßen Nummer und die Tätowierung wie ein Stück Vieh. Nur so ist es auch verständlich, warum er vom abschätzigen Betasten und der abschließenden Bemerkung eines polnischen Funktions-Häftlings im Krankenblock, der zu ihm sagt: "- Du Jude kaputt. Du schnell Krematorium fertig -" (45), bis ins Innerste getroffen wird, anscheinend schlimmer als von allen körperlichen Schmerzen: "mi pare di non aver mai, in tutta la mia vita, subito un affronto piú atroce di questo."

---

15 Levi unterscheidet Schläge "per bestialità" gar von solchen zur Aufmunterung! (S. 66); "Allora il Kapo li percuoterà" (S. 79); "bestie domate con le percosse" (S. 122).

16 Levi, S. 154ff.

17 Ebd.: "la demolizione di un uomo" (S. 20); "distruggere l'uomo" (S. 155); "anche noi siamo rotti, vinti [...] ci oppprime la vergogna" (S. 156).

Levi kann und will seiner KZ-Erfahrung keinen Sinn geben, derart, daß sich sein Text zu einer Autobiographie, einem Roman oder auch zu einer Anklageschrift formte. Alle drei müßten nämlich logisch Geordnetes und Motiviertes enthalten. Autobiographie und Roman, zumindest in ihrer traditionellen Form, müßten dieses Material auch noch zusätzlich in eine teleologische Abfolge bringen. Dieses Telos des Geschehens ist aber unmöglich zu entdecken: Schon ziemlich am Anfang des Werks stellt Levi fest: "Da molto tempo ho smesso di cercare di capire." (I, 44) Noch früher hat er auf seine Frage nach dem Warum, von einem 'erfahrenen' Lagerinsassen eine eindeutige Antwort erhalten: "Hier ist kein Warum."[18]

Die Erinnerungen, die er zusammenstellt, beleuchten einige Seiten dieses Lageruniversums nach thematischen Gesichtspunkten, sie sind nicht Deutung der Erlebnisse, sondern liefern dem Leser lediglich dokumentarisches Material für seine eigene Sinnbildung. "Esso [il mio libro] non è stato scritto allo scopo di formulare nuovi capi di accusa; potrà piuttosto fornire documenti per uno studio pacato di alcuni aspetti dell'animo umano." (S. 3) Ganz offensichtlich war dieses ungedeutete Material vielen Lesern zu wenig, wie aus den Fragen von Lesern hervorgeht, die Levi ab 1976 samt den Antworten als "Appendice" anhängt (S. 83-212). Seine Leser hätten erwartet, daß er die Deutschen haßt, genauer: daß sein Text zum Deutschenhaß motiviert, daß er durch einen Vergleich mit den russischen Lagern politische Konsequenzen zieht, daß er die biographische Bedeutung für sich hervorhebt etc. – alles Sinn- und Funktionserwartungen, die er ausdrücklich ablehnt.

Levi erzählt zwar auch noch, doch er erzählt nicht mehr traditionell autobiographisch. Der Pakt mit dem Leser, bei dem nach R. Barthes[19] der

[18] Ebd.: "Warum? – gli ho chiesto nel mio povero tedesco. – Hier ist kein Warum, – (qui non c'è perché), mi ha risposto, ricacciandomi dentro con uno spintone." (S. 23)

[19] R. Barthes, "L'écriture du Roman", in: ders., *Le degré zéro de l'écriture*, Paris 1972, S. 32: "Le Roman est une Mort; il fait de la vie un destin, du souvenir un acte utile, et de la

Autor im Roman die gesellschaftliche Aufgabe übernimmt, für den Leser das chaotische Geschehen zu ordnen, das bloße, ungedeutete Geschehen zur Geschichte zu formen, wird von Levi nicht erneuert. Sein Ich, das man wohl kaum mehr einen 'Helden' nennen kann, ist kein zielgerichtet handelndes Subjekt mehr, nicht mal mehr ein aufgespaltenes und problematisches wie bei Vittorini, das doch wenigstens einen Decknamen behält und immer wieder das Gesetz des Handelns an sich zu reißen versucht, sondern Levis Ich ist ein seines Mensch-Seins beraubtes, zur Nummer degradiertes, nur noch zu den elementarsten Reaktionen der Lebenserhaltung fähiges Etwas. Der Text beginnt zwar chronologisch mit der Gefangennahme und endet mit der Befreiung, doch das eine ist so zufällig und extern motiviert wie das andere. Der Sinn liegt nicht mehr implizit in der geordneten Abfolge und Motivation der Geschichte, sondern außerhalb in der Verwendung als Dokument.[20]

---

durée un temps dirigé et significatif. Mais cette transformation ne peut s'accomplir qu'aux yeux de la société. C'est la société qui impose le Roman, c'est-à-dire un complexe de signes, comme transcendance et comme Histoire d'une durée. C'est donc à l'évidence de son intention, saisie dans la clarté des signes romanesques, que l'on reconnaît le pacte qui lie par toute la solennité de l'art l'écrivain à la société. Le passé simple et la troisième personne du Roman ne sont rien d'autre que ce geste fatal par lequel l'écrivain montre du doigt le masque qu'il porte."

20 Levi teilt die dem Lager Entkommenen in zwei Kategorien ein: Diejenigen, die ihre Erlebnisse zu vergessen suchen und sie verdrängen, sie als 'unglückliche Zufälle' einstufen. "[...] tutti questi sono individui che sono finiti in Lager «per disgrazia», cioè senza un impegno politico preciso; per loro la sofferenza è stata una esperienza traumatica ma priva di significato e di insegnamento, come un infortunio o una malattia: il ricordo è per loro un qualcosa di estraneo, un corpo doloroso intruso nella loro vita, e hanno cercato (o ancora cercano) di eliminarlo." (I, S. 197) Die anderen bemühen sich im Gegenteil aus politischen, religiösen oder moralischen Überzeugungen die Erinnerung wachzuhalten und daraus Lehren für die Geschichte zu ziehen. "Per questi reduci, ricordare è un dovere: essi non vogliono dimenticare, e soprattutto non vogliono che il mondo dimentichi, perché hanno capito che la loro esperienza non è stata priva di senso, e che i Lager non sono stati un incidente, un imprevisto della Storia." (I, S. 197)

3. Opfer-Perspektive bei Simon

Claude Simon zieht noch viel weiter gehende narrative Konsequenzen aus der Ohnmacht des Menschen vor der Gewalt der Geschichte, obwohl er seinen Text immer noch "Roman" nennt.

Die chronologische Ordnung ist völlig aufgegeben, sie springt zwischen Jahren, Jahrzehnten, ja in manchen seiner Romane zwischen Jahrhunderten, hin und her, und zwar nach rein assoziativen Gesetzen, in einem unendlichen Fluß fast 'ohne Punkt', wenn auch 'mit Komma' – und vielen Doppelpunkten und Auslassungspunkten. Die Verkettung der syntaktisch weitgehend aufgelösten Sätze erfolgt in der Art der surrealistischen *écriture automatique*, mit Assoziationen, die sich zumindest vordergründig eher am *signifiant* als am *signifié* orientieren.[21]

Die Erzählperspektive ist diejenige eines Erzählers, der nicht nur unzuverlässig ist, sondern der überhaupt nichts mehr mit Sicherheit weiß. Er reiht lediglich Realitätspartikel an Realitätspartikel, Motivationsvermutung an Motivationsvermutung. Mit "ou", "ou plutôt", mit "et peut-être", "c'est-à-dire" eingeleitete alternative Sinnangebote nebst reichlichen Parenthesen gehören zu den stilistischen Besonderheiten, die bei Claude Simon auf fast jeder Seite und zum Teil mehrfach erscheinen.[22]

Szenen der Gewalt sind nur Momente innerhalb des allgemeinen Chaos der Geschichte, in denen die Sinnlosigkeit besonders offensichtlich wird. Die Gewalt wird allerdings, wenn auch mühsam und nur oberflächlich, sprachlich gebändigt,[23] nicht im Sinne der traditionellen teleologischen

---

21 Simon, S. 13: "[...] sur l'acier virginal... Seulement, vierge, il y avait belle lurette qu'elle ne l'était plus, [...]."

22 So bietet er zum Beispiel als Begründung für die Aufgabe bestimmter Verhaltensnormen seines Helden de Reixach in Klammern folgende Motivationen an: "(et peut-être non pas tant par amour que par force ou si l'on préfère par la force de l'amour ou si l'on préfère forcé par l'amour)" (ebd., S. 12).

23 W. Nitsch, *Sprache und Gewalt bei Claude Simon. Interpretationen zu seinem Romanwerk der sechziger Jahre*, Tübingen 1992.

Sinnstiftung des Romans, die jedes Erzählelement in einen funktionellen Zusammenhang stellt, sondern nur punktuell, rein individuell, unverbindlich und vorläufig. So wird beispielsweise die Todesgeste von de Reixach, der mit gezogenem Säbel gegen die deutsche Artillerie anreitet, nicht als ein besonders heroischer und patriotischer Akt glorifiziert, er wird im Gegenteil ausdrücklich als bloß mechanischer Reflex in seiner Absurdität bestätigt. Gleichzeitig wird er aber durch den Vergleich mit einer hinschmelzenden Reiterstatue ästhetisch gestaltet und im Lauf des Romans zumindest vermutungsweise als wenig glorreicher Selbstmord eines gehörnten Ehemannes interpretiert.

"[...] il y a des choses que le pire des abandons des renoncements ne peut faire oublier même si on le voulait et ce sont en général les plus absurdes les plus vides de sens celles qui ne se raisonnent ni ne se commandent, comme par exemple ce réflexe qu'il a eu de tirer son sabre quand cette rafale lui est partie dans le nez de derrière la haie: un moment j'ai pu le voir ainsi le bras levé brandissant cette arme inutile et dérisoire dans un geste héréditaire de statue équestre que lui avaient probablement transmis des générations de sabreurs, silhouette obscure dans le contre-jour qui le décolorait comme si son cheval et lui avaient été coulés tout ensemble dans une seule et même matière, un métal gris, le soleil miroitant un instant sur la lame nue puis le tout – homme cheval et sabre – s'écroulant d'une pièce sur le côté comme un cavalier de plomb commençant à fondre par les pieds et s'inclinant lentement d'abord puis de plus en plus vite sur le flanc [...]: un instant l'éblouissant reflet de soleil accroché ou plutôt condensé, comme s'il avait capté attiré à lui pour une fraction de seconde toute la lumière et la gloire, sur l'acier virginal ... Seulement, vierge, il a avait belle lurette qu'elle ne l'était plus, [...]" (S. 12f.).

Die Vergleiche (meist ausdrücklich mit "comme (si)" eingeleitet) zeugen davon, daß die direkte Schilderung der (Roman-)Realität, in der sich die Dinge scheinbar von selbst erzählen, aufgegeben ist, zugunsten einer ausdrücklich im eigenen Namen sprechenden, die Vergleichspunkte ziemlich willkürlich assoziierenden Instanz, die keine Allgemeingültigkeit mehr beansprucht. Der Kontrast zwischen den Assoziationen, die die Vergleiche speisen, und der dahinter verschwindenden, aber ahnbaren, grausamen historischen Realität wirkt grotesk. Das berichtende Subjekt versucht spielerisch, selbst den sinnlosesten, unter Einwirkung brutalster

Gewalt zustandegekommenen Gesten einen Sinn zuzuordnen. So etwa, als die ganze Kavallerieabteilung in wilder, panischer Flucht aus einem Hinterhalt zu entfliehen sucht und Claude Simon in einer unwirklich distanzierten Stummfilm-Szenerie schildert, wie einer seiner Kameraden von der Wucht des Treffers in vollem Lauf aus dem Sattel gehoben wird, mit weit aufgerissenem Mund und dumm überraschtem Gesichtsausdruck sich zweimal überschlägt, während das Pferd allein davongaloppiert. Die Vergleiche sind aus der Welt des Films ("film privé de sa bande de son"), der Mythologie ("Pégase"), des Zirkus ("double saut périlleux"; "acrobates de cirque") und der Muße ("hamac") genommen, Bereiche, die vom tatsächlichen Kriegsgeschehen nicht weiter entfernt sein könnten. Gewalttätige Geschichte wird nicht zu Geschichten verarbeitet, sondern zu lose aneinandergereihten, surrealen Schnappschüssen.

4. Der Täter (als Sympathieträger)

Man könnte vermuten, Gewaltschilderungen aus der Perspektive des Täters machten dem Autor weniger Motivationsschwierigkeiten. Die Grausamkeit der Hinrichtung Giulajs in *Uomini e no* scheint einem mit dem Opfer sympathisierenden Täter ausreichende Rechtfertigung zu einer rächenden Gewalttat zu liefern. Doch schon Vittorinis im Kap. CIV anschließendes Raisonnement, das selbst Hitler als einen Teil der Menschheit zu begreifen versucht, läßt gewisse Zweifel aufkommen.

Der Held Enne 2 weigert sich am Schluß des Romans, sich der Parteiraison zu fügen, d.h. ein globales, die gesamte Geschichte, inklusive seiner eigenen, umfassendes Sinnangebot anzuerkennen und sein Leben für den Nachkriegsaufbau zu retten. Er läßt sich gehen, gibt dem "perdersi" nach, und zwar aus individuellen, strikt privaten Gründen, nämlich seiner unmöglichen Liebe zu Berta. Es wird zwar angedeutet, daß er als Rächer an Cane nero, dem Chef der Milizionäre, sterben will, doch handelt es sich eher um eine Verzweiflungstat als um eine planvolle.

Die Schlußkapitel (CXXXII – CXXXVI) setzen die Schwierigkeit, selbst moralisch und historisch motivierte Gewalt zu rechtfertigen, in Handlung um. Solange die Partisanen die deutschen Soldaten abknallen wie Tontauben, bleibt allenfalls ein Blutfleck auf der Straße ohne nennenswerte emotionale Reaktion der Partisanen.[24] Gewalt wird hier distanziert ausgeübt im Namen abstrakter Ideen wie Gerechtigkeit, Freiheit, und entsprechend sparsam und funktional in der Wirkung auf die anonym und gesichtslos bleibenden Opfer geschildert. Sobald der italienische Arbeiter-Partisan jedoch seinem Opfer von Angesicht zu Angesicht als einem Individuum, einem Menschen gegenübersteht und in ein "trauriges" und "müdes Arbeitergesicht" schaut, das auch noch freundlich lächelt (S. 197), kann er seine Tat nicht mehr motivieren und er bringt es nicht übers Herz, seinen Feind zu töten. Ob er es "besser lernen" wird, wie er seinen Genossen verspricht, ist zu bezweifeln.

Noch offensichtlicher wird der Zweifel, ob Gewalt selbst im Dienste einer gerechten Sache wirklich zu rechtfertigen ist, bei Calvino, der ja bekanntlich als junger, behüteter Intellektueller zu den Partisanen stieß. Seine Erzählungen aus der unmittelbaren Nachkriegszeit noch mehr als der auf eine großräumige Sinngebung angelegte Roman *Il sentiero dei nidi di ragno* haben etwas von der unmotivierten Selbstverständlichkeit des Märchens, doch unterscheidet sich die in den Erzählungen eingesetzte Grausamkeit ganz wesentlich von derjenigen des Märchens. Dort steht sie rein funktional im Dienste einer "naiven Moral" (A. Jolles), d.h. der benachteiligte Held siegt und geht dabei über Leichen, selbst wenn er gar kein besonderes Ver-

---

24 Vittorini, Kap. CXXXIV: "'Non fa nemmeno effetto' l'operaio soggiunse, 'cosí mentre corrono.'"

dienst hat, außer daß er eben der Jüngste von drei Geschwistern und arm ist. Das Gute siegt ohne weitere Begründung, das ebenso wenig begründete Böse – etwa die böse Stiefmutter – wird grausam aus der Welt geschafft – etwa in einem mit Nägeln gespickten Faß –, doch die Erzählung spart die detaillierte Schilderung der Qualen des Opfers aus. Gewalt ist im Märchen so abstrakt funktional wie in den Action-Filmen des James Bond, wo allerdings mit unverhältnismäßig mehr technischem Aufwand eine nicht mehr naive, sondern vom Kalten Krieg bestimmte schwarz-weiß Moral am Werk ist.

Calvinos Grausamkeit ist realistischer und damit unmenschlicher als die des Märchens. Der bezeichnenderweise namenlose[25] "ragazzo" aus Calvinos *Ultimo viene il corvo* (1946)[26] benützt seine märchenhafte Treffsicherheit im Schießen[27] nicht etwa gezielt dazu, der guten Sache der Resistenza so kurz und schmerzlos wie möglich zum Sieg zu verhelfen, sondern er knallt zunächst sportlich-spielerisch und wahllos alles ab, was ihm vor die Flinte kommt, zum Schluß eben auch einen deutschen Soldaten, den er in einem wahren Katz-und-Maus-Spiel erledigt (genau genommen zielt er auf den Reichsadler auf der Brust des Uniformrockes). Die naive Unschuld des Märchens ist verloren, da das Spiel, von dem nicht einmal klar wird, ob seine Grausamkeit dem Jungen zu Bewußtsein kommt, bis zum letzten ausgekostet wird und den schließlich wehrlosen Soldaten zu einer selbstmörderischen Wahnsinnsgeste treibt. Ganz ähnlich verfährt der Partisan mit dem gefangenen faschistischen Spion in *Andato al comando* (1945) und das (offensichtlich nicht blinde) Schicksal mit dem fliehenden Faschisten in *Campo di mine* (1946).

---

25 Auch im Märchen haben die Helden, wenn sie überhaupt Eigennamen und nicht nur sprechende Märchennamen (Aschenputtel, Schneewittchen, Eisenhans etc.) ganz generalisierende Namen wie Hans oder Grete.

26 Calvino, S. 52-56.

27 Wunderwaffen sind ein beliebtes Märchenrequisit.

Besonders deutlich wird die Umfunktionierung des Märchenmotivs Brunnen oder Höhle als Tor zu einer anderen Welt in *Uno dei tre è ancora vivo* (1947).[28] Die Erschießung von drei gefangenen Soldaten (vermutlich Angehörige der deutschen Armee) durch ein bäuerliches Partisanenkommando scheint durch ihre nur summarisch berichteten Taten zwar moralisch gerechtfertigt, doch bleibt selbst beim Anführer ein Rest von Zweifel (sonst würde er das Problem nicht ausdrücklich ansprechen), zumal der Leser weiß, daß einer der drei zu einer anderen Nationalität gehört, die selbst unter dem Krieg gelitten hat:

"- Ma quando si tratta di figli uccisi e di case bruciate non si può distinguere tra cattivi e non cattivi. E noi siamo sicuri d'essere nel giusto, condannando questi tre uomini a morte." (S. 69)

Die gräßlich bis ins Detail geschilderten Todesängste des lebend in die Höhle Gefallenen (der Überlebende benützt seinen toten Kameraden als Schutzschild gegen die auf ihn geworfenen Granaten!) haben nichts mehr von der funktionalen Beseitigung des Bösen im Märchen. Calvino verzichtet weitestgehend auf Leserlenkung und läßt am Schluß offen, ob die Tatsache, daß dieser Dritte nackt nach einem beängstigenden unterirdischen Irrweg wieder ans Tageslicht gelangt – man zögert allerdings, von "wie neu geboren" zu reden –, zufällig und unverdient doch noch zu einer endgültigen Rettung führt, bleibt der Leser am Ende unentschlossen zwischen der Befriedigung über die Sühne der Verbrechen und dem Mitleid zwischen dem gequälten, zum Opfer gewordenen Täter. Der Schlußsatz hat deswegen auch nichts Befriedigendes: " La vita, pensò il nudo, era un inferno, con rari richiami d'antichi felici paradisi." (S. 73)

Zwar schildert Calvino ausführlicher als Vittorini und Levi körperliche Gewalt, doch auch bei ihm herrschen die psychischen Qualen vor, To-

---

[28] Calvino, S. 68-73.

desangst, die fast zum Wahnsinn führt und den Tod schon wie eine Erlösung erscheinen läßt.[29] Ohne daß Mitleid suggeriert würde (meist sind die zum Tod Verurteilten nicht gerade sympathisch, wenn auch nicht eindeutig unsympathisch), wird auch vom Leser der Tod eher als Erlösung von der unerträglichen Vergewaltigung eines Menschen (und als Mensch wird er jeweils durch seinen verzweifelten Lebenswillen gekennzeichnet) empfunden.

Die Darstellung körperlicher Beschädigung in Gewaltszenen kann auf ein Minimum reduziert werden, wenn sie funktional eingesetzt wird. Dabei spielt es keine Rolle, ob sie einen Sinn als Opfer, Sühne, Rache, Vergeltung etc. für den Geschädigten oder für den Täter bekommt. Es mag bei dieser Beschränkung auch eine gewisse Scheu mitspielen, die Leiden eines Menschen zur Schau zu stellen. Wird sie hintangesetzt und das Leiden breiter dargestellt, so affiziert das wie bei Calvino den Sinn der Gewalt, wenn es nicht zum Horrorspektakel wird.

Der amerikanische "Meister der modernen Horrorliteratur" (so die Eigenwerbung auf dem Deckblatt), Stephen King, hält sich nicht mehr an die Konvention sparsamer Gewaltdarstellung. Bei ihm gibt zwar immer noch die für populäre und triviale Literatur übliche eindeutige Trennung zwischen Gut und Böse, sympathisch und unsympathisch, doch die rasche und funktionale Beseitigung des Bösen im Märchen macht einer über zwanzig Seiten langen detailreichen *mise à mort* Platz. Statt in dem Roman *Dolores* den Brunnen als Tor zu einem anderen Leben einzusetzen wird er für das Ekel von Mann der Heldin Dolores zur tödlichen Falle, bis die Quälerei mit einem wohlgezielten Stein beendet wird. Die Dehnung des Horrors hat keine narrative Funktion mehr, und schon gar keine moralische, sie dient lediglich den sadistischen Bedürfnissen des Lesers.

---

29 Todesschmerz nur in *Campo di mine* und *Andato al comando.*

5. Formen literarischer Gewaltdarstellung im Unterschied zu den Bild Ton-Medien

Bei der Lektüre der erwähnten Werke der Höhenkamm-Literatur ist man überrascht, wie selten – und wenn überhaupt, dann stilisiert – menschenzerstörende Gewalt literarisch dargestellt wird. (Für die Erzählungen Calvinos wird man gewisse Einschränkungen machen müssen, wie wir gesehen haben.) Bedenkt man überdies, daß Gewaltdarstellung und ihre Wirkung, vor allem auf Jugendliche, in der Öffentlichkeit kaum diskutiert wurde, bevor sie nicht massiv in Film, Fernsehen und Video eingedrungen war, so scheint die vergleichsweise geringe Präsenz von Gewalt in der von uns analysierten Literatur auch eine Frage des Mediums zu sein. Offensichtlich gibt es medienspezifische Abstufungen in der Möglichkeit, Gewalt überhaupt darzustellen.

Wie der Name "Medien" schon sagt, ist Gewalt in allen Medien immer schon ver-mittelt, sie ist keine unmittelbare Erfahrung, am 'vermitteltsten' ist sie allerdings in der Literatur, denn diese besteht bekanntlich nur aus konventionellen und arbiträren Zeichen, den Buchstaben und Wörtern. Der Leser eines Textes braucht notwendig eine entsprechende Einbildungskraft, um sich die Ausübung und die Auswirkungen gewalttätiger Handlungen überhaupt vor seinem geistigen Auge vorstellen zu können. Keiner seiner Sinne bekommt Unterstützung durch quasi-motivierte Zeichen wie Bilder und nachgemachte Laute. Da die brutale Gewalt gegen Menschen nicht zum alltäglichen Erfahrungsschatz von jedermann gehört, dürfte auch die entsprechende Einbildungskraft einigermaßen beschränkt sein, wenn ihr nicht durch eifrige einschlägige Lektüre sowie Bild- und Filmmaterial aufgeholfen wird.

Auch die wesentliche Folge von Gewalttätigkeit, der dem Opfer zugefügte Schmerz, kann nur sehr indirekt, über sprachlich erstellte Indizien des Schmerzempfindens, d.h. über Zeichen von Zeichen, dargestellt werden.

Seelische Schmerzen, Trauer und Angst sind jedoch, wie die häufig zu Tränen gerührten und mit klopfendem Herzen innehaltenden Leser beweisen, relativ leicht über die Einbildungskraft hervorzurufen und auch zu erinnern; körperliche Schmerzen dagegen für den normalen Menschen kaum, vermutlich aus psychischen Gründen, und sie werden, selbst wenn sie einmal tatsächlich empfunden wurden, schnell unwiederbringlich vergessen.

Die Arbeit visueller und auditiver Vorstellung wird dem Rezipienten in den modernen visuellen und auditiven Medien abgenommen, Formen der Gewalttätigkeit werden auch für jemanden sichtbar und hörbar, der sich entsprechende Grausamkeiten gar nicht hätte vorstellen können, selbst wenn sie ihm in einem Roman beschrieben worden wären. (Der Erfolg der Bücher Kings geht vermutlich auf ihre Verfilmungen zurück, literarisch sind sie ziemlich langweilig.)

Es kommt zu diesen medienspezifischen Unterschieden noch eine ideologische Komponente hinzu. Alle Texte, nicht nur literarische, enthalten notwendig Deutungen, selbst wenn sie sich noch so neutral, objektiv, distanziert geben. Selbst die Null-Stufe einer Deutung, die Feststellung der Sinnlosigkeit, ist, wie wir am Beispiel Claude Simon gesehen haben, noch eine Art von Ordnung und Deutung. In jedes beschreibende Adjektiv, in jede Wortwahl aus einem Paradigma, erst recht in jeden Vergleich schleicht sich mehr oder minder offensichtlich die Wertung des Erzählers ein, so daß der Leser den Gewaltdarstellungen zumindest in Ansätzen nicht ohne 'Gebrauchsanweisung' ausgeliefert ist.

Die Deutung von Bildern der Gewalt in den visuell/auditiven Medien (Ikone, Photographien, Filme, Videos) sind in ihrer Bedeutung viel ungesicherter. Wie alle Ikone sind sie im Vergleich zu den auf Konvention beruhenden Zeichen, den Symbolen, mehrdeutiger. Deshalb bleibt kein Photo ohne Legende, kein Bild ohne Titel (selbst wenn der Titel "Ohne Titel" heißt!). Ein berühmtes Beispiel für solche ungesicherte Deutung stellen die skandalumwitterten Werbefotos von Toscani für Benetton dar. Werben sie für Strickwaren oder rütteln sie den Beschauer zum Engagement gegen Rassendiskriminierung und Bürgerkriegsgewalt auf oder befriedigen sie nur seine Sensationslust? Ihre gekonnte Machart gibt zumindest die Möglichkeit, über ihre ästhetische Funktion nachzudenken. Eine eindeutige Antwort auf die Frage jedoch, wie diese Bilder rezipiert werden, kann es nicht geben, da der Autor keine Macht mehr über seine Bilder hat, sobald er sie aus der Hand gibt. Auch Schmerzen fühlt der Betrachter von Bildern nicht, er kann sie lediglich an visuellen und auditiven Indizien ablesen und befindet sich daher notgedrungen in der Situation eines Voyeurs.

Es ist wie mit dem Kunstvorbehalt von erotischer Kunst. Kein Autor, Photograph oder Regisseur wird den Rezipienten, wenn dieser es darauf anlegt, trotz aller ästhetischen Raffinessen daran hindern können, seine Werke als Pornographie zu konsumieren. Gerade sowenig kann ein Autor seinen Leser daran hindern, Gewaltdarstellungen sadistisch zu genießen, selbst wenn sie mit noch so lauteren moralischen Absichten zu Papier gebracht wurden. Das einzige Mittel dagegen ist die Stilisierung, die auf die detaillierte Ausmalung der Gewalt verzichtet und möglichst direkt auf den damit zu erzeugenden Sinn zielt, ein Verfahren, wie wir es in vollkommener Funktionalität aus dem Märchen kennen und wie wir es überwiegend ähnlich bei den untersuchten Autoren vorgefunden haben.

Riassunto

La violenza – si parlerà soltanto di questo significato di "Gewalt" – è al centro dei testi analizzati di Elio Vittorini, Italo Calvino, Primo Levi, Claude Simon, tutti scritti nel dopoguerra, senza che la violenza venga rappresentata molto esplicitamente. E ciò perché la violenza della Storia pone nel contesto dell'arte narrativa la questione del significato. I generi scelti (romanzo, racconto, resoconto, nouveau roman) rispondono in diversa maniera a questa domanda. Generalmente si può constatare che tutti questi autori hanno delle difficoltà a dare un senso alla violenza e perciò modificano sensibilmente la maniera tradizionale di raccontare.

Vittorini in *Uomini e no* elimina quasi il narratore, tradizionale creatore omnisciente di significato, riducendo il testo a dialoghi con rari interventi narrativi e affidando la ricerca del senso ai capitoli in corsivo, dove l'eroe e il suo doppio ragionano sugli eventi rapportati.

Levi evita deliberatamente la forma del romanzo, assumendo un ordine tematico, centrato sul commento discorsivo dell'autore.

Calvino nel *Sentiero* sceglie prevalentemente la prospettiva infantile di Pin che gli permette di deludere l'aspettativa del lettore per un senso prefabbricato dal narratore. Nei racconti regna l'astratta giustizia della fiaba alla quale manca quasi completamente una giustificazione narrativa.

Simon (*La route des Flandres*), pur intitolando il suo testo 'romanzo', distrugge insieme con il senso della Storia quasi tutti gli ingredienti tradizionali del romanzo: l'eroe, l'ordine teleologico, la struttura temporale dei verbi ecc. I frammenti di senso restano strettamenti locali, privati e speculativi.

Carolin Fischer
Humboldt-Universität zu Berlin

Gewaltdarstellung in der italienischen Literatur der 90er Jahre

Der Titel dieses Beitrags ist zweifellos vermessen, da ein kompletter Überblick über die gegenwärtige Literaturproduktion kaum möglich ist und hier auch nicht angestrebt wird, zumal die 90er Jahre noch nicht abgeschlossen sind. Worum soll es also im weiteren gehen?

Ich möchte einige aktuelle Tendenzen der Gewaltdarstellung in der italienischen Literatur hervorheben. Dabei werde ich mich auf vier Romane[1] konzentrieren, die verschiedene Formen von Gewalt jeweils unterschiedlich zur Sprache bringen und außerdem beispielhaft für vier Formen literarischer Gestaltung sind.

La variante di Lüneburg, das literarische Debüt von Paolo Maurensig, ist stark dem intertextuellen Modell verpflichtet. Er präsentiert sich auf vielen Ebenen als Hypertext der Zweigschen *Schachnovelle*. Sebastiano Vassalli hingegen orientiert sich in *Il Cigno* nicht zum ersten Mal an der historischen Realität sowie ihrer literarischen Umsetzung. Kurt Lanthaler seinerseits schreibt Kriminalromane, wenn wir den Titelseiten seiner drei *Tschonnie-Tschenett*-Romane Glauben schenken dürfen. Zwei von ihnen, *Der Tote im Fels* und *Herzsprung*,[2] werden hier zur Sprache kommen. Kaum ein anderer Autor setzt sich so kontinuierlich mit zeitgenössischen Konflikten auseinander wie Nanni Balestrini, die er konsequent in einer

1 P. Maurensig, *La variante di Lüneburg*, Mailand 1993; S. Vassalli, *Il Cigno*,Turin 1993; K. Lanthaler, *Tschonnie Tschenet. Der Tote im Fels*, Innsbruck 1993; N. Balestrini, *I furiosi*, Mailand 1994.

2 K. Lanthaler, *Tschonnie Tschenett. Herzsprung*, Innsbruck 1995.

non-konformistischen Sprache zum Ausdruck bringt; zuletzt in *I furiosi* die Ausschreitungen gewalttätiger Fußballfans.

Es ist nun keineswegs meine Absicht, die Texte auf die vier Modelle Intertextualität, Krimi, Verarbeitung historischer Sujets oder aktueller soziopolitischer Auseinandersetzungen zu reduzieren. Das ist schon deshalb unmöglich, weil jedes Buch intertextuell geprägt ist. So erinnert bereits der Titel der *Furiosi* jeden italienischen Leser an den *Orlando furioso*. Andererseits beginnt bei Vassalli und Maurensig die Handlung jeweils mit einem gewaltsamen Tod; die Parallelen zum Krimi sind somit offensichtlich, wohingegen wir bei Lanthaler aktuelle gesellschaftliche Probleme der Gegenwart wie große Bestechungsskandale oder mafiose Machenschaften finden. Folglich werde ich auf jedes der vier Beispiele einzeln eingehen, um ihre spezifische Form der Gewaltdarstellung zu ergründen.

Bevor ich auf *La variante di Lüneburg* zu sprechen komme, möchte ich kurz an die Grundstruktur der *Schachnovelle* erinnern. Der Ich-Erzähler berichtet von einer Schiffsreise, auf der einige Schachliebhaber den mitreisenden Weltmeister Czentovic herausfordern. Ein zufälliger Beobachter des Spiels, ein Dr. B., entpuppt sich als Experte, ist aber der psychologischen Belastung eines Duells gegen den Weltmeister nicht gewachsen. In diesen Rahmen sind ein kurzer Lebenslauf von Czentovic sowie die Geschichte von Dr. B., die dieser selbst erzählt, eingeflochten.

La variante di Lüneburg ist ungleich komplexer aufgebaut – was aber hier nicht in Einzelheiten dargelegt werden kann. Im Hauptteil des Romans erzählt ein junger Mann, Hans Mayer, einem Mitreisenden, Dieter Frisch, während einer Zugfahrt zunächst seine Vita und anschließend diejenige seines Schachlehrers Tabori. Allerdings schlägt genau im Übergang zwischen beiden Geschichten die Erzählperspektive um, und Tabori selbst wendet sich an den Leser, dem er anvertraut, wie er im KZ gegen den Lagerkommandanten – eben jenen Dieter Frisch – Schach spielen mußte.

Sowohl Dr. B. als auch Hans Mayer sitzen während ihrer Erzählung in einem Transportmittel, beide Male ist es ein Moment der Transition. Das Schiff bringt Dr. B. nach Übersee ins Exil; Dieter Frisch reist in den Tod. Beide Erzähler machen ihre Zuhörer mit der Äußerung neugierig, daß es ihnen unmöglich sei, gegen einen leibhaftigen Gegner Schach zu spielen; eine Schwäche oder Überreizung der Nerven hindere sie daran. Dr. B. läßt sich bekanntermaßen zum Spiel hinreißen und wird von Czentovic durch psychologische Kriegsführung besiegt, genauer durch dessen Verzögerungstaktik an den Rand eines neuerlichen Nervenzusammenbruchs getrieben, so daß er aufgeben muß. Während in der Schachnovelle noch tatsächlich gespielt wird, behält Hans Mayer die "scacchiera del dolore" in der Tasche. Er trägt seine Partie gegen Frisch ausschließlich mit Worten aus. Sie endet mit der absoluten Niederlage des Gegners: dem Selbstmord.

Bei Zweig ist die Gewalt eine rein psychologische, sofern man Freiheitsberaubung auch dazu rechnen kann. Nach dem Zusammenschluß von Hitlerdeutschland und Österreich wird Dr. B. in Wien verhaftet, in einem Hotelzimmer unter äußerlich akzeptablen Bedingungen festgehalten und verhört. Allerdings lebt er in vollkommener Isolation, hat zu niemandem als zu seinen Inquisitoren Kontakt. Um nicht den Verstand zu verlieren, beginnt er, gegen sich selbst Schach zu spielen. Diese Spaltung der eigenen Persönlichkeit führt im Laufe der Zeit zu "einer Art Gehirnfieber"[3]; er wird bewußtlos in ein Krankenhaus eingeliefert und nach seiner Genesung entlassen. In der Partie gegen Czentovic erkennt dieser die Schwäche seines Gegners und bringt dessen Nervenkostüm durch Verzögerungsmanöver aus dem Gleichgewicht.

3 St. Zweig, *Schachnovelle*; in: ders., *Meisternovellen*, Frankfurt a.M. 1970, S. 392.

Dr. B. betont ausdrücklich, daß ihm "Konzentrationslager", "Erniedrigungen, Martern, Torturen" (S. 373) erspart blieben, wodurch er die Qualen der Isolation um so deutlicher hervorhebt. Vielleicht wollte Zweig in diesem seinem letzten Text der persönlichen Verzweiflung über die Isolation des Exils Ausdruck verleihen, bevor er sich 1942 in Brasilien das Leben nahm.

In *La variante di Lüneburg* spielen Erniedrigungen, Martern, Torturen sowie die Bestialität des Vernichtungslagers besonders in Taboris Lebensgeschichte eine große Rolle. Als Sohn eines vermögenden Grazer Kunsthändlers wird er vom Vater früh in die Kunst des Schachspiels eingeführt. Er nimmt schon als Kind an Turnieren teil und wird dabei zum ersten Mal Opfer eines antisemitischen Übergriffs. Nachdem er denjenigen, der sich später Dieter Frisch nennen wird, besiegt hat, nimmt dieser ihn zur Brust und droht ihm Rache: "Te la farò pagare, giudeo!" (S. 111) Beide begegnen sich 1938 erneut; Frisch trägt bereits eine SS-Uniform. Als Tabori das Turnier gewinnt, wird ihm der Sieg aberkannt. Im Restaurant wird er nicht mehr bedient, sein Hotelzimmer findet er verwüstet vor, und auf der Fahrt zum Bahnhof sieht er heftige Ausschreitungen gegen Juden.

Nach dem Anschluß Österreichs kann sich die Familie zunächst verstecken, wird dann aber verraten und deportiert. Auf dem Bahnsteig des KZ's sieht Tabori die Eltern zum letzten Mal. Diese Szene hebt sich von der übrigen, recht summarischen und beinahe emotionslosen Erzählung ab:

"Mio padre, invece, non rese all'affronto e tutt'a un tratto si ribellò, cominciando a protestare ad alta voce e tentando di allontanarsi dal gruppo a cui era destinato. Paralizzato dall'orrore, vidi che lo tracinavano indietro a furia di bastonate, lo vidi cadere e poi rialzarsi brancolando perché aveva smarrito gli occhiali, e mentre si chinava per cercarli a tastoni, lo colpirono ancora, per scaraventarlo infine in mezzo agli altri, orbo e con il sangue che gli imbrattava la faccia. Fu quella l'ultima volta che vidi i miei genitori." (S. 127f.)

In diesen Zeilen ergreift den Leser weniger die Brutalität gegen den Vater als vielmehr das Entsetzen des Erzählers. Seine Gefühle können die meisten von uns besser nachvollziehen als den Schmerz des Geschlagenen. Wie sehr die ganze Szene auf den Zuschauer konzentriert ist, zeigt das dreifache "vidi": Die Schläge, den Sturz, alles erleben wir im Blick des Sohnes, und noch die endgültige Trennung von den Eltern kommt mittels dieses Verbs zum Ausdruck, wodurch diesem letzten Anblick besonderes Gewicht verliehen und der Schmerz potenziert wird.

Im übrigen hat es den Anschein, daß der Autor sich damit begnügt, mit nur wenigen Stichworten die Bilder des Grauens in der Vorstellung der Leser zu evozieren, die zahlreiche Dokumentationen und Spielfilme dort verankert haben. So schreibt er im Anschluß an die zitierte Passage:

"Parlare dei giorni e mesi che seguirono, non mi riesce facile. Certo: potrei farne una cronaca minuziosa, ma non riuscirei in ogni caso a esprimere quel depredamento, quel sistematico saccheggio interiore cui fummo sottoposti sin dal primo istante." (S. 128)

Tabori leidet im KZ – im Gegensatz zu Dr. B. – unter dem absoluten Mangel an Intimität. Während Dr. B. versucht, im mentalen Schachspiel die Einsamkeit zu vergessen, verdrängt Tabori auf dieselbe Weise seine Umgebung. Auch er landet schließlich auf der Krankenstation. "Non so quanti giorni e quanti notti delirai di una lunghissima partita a scacchi." (S. 135) Doch sein eigentlicher Alptraum beginnt nach der Genesung. Er muß mit dem Lagerkommandanten, keinem anderen als Frisch, Schach spielen, um das Leben seiner Leidensgenossen.

Nachts aus dem Schlaf gerissen, wird er gezwungen, den Exekutionen zuzusehen. Hier wie schon bei der Mißhandlung des Vaters erweist sich Maurensig als ein Meister der ästhetischen Vermittlung von Gewalt. Zum einen beherzigt er die journalistische Weisheit, daß ein Einzelschicksal stärker ergreifen kann als der Tod von tausend Menschen. Er beschreibt nicht das Massensterben, sondern die sadistische Hinrichtung Einzelner. Stärker jedoch als die Qualen der Sterbenden prägt sich uns die Verzweiflung des Ich-Erzählers ein, der das Geschehen betrachten muß. Damit ist die Gewalt einmal mehr auf die Ebene der emotionalen Partizipation verlagert; mit der Figur des leidenden Zuschauers hat Maurensig eine Vermittlungsinstanz zwischen dem Opfer physischer Gewalt und dem Leser geschaffen. Tabori lebt dem Leser gewissermaßen vor, welches Grauen diese Barbarei auslöst und zwingt ihn damit zu einem doppelten Mitleid, mit dem Sterbenden wie mit dem Beobachter. Gleichzeitig macht diese Verknüpfung deutlich, daß der Autor mit solchen Beschreibungen letztendlich eine Art Gewalt auf den Leser ausübt.

Ungeachtet allen Naziterrors geht aber die eigentliche Gewalt dieses Buches vom Schach aus, schon lange bevor Menschenleben auf dem Spiel stehen. Maurensig verleiht dem Schach von der ersten Seite an einen höchst gewalttätigen Charakter. So beginnt das Buch mit dem Satz: "Sembra che l'inverzione degli scacchi sia legato a un fato di sangue"; ein Motiv, das sich durch den gesamten Roman zieht. In einem Interview mit Annalisa Usai stimmt er sogar der Äußerung Kasparows zu, daß Schach die aggressivste aller Sportarten sei.

Es stellt sich schließlich die Frage, ob das Leben der Protagonisten nicht stärker durch ihre Leidenschaft für dieses Spiel denn durch die mannigfaltigen Tragödien ihres Lebens geprägt wurde. Wir können nicht einmal sagen, ob sich Frisch aus Gewissensbissen das Leben nimmt, nachdem Hans ihn mit dieser dunkelsten Seite seiner Vergangenheit konfrontiert hat. Vielleicht treibt ihn auch die Erkenntnis in den Tod, daß Taboris Lüneburg-Variante, also die Schacherfindung eines Juden, der er jede Aussicht auf Erfolg abgesprochen hatte, ihn bezwingen konnte.

Auch in den Romanen Luigi Malerbas geht es oft gewalttätig zu. Zuletzt hat er mit seiner Fassung der Heimkehr des Odysseus, *Itaca per sempre*,[4] ein Musterbeispiel intertextuellen Schreibens vorgelegt, in dem es an

[4] L. Malerba, *Itaca per sempre*, Mailand 1997.

Mord und Totschlag wahrlich nicht mangelt. Letzteres gilt ebenfalls für *Le maschere*.[5] In diesem Text verarbeitet Malerba die Rechtlosigkeit im Rom der Renaissance nach der Wahl Hadrians II. Das Buch wurde in Italien als Parabel auf die aktuellen politischen Zustände verstanden wie auch *Il Cigno* von Sebastiano Vassalli, wobei beide Autoren schon wiederholt miteinander verglichen worden sind.[6]

Auch *Il Cigno*, der uns hier als zweites Beispiel dient, beginnt mit einer Gewalttat, dem Mord an Emanuele Notarbartolo, einem angesehenen Honoratioren. Notarbartolo kehrt im Zug aus seinen Ländereien bei Catania nach Palermo zurück, und von Station zu Station mehren sich die unheilvollen Vorzeichen. Mit ihnen wächst auch die Angst des Mannes, so daß er zuletzt genau weiß, was ihm bevorsteht, als zwei Herren in dunklen Anzügen sein Abteil betreten. Obwohl sich die Männer wie Metzger aufführen, bleibt der stärkste Eindruck eben die *Angst* des Opfers. Auch Vassalli beschreibt die Gefühle, die der Leser nachvollziehen kann, wohingegen ihm die Erfahrung, erstochen zu werden und zu sterben, fehlt.

Der Mord an Notarbartolo ist historisch ebenso belegt wie die Motive. Der Ermordete hatte versucht, Ordnung in die Abrechnungsgepflogenheiten des Banco di Sicilia zu bringen, über dessen Gelder gewisse Herren mit uneingeschränkter Selbstbedienungsmentalität verfügten. Obwohl von Anfang an nur wenig Zweifel darüber bestehen konnten, wer den Mord in Auftrag gegeben und wer ihn ausgeführt hatte, dauerte es Jahre, bis die Schuldigen verurteilt wurden, um bald danach in einem Revisionsverfahren aus Mangel an Beweisen wieder freigesprochen zu werden. Die ganze Angelegenheit zieht sich von 1893 bis 1904 hin, und Vassalli legt sie in einer Chronik nieder. Punktuell wählt er einzelne Ereignisse aus, die sich meist nur über we-

---

5 L. Malerba, *Le maschere*, Mailand 1995.

6 Vgl. C. Giacobbe, "*La Chimera* di Sebastiano Vassalli: note sulle fortune del romanzo in veste storica, ovvero alla ricerca del suono perduto"; in: *Piccole finzioni con importanza. Valori della narrativa italiana contemporanea*, Ravenna 1993, S. 183.

nige Stunden erstrecken, zeitlich weit entfernt voneinander liegen, insgesamt aber eine komplette Geschichte bilden. Diese Technik erinnert deutlich an filmische Verfahrensweisen.[7]

In den Nahaufnahmen konzentriert sich Vassalli, ähnlich wie Maurensig, überwiegend auf Einzelschicksale. Immer wieder rückt er die Angst einzelner Figuren in den Vordergrund. Offensichtlich eignet sich dieses Gefühl sehr viel besser für die sprachliche Umsetzung als beispielsweise der Schmerz.[8] Die Angst, die die Mafia zu verbreiten weiß, ist der Garant für das Gesetz des Schweigens, die *omertà*. Sie macht es den Ermittlungsrichtern fast unmöglich, Zeugenaussagen zu erhalten.

Dieses Problem wie auch die Verquickung von Mafia und Politik haben dem Roman bei seinem Erscheinen im Jahre 1993 ungeheure Aktualität verliehen. In einer Szene sehen wir den Titelhelden Palizzolo, genannt "il Cigno", mit dem Präsidenten Crispi. Er bittet Crispi um Unterstützung und erinnert ihn an die Gelder, die er ihm aus den Kassen des Banco di Sicilia hatte zukommen lassen. Doch Crispi reagiert unwirsch: Diese Gelder habe er schließlich nicht für sich genutzt, sondern für die Verwirklichung seiner Politik, einer Politik zum Wohle Italiens. Er sagt nicht ohne Stolz: "perché io la cosidetta mafia l'ho sempre usata come ho usato tutto per uno solo scopo, quello di far unita e grande l'Italia" (S. 33). Ähnliches ließ in neuerer Zeit Andreotti verlauten.

Grelles Licht wirft Vassalli auch auf den vermeintlichen Ehrencodex der *uomino d'onore* (z.B. im zweiten Kapitel bei einem Abendessen im Hause des Cigno). Trotz der relativen Zeitlosigkeit des Themas gelingt es ihm,

---

7 Eine vergleichbare Erzählstruktur finden wir auch in Lampedusas *Gattopardo*, dessen einzelne Abschnitte ebenfalls datiert sind. Überhaupt ließen sich die Einflüsse verschiedener sizilianischer Schriftsteller auf *Il Cigno* nachweisen; mit den Werken des wohl bedeutendsten Autors von Mafia-Romanen, Leonardo Sciascia, hatte sich Vassalli schon seit längerem beschäftigt (vgl. Giacobbe, S. 185).

8 Vgl. W. Sofsky, *Traktat über Gewalt*, Frankfurt a.M. 1996, S. 67.

die Handlung im konkreten historischen Kontext zu verankern und die realen Entstehungsbedingungen der Cosa Nostra zu beleuchten. Sei es die Landflucht der Führungsschicht, die sich nach Palermo, wenn nicht nach Neapel und Rom zurückzog, sei es die mangelnde Rechtsstaatlichkeit, das fehlende Vertrauen in staatliche Autoritäten oder das ausgeprägte Ehrgefühl der Sizilianer. Letzteres verhalf der Ehrenwerten Gesellschaft über lange Zeit zu einem gewissen Maß an Sympathie in der Bevölkerung und insofern zu einer Form der Unterstützung, als nämlich Sizilianer aus falschem Stolz die Existenz der Mafia leugneten.

"Ci considerano diversi soprattutto per via di due sentimenti, quello dell'amicizia e quello dell'onore, che noi Siciliani abbiamo molto piú forti di loro; e siccome la nostra diversità gli fa un po' paura, si sono inventati questa favola, che siamo mafiosi [...] La cosidetta mafia [...] non è altro che la coscienza, un poco esagerata, che i siciliani hanno della loro personalità, del loro onore e della loro dignità" (S. 145f.).

Dieses Ehrgefühl hatte die absurde Konsequenz, daß angesehene Palermitaner Bürger, unter ihnen Freunde des Mordopfers Notarbartolo, sich zu einem *Comitato Pro Sicilia* zusammenschlossen, um gegen die Verurteilung des Cigno zu protestieren. Dieser hatte den Mord zwar tatsächlich in Auftrag gegeben, doch betrachtete man den Ausgang des in Mailand geführten Prozesses als eine Verurteilung Siziliens durch Norditalien. Wie polemisch die Vereinigung des Landes noch nach einem Jahrhundert beurteilt wird, kommt auch in Lampedusas *Gattopardo* zum Ausdruck, wenn dieser einen Abgesandten aus Turin von der "felice annessione, volevo dire [...] la fausta unione della Sicilia al Regno di Sardegna"[9] sprechen läßt.

Der Nord-Süd-Konflikt innerhalb des jung vereinigten Landes hat bis heute – wie auch der Kampf gegen die Mafia – nichts von seiner Aktualität verloren. Vassalli stellt ihn eindrucksvoll am Beispiel der sizilianischen Bauern dar, die während des Prozesses im kalten Mailänder Winter

9 G. Tomasi di Lampedusa, *Il Gattopardo*, Mailand [45]1986, S. 118.

wochenlang ohne ausreichende Kleidung, Ernährung oder Unterbringung darauf warten mußten, als Zeugen vernommen zu werden. Es liegen Welten zwischen den jämmerlichen Figuren, die hilflos den eisigen Temperaturen ausgesetzt sind und sich in der modernen Großstadt kaum zu orientieren wissen, und den Mailänder Bürgern, die sich ihrer mit herablassender Hilfsbereitschaft annehmen, allerdings ob der unterschiedlichen Dialekte kaum mit ihnen kommunizieren können.

Die Darstellung eines gewalttätigen Verbrechens, des Mordes an Notarbartolo, sowie die Machenschaften einer kriminellen Vereinigung sind folglich nur ein Aspekt des Romans. Es gelingt Vassalli in dieser spannend geschriebenen Geschichte, auch diverse andere Formen gesellschaftlicher Gewalt aufzuzeigen, die wiederum die Basis bilden, auf der die Cosa Nostra sich entwickeln konnte. Um dem Leser diese Macht- und Gewaltverhältnisse nahezubringen, konzentriert er sich genau wie Maurensig in Nahaufnahmen auf deren psychologische Auswirkungen auf den Einzelnen.

Wenn wir uns nun, nach den Bearbeitungen historischer Fakten oder literarischer Vorlagen, einer eigenen Gattung, dem Krimi, zuwenden, stellt sich zunächst die Frage, ob sie überhaupt in unser Thema paßt.[10] Spielt doch Gewalt im klassischen Kriminalroman, gemeint ist die Detektivgeschichte und nicht der Actionthriller, eine geringe Rolle, denn es geht eigentlich nicht um den Mord, sondern um die systematische Suche nach dem Täter. Die Romane von Kurt Lanthaler, südtirolischer Autor des Jahrgangs 1960, gehören allerdings fraglos in unseren Kontext; inwieweit sie aber der Gattung Krimi entsprechen ist zweifelhaft.

Lanthalers Held Tschonni Tschenett ist weder Privatdetektiv noch Kriminalkommissar und weist nicht die geringsten Ähnlichkeiten mit einem Geheimagenten oder gar mit einem englischen Lord auf. Vielmehr ist er das

---

[10] Vgl. hierzu den Beitrag von Elvio Guagnini.

genaue Gegenteil dessen, was Mütter sich als Schwiegersohn wünschen: eine verkrachte Existenz, ein verkommenes Subjekt, hat sich jahrelang bei der christlichen Seefahrt auf den Weltmeeren durchgeschlagen und ist dann, jenseits der Dreißig, in die südtirolische Heimat zurückgekehrt. Seinen Lebensunterhalt verdient er nunmehr mit wechselndem Geschick als Fernfahrer. So wenig dieser Tschenett an die Normen der bürgerlichen Gesellschaft angepaßt sein mag, hat er dennoch das Herz auf dem rechten Fleck und nimmt grobe Unannehmlichkeiten in Kauf, um anderen zu helfen oder Betrügereien aufzudecken.

Ob ihn Neugier, Abenteuerlust oder Gerechtigkeitssinn dazu treiben, sich in Angelegenheiten einzumischen, die auch für ihn brenzlig werden, läßt sich nicht sagen. Hingegen können wir zwei Konstanten festhalten: Zum einen verstößt Lanthaler bewußt und in wachsendem Maße gegen die Grundregeln des Genres,[11] zum anderen sind die Verbrechen, um die es geht, keine Privatangelegenheiten, sondern stehen in größeren soziopolitischen Zusammenhängen. Die kleinen Fische müssen dran glauben, während die großen Fische ungestört ihre Bahnen ziehen.

Natürlich spielt die nicht unproblematische Situation Südtirols immer wieder eine große Rolle und mit ihr verbunden der Nord-Süd-Konflikt. Seine harmlose Variante finden wir in den Frotzeleien zwischen Tschenett und seinem Freund Totò, einem Carabiniere aus Sizilien, der in den Norden strafversetzt wurde. Lanthalers erster Roman, *Der Tote im Fels*, beginnt dem Titel gemäß mit einer Leiche, die beim Bau eines Tunnels mitten im Gestein gefunden wird, wohin sie unmöglich hätte gelangen können. Dieses und andere Geheimnisse wird Tschenett lösen, kommt auch einem Komplott um den Bau des Brennertunnels auf die Spur, in den Politik, Polizei und Wirtschaft verwickelt sind. Überführen kann er die Schuldigen aber nicht, da er

---

11 Vgl. *Der Kriminalroman*, hg. v. L. Vogt, 2 Bde., München 1971; darin u.a.: S.S. Van Dine [i.e. W.H. Wright], *Zwanzig Regeln für das Schreiben von Detektivgeschichten.*

sich mit einer erdrückenden Übermacht konfrontiert sieht und ihm der Aktenkoffer mit dem Beweismaterial abhanden kommt, den er im Hühnerstall seiner mütterlichen Freundin Berta deponiert hatte.

Lanthaler ist kein Autor der psychologischen Nabelschau. Trotzdem gestaltet auch er packende Gewaltszenen, in denen den Opfern vor allem seelisches Leid zugefügt wird. Von den beiden Ermordeten erfahren wird lediglich, daß sie ums Leben kamen, ohne daß uns Details der Verbrechen mitgeteilt würden. Auch als Tschenett grundlos verhaftet und mißhandelt, ja sogar beschossen wird, erweckt der Autor kaum unser Mitgefühl. Ganz anders hingegen die Szene in Bertas Hühnerstall, wo Tschenett das Beweismaterial versteckt hatte.

"Irgend jemand hatte jedes einzelne ihrer Hühner mit einem Hunderternagel an die Wand fixiert. [...] So wie die Hühner an die Wand genagelt worden waren, mußten sie noch stundenlang geflattert und gegackert haben. Und Berta hatte sich, in ihr Schlafzimmer eingesperrt, das alles die ganze Nacht lang anhören müssen." (S. 177)

Natürlich erinnert das flatternde Federvieh an Witwe Bolte und erhält damit eine leicht komische Konnotation. Im Vordergrund steht aber nicht das Leid der Kreatur, sondern die Pein der stolzen Hühnerhalterin, die ihrem geliebten Federvieh nicht hatte zu Hilfe kommen können. Auf einer zweiten Ebene finden wir das Mitleid Tschenetts mit der Freundin, der weiß, wie sehr sie ihr Hühner liebte – "Sie sah aus wie ihr eigener Geist. Gekrümmt, durchsichtig, ein kleines Häufchen Elend." (S. 176) – und sein Schuldbewußtsein, für dieses Massaker verantwortlich zu sein. Wir wissen seit langem, das Gewalt gegen den Körper eines Menschen auch seine Psyche verletzt, doch diese Szene zeigt trotz aller Kürze und Komik, daß die psychischen Auswirkungen auch auf nur mittelbar Betroffene eine wesentliche Seite der Gewalt darstellen.

Noch weniger als *Der Tote im Fels* entspricht Lanthalers dritter Roman, *Herzsprung*, dem Grundmuster eines Krimis. Hier wird Tschenett in den Zigarettenschmuggel der neuen deutschen Bundesländer involviert. Auf den ersten Toten müssen wir lange warten, und wir wissen eigentlich sofort, weshalb die beiden Straßenhändler umgebracht wurden, zwei Männer aus den untersten Rängen der vietnamesischen Zigarettenmafia. Wer sie aber umgebracht hat, bleibt bis zuletzt unklar und scheint auch niemanden wirklich zu interessieren.

Gerade in diesem offenen Ende liegt der gröbste Verstoß gegen die Regeln des Genres. In einem traditionellen Krimi müssen die Verbrechen aufgeklärt, die Schuldigen bestraft werden; damit wird die rationale Überschaubarkeit der Welt bewiesen und die Ordnung wieder hergestellt.[12] Indem nun Lanthaler gegen dieses Gesetz verstößt, unterstreicht er, daß diese Probleme sich eben nicht wie Kreuzworträtsel lösen lassen, so daß es letztendlich gleichgültig ist, ob der Mörder gefaßt wird oder nicht.

Auch Tabori weiß, daß der Tod des ehemaligen Lagerkommandanten nichts, gar nichts ungeschehen macht; Vassalli zeigt, daß es den Gang der Geschichte kaum verändert, ob der Cigno verurteilt wird. Selbst die ausgesprochen amüsanten Romane Lanthalers verwehren dem Leser einfache Lösungen für die komplexen Probleme der Gesellschaft.

Die gewalttätigen Konflikte seiner Zeit hat wohl kein anderer italienischer Autor so konsequent verarbeitet wie Nanni Balestrini, was Walter Pedullà in dem Artikel *La violenza ha l'orgasmo con Balestrini* ausführt.[13] In seiner rhythmisierten Prosa, die auf jedes Satzzeichen verzichtet (und die ihrerseits als Gewaltakt gegen die „bürgerliche Funktionalität der Sprache" verstanden werden kann),[14] behandelt er seit den 70er Jahren die aktuellen

---

12 Vgl. J. Vogt, darin u.a. K. Anders, *Der Kriminalroman.*

13 In: W. Pedullà, *Miti, finzioni e buone maniere di fine millennio*, Mailand 1983.

14 Balestrini schreibt „in modo da usare una sistematica azione di violenza sulla funzionalità borghese del linguaggio per uno stravolgimento costante delle strutture linguistiche come unico strumento possibile dell'autore per affermare le sue tensioni ideologiche e

sozio-politischen Probleme des Landes. Arbeitskämpfe, Jugendbewegung, Gefängnisrevolte, der Tod Feltrinellis sind die Themen seiner Romane. Der letzte, *I furiosi*, erscheint dagegen erstaunlich unpolitisch. In erster Person erzählen Fußballfans aus ihrem Leben, von den Schlachten, die sie sich mit den Anhängern anderer Clubs liefern. Konkrete Auseinandersetzungen sind dabei sekundär, die Verbundenheit der Gruppenmitglieder untereinander erscheint sehr viel wichtiger als ihre Begeisterung für Fußball oder ihren Verein. Selbst die Polizisten sind lediglich Statisten in diesem Spiel.

Balestrini schreibt aus der Perspektive der *tifosi*, in einer Sprache, der er kunstvoll den Anschein von Authentizität verliehen hat. Wer genau spricht, läßt sich nicht immer bestimmen, doch erkennen wir junge Menschen verschiedener Altersstufen und sozialer Milieus. Die ungebrochene Sicht der Rowdies und ihre Herkunft aus den meist benachteiligten Schichten der Bevölkerung haben dem Autor den Vorwurf eingebracht, mit ihnen zu sympathisieren, ihren Vandalismus gutzuheißen. In der Tat gelingt es ihm, uns die Logik ihres Handels begreiflich zu machen, wenngleich ihr Verhalten – wie der übermäßige Drogenkonsum – nicht eigentlich motiviert wird. Die Jugend von Picchio und seinem Bruder Lui bildet ein Paradebeispiel problematischer Sozialisation: Scheidung der Eltern, chronischer Geldmangel, Kleinkriminalität, Erziehungsheim usw. Andererseits stammt einer der Anführer aus einem intakten Elternhaus und geht einer geregelten Erwerbstätigkeit nach. Das Bild ist also keineswegs einseitig.

Während der eine nicht weiß, warum er sich den Ritualen der Gruppe eigentlich unterwirft, sagt ein anderer: "A me, la violenza mi piace". Mit diesem Satz beginnt das siebente Kapitel der *tifosi*. Der Erzähler erinnert sich an seine Kindheit und bringt dabei einmal mehr den Nord-Süd-Konflikt

---

comportamentali"; M. Ponzi, „Vitalismo come elemeto portante del gioco verbale nella prosa di Balestrini", in: *Sulla Neoavanguardia. Quaderni di critica 1*, hg. v. Filippo Bettini u.a., Foggia 1983.

zur Sprache sowie die Probleme, die sich aus dem raschen Wachstum der urbanen Zonen im Norden des Landes ergaben:

"A me la violenza mi piace può essere anche perché ci sono nato in mezzo perché abitavo in un paese qua fuori che quando avevo 6 anni c'erano 7 mila abitanti e 5 anni dopo c'erano 17 mila c'è stato un grosso arrivo di gente del sud e lì ti trovavi di fronte tu con la tua cultura e loro con la loro cultura che comunque era una cultura di sopraffazione perche lì erano sempre loro i più forti e ti prendevano tutto ti prendevano la bicicletta non è che lo facevano di nascosto te la prendevano così apertamente e se ne andavano via con la tua bicicletta allora chiamavi tuo padre e in genere tuo padre in più te la dava anche" (S. 75).

Zwar stellt er keinen direkten Zusammenhang zwischen den Spannungen, die aus den Migrationen resultierten, und den politischen Unruhen der 70er Jahre her; er selbst aber hat einen fließenden Übergang beider Phänomene erlebt. Nach der Zerschlagung der '77er Bewegung ist er einige Zeit orientierungslos, bis er sich den "brigate rosse-nere" anschließt, dem militanten Fanclub des AC Milan. Schon in der politischen Phase hatte er die Gewalt nicht nur als Mittel zum Zweck, sondern um ihrer selbst willen geschätzt, sich immer radikalere Gruppen gesucht. Seitdem er mit den anderen *tifosi* jeden Sonntag ins Stadion pilgert, hat sich diese Tendenz verstärkt:

"a me [la violenza] piace un casino è più una droga quella dello stadio di quella che era la violenza politica perché quella dello stadio non ha nessun obiettivo è fine a se stesso" (S. 85f.).

Die Gewalt ist reiner Selbstzweck jenseits aller konkreten Absichten und Ziele geworden. Damit entspricht das Verhalten von Balestrinis Figuren genau der Entwicklung unserer Gesellschaft, die René Girard kürzlich konstatierte. Jahrzehntelang hatte Girard seine Theorie des Sündenbocks weiterentwickelt, in der der Sündenbock die Aggressionen einer Gruppe bündelt und damit den Zusammenhalt dieser Gruppe sichert. In seiner Analyse der zeitgenössischen Gesellschaft nun geht Girard davon aus, daß dieses Modell sich überlebt hat: "Diese gemeinschaftsstiftenden Aktionen wirken heute nicht mehr. Der Zusammenhalt läßt sich so nicht mehr herstellen, die Gewalt läuft sozusagen ins Leere und zerstört am Ende eher die Gesellschaft".[15]

Wenn Girard recht hat, dann ist Balestrinis Schilderung einer kleinen Randgruppe letztendlich als Parabel für größere gesellschaftliche Entwicklungen zu verstehen. Auf jeden Fall ist es ihm aber gelungen, eine der aktuellsten Formen der Gewalt literarisch zu verarbeiten.

Die Gewalt der *tifosi* erscheint uns sinnlos im Gegensatz zu den zielgerichteten Verbrechen in den anderen Werken. Dort allerdings zeigte sich, daß Sühne das Leid nicht ungeschehen macht und daß es keine Möglichkeit gibt, die organisierte Kriminalität einzudämmen, solange sie mit der Politik paktiert.

Eine der blutigsten Epochen der jüngeren italienischen Geschichte habe ich außer acht gelassen: den Bürgerkrieg während der Repubblica di Salò, der allerdings in den 90er Jahren – wie gesagt – wieder stärker in die öffentliche Diskussion gerückt ist. Ich habe den Eindruck, daß sich dies auch in der Literatur bemerkbar macht, einerseits in einem wachsenden Interesse am Werk Beppe Fenoglios, andererseits an Neuerscheinungen wie der Romantrilogie von Giampaolo Pansa.[16]

Wenn wir abschließend auf die analysierten Texte zurückblicken, stellen wir fest, daß die erzählerische Wahrnehmung von Gewalt meist stark emotional geprägt bei. Bei Balestrini kommt dies auch in einer besonders grausamen Szene der *Invisibili* zum Ausdruck.

"*la cosa atroce era questa qua la cosa assurda era di dovere assistere in maniera impotente a questo massacro che ti sfilava sotto gli occhi* proprio davanti agli occhi dietro

---

15 Spiegelgespräch: "'Der Sündenbock hat ausgedient'. Der Anthropologe und Religionswissenschaftler René Girard über archaische Rituale und Gewalt in der Gesellschaft"; in: *Der Spiegel* 35/1997.

16 Die Nachwirkungen des Partisanenkampfes auf die italienische Gesellschaft kommt besonders im dritten Roman zum Ausdruck: G. Pansa, *I nostri giorni proibiti*, Mailand 1996.

questa rete e tu vedevi tutto quanto lo spettacolo tu vedevi questo spettacolo atroce e la cosa atroce era che ti sentivi non soltanto impotente perché eri a pezzi ma impotente due volte perché non solo non potevi fare niente per quello che stava succedendo ma se tu accennavi anche soltanto a una reazione che poteva soltanto essere una reazione verbale perché che cosa altro potevi fare questi sarebbero entrati e tu non eri nelle condizioni assolutamente di fare la minima resistenza dopo avere già preso tutte quelle botte e sarebbe stato soltanto peggio

ora questa cosa ti abbatteva in maniera incredibile ti abbatteva più delle botte perché non potevi che assistere impotente l'istinto ti diceva di stare zitto ma come si faceva a stare zitti davanti a quello spettacolo e poi eri obbligato a vedere come questi picchiavano i compagni e li picchiavano in maniera differente perché non li picchicavano tutti nello stesso modo c'erano alcuni compagni coi quali si sfogavano con maggiore rabbia e erano ovviamente quei compagni che odiavano di più perché con loro avevano avuto scazzi screzi minacce eccetera e poi perché c'erano quelli che in base ai rapporti che c'erano dentro il carcere loro pensavano che erano i capi ma in generale le guardie erano assolutamente assatanate e decise veramente a ammazzarci tutti di botte".[17]

Um dem Leser körperliche Schmerzen nahezubringen, bedienen sich die meisten Autoren einer Mittlerfigur, die sich das Leid anschauen muß und miterlebt. Sein Mitleid können die Ich-Erzähler viel besser in Worte fassen als physische Qualen. Offensichtlich ist dies der geeignete Ausdruck der Gewalt in einem Medium, in dem man nur mit Tinte, nicht aber mit Blut spritzen kann.

Riassunto

Nel 1997 è evidentemente impossibile tracciare un panorama completo della rappresentazione della violenza nella letteratura degli anni '90. Mi voglio limitare qui all'analisi di quattro esempi che corrispondono ognuno a diversi tipi di espressione letteraria.

La variante di Lüneburg, prima opera di Paolo Maurensig (nato nel 1943 a Gorizia), tratta degli orrori dei nazisti e delle loro conseguenze. Il

[17] N. Balestrini, *Gli invisibili*, Mailand 1987, S. 130 (Hervorhebungen C.F.).

libro si ispira alla *Schachnovelle* di Stephan Zweig e offre cosí un esempio perfetto di intertestualità.

Nel *Cigno* Sebastiano Vassalli parla, sotto forma di cronaca, dell'assassinio dell'onorevole Notarbartolo, avenuto nel 1893. Questo quadro di un fatto storico, degli intrecci tra mafia, politica ed economia dell'epoca, non è forse mai stato tanto attuale quanto al momento della sua pubblicazione, cioè cent'anni dopo quell'omicidio.

Kurt Lanthaler, giovane autore sudtirolese, ha scritto una trilogia di gialli (*Der Tote im Fels, Grobes Foul, Herzsprung*), il cui l'eroe, Tschonnie Tschenett, è un camionista, grande amatore di bevande alcooliche. Qui ci dobbiamo chiedere se questi romanzi corrispondono veramente alla forma del genere letterario del giallo.

La prosa di Nanni Balestrini è completamente centrata sulle vicende socio-politiche dell'Italia contemporanea e spesso raccoglie momenti di particolare violenza. Nel suo ultimo romanzo, *I furiosi,* dà voce a dei tifosi radicali, toccando un argomento senz'altro attuale che però sembra più distante dalla politica rispetto ai suoi libri precedenti.

Per quanto questi testi siano diversi l'uno dall'altro, possiamo comunque notare che le tensioni tra il Nord ed il Sud del paese emergono con grande rilievo anche in contesti che sembrerebbero esterni al problema. In secondo luogo possiamo osservare che la rappresentazione della violenza viene spesso realizzata tramite una figura mediatrice.

REMO CESERANI
Università di Bologna

ZWISCHEN VEGETARIERN UND KANNIBALEN. DER JOURNALISMUS, DIE LITERATUR, DIE WELT DER MEDIEN UND DIE DARSTELLUNG SEXUELLER GEWALT

Ich möchte mit dem Journalismus beginnen, der inzwischen voll in die Medien integriert worden ist und auf subtile Weise mit dem Fernsehen konkurriert; trotz alledem bleibt er eine Form der Literatur, auch wenn die wahre und echte Literatur ihn mit einer gewissen Herablassung betrachtet. Am 20. August des Jahres 1997 traf ein junger mazedonischer Hirte, Aliyebi Hasani, in den Bergen von Sulmona – in den Abruzzen – drei junge Mädchen aus Padova, die auf einem Ausflug zum Morrone bei Sulmona waren; in einer plötzlichen Anwandlung griff er sie an, vergewaltigte die eine, tötete zwei mit einer Pistole und ließ die dritte in dem Glauben liegen, sie sei tot; er kehrte in aller Ruhe zu seinem Schafstall zurück; zwei Tage später spürte die Polizei ihn auf, nahm ihn fest, und er mußte das Verbrechen gestehen.

Ich schlage *La Repubblica* vom 22. August auf, dem Tag nach der Festnahme des Schuldigen. Ganze Seiten sind dem Ereignis gewidmet, das mit einigen Zusätzen (Sulmona als Stadt der Süßwaren und Heimat Ovids) sowie literarischen Reminiszenzen farbig ausgestaltet wird. So heißt es etwa in dem Bericht von Marina Garbesi:

"Senza quelle pistole il Morrone, il monte di Sulmona, terra di elegie dannunziane, sarebbe rimasto in pace e tre ragazze qualunque in vacanza avrebbero continuato a passeggiare quassù."

Aber mit diesen literarischen Anspielungen ist es nicht weit her. Denn D'Annunzio hat in seinen Novellen und Tragödien jener Hirtenwelt eine andere als elegische Darstellung gegeben. Indem er Handlungselemente und

Figuren aus dem französischen Naturalismus in eine archaische und volkstümliche Umgebung versetzte, hat er deren Bedeutung aufs äußerste chargiert und instinktive Leidenschaft, tierische Brutalität sowie Gewalttätigkeit hervortreten lassen.

In den Berichten von *La Repubblica* finden wir außerdem einige Hinweise auf die sozialen Entwicklungen, die in der Hirtenwelt der Abruzzen als Folge der lokalen und weltweiten ökonomischen Veränderungen sowie der Immigration aus ärmeren europäischen Ländern stattgefunden haben, wodurch etwa die italienischen Hirten, welche die schweren Arbeiten nicht mehr übernehmen, durch Hirten aus anderen Ländern ersetzt worden sind. Wir finden ein Interview mit dem sardischen Schriftsteller Gavino Ledda, dem Autor von *Padre padrone*, der als Experte für die Welt der Hirten gilt. Wir finden Interviews mit Freunden und Verwandten der drei Opfer, die aus einem ruhigen provinziellen Milieu stammten, arbeitsam, sportbegeistert, religiös und sozial engagiert.

Schließlich finden wir eine mit literarischem Anspruch geschriebene Schilderung des Journalisten Michele Smargiassi, der dem Wanderweg der drei Mädchen nachgegangen ist, die Orte der Begegnung, der Vergewaltigung und der abenteuerlichen Flucht der einzigen Überlebenden nachgezeichnet hat. Der Artikel setzt mit einer deutlichen literarischen Perspektive ein:

"La pioggia (ma sono nuvole basse che snebbiano) ha già cancellato le tracce di sangue, rigonfiato l'erba stropicciata, spianato la terra smossa. Un aquilotto plana senza muovere penna giù dal monte Morrone, e c'è un silenzio che fa paura. Alla natura sono bastate 24 ore per dimenticare."

Auf den ersten Blick sieht es so aus, als hätte der Bolognese Smargiassi seinem literarischen Gedächtnis die Sprache D'Annunzios oder der expressionistischen Prosaisten wie Slataper oder die Sprache Montales entnommen. Wenn man aber das ganze Stück liest, entdeckt man, daß die Bilder und die intertextuellen Bezüge aus einem anderen Repertoire stammen: aus dem Bereich des Sarremo-Schlagers, des Rocksongs, der klassischen Musik, des Klassikrock, aus dem Horrorfilm, aus den Walt-Disney-Märchen und aus dem Bereich der CDs und der Video-Cassetten, die heute die Werke der großen Maler an jedem Zeitungskiosk unter die Leute bringen. Hierzu hat Roger Willemsen geschrieber: "Die Literatur selbst hat sich feuilletonisiert, [...] das Feuilleton hat sich literarisiert, und beide, das Feuilleton und die Literatur, haben sich mediatisiert."[1] Der Journalismus löst sich aus der Umarmung der Literatur und macht gemeinsame Sache mit den anderen Medien:

"Bella giornata di sole. Nei film dell'orrore tutto comincia sempre così, nel sole e nell'allegria."

"Prendono verso Pacentro...la patria di Madonna...agli ecologisti è permesso il rock."

"La Natura è tutta amica come in un cartone animato. Siamo solo noi, adesso, a vedere strani presagi in quegli enormi funghi velenosi (mazze di tamburo cresciute in una notte), o nel nome minaccioso del monte Amaro che d'improvviso si presenta come un'ouverture alla prima radura nel bosco."

"Il loro carnefice, le tre pollicine lo avranno incontrato magari qui, allo scoccare dell'ora e mezzo di cammino e dei 1700 metri di altitudine. E gli avranno sorriso."

"E quel ragazzo, Alijebi, ha una pistola. E la prende, e la punta. E allora il cartone animato si strappa."

"La Natura compie il suo tradimento, ospita il mostruoso, l'indicibile. È qui, tra grilli e fili d'erba, che Silvia finge la sua morte gridandosi dentro quelle della sorella e dell'amica; è qui, tra rapaci maestosi e pietre che sembrano dipinte da Giotto, che la paura fa alzare e fuggire Silvia, ferita dentro e fuori, e correre, correre come nelle fiabe più brutte."

Auch das Porträt des männlichen Protagonisten, Ali, des Wolfsmenschen, verwendet nicht die starken Farben D'Annunzios oder die barocke Heftigkeit Faulkners, sondern die Anspielungen auf Horrorfilme, auf Dokumentationen

1 R. Willemsen, "Das Feuilleton", in: *Süddeutsche Zeitung*, 25. September 1997.

des *National Geographic*, vermischt mit Anspielungen auf die Märchenwelt oder Zeichentrickfilme:

"Un diavolo, un caprone, un mostro come sanno essere feroci i mostri delle leggende [...] Tutti conoscevano Alì il macedone, quella bestia che puzzava di formaggio a forza di mungere pecore, vivere in una branda senza cesso, lavarsi nell'abbeveratoio degli animali."

Verfolgen wir nun den umgekehrten Weg vom Journalismus zur Literatur oder zu dem, was unter dem Vorzeichen der Literatur präsentiert wird. Greifen wir zu einer Sammlung von Erzählungen junger italienischer Schriftsteller, die unter dem Titel *Gioventù cannibale* in einer absichtlich unverbindlichen und lockeren Reihe im angesehenen Verlag Einaudi erschienen ist; sie trägt den Titel *Stile libero* und wird von Severino Cesari – vormals Kulturredakteur von *Manifesto* – und Paolo Repetti – als Lektor des kleinen römischen Verlages Theoria seit den 70er Jahren ein glücklicher Entdecker erzählerischer Talente – herausgegeben.

Die Anthologie, in der wir sogenannte *pulp fiction* verschiedener Autoren finden,[2] deren bekanntester und bester Niccolò Ammanniti ist, entspricht den Bedürfnissen des Marktes und enthält einige der gegenwärtig vorhandenen Tendenzen der Jugendliteratur. Schon der Titel orientiert sich am Buchmarkt, weil er einen in den Medien, dem Fernsehen und dem Journalismus modischen Begriff aufnimmt: "Kannibalismus", "Kannibalen" verwendet man üblicherweise, um zum Ausdruck zu bringen, wie sich Fotografen, Kameraleute, Journalisten, Moderatoren über das Privatleben, die Persönlichkeit und das Bild der Menschen hermachen, die im Rampenlicht der Öffentlichkeit stehen und den Neugierigen zum Fraß vorgeworfen wer-

2 Zu diesem Erzähltyp, der dem Stil in Tarantinos weltberühmtem Film *Pulp Fiction* folgt, siehe auch: M. Sinibaldi, *Pulp. La letteratura nell'era della simultaneità*, Rom 1997.

den; deren Blutdurst wird von dieser scheinhaften Welt mißhandelter, getretener und geschundener Körper natürlich nicht hinreichend befriedigt.[3]

Ammanniti hat gemeinsam mit Luisa Brancaccio eine Erzählung mit dem Titel *Seratina* geschrieben. Hier werden in gedrängter Erzählweise, unter Nachahmung der Sprache wie der gelangweilten Gestik die Ausschweifungen zweier römischer Freunde berichtet, ihre Drogennächte, ihre Autorennen, Rockmusik, ihre unglücklichen Annäherungsversuche bei einer Zufallsfreundin, ein nächtlicher Besuch im Tiergarten von Rom, der fast mit einer Tragödie endet, die sinnlose sadistische Mißhandlung eines Transvestiten und schließlich die mißmutige Rückkehr ins normale Leben. In einer weiteren langen Erzählung mit dem Titel *Giorno di paga in via Ferretto* trägt Paolo Caredda, von Beruf Regisseur im Londoner Studio von MTV Europe, Material aus Poes *Berenice* und zweitrangigen Filmen zu einer schrecklichen Geschichte voller makabrer Horror-Erfindungen zusammen: Vor dem Hintergrund von San Fruttuoso in Ligurien agiert ein gedungener Mörder gegen eine feine Dame und Mutter, natürlich auch gegen ihr Kind.

3 Einige Kritiker haben vorgeschlagen, der Schreibkunst der "Kannibalen", also der Bösen des *pulp*, eine andere jugendliche Strömung, die der "Vegetarier", entgegenzusetzen, gemeint sind die Nachahmer der amerikanischen Minimalisten, die "buonisti" (A. Casadei, "Cannibali o vegetariani", in: *Linea d'ombra*, 1997). Tatsächlich würden die Kannibalen, wenn sie mit Vegetariern verglichen würden, allenfalls Fleischfresser werden. Es ist interessant zu beobachten, daß die Begriffe der Gegenüberstellung schon in der postdannunzianischen, skandalsüchtigen, sadistischen und pornographischen Konsumliteratur des frühen 20. Jahrhunderts auftauchten. Ein Autor wie Guido da Verona war darauf spezialisiert, seiner kleinbürgerlichen Leserschaft – er wandte sich an die "Schneidermädchen" – Szenen anzubieten, die nicht nur von Sexualität, sondern auch von Gewalt getragen wurden; zum Beispiel im Roman *Azyadeh, la donna pallida* aus dem Jahre 1927 finden wir eine solche Szene: "Per maggior tranquillità, strappai l'arma dalla ferita, gliela immersi un paio di volte nelle orbite, da cui gli occhi schizzaron fuori come due viscide lumache." Der Autor Pitigrilli, der sein Glück mit Romanen wie *Mammiferi di lusso* (1920) oder *La vergine a diciotto carati* (1923) fand, wollte nach einiger Zeit über seinen Erfolg berichten und schrieb einen Roman zum Roman mit dem Titel *I vegetariani dell'amore* (1931). Wie man sehen kann, sind die Begriffe der heutigen Auseinandersetzung nicht neu.

Viele dieser Texte enthalten das Ingredienz der haßerfüllten und grausamen Frauenfeindlichkeit.

Die Einleitung in dem Band *Gioventù cannibale*, die von Daniele Brolli unterschrieben wurde, ist interessant, weil sie auf einigen einfachen und vereinfachenden Gegensätzen aufgebaut ist.

1. Der Gegensatz zwischen Roman und Reportage:

   "Ben strana la sorte del narratore italiano. Da lui ci si aspetta che racconti storie di vita e che ne faccia merletto con l'uncinetto di una sintassi elaborata, ma il sangue deve essere omesso, come se il suo apparire decretasse lo scivolare del romanzo verso la cronaca."

2. Der Gegensatz zwischen moralisierender, akademischer, greisenhafter Zurückhaltung und dem freien, entfesselten, lebenssatten Überschwang jugendlicher Erfahrungen und Wünsche.

3. Der Gegensatz zwischen 'hoher' oder italienischer Literatur und zwischen 'niederer' amerikanischer Waren- oder Konsumliteratur, welche eng mit dem Horrorfilm einschließlich dem italienischen à la Dario Argento, mit dem Comic sowie der amerikanischen *splatter*- und *punk*-Erzählung verwandt ist.

Vor allem aber findet eine soziologische Vereinfachung statt:

"Oggi quella devianza [er meint das Devianz-Verhalten, das die Wohlfahrtsversprechen im Italien der 70er Jahre begleitete] è alla sua fase fredda. Genitori uccisi per un semplice divieto o per denaro; la roulette di massi lanciati da cavalcavia autostradali; stupri di gruppo consumati come sulla giostra di un luna-park; delitti con mutilazione; esplosioni di violenza contro minoranze di ogni tipo [...] sono gesti privi di passione e di senso, atti che squarciano il velo superficiale della normalità per rivelare che le sue basi poggiano su un terreno incandescente di inquietudine." (S. VIIf.)

Aber Brollis Simplifizierung ist auch literarisch. Die Suche nach Vätern oder nach einer Tradition wird mit einem leichthin zusammengefügten Kanon anerkannter Schriftsteller abgeschlossen, welche "die Entwicklung konfuser und tödlicher Kämpfe zwischen den gegensätzlichen Polen des Lebens" (S. VI) beschrieben haben. Es sind die "bösen" Schriftsteller, welche das Übel darstellen und auf einer eher zufälligen und approximativen Liste landen: Federico Tozzi, Enrico Morovich, Pier P. Pasolini, Giorgio Scerbanenco, Beppe Fenoglio – aus früheren Epochen kommen noch Capuana und Fucini hinzu. Ich weiß nicht, ob diese zufällige Aufzählung auf mangelnde Kenntnis der italienischen Literatur oder der Weltliteratur zurückzuführen ist – angefangen bei Zola, Dickens, Dostojewskij, Faulkner, D'Annunzio, Da Verona könnte man noch eine Reihe weiterer Schriftsteller auf diese Liste setzen... Ich nehme an, das Problem ist gewichtiger: Indem man bedeutungslose Tendenzen feststellt oder kleine Gruppierungen vornimmt, verbirgt man damit die Unfähigkeit, die tieferen Veränderungen zu erfassen, welche unsere Gesellschaft, ihre Wahrnehmungs- und Erkenntnisfähigkeiten, die Ausdrucksformen ihrer Phantasie und die Vermittlungsformen ihrer Bilderwelten erfaßt haben.

Das eigentliche Problem ist nicht, wieviel Gewalt es in unserer Gesellschaft gibt, auch nicht, welche Art von Gewalt es gibt – blinde, bewußte, individuelle, kollektive, begründete – oder ob sie gar, wie Girard oder Freud es meinten, der Ursprung der Gesellschaft ist und zu den Normen gehört, welche deren Existenz und Entwicklung bestimmen. Die eigentlichen Probleme sind folgende: Inwieweit hat sich die kollektive Bildvorstellung von der Gewalt verändert; welcher Zusammenhang besteht zwischen jener Bilderwelt und neuen Modellen der Subjektivität; inwieweit ist es der neueren Literatur gelungen – in der die Unterscheidung zwischen Hoch- und Konsumliteratur abgeschwächt ist –, diese Veränderung darzustellen, indem sie die ihr eigentümlichen und von anderen Darstellungsformen zu differenzierenden Mittel anwendet: die journalistische Chronik, die fotografische oder kinematografische Wiedergabe, die Fernsehübertragung. Hierbei kann sich ein nützlicher Austausch oder eine Übertragung zwischen den unterschiedlichen Formen der Kodierung ergeben.

Zwei Musterbeispiele der Darstellung sexueller oder körperlicher[4] Gewalt sollen das verdeutlichen. Es handelt sich um Erzählungen einer Vergewaltigung, die jeweils von einer Gruppe von Männern durchgeführt wird. Die eine Erzählung stammt aus der Feder eines anspruchsvollen literarischen Vertreters der Moderne, die zweite wurde von einem postmodernen Autor verfaßt, der mit diesem Beispiel die Rolle des Kannibalen übernommen und sich in die Reihe der Vertreter der *pulp fiction* eingeordnet hat.

Das erste Beispiel ist eine 1883 von Giovanni Verga geschriebene, aber weniger bekannte Erzählung mit dem Titel *Tentazione!*, die zuerst in dem Band *Drammi intimi* aufgenommen worden ist.[5] Hier wird die Vergewaltigung und Ermordung einer jungen Bäuerin erzählt, der in der einsamen ländlichen Umgebung von Mailand zufällig drei junge Männer begegnen, die von einem sonntäglichen Fest am Ufer der Adda kommen.

Es steht nicht so sehr die Vergewaltigung als bestialische Tat im Mittelpunkt; nicht ein einziger Blutstropfen wird während der knappen Schilderung vergossen – und das ist nicht, wie Brolli annahm, als Konformismus auszulegen. Im Mittelpunkt steht vielmehr die blinde und aufwühlende Wucht der "Versuchung", die brutale Wut, welche drei an sich anständige Burschen packen kann, die von dem plötzlichen "Rausch" des Begehrens überwältigt werden, deren Tat mit dem Sexualtrieb begründet wird und durch Komplizenschaft sowie soziale Stereotypen ihres Milieus gestützt wird; dies wird im ersten Teil der Erzählung kurz beleuchtet, wo das ländliche Fest, die groben Scherze und die erotischen Anspielungen angedeutet werden.

In wenigen Stunden verwandeln sich die drei Protagonisten aus braven Arbeitern und Handwerkern, die zwischen den alten bäuerlichen Werten und

4 Wir befinden uns also in der typischen Darstellung eines "fleischfressenden", blutigen, und nicht vegetarischen Verhaltens der Menschheit.

5 G. Verga, *Le novelle*, hg. v. G. Tellini, Rom, 1980, S. 32-36.

den neuen Werten der Industriegesellschaft schwanken, in heruntergekommene, dekadente Mörder. In der Erzählung wird vor allem der instinktive Zusammenhang, die Gruppensolidarität ("spirito del branco") der Täter untersucht, die sie während der Tat verbindet; nach dem Verbrechen rücken Komplizenschaft und Bestürzung in den Mittelpunkt ("andavano guardinghi e senza dire una parola, ma non volevano lasciarsi, quasi fossero legati insieme", S. 36), die sich beim Prozeß und angesichts der Bestrafung in gegenseitigen kannibalischen Haß verwandeln ("Alle Assise, nel gabbione, volevano mangiarsi con gli occhi l'un l'altro, ché si davano del Giuda", S. 36). Wir erkennen allerdings immer wieder die gleiche Perspektive: Ein und dieselbe undifferenzierte blinde Gewalt verdammt sie, und sie selber sind unfähig zu verstehen, was geschehen ist. Die gesamte Geschichte wird von einer anonymen Stimme erzählt, die selber mit Hilfe der Erzählung die "wahre" Chronik der Ereignisse zu verstehen versucht. Die Stimme setzt ein mit einem "Ecco come fu – Vero com'è vero Iddio!"; aber bald stößt sie auf ihre eigene Unfähigkeit – und die des Lesers – das Geschehen zu verstehen; sie begnügt sich damit, die Ereignisse aus der Sicht der Protagonisten zusammenzustellen und zu berichten – indem sie sich soweit wie möglich ihrem Standpunkt annähert – wie die Überlegungen der drei Burschen im Kerker unterschiedslos um dieselbe Sache kreisen und wie es ihnen nicht gelingt, die Untat beim Namen zu nennen. Sie verdecken sie vielmehr mit einem konventionellen Euphemismus ("marrone", "guaio") und sehen in der Tat die logische Folge eines Irreseins: "quando ripensavano com'era stato il guaio, gli pareva d'impazzire, una cosa dopo l'altra" (S. 36).

In der dichten und konzentrierten Erzählung Vergas fällt besonders auf, daß die außergewöhnlich sparsame und konkrete Sprache, die Darstellung heftiger und unkontrollierter Instinkte und Leidenschaften, wie sie in den Gesten, dem Gesichtsausdruck und den Worten der Figuren erscheinen, weder dem Pathos noch dem Mitleid mit dem Opfer Raum gibt. Die Gewalttat, die vor dem Hintergrund eines ländlichen Festes ausbricht, wird äußerst zurückhaltend und fast schamhaft beschrieben; dies wird durch einige Streiflichter, die das Geschehen beleuchten, noch hervorgehoben. Ich mache besonders auf den Kampf selbst aufmerksam, an dem sich das Opfer heftig beteiligt:

"Infine la ragazza, come le si stringevano addosso, si mise a picchiare sul sodo, metà seria e metà ridendo, su questo e su quello, come cadeva. Poscia si diede a correre con le sottane alte.
— Ah! Lo vuoi per forza! Lo vuoi per forza! — gridava il Pigna ansante, correndole dietro. E la raggiunse col fiato grosso, cacciandole una manaccia sulla bocca. Così si acciuffarono e andavano sbatacchiandosi qua e là. La ragazza furibonda mordeva, graffiava, sparava calci.
Carlo si trovò preso in mezzo per tentare di dividerli. Ambrogio l'aveva afferata per le gambe onde non azzoppisse qualcheduno. Infine il Pigna, pallido, ansante, se la cacciò di sotto, con un ginocchio sul petto. E allora tutti e tre, al contatto di quelle carni calde, come fossero invasati a un tratto da una pazzia furiosa, ubbriachi di donna [...] Dio ce ne scampi e liberi!" (S. 34f.)

Ich erinnere an die Szene unmittelbar nach der Vergewaltigung, wo sich die Darstellung auf die Verwirrung und Verlegenheit der drei Burschen konzentriert, auch hier ein eindrucksvoller Hinweis auf das "seltsame Grinsen" der drei Täter:

"Ella si rialzò come una bestia feroce, senza dire una parola, ricomponendo gli strappi del vestito e raccattando il paniere. Gli altri si riguardavano tra di loro con un risolino strano." (S. 35)

Schließlich sei daran erinnert, wie in kalter Schwarz-Weiß-Malerei grausig geschildert wird, daß dem Opfer mit einem Messer, das einer der Täter unversehens in der Hand hält, der Kopf abgeschnitten wird; eine fast unerträgliche Szene, bedenkt man die Vorsicht und Zurückhaltung, mit der andere Einzelheiten wiedergegeben werden:

"Il Pigna disse che bisognava scavare una buca profonda, *per nascondere quel ch'era accaduto*, e costrinsero Ambrogio per forza a strascinare la morta nel prato, com'erano stati tutt'e tre a fare *il marrone*. Quel cadavere pareva di piombo. Poi nella fossa non c'entrava.

Carlino gli recise il capo, col coltelluccio che per caso aveva il Pigna. Poi quand'ebbero calcata la terra pigiandola coi piedi, si sentirono più tranquilli e si avviarono per la stradicciola. Ambrogio sospettoso teneva d'occhio il Pigna che aveva il coltello in tasca. Morivano dalla sete, ma fecero un lungo giro per evitare un'osteria di campagna che spuntava nell'alba; un gallo che cantava nella mattina fresca li fece trasalire. Andavano guardinghi e senza dire una parola, ma non volevano lasciarsi, quasi fossero legati insieme.
[...]
Quando ripensavano poi al cellulare com'era stato il guaio, gli pareva d'impazzire, una cosa dopo l'altra, e come si può arrivare ad avere il sangue nelle mani cominciando dallo scherzare." (S. 35f. Hervorhebungen R.C.)

Wenden wir uns nun zwei Beschreibungen einer Vergewaltigung zu, die dem 1996 veröffentlichten Roman *Bastogne* von Enrico Brizzi entnommen sind.[6] Auch hier finden wir eine Gruppe männlicher Figuren, die im Stil der *pulp fiction* eine Reihe normverletzender Aktionen durchführen. Aus der Gruppe ragen zwei Protagonisten hervor, Ermanno und Cousin Jerry, welche gemeinsam zwei brutale sexuelle Gewalttaten organisieren und durchführen; dies sollen Strafexpeditionen gegen zwei dumme und unbedarfte junge Mädchen sein, die im Roman die lächerlichen Namen Occhiblu und Palpebrabella tragen.

Die erste wird in ihrem Studentenzimmer – wir befinden uns in Bologna, obwohl man im Roman von Nizza spricht, – vergewaltigt und "massakriert". Der Tat geht ein Nachmittag mit Hasch und Alkohol – wovon Occhiblu mehr zu sich nimmt als sie verträgt –, mit Rockmusik – von der sie nichts versteht – und Tanzversuchen voraus, und es wird gezeigt, daß sie in den Augen der beiden Besucher nicht über den gleichen Lebensstil wie die anderen verfügt:

"Occhi-blu è già sconvolta in modo definitivo, lo capisci.
Occhi-blu cammina al giradischi, mette su altra musica. Cammina storta, la sbarba disinibita. Vuole ballare ancora un po' nella stanza, le piace mostrarsi, le piace eccitare, le piace essere sola con Ermanno e Cousin Jerry, due animali da visita pomeridiana usciti da un raccontino del signor Burgess.

---

[6] E. Brizzi, *Bastogne*, Mailand 1996. Der Bologneser Brizzi hatte mit seinem ersten Roman *Jack Frusciante è uscito dal gruppo* (Ancona 1994) großen Erfolg gehabt.

Chissà se è normale eccitarsi così. Quasi quasi scrive alla psicologa di qualche settimanale femminile. Cousin Jerry succhia dal baffo come il più sensuale fumatore d'hashish di tutti i tempi, l'occhio semichiuso. Tutto l'aroma delle tiepide vallate nepalesi si spande tra le pareti di casa, satura l'ambiente.
Ermanno se li vede i pensieri della bimba, squadrati come mattoncini lego: 'Adesso mi lascio un po' andare', pensa. 'Vada come vada. Dopo mi faccio una doccia, mi pulisco da tutta questa situazione. Poi telefono a Palpebrabella e le spiego che resta qui a dormire.' 'Sei matta', dirà Palpebrabella. E poi dirà: 'Vacci piano con quei due'. I cari consigli da migliore amica. Ma Occhi-blu è indipendente, Occhi-blu sa come gira il mondo, Occhi-blu ha polso da vendere... Occhi-blu è un coniglietto da sventrare... [...]
Adesso Occhi-blu ha capito: non sta dirigendo nessun gioco a tre. Ci sono soltanto due giocatori: Ermanno e Cousin Jerry. Tecnicamente, nulla dipende da lei. Infatti, cominciano a succedere cose che non si aspettava... [...]
Adesso c'è Ermanno che ne ha abbastanza di sentire quegli inutili strilli, quelle povere mezze frasi copiate dagli sceneggiati, tipo vi prego, non ci vedo più. Oddio oddio cosa mi avete fatto...'Stai *zitta*!' dice. La colpisce forte con la testa. Le rompe il naso finora mai toccato da nessuno, senza smettere di muoversi dentro.
Gli fa troppo strano, vedere Occhi-blu così schifosa, sporca, piangente, senza un briciolo di dignità. Vederla a quel modo gli fa crescere la furia. Viene voglia di accanirsi, ecco cosa. Fino a quando Occhi-blu se ne stava rigida e piena di paura, ancora riconoscibile, Ermanno aveva un po' di rispetto. Su uno straccio di ragazza ormai danneggiata, è spinto a fare di più. Per punirla di essere a brandelli, come. Avrebbe voluto godere con calma del suo stupore, e prenderla mentre era più riconoscibile, identica alla ragazza gentile e silenziosa che la sera prima fumava sigarette muratti alla festa del mercoledì. E invece, adesso lei è compromessa e già alienata, diversa in modo irreparabile. Per questo Ermanno la prende con più rabbia. La danneggio, questa mezza troia, la punisco, ché mi si è guastata subito. Ovvio." (S. 17-19)

Palpebrabella, das zweite Mädchen, wird am Ende eines Festes umgebracht. In der Beschreibung stehen die Gewalttätigkeiten neben den ironischen Überlegungen der beiden Vettern, die die Aktion organisieren:

"Palpebrabella ha tette piccole e ben disegnate, strette una contro l'altra nel vestito max mara. Ermanno non l'aveva ancora notato, e quelle curvature gli richiamano alla mente *Niente vergini in collegio*, la prima volta in cui ha visto sullo schermo le agghiaccianti bellezze di Nastassia Kinski. [...]
E poi ci sono gli applausi incondizionati del pubblico, la risata distratta di Palpebrabella.
Ridi, bocchinara, ridi, ridi, ridi, che nemmeno immagini cosa ti sta per succedere. Ridi, adesso, ché dopo ci sarà spazio soltanto per la paura e il dolore. [...]
Muoviti nella festa, saluta, schiva, attacca discorso con i cicisbei radicalchic, soffia il fumo, mesci, giudica, fai pipi con le mutande a mezzo polpaccio mentre la tua amica Occhi-blu si perizia il mascara nello specchio.[...] Sentiti a tuo agio, bocchinara, in questa festa barocca del mercoledì sera millenovecentottantaquattro in cui tutti sono i più creativi e i più

darcheggianti e i più dannati, e non mancano né artisti frosci né arditi videorealizzatori né giovani pubblicitari col vizio nasale. [...]
Forse ho deciso di devastarti quando hai detto che i Public Image Limited sono musica da tinello. 'Musica da tinello', hai detto, proprio così. I grandissimi PIL. Te lo insegniamo noi il rispetto, bocchinara. [...] Ti sei scavata la fossa con quel 'musica da tinello'. [...] Ridi, bocchinara, e ringraziaci ché abbiamo deciso di risparmiarti lo schifo peggiore: il tuo lurido futuro l'hai lasciato a questa cazzo di festa del mercoledì.
Cousin Jerry sta seduto sul petto della ragazza, le inchioda le braccia a terra, le copre la faccia con il lembo del vestito max mara. Ermanno spalanca le cosce di Palpebrabella, spinge per entrare dentro, ma la fica è ancora fredda, testarda come un ascensore bloccato. Ermanno infila dentro due dita, poi tre, tutta la la mano fino al pollice. Palpebrabella urla: 'Per favore, adesso fermatevi...' e: 'Basta vi prego!' Il Cousin batte forte per terra quella testina bionda che non ama i Public Image Limited, come si fa con le trote appena pescate perché non facciano troppa rumba. Buona idea, portarla a fare un giro in collina. Niente di meglio che un giro in collina con due sconosciuti, dopo una festa così affollata. Giusto per riprendersi un attimo, fare un giro sulla citroën squalo, succhiare un paio di joint prima di infilarsi sotto le coperte.
'È come fottere Nastassia', dice Ermanno con voce tremante. Adesso entra facile, si scuote un po' nel calduccio accogliente. Viene male, viene in fretta.
Palpebrabella è carponi, adesso. Ermanno le stringe la testa con le cosce, blocca le braccia in una chiave articolare vista molte volte alla televisione, nelle trasmissioni di catch col commento di Tony Fusaro e Cristina Piras. Cousin Jerry le gode in culo con affondi dolorosi. 'Mi piace', annuncia — la voce curvata dall'eccitazione — ma non è chiaro se Palpebrabella sia ancora in ascolto, danneggiata com'è.
Cousin Jerry solleva il corpo per la cotenna, Ermanno regge i quarti inferiori. La incastrano nel bagagliaio.
La notte è limpida e di venticello gradevole, ricorda le poesie del liceo sulle vaghe stelle dell'Orsa." (S. 172-178)

Mit dem Thema seines zweiten Buches hat Brizzi sich kühl und selbstbewußt in den Klub der Kannibalen eingetragen; nach seinem ersten Buch treten hier die Vor- und Nachteile deutlich hervor. Gut gelungen ist vor allem die stilistische Wiedergabe der Sprachgewohnheiten postmoderner italienischer Jugendlicher; hinzu kommen die aufmerksame Rekonstruktion von Gegenständen und Eigenheiten der Jugend-Kultur, die recht amüsante, mitunter naive und exhibitionistische Vermischung intertextueller Anspielungen und Verknüpfungen – von Kinderbüchern bis Céline – sowie viele lexikalische Erfindungen. Fast als ein Markenzeichen erscheinen die Verbformen mit dem Präfix "s-" (stabaccare, sdivanato, sbirranza, sbarba, squasso, smandibolare, spensiero, sgroppare, smazzare, storpidarsi, scucchiaiarsi, sficcheggiare, scodare, slumare, sfangare u.a.m.), der häufige Gebrauch von semantisch bedeutungsschweren Adjektiven und Adverbien – wie es bei amerikanischen Schriftstellern zu finden ist ("s'affaccia verificatrice dalla finestra"), überraschende Neubildungen wie sie in der Werbung üblich sind ("Camminare pistolero per i corridoi", "l'utilitaria torinese e comodosa") sowie der reichliche Gebrauch von Oxymora ("baretti facinorosi", "patto disonesto", "magnifico esemplare di disadatto infantile").

Andererseits ist der erzählerische Aufbau eher schwach und aufgelokkert; die aufwendigen Hinweise auf Rockmusik, Kino und Fernsehen – man findet die Namen von 40 Musikgruppen! – sollen gewiß in einem funktionalen Zusammenhang mit dem Thema stehen, bleiben aber generell ungenutzt für die Komposition des Ganzen; die Darstellung des Drogengebrauchs erscheint distanzlos und unreflektiert. Obwohl der Autor sich um linguistisches und literarisches Vergnügen bemüht zeigt, gerät er doch beständig – aufgrund der Tatsache, daß hinter der Szenerie und den Ereignissen in Bologna, das wiederum als Nizza maskiert wird, unmißverständlich autobiographische Erfahrungen durchschimmern – in die Nähe zur journalistischen Reportage. Die Figur des Ermanno aus *Bastogne* wird fortdauernd vom autobiographischen Pathos bestimmt. Die Figur des Cousin Jerry wird mit symbolischen Ansprüchen und einem romanhaften Nimbus beladen, die sie nicht vermitteln kann. Die beiden Mädchen erwecken die Vorstellung von Frischfleisch. Die übrigen Personen erscheinen als Komparsen.

Die beiden Protagonisten Brizzis werden ebenso wie die Personen Vergas fremdbestimmt; aber die Kraft, die sie treibt, ist nicht mehr die innere des Triebes oder der Versuchung durch den Trieb; es ist die äußere Macht, die von den Medien, der Werbung, dem kulturellen Konsum ausgeht; außerdem scheint eine gewisse pubertäre innere Empfindsamkeit der jungen Männer hinzuzukommen, die beachtliche Probleme im Umgang mit

Mädchen haben. Um sich anzuregen, benötigen sie Musik und Drogen. Mit einer gewissen Treuherzigkeit offenbart Ermanno an einer Stelle, daß die Frage der freien moralischen Entscheidung für das individuelle Verhalten nicht mehr besteht:

"Una volta, quand'era solo uno sbarbo-fiordilatte, credeva che la massima libertà fosse poter scegliere in ogni circostanza. Poi ha capito [und hier wird ein Lebensprogramm für die gesamte Generation gedacht] che il vero benessere è appaltare la propria vita a registi capaci di emozionarti. Registi per il sesso, registi per lo sconvolgimento, registi per cene lievi e dopocene indimenticabili. E da quando il lampeggiante Cousin Jerry è tornato in città a fine settembre, ha trovato un regista globale di cui si fida ciecamente." (S.12f.)

Wir haben gesehen, daß den Personen "Dinge zustoßen", ohne daß sie mit ihrem eigenen Willen daran beteiligt wären. Es scheint so, als befänden sie sich in der ähnlichen Situation wie Vergas Mailänder Arbeiter; der Unterschied ist indessen auffallend genug. Die Dinge, die ihnen zustoßen, werden nicht mehr von der Natur und ihren wie immer grausamen Gesetzen inspiriert oder in Gang gebracht; die Ereignisse hängen auch nicht mehr mit irgendeiner sozialen Konvention zusammen. Die Regie der Ereignisse liegt in den Händen einer Medienwelt, die sich aus den Vorstellungen der Postmoderne nährt. Brizzis Personen sind den Figuren von Burgess nachgebildet; sie massakrieren ein Mädchen, weil diese nicht Nastassia Kinski ist und weil sie eine der modischen und erfolgreichen Rockbands nicht goutiert; sie registrieren die sie umgebende Wirklichkeit mit den augenblicklich gültigen Markennamen oder Reizworten (Citroën, Max Mara usw.); sie handeln, wie sie andere auf dem Bildschirm haben handeln sehen; sie haben etwas Hemingway (die Forelle), etwas Leopardi ("Vaghe stelle dell'orsa"), einige kleinbürgerliche Kindheitserinnerungen (Legobausteine, Aufzug, Besuche der Freundinnen am Nachmittag) und viele Comics im Kopf.

Die sexuelle Revolution, die unsere Gesellschaft zutiefst und positiv veränderte, hat auch diese funkelnden, lauten Transkriptionen einer freien, übermütigen, hemmungslosen Sexualität hervorgebracht, die sich ebenso leicht nachahmen wie gut verkaufen lassen und nur allzu wenig mit unserer wirklichen Lebensweise zu tun haben. Weh demjenigen, der nicht bemerkt, daß diese neuen Ideale ein kulturelles Konstrukt sind, und der diese medial vermittelten kulturellen Modelle, die ihm geliefert werden, nicht mit dem erforderlichen Abstand und mit der notwendigen Ironie wahrnimmt.

Ich zitiere die Ausführungen von Lewis H. Lapham, des Direktors von *Harper's*, eines scharfsinnigen, vielleicht auch altmodisch strengen Beobachters.

"What at first glance looks like a ticket to the islands of bliss often proves more nearly to resemble a reserved seat in one of the eight dress circles of Dante's *Inferno*. I think of the numbers of people I've known over the last twenty or thirty years who sacrificed themselves on the altars of the imaginary self – marooned in a desolate marriage, so paralyzed by so many sexual options that nothing ever came of their talent and ambition, dead of AIDS at the age of thirty-one. The glittering invitations to everlasting orgy that decorate the drugstores and the movie screens are meant to be understood not as representations of reality but as symbols and allegories. Any customer so foolish as to mistake the commercial intent has failed to read properly the instructions on the label. One is supposed to look, not touch; to abandon oneself to one's desire not in a cocktail lounge but in a nearby mall.
[...]
Like the high-speed computers that collate restaurant checks with telephone bills and drugstore receipts, the market can't tell the difference between adultery and a program of aerobic exercise; it doesn't know or care who said what to whom or whether the whip was meant to be used on a horse from Kentucky or a gentleman from Toledo." [7]

Die neuen Erfahrungen setzen eine erhebliche Schwächung der Individualität und auch des moralischen Bewußtseins voraus. Die Menschen sind den Mächten ausgesetzt, die den Markt der Ideen, also ihres Innern, wie den Markt ihrer Körper lenken (Make-up, vielfältige Modelle, sich ein Aussehen zu verschaffen, Verkleidung, Organverpflanzung). Junge Frauen und Männer der postmodernen Gesellschaft, die narzistisch auf sich selbst angewiesen sind und von abweichendem Verhalten, Moden, destruktiven Vorstel-

7 L. H. Lapham, "In the Garden of Tabloid Delight. Notes on sex, Americans, scandal and morality", in: *Harper's*, August 1997, S. 39.

lungen vereinnahmt werden, können ihre neue Situation nur dann verstehen, wenn sie sich mit den entsprechenden hermeneutischen Instrumenten versehen: mit der Fähigkeit, die vielfältige Vermischung von sprachlichen Codices und von Handlungssträngen wahrzunehmen; mit intellektueller Distanz und aufmerksamer Analyse. Brizzis Personen, die auf frisierten Vespas und mit lautem Gitarrensound durch das Leben rasen, möchten nur allzu gerne einen charakteristischen individuellen Stil haben, sich selbst genug sein, "einen odinhaften Nimbus der Selbstgenügsamkeit ausstrahlen" (S. 102). Aber trotz aller Versuche, trotz aller provozierenden und normverletzenden Verhaltensweisen, trotz der negativen Weltanschauungen, in die sie sich hüllen, um mit ihren Vespas in einem imaginären Nizza über die Piazza Nietzsche und den Viale Heidegger zu sausen, trotz der romanesken Ausbrüche und der gewalttätigen Szenen, mit denen sie ihre Comic-Helden imitieren, trotz der Verbrechen und der Horror-Attituden sind sie hoffnungslos unfähig, eine Wahl zu treffen, "Prioritäten zu setzen" (S. 102). Es handelt sich um hoffnungslos Pubertierende, die an ihre Familien und an ihre Kindheitserinnerungen gebunden sind. Sie empfinden einen heiligen Schrecken vor der Geschlechtlichkeit sowie Haß und Angst vor der Frau. Man spürt, daß ihr Autor, ein instinktiver Gutmensch, der als solcher die Salinger-Figur Jack Frusciante erfunden hat, dieses Mal den Bösen spielen und sich ein ganz finsteres Aussehen geben, sich verkleiden will – aber es scheint ihm nicht zu gelingen.

Greifen wir noch einmal auf die Ausführungen Laphams zurück:

"The loss of identity is good for business. The conditions of weightlessness not only set up the demand for ballast – heavier gold jewelry, more golf clubs, bigger cigars – but also encourage the free exchange of sexual identities, which, like the liquidity of cash, preserves the illusion of infinite options and holds out the ceaselessly renewable prospect of buying into a better deal. The pilgrims in search of a more attractive or plausible face can try on the 1.001 masks to which Freud gave the name of polymorphous perverse and to which the trendier fashion designers now affix the labels of androgynous chic. The structures of gender present themselves as so much troublesome baggage impending the migration into F. Scott Fitzgerald's "orgiastic future." Let human sexuality be understood as a substance as pliable as modeling clay, and maybe it becomes an asset, easily worked into the shape of a stockmarket deal, a music video, a celebrity crime." (S. 42)

Leider ist es Brizzi in seinem Buch nicht gelungen, dieses bedeutsame und für uns zentrale Problem mit der notwendigen Distanz, Ironie und Darstellungskraft anzugehen. Ich fürchte, ein Ähnliches gilt für fast alle jungen Autoren der *Pulp*-Mode – mit wenigen Ausnahmen, wie etwa Ammanniti. Anderes wäre zu einigen entschieden satirischen Schriftstellern zu sagen, wie etwa Tiziano Scarpa und Rossana Campo. Grundsätzlich warten wir noch darauf, daß die Literatur und der Journalismus die kulturellen Veränderungen, die wir erleben, gründlichst erforschen.

(aus dem Italienischen von Peter Brockmeier)

Riassunto

La rappresentazione giornalistica di un episodio di violenza sessuale e assassinio sui monti di Sulmona nell'agosto 1997. Modelli letterari e modelli mediatici. Fra D'Annunzio, la prosa espressionista, i film d'orrore,i fumetti, le favole di Walt-Disney. La rappresentazione letteraria nella nuova letteratura. *Gioventù cannibale*. Daniele Brolli lancia il *pulp fiction* e propone un po' avventurosamente un canone degli autori 'cattivi' della letteratura italiana. Problemi di terminologia: cannibali, situazione sociale e la nuova costruzione e rappresentazione della soggettività. Due esempi-campione a confronto: *Tentazione* (1983) di Giovanni Verga e la ferocia di branco a Milano a fine Ottocento; *Bastogne* (1996) di Enrico Brizzi e la ferocia-splatter di branco a Bologna (Nizza) a fine Novecento.

Franco Sepe
Universität Potsdam

Cesare Pavese: Die Gewalt des Mythos

Es mag seltsam scheinen, zum Thema *Gewalt der Geschichte und Geschichten der Gewalt* die Gewalt des Mythos zu behandeln. Wie kann der Mythos als Erzählung einer heiligen Geschichte, als Ereignis, das in frühen Zeiten stattgefunden hat, als archetypische Vorstellung zwischen Phantasie und Poesie gewalttätig sein? Man wird sagen, Gewalt hat mit Handeln zu tun, während der Mythos Gedächtnis und Erzählung ist. Aber Gewalt ist auch die willkürliche Ausübung von Macht, manchmal ist sie ein Synonym für Macht, wie in dem deutschen Ausdruck Gewalt, und die Verknüpfung von Mythos und Gewalt erwies sich in der Geschichte von Politik und Religion der Menschheit bereits als weniger unversöhnlich, als es die Geschichten der Gewalt zu sein scheinen. Tatsächlich erfolgt der Verweis auf den Mythos nie auf gleiche Weise, und in dem Ritual, das ihn aktualisiert, kann es passieren, daß die Formel nicht der Substanz treu bleibt, falls man von Substanz sprechen kann. An diesem Punkt verschwindet, wie Karl Kerényi und Furio Jesi uns lehren, die Ursprünglichkeit des Mythos. Das, was folgt, ist seine "Technisierung", das heißt, die in ihm beschworene Vergangenheit wird nichts anderes als ein "verzerrtes, einseitiges Weiterleben, in das die Technisierer ihre Fehler und ihre Schuld projiziert haben, um über einen mythischen 'Präzedenzfall' zu verfügen, der auch als politisches Mittel wirksam ist".[1]

1 F. Jesi, "Mito e linguaggio della collettività", in: *Letteratura e mito*, Turin 1968, S.37. Vgl. K. Kerényi, "Dal mito genuino al mito tecnicizzato", in: *Atti del colloquio internazionale su "Tecnica e casistica"*, Rom 1964, S. 153-168.

Die Bezugnahme der beiden Wissenschaftler auf totalitäre Regime und auf die Macht der jeweiligen Mythologien über die Massen ist offenkundig. Hier interessiert uns jedoch die Bedeutung, die das mythologische Bewußtsein und seine Folgen für das Schicksal des Einzelnen haben konnten, für ein Individuum, das sich dem Studium der religiösen Erscheinungen und der Mythen nicht mit wissenschaftlicher Distanz nähert, sondern mit der außerordentlichen Vorstellungskraft eines von der Krankheit des Lebens geschlagenen Dichters. Es handelt sich um Cesare Pavese und sein Verhältnis zum Mythos; und jede Anspielung auf Gewalt würde durch die Tatsache seines Selbstmords verunreinigt werden, da Selbstmord im allgemeinen als Gewalt gegen sich selbst verstanden wird. Wenn aber der Akt, mit dem Pavese sein Leben beendete, an und für sich nicht gewaltsam ist – durch das Schlafmittel Veronal, wie auch am Ende der Erzählung *Tra donne e sole*, ist der Übergang vom Schlaf in den Tod sanft – wie kann man ihm dann ein solches Attribut zuschreiben und über die Inanspruchnahme des Mythos verhandeln, ohne Übertreibungen zu riskieren?

In den *Dialoghi con Leucò*, die man allgemein als Paveses "Summa" über den Mythos betrachtete – ein Buch, das der Autor schätzte und liebte, und das er liebevoll "dialoghetti" nannte –, erzählen die Figuren, die alle der griechischen Mythologie entnommen sind, von furchtbaren Dingen: von tragischer Kindheit, bestialischer Sexualität und unüberwindlicher Schlaflosigkeit, von Tod und Ewigkeit im widrigen Geschick, das die Mächtigen dem Menschen oder dem Gott von Mal zu Mal zuweisen. Aber all diese schrecklichen Dinge besitzen in ihrem Innersten etwas Sanftes, das die poetische, aber klare Sprache Paveses in ein Kontinuum von Oxymora übersetzt. Bei der Nachdichtung brutaler Mythen in platonischen Dialogen, in denen das Thema der idealen Republik durch die Themen der Sexualität, der Begierde, des Todes ersetzt werden, erkennt der piemontesische Schriftsteller einen epochalen Übergang vom titanischen zum olympischen Zeitalter –

eine Veränderung, die die natürliche Form und Handlung umkehrt, ohne sich von Gewalt und Triebhaftigkeit zu lösen. Die Metamorphose, die von den Personen des Buches verkörpert oder erwähnt wird, die bereits vollzogen wurde und unwiderruflich ist, hat beim Übergang vom Chaos zur Ordnung, vom Instinkt zum Gesetz ihren blutigen und barbarischen Ursprung beibehalten und diesen einfach mit Attributen und Bräuchen, die von den neuen Machthabern diktiert wurden, verschleiert.

Das erste Gespräch mit dem Titel *Die Wolke* umreißt programmatisch die Koordinaten, innerhalb derer sich alle Personen nach jener Metamorphose bewegen. Die Wolke informiert Ixion über den Übergang:

> "Es gibt ein Gesetz, Ixion, das es vorher nicht gab"; "Viele Dinge sind auf den Bergen verwandelt"; "Eine Grenze ist euch Menschen gezogen"; "Andere Hände halten nunmehr die Welt"; "Wir sind alle einer stärkeren Hand unterworfen".

Und als Ixion sich fragt, was ihm denn geschehen sollte, wenn er sich auch weiterhin so wie immer verhält, zeigt die Wolke ihm gelassen das tragische Bild:

> "[...], daß du – wolltest du's tun – statt dessen furchtbare Dinge begingest. Wie jemand, der einen Gefährten, um ihn zu liebkosen, erwürgte oder erwürgt würde von ihm"; "Du spielst und kennst die Unsterblichen nicht"; "Der Tod, der euer Mut war, kann euch genommen werden wie ein Gut"; "Sie machen aus dir eine Art Schemen, ein Schatten jedoch, der das Leben zurück will und niemals mehr stirbt"; "Dein Los ist gezeichnet".[2]

Aus anderen Quellen wissen wir, daß Ixion wegen seiner Dreistigkeit in der Unterwelt endete und daß Zeus ihn bestrafte, weil er ehemals ein alter und grausamer Sonnenkönig war.

Die Strafe trifft ihn also, weil er dem neuen Gesetz zuwiderhandelt; es wird aber auch Unwissenheit bestraft, wie im Fall des unglücklichen Ödipus, dem nach dem Gespräch mit dem alten Teiresias "die Augen aufgingen

---

2 C. Pavese, *Gespräche mit Leuko*, übers. v. C. Gelpke, Berlin 1980, S. 8-12 (*Dialoghi con Leucò*, Mailand 1972, S. 37-39).

und er sie sich selber vor Grauen durchbohrte", so zu lesen in der dem dritten Kapitel mit der Überschrift *Die Blinden*[3] vorangestellten Anmerkung Paveses. Oder man denke an den unschuldigen Hyakinthos und sein absurdes und unerklärliches Ende durch die Hand des Sonnengottes nach den sechs Tagen, die dem Knaben "das Herz verwandelten und die Erde erneuerten", in dem Dialog mit dem Titel *Die Blume*[4], ein Zwiegespräch zwischen Eros und Thanatos. Hyakinthos, Ödipus und all die anderen können sich dem Schicksal nicht entziehen, das die Götter des Olymps über sie verhängen und das fast immer einer Laune entspringt. Aber diese despotische und unergründliche Laune, die unverändert den chthonischen Ritus von Blut und Totenopfer weiterführt, ist das eigentliche Heilige und sein Mysterium. In den natürlichen Religionen hat sich das Heilige immer als Macht, Gewalt und Unergründlichkeit offenbart. Schon Vico machte darauf aufmerksam, daß der Blitzschlag den Geist des Primitiven unterwirft und daß daraus das Göttliche entspringt. Der gleiche Blitz endet dann in den Händen von Zeus, der ihn schleudert, ohne daß die Sterblichen verstünden warum – aber auch der Gott des Alten Testaments ist häufig unerbittlich und unergründlich in seinen Entscheidungen.

Demnach ist ein jedes von den Göttern verhängte Schicksal grausam weit über den Tod hinaus, was auch immer den von den Göttern Berührten zustößt. Das gilt auch für Sappho und Britomartis, die verdammt wurden, ewig Schaum auf den Wellen zu sein: "*Sappho.* Ich wußte nicht, daß es so würde. Ich glaubte, daß mit dem letzten Sprung alles ende. Daß das Verlangen, die Unruhe, der Aufruhr ausgelöscht würden. Das Meer verschlingt, das Meer vernichtet, sagte ich mir. / *Britomartis.* Alles stirbt in der See und lebt wieder auf. Nun weißt du's";[5] trifft es auch den gerechten und mitleidigen

3 Pavese, *Gespräche*, S. 19 (*Dialoghi*, S. 48).
4 Ebd., S. 31-36 (it. S. 60-64).
5 Ebd., S. 46 (it. S. 75).

Bellerophontes, dessen Worte uns Sarpedon mitteilt: "[...] dies sind der Hohn und der Verrat: zuerst entziehen sie dir alle Kraft, und dann entrüsten sie sich, wenn du weniger bist als ein Mensch. Wenn du leben willst, dann setze dem Leben ein Ende...".[6] Dies gilt auch für Endymion, der seit der Begegnung mit Artemis Frieden und Schlaf verloren hat, einer Göttin, deren "Milde ist wie die Frühdämmerung, ist Offenbarung von Erde und Himmel. Und sie ist göttlich. Für andere aber, für die Dinge und Tiere, hat sie, die Wilde, ein kurzes Lächeln, einen Befehl, der vernichtet. Und niemand hat ihr das Knie je berührt."[7]

Die Kritik, die das verblüffend poetische und klassizistisch strenge Buch häufig ignoriert oder mißverstanden hat, stellte die Frage, warum Pavese eine so ferne, und zudem nicht historische, sondern mythische Zeit untersucht hat. Wäre es nicht viel vernünftiger gewesen, wie andere Schriftsteller von Schrecken und Gewalt zu erzählen, die im letzten Krieg über die Menschheit hereingebrochen waren? Pavese, die Verständnislosigkeit der Kritiker vorausahnend, rechtfertigt sich nahezu mit einem einleitenden Satz im Vorwort, der wie folgt lautet: "Wir wären, wenn möglich, gerne ohne soviel Mythologie ausgekommen." Aber er weiß, daß das Unterfangen unabhängig von der eigenen Person um so notwendiger ist, als "der Mythos eine Sprache ist, ein Ausdrucksmittel – also nichts Willkürliches, sondern ein Sammelbecken von Sinnbildern, dem – wie in allen Sprachen – eine besondere und nicht anders wiederzugebende Substanz von Bedeutungen innewohnt."[8] Er weiß, daß das Geheimnis des Menschen im Menschen selbst liegt und daß es so tiefe Wurzeln hat, daß die Erkenntnisse der jüngeren und älteren Geschichte ohne das Wissen über Religion und Mythen es nie erreichen werden. Pavese suchte im Mythos eine Antwort auf die indivi-

[6] Ebd., S. 18 (it. S. 46).
[7] Ebd., S. 43 (it. S. 71).
[8] Ebd., S. 5 (it. S. 33).

duelle und kollektive Situation des Menschen, auf das Schicksal und auf seine Wiederkehr, genau wie der Historiker in den Fakten und Ereignissen der verschiedenen Epochen der Menschheit eine Erklärung für das soziale Verhalten sucht, angefangen bei den Formen der Konflikte und der Herrschaft, die in ihrer Struktur mehr oder weniger verändert wiederkehren.

Obwohl er sich für das "Irrationale" interessiert, was man ihm, wie wir später noch beobachten können, zum Vorwurf machen, liebt Pavese nicht das Exotische und noch weniger das Esoterische. Deshalb bleibt er der Tradition der klassischen Mythologie treu: "Hier haben wir uns mit dem Gebrauch der hellenischen Mythen begnügt, deren verständliche Popularität und unmittelbare, traditionelle Annehmbarkeit schon gegeben sind." (Vorwort) Und diese Treue wird mit der Tatsache entschuldigt, daß "die Beunruhigung echter und schärfer ist, wenn ein vertrauter Stoff durch sie aufgeführt wird." (Vorwort) Die *Hybris*, der Angelpunkt der griechischen Tragödie, der jede Situation durchdrang, weil die magischen Normen, die Tabus und die Schicksale bei Todesstrafe oder Verdammung zu ewigem Unglück beachtet werden mußten, faszinierte die alten Griechen wegen der Stärke und Gewalt der Willkür, wegen der magischen Faszination, die sie ausstrahlte. Der Mythos, der all das erzählt, fand für Pavese seine Wirkungskraft im Umstand, daß er einen "vertrauten Stoff" nachbildet und gleichzeitig Erstaunen hervorruft, beim Autor noch vor dem Leser. "Man will ein Werk schaffen, das in erster Linie uns selbst erstaunt", notiert der Schriftsteller in seinem Tagebuch.[9] Wir befinden uns im Jahr 1942. Kurze Zeit später spürt Pavese, angeregt durch die Lektüre von historisch-philologischen wie religionspsychologischen Werken über die klassische Antike, obwohl er der Welt der Langhe treu bleibt, die Notwendigkeit, ein Buch zu schreiben, das ein anderes Substrat berücksichtigen sollte. Nicht, daß die Colline und die Langhe einer eigenen mythologischen Komponente

9 C. Pavese, *Il mestiere di vivere*, Mailand 1972, S. 238.

entbehren würden;[10] es ging jetzt vielmehr darum, eine Art Reise in die Unterwelt, in den dichten Wald der Archetypen, zu unternehmen.

Wenn einerseits der Krieg, vor allem in den Jahren 1943 bis 1945, mit seinen Greueltaten als äußerer Antrieb dienen konnte, brachten andererseits – gerade als sich die Partisanenkämpfe verschärften – die persönlichen Erlebnisse Paveses, der "confino", die gescheiterten Liebesbeziehungen sowie die ersehnte und verhaßte Isolation den Schriftsteller auf den Weg der mythologischen Erfahrung.[11]

Um den Mythos zu erforschen, mußte sich Pavese auf der Suche nach dem 'Primitiven' und 'Wilden' nicht in allzu unbekannte Regionen wagen: die Ethnologie war nicht sein Anliegen.[12] Und das 'Primitive' und 'Wilde', wie übrigens der Mythos selbst, sind als symbolische Wirklichkeiten aufzufassen. Im Unterschied zu dem, was Malinowski und die empirisch orientierte Anthropologie vertraten, enthüllte Pavese das symbolische Wesen des Mythos: "Ein Mythos ist immer symbolisch; deshalb hat er nie eine eindeutige, allegorische Bedeutung, sondern lebt von einem eingekapselten Leben, das gemäß Bereich und Stimmung, die ihn umgibt, in die unterschiedlichsten und vielfältigsten Blütentriebe aufbricht."[13] Deswegen kehrt die

---

[10] Von seinen ersten Tagebucheintragungen drückte sich Pavese so aus: "Heute abend, unter dem mondhellen roten Felsen, dachte ich, wie poetisch es wäre, den an diesem Ort verkörperten Gott zu zeigen, mit all den Anspielungen auf Bilder, die eine solche Arbeit erlauben würde." (C. Pavese, *Das Handwerk des Lebens*, dt. v. M. Pflug, Düsseldorf 1988, S. 11; *Il mestiere,* S. 15)

[11] Sergio Pautasso schrieb dazu: "Vielleicht hat diese so absurde und grausame Tragödie Pavese dazugebracht, über die Geschichte und das Problem des Menschen in einer tragischen Dimension nachzudenken und das Leben als Angebot eines unausweichlichen, sich wiederholendes Schicksal zu betrachten. Aus diesem Grunde muß der Mensch zum Bewußtsein zurückkehren, das in der Zeit und nicht in der Geschichte verwurzelt ist." (C. Pavese, "L'uomo libro", in: *Il mestiere di scrivere come mestiere di vivere*, Mailand 1991, S. 155)

[12] "Wir haben nichts gemein mit den Reisenden, den Experimentierern, den Abenteuern." (Pavese, *Gespräche*, S. 5f.; *Dialoghi*, S. 33)

[13] C. Pavese, "Del mito, del simbolo e d'altro", in: *La letteratura americana e altri saggi*, Mailand 1978, S. 295.

"Einzigkeit" der Erinnerung an die Kindheit mit ihrem mythischen Nimbus in den vielfältigen Erfahrungen des Erwachsenenlebens wieder. Daher stimmen Geschichte der Menschheit und Geschichte des Einzelnen in der mythischen Sphäre überein. Das hatte schon Vico geahnt, auf den Pavese aufbaut, was seine Vision von Dichtung und Bewußtsein betrifft.

"Von Beginn an, seit der Kindheit, seit jenen Momenten des grundsätzlichen Kontaktes mit den Dingen und der Welt, die den Menschen unvorbereitet und bewegt und spontan treffen, seit all den 'ersten Malen', die nicht auf die Rationalität zu reduzieren sind, seit den ersten Augenblicken, in denen sich im Bewußtsein eine Vorstellung, ein Idol, ein seherisches Zusammenfahren vor dem Formlosen bildet, erhebt sich wie aus einem Wirbel oder einer aufgerissen Tür ein Taumel, eine Hoffnung für das Wissen, ein ekstatischer Vorgeschmack".[14]

Über das Erinnern an die frühen Erfahrungen erlangt man das wahre Wissen; also bedeutet Erkennen für Pavese Wiedererkennen, und daher impliziert die dichterische Schöpfung so wie das Leben selbst eine kontinuierliche Rückkehr zu den Anfängen. Aber in den *Gesprächen mit Leuko* erfaßt Pavese, der das Böse und die Gewalt des Krieges noch vor Augen hatte, diese Rückkehr zu den Anfängen, in die Epoche der Titanen, die offenbar wird nach ihrem Untergang, also nach dem Verschwinden des 'Primitiven' und des 'Wilden' vor dem neuen Gesetz, vor dem Logos und seiner Macht, sowie vor dem, was als Institution und Kultur jenes zu bezwingen versucht: "die Dinge selber regierten damals. Dinge trugen sich zu – durch die Götter wurde jetzt alles zu Worten, Täuschung, Bedrohnis" (S. 49). Also handelte es sich um eine Art "Mythos der Gewalt", verstanden als Mythos, der über die "totemistischen und atavischen Frevel", über "Blut und sakrale Ausschweifung" berichtet.[15] Aber der Mythos der Gewalt ist unmittelbar ver-

---

[14] Ebd., S. 342.

[15] Die hier ironisch gemeinten Definitionen sind zwei Briefen an Erich Lindner vom 1. Oktober 1947 und vom 11. Dezember 1948 entnommen. (in: C. Pavese, *Lettere 1945 – 1950*, hg.v. I. Calvino, Turin 1966) Man möge jedoch die ernstgemeinten Notizen vom 7. Februar 1944 betrachten: "Blut wird immer irrational vergossen. Jedes Ding ist ein

bunden mit der Idee eines tragischen Schicksals, an das der Mensch gefesselt ist, das außerhalb seiner Kräfte wirkt und das andere als er selbst in Gang gesetzt haben.

Paveses Reflexionen im Tagebuch betonen diesen Aspekt des Wiedererscheinens des Vergangenen, des bereits Erlebten im Neuen. Ein Kreislauf, ein ewiges Zurückkehren auf den Weg der Kultur und in die persönlichen 'Angelegenheiten' des Menschen Pavese. Das Thema der tragischen Kindheit, des Verhältnisses zur Mutter und zur Frau, zum Tod wird in den *Gesprächen* poetisch wiedergegeben: "*Meleagros*. Hat jemand anderes mein Schicksal gehabt, Hermes? / *Hermes*. Alle, Meleagros, alle. Auf alle wartet ein Tod durch die Leidenschaft anderer. Im Fleisch und im Blut eines jeden schreit die Mutter" (S. 85). Aber die gleichen Themen beherrschen auch den Ablauf der Ereignisse, aus denen sich *Das Handwerk des Lebens* zusammensetzt. Hier entwickelt sich der Mythos in seiner vollen Stärke und wird das Bindeglied zwischen dem Subjektiven und dem Universellen: "Wenn man blutet oder weint, ist es das Staunen darüber, daß gerade *wir* dies tun, das zum Allumfassenden, zum *tutti*, zum *Mythos* erhebt." (S. 314) Liebe, Sexualität, Verlassenheit, Einsamkeit, Schmerz sind Themen, die immer häufiger im Tagebuch wiederkehren, weil sie zum Leben gehören. Zu Beginn geschah etwas zutiefst Tragisches: "Die Fehler stehen immer am Anfang" (S. 59), durch das nun alles als Wiederholung bestimmt ist. Die Entdeckung, daß seine Gefährtin einen anderen geheiratet hat ("In die Verbannung gehen ist nichts, von dort zurückkommen ist entsetzlich", S. 83), die Scheu gegenüber der Gemeinschaft und zugleich das Bedürfnis, sich von den anderen geliebt zu wissen, die Erkenntnis, daß die eigene Sexualität im Zeichen der Impotenz steht, all das erscheint Pavese irgendwie als Kon-

Wunder, doch beim Blut spürt man es eindringlicher, denn jenseits davon ist das Geheimnis. [...] Dein Problem ist also, das Irrationale aufzuwerten. Dein Problem als Dichter ist, es aufzuwerten, ohne ihm den Mythos zu nehmen." (Pavese, *Handwerk*, S. 314; *Il mestiere*, S. 267)

sequenz eines Einzelschicksals, das sich immer wiederholt: "Es ist nicht so, daß einem jeden Dinge geschehen nach einem Schicksal, sondern ein jeder deutet die geschehenen Dinge, wenn er die Kraft dazu hat, indem er sie einem Sinn nach anordnet – also doch nach einem Schicksal entsprechend einem Schicksal." (S. 394) Und genau im Mythos findet diese seine Vision und Anordnung der Dinge eine Bestätigung; das heißt im Mythos, den er in in ethnologischen Schriften "mit wissenschaftlicher Objektivität dargestellt zu finden" meinte.[16] Aber Paveses unterstützte die ethnologisch-religiösen Theorien, von denen er sich inspiriert fühlte, niemals ganz, so wie trotz allem sein Glaube an den Mythos niemals absolut war. Dies zeigen einander widersprechende Aufzeichnungen in seinem Tagebuch, und es erscheint wie die Spiegelung eines Lebens, das nicht außerhalb dieser quälenden Widersprüche steht. Pavese weiß, daß es fatal sein kann, bis zum Äußersten an den Mythos zu glauben ("Schicksalhaft ist, wer in sich einen authentischen Mythos verwirklicht, an den er glaubt", S. 443), aber andererseits sind es die Tatsachen des Lebens, die zu diesem jetzt notwendig gewordenen Kult beitragen. Auf der vorletzten Seite seines Tagebuchs zeigt er das blutige Ringen zwischen Hoffnung und bitterem Bewußtsein des Endes in diesen zwei antithetischen im Abstand von wenigen Stunden aufgeschriebenen Sätzen: "Nichts summiert sich mit dem übrigen, mit der Vergangenheit. Wir beginnen immer von vorn." / "Nagel folgt auf Nagel. Aber vier Nägel machen ein Kreuz." (S. 454)

Man könnte schließlich von einer Gewalt durch den Mythos sprechen, von einer Haltung, die hart und unnachgiebig ist gegenüber der Untersuchung des Mythos, wie sie Pavese ständig durchführt und verfeinert, und die gleichzeitig in mehrfacher Hinsicht die Form einer moralischen und ideologischen Herabsetzung annimmt. Die Angriffe kamen gleichzeitig von Seiten der Politik und der wissenschaftlichen Forschung. Die politisch engagierte

16 Jesi, in: *Letteratura e mito*, S. 135.

Kritik beschuldigte ihn der Nicht-Unterstützung des Literaturkanons, der sich hauptsächlich der historischen und sozialen Wirklichkeit zuwendete.[17] Ernesto de Martino, der hervorragende Ethnologe, der sich gemeinsam mit Pavese beim Verlag Einaudi die *Collezione di studi religiosi, etnologici e psicologici* betreute, die wegen der Farbe des Einbandes gemeinhin "violette Serie" genannt wurde, vergaß seine metaphysischen und parapsychologischen Jugendsünden und sprach die ganze Verantwortung für die Auswahl der "extrem gefährlichen" Werke, die dem italienischen Leser vorgesetzt wurden, dem Schriftsteller zu. Aber im Auszug eines Briefes von Pavese an De Martino vom 13. Oktober 1948 lesen wir: "Mit der Ausrichtung der Sammlung bin ich im wesentlichen einverstanden [...] die Bücher, die bisher erschienen sind und alle mit dir abgesprochen wurden [...]"; und wie er dem Folkloreforscher Giuseppe Cocchiara am 8. November 1948 schrieb: "Ich habe endlich Nachricht von De Martino, ein wenig süßsauer [...] (es scheint, daß er die schon veröffentlichten Bücher beschuldigt, zerstreuend zu sein: er vergißt jedoch, daß er sie ausgewählt hat)".[18] Zwischen den beiden Herausgebern kam es zu einem Streit, der bis nach dem Tod Paveses andauerte. De Martino denunzierte den Schriftsteller bei Giulio Einaudi in einem Brief,

17 Pavese hatte in seinem Artikel vom 13. Februar 1950 mit dem Titel *Due poetiche* seine Haltung gegenüber dem Neorealismus klargemacht: "Es bedeutet nämlich den Tod aller Poetiken, wenn sie ihre theoretischen Entdeckungen formalisieren, wenn sie das, was einfache Bewußtwerdung der Umstände war, zum einzig möglichen Thema umwandeln." (in: *La letteratura americana e altri saggi*, S. 350. (S. 513) Während er einige Monate zuvor in sein Tagebuch geschrieben hatte: "Das Wort, das einen Ritus (magische Handlung) oder eine vergessene oder geheimnisvolle Tatsache (Beschwörung) beschreibt (nachhallen läßt), ist die einzige Kunst, die mich interessiert. Das Leben direkt wiedergeben – wenn es möglich wäre, wäre es nutzlos -, weil der Mensch sich nur für einen Ritus oder für eine okkulte Wirklichkeit interessiert." (*Handwerk*, S. 425; *Il mestiere*, S. 354)

18 Zum ersten Brief betrachte man: C. Pavese u. E. De Martino, *La collana viola, Lettere 1945 – 1950*, hg. v. P. Angelini, Turin 1991, S. 111. Für den zweiten: C. Pavese, *Lettere 1926 – 1950*, Turin 1966. Die schwierige Zusammenarbeit von Pavese und De Martino ist auch Thema in meinem Artikel "Der Ethnologe und der Dichter. Chronik einer schwierigen Beziehung", in: *Zibaldone* 23, März 1997, S. 62-71.

den er drei Tage nach dessen Selbstmord an den Verleger schickte. Hier distanziert sich der Ethnologe sehr geschickt von seinem verstorbenen Kollegen, der, wie er schreibt, der Reihe "eine Richtung aufgedrückt hatte, die mir nicht ganz zusagte, weil er, um dieser Tendenz willen, seiner eigenen allzu voreiligen Sympathie für gewisse wissenschaftlich falsche und politisch verdächtige Formen des Irrationalismus anhing, die durch die Vergötterung der primitiven Welt, des Heiligen, des Mythos usw. einigen Aspekten des kulturellen und politischen Rückschritts des dahinsiechenden Bürgertums eine höhere Weihe verliehen hatten."[19]

Daß der Autor darunter gelitten hat wie unter einer grundlosen Gewaltsamkeit gegenüber einem wehrlosen Wesen, ist durch seine eigenen Aussagen und die anderer nachgewiesen. Der Schraubstock um Pavese zieht sich zusammen, das Verhalten der Parteifreunde am Tag nach der Wahlniederlage der Linken ist sektiererischer als je zuvor und einer soll nun dafür bezahlen.[20] Der Zufall in seiner ganzen Geschichtlichkeit, der verschiedene andere Umstände benutzte, kam jetzt dem mythologischen Determinismus Paveses zu Hilfe. Das Verhältnis zu Constance Dawling, das nach einem Pavese längst vertrauten Muster gescheitert war, brachte nur Verwirrung in sein erschöpftes Leben. Die amerikanische Schauspielerin ist das Wiedererscheinen jener Mythen-Frau, die genealogisch zu allen übrigen führt. In den Umrissen erahnt man die "Frau mit der rauhen Stimme" – die im Gespräch *Das Wildtier* das Aussehen von Artemis angenommen hatte: "Ihre Stimme, die rauh und mütterlich ist, ist alles, was dir die Wilde geben kann" (S. 71) – deren tellurische Kraft explosiv und zerstörerisch ist. Pavese hat nicht die Kraft, dem standzuhalten; die Kraft, die er auch in dieser Frau wahrnimmt,

---

19 Der Brief vom 31. August 1950 wird wiedergegeben im Appendix zu: Pavese u. De Martino, *La collana viola*, S. 181.

20 Unter dem Datum 15. Februar 1950 lesen wir: "'P. ist kein guter Genosse...' Intrigante Reden überall. Undurchsichtige Machenschaften, die dann die Reden derjenigen wären, die dir am meisten am Herzen liegen." (Pavese, *Handwerk*, S. 444, *Il mestiere*, S. 369)

verweist ihn spiegelbildlich auf das schwankende Bild, das er von sich und seinem eigenen Schicksal hat. "Man bringt sich nicht aus Liebe zu *einer* Frau um. Man bringt sich um, weil eine Liebe, irgendeine Liebe, uns in unserer Nacktheit, unserem Elend, unserer Wehrlosigkeit, unserem Nichts enthüllt"; "Liebe und Tod – *das* ist ein archaischer Urtypus".[21]

Das mythische Modell, in das Pavese seine persönliche Erfahrung übertragen hat und das im Tagebuch häufig eine selbstanalytische Funktion entfaltet, hilft mit seinen ästhetischen und erkenntnistheoretischen Implikationen nicht mehr weiter; das Individuum ist nun dem eigenen tragischen Los, dem eigenen Über-Ich-Schicksal ausgeliefert, das es die von einem dunklen Gesetz befohlenen Opferhandlungen durchführen läßt: "*Die Wolke.* Es gibt ein Gesetz, Ixion, dem man gehorchen muß" (S. 37). Der Mythos, genährt von Geschichtlichkeit und vom Zufall, bewaffnet sozusagen die Hand des Einzelnen, um ihn an sich selbst das Blutritual durchführen zu lassen. Es handelt sich, wie Jesi schreibt, um "den Mythos des Opfers für das dunkle Gesetz, das die Moral, die Pflicht, den Tod auferlegt. Das Gesetz betrifft die Allgemeinheit, aber seine reinste Epiphanie erscheint dem Einzelnen, und, wenn er sich ergibt, kann es ihm als *sein* Schicksal vorkommen".[22]

Dem Menschen Pavese war es demnach nicht gegeben, dem "dunklen Gesetz", dem Mythos, der es verkörpert und der sein Geschick wurde, zu entfliehen; ebensowenig der diesem innewohnenden Kraft: Weil die Gewalt in der Verweigerung der Freiheit und eines "wunderbaren und vertrauten" Lebens liegt (das Oxymoron, das in den *dialoghetti* das Zusammentreffen zwischen Mensch und Göttlichem kodiert), ein Leben, auf das jeder ein Recht hat.

---

21 Ebd., S. 449 u. 452; it., S. 373 u. 375.

22 F. Jesi, "Cesare Pavese: una confessione dei peccati", in: *Letteratura e mito*, S. 186. Zum Verhältnis zwischen Mythos und Schicksal siehe auch die erhellende Studie von P. Fabio, *Pavese e i suoi miti toccati dal destino. Per una lettura dei Dialoghi con Leucò*, Turin 1991. Kritik an Jesi enthält hingegen der Aufsatz von G.I. Rosowsky, "Mito e mitologia pavesiani", in: *Giornate pavesiane (Torino, 14 febbraio – 15 marzo 1987)*, hg.v. M. Masoero, Florenz 1992.

Wie eine auch für den eigenen Gebrauch abgefaßte Wegzehrung begleiteten die *Gespräche mit Leuko,* Paveses liebstes Buch, das die universalen mit den subjektiven Mythen verknüpfte, den eigenen Autor auf den letzten Stationen seiner Agonie: Es war das Buch, das Pavese im Augenblick seines Todes bei sich hatte.

(aus dem Italienischen von Katrin Harkenthal)

Riassunto

L'interesse di Cesare Pavese per il mito, un interesse che lo porterà a curare, non senza attriti, insieme ad Ernesto de Martino, la "Collezione di studi religiosi, etnologici e psicologici", se non rimane esterno alla propria opera – come è documentato dalle prime poesie fino alla "summa" rappresentata dai *Dialoghi con Leucò*, non resta esterno nemmeno alla realtà intima dello scrittore, anzi vi si innesta in tutta la sua tragicità. Né l'antifascismo e il confino politico né le discriminazioni ideologiche della sinistra italiana del primo dopoguerra aumenteranno l'orrore di esistere in quel destino tutto personale dell'uomo Pavese, nel quale da sempre si agitano potenze oscure e primigenie che chiedono di essere identificate e riportate al mito sottostante e all'immenso arsenale di archetipi di cui l'umanità dispone. L'"irrazionale", scomodo e controcorrente, a detta dello stesso poeta, è ciò che costituisce, la sua "modernità". Ma esso, nella cattiva sorte che imperversa sullo scrittore – la vita sentimentale ne è un indice costante – si mostra in tutta la sua violenza. Tale violenza, forte dei miti ellenici, si abbatte sulla incerta esistenza di Pavese, che vive nel tentativo di una luciditá del riscatto, culminando poi nella morte (*Ippòloco*: E perché non si uccide, lui che sa queste cose? / *Sarpedonte*: Nessuno si uccide. La morte è destino. Non si può che augurarsela, Ippòloco).

MICHÈLE MATTUSCH
Humboldt-Universität zu Berlin

ZWISCHEN BILDLICHKEIT UND FABULIERENDER INSZENIERUNG. GEWALT IM POSTMODERNEN ROMAN AM BEISPIEL GESUALDO BUFALINOS

> ...es ist dies die Gewalt als Ursprung des Sinns und des Diskurses im Herrschaftsbereich der Endlichkeit...

Als sizilianischer Autor dürfte Gesualdo Bufalino für die drei großen Inselmythen *l'amore*, *la roba* und *la morte* geradezu prädestiniert sein. Als Autor mit äußerst spätem Debüt – sein erster Roman, der in der unmittelbaren Nachkriegszeit entstand, wurde erst 1981 veröffentlicht – gehört er dagegen in die Jahre nach 1977, die von Umberto Eco "anni di desiderio, di rabbia e del riflusso" genannt wurden.[1] So sind die in barocker Sprachvirtuosität gestalteten Essays, Erzählungen und Romane Bufalinos eng an die postmoderne Reflexions- und Neusichtungsphase der Moderne gebunden, an das, was man in Italien *rivisitazione*[2] oder *ricalco* nennt, das zitierende pasticheartige Neusichten von Prätexten und ihre ironische Reinterpretation.

Sizilianisch und postmodern, wenn man diesen Begriff für die ironische Zitatkultur der 80er Jahre anwendet, ist Bufalinos Thema eigentlich der Tod. Schon der erste Roman, *Diceria dell'untore* (1981), konfrontiert den Protagonisten in einem palermitanischen Sanatorium für Lungenkranke in der Nachkriegszeit mit dem Tod. Und in *Argo il cieco* (1984) versucht der alternde Schriftsteller G.B. in einem römischen Hotelzimmer, die Angst vor dem nahendem Tod zu bannen, indem er sein Leben erforscht. Mit den

1 Vgl. U. Eco, *Sette anni di desiderio. Cronache 1977-1983*, Mailand 1983.
2 S. Albertazzi, *Bugie sincere. Narratori e narrazioni 1970-1990*, Rom 1992, S. 33.

Pastiches des *L'uomo invaso* (1986) geht Bufalino von der autobiographischen Selbstreflexion ab; mythologisches, legendäres und historisches Material wird nun zur Folie, um die Todesstunde seiner Protagonisten zu sichten. Hier setzt die Werkphase ein, der wir uns zuwenden werden. Es entstehen der 'metaphysische Krimi' *Le menzogne della notte* (1988), das Agatha-Christie-Pastiche *Qui pro quo* (1991) und die dem sizilianischen Marionettentheater nachgestaltete Erzählung *Il Guerrin Meschino* (1993). Alle kreisen um den Tod, nur gerät nun neben Krankheit und Altern auch der gewaltsame Tod in den Blick.

Im postmodernen Pastiche wird der Tod als existentielles Thema vor allem im Diskurs des Todes gegenwärtig. Wie verhält sich der Mensch angesichts des Todes, der Gewalt, des Schmerzes und der Angst? Welche Strategien hat er entwickelt, um sie bedeutsam zu gestalten, zu beschönigen oder zu bannen? Die Romane Bufalinos sichten das Verhältnis von rhetorischem und existentiellem Modus, arbeiten die Angst als den Faktor heraus, der die Imagination mobilisiert und den Schrecken zu bannen sucht.[3]

Die Rede vom Tod, die, jahrhundertelang auf Transzendenz orientiert, in eine weltimmanente Vollendungsperspektive des Individuums überging und zur moralischen Abrechnung mit dem Leben wurde,[4] steht im Mittelpunkt von Bufalinos retrospektiver Neusichtung von historischen, legendären, mythologischen und literarischen Figuren. Von rhetorischen Verschiebungs- und Verstellungsmodi gekennzeichnet, die den Tod depotenzieren,[5] wird der Todesdiskurs erneut zum Ausgangspunkt verschiebenden Erzählens.[6] In den *Lügen der Nacht* herrschen Depotenzieren, Herunterspielen

---

3 Vgl. H. Blumenberg, "Wirklichkeitsbegriff und Wirkungspotential des Mythos", in: *Terror und Spiel*, München 1971, S. 23f.

4 Vgl. J. Schlaeger, "Poetik des Todes", in: *Das Ende. Figuren einer Denkform*, München 1996, S. 513ff.

5 Vgl. hierzu B. Malinowski, "Die Rolle des Mythos im Leben", in: *Die Eröffnung des Zugangs zum Mythos. Ein Lesebuch*, hg. v. K. Kerényi, Darmstadt 1982, S. 192.

6 Wie immer sich diese Depotenzierung auch begründen mag, sei es psychoanalytisch,

und Euphemisieren. Die Antwort auf die existentielle Situation besteht im Bannen der Angst als Projektionsspiel der Imagination in der freien Verfügung über die Erinnerung. Das therapeutische Anliegen Bufalinos ist bekannt. Bekannt sind auch die Muster, die einen solchen Diskurs steuern, der Platonische Dialog des *Phaidon* etwa, das *Dekameron* oder die *Märchen aus Tausendundeine Nacht.* Bufalino, der sich seines *remakes* bewußt ist, stellt die Rezitierung dieser Tradition aber auch in Frage. Denn die Re-Inszenierung des Selbst an Modellen ist nicht selten ein Ich-Theater mit Schaueffekt. Und der Tod als Skandal, der sizilianisch zwischen Schmerz und Inszenierung stattfindet – man vergleiche andere sizilianische Autoren wie Verga, Lampedusa, Pirandello oder sogar Sciascia –, fordert bei Bufalino immer auch die Ironie heraus.[7]

Meine Hypothese ist unter diesen Umständen folgende: Angelegt als ein verzögerndes, aufschiebendes Erzählen angesichts des Todes, reflektieren die Romane Bufalinos die fundamentale Erfahrung des individuellen Todes am Diskurs des Todes. Hierbei trifft man auf die wegreduzierten Bilder der Gewalt und der Angst.

Damit bekommt die Frage nach der Bildlichkeit im Todesdiskurs ihre Berechtigung. Dem Wiederleben der 'cose viste' beim Sich-Erinnern ist schon der erste Erzählband Bufalinos, *Museo d'ombre* (1982), gewidmet, der auf ein Vorwort für ein Fotoalbum zurückgeht. Historische Momentaufnahmen dokumentieren hier das Vergangene. Sehr früh also setzt ein sich ergänzender Effekt von Bild und Text bei Bufalino ein, der auf ein Wieder-Aufleben-Lassen vergangener Momente, ein Wieder-Holen als Neu-

---

durch einen Bewältigungsinstinkt, anthropologisch, rückführbar schon auf den depotenzierenden Mythos, semiologisch oder dekonstruktivistisch, also davon ausgehend, daß ein Zeichen sich sowieso stets durch das andere ausdrückt, immer wieder trifft man auf die Vorstellung des Wegerklärens des Todes. Vgl. P. Gay, *Kult der Gewalt. Aggression im bürgerlichen Zeitalter*, München 1996, S. 662ff.; Blumenberg, S. 50ff., J. Derrida, *Randgänge der Philosophie*, Frankfurt a.M. 1976, S. 137ff.

7 Vgl. N. Zago, *Gesualdo Bufalino, la figura e l'opera*, Marina di Patti 1987, S. 23.

Durcharbeiten mit veränderter Wahrnehmung zielt. In der Rede vom Tod können dabei Bilder der Gewalt freigesetzt werden. Im Gegensatz zu den Medien, die auf die unaufhörliche Reproduktion starker Gewaltbilder in der Vordergrundhandlung setzen und durch die Faszination bildhafter Hyperrealität Angst-Lust beim Zuschauer erzeugen, die zur Wahrnehmungsverweigerung[8] führen können, sind Bufalinos Bilder der Gewalt oft nur kurze Einblendungen in den retrospektiven Ablauf des Erzählten. An die Stelle der vergrößernden Fokalisierung tritt das flüchtige Vor-Augen-Führen im Erinnerungsfluß der Figuren.

Der Evidenz-Effekt des Bildlichen ist an Konkretheit und Vergegenwärtigung gebunden, seine Anschaulichkeit begrifflich nicht ausschöpfbar. Dafür generiert er Bedeutsamkeit und fordert zur semantischen Besetzung heraus. Um so flüchtiger die visuelle Vergegenwärtigung ist, desto stärker scheint ihre Suggestivkraft und der Reiz, sie mit Bedeutungen aufzufüllen. Im Gegensatz zum Wahrnehmungsbild der Medien hat es Literatur ja mit sprachlichen Bildern zu tun, die durch szenische Darstellung, Beschreibung und metaphorische Evokation wirken. Sie erzeugen durch wiedererkannte und vom Leser komplettierte distinktive Sprach-Zeichen Vorstellungen. Wenn Bildlichkeit die durch die "Vorstellung bewirkte Amalgamierung von vorgegebenen Zeichen in Repräsentationsfunktion mit einem vorgängigen Wahrnehmungswissen zu einem Bewußtseinsobjekt"[9] ist, dann nutzt Bufalino diesen Effekt. Die Semantisierung mittels eines vorgängigen Wissens, die jeglichen Erzählablauf reguliert, indem sie der bildhaften Präsenz ein Bedeutungsspektrum unterschiebt, wird bei ihm thematisch.

Aber die Antwort Bufalinos auf die medialen Bilder der Gewalt ist doppelt gelagert. Während er im retrospektiven Diskurs mit Bildeinblen-

---

8 Vgl. W. Welsch, *Ästhetisches Denken*, Stuttgart ³1993.

9 E. Lobsien, "Bildlichkeit, Imagination, Wissen: Zur Phänomenologie der Vorstellungsbildung in literarischen Texten", in: *Bildlichkeit*, hg. v. V. Bohn, Frankfurt a.M. 1990, S. 102.

dungen arbeitet, wird in der erzählten Geschichte und auf der Ebene der Figurenhandlung die szenische Vergegenwärtigung zum Anlaß einer retrospektiven Bedeutungsauffüllung, die von vorgängigen Wahrnehmungs- und Wertmustern lebt. Deshalb wird die Übereinstimmung von Bild und Text in den Gewaltdarstellungen, ihr Stimmigmachen als Rationalisieren, Euphemisieren und Heroisieren zum eigentlichen Angriffspunkt.

1. Wegerklärung und Einblendung

Bufalinos Protagonisten erklären mit dem Tod auch die Momente der Gewalt, der Aggression und der hinterlassenen Opfer weg. Deutlich wird dies schon in den 22 Todesgeschichten des *L'uomo invaso*. Anhand einer Reihe äußerst heterogener prätextueller Folien, Mythos, Geschichte, Volkslegende und Phantasien werden Todesmomente erzählt. Ausgangspunkt ist die Titelgeschichte: Ein Eindringling nimmt von Vincenzino La Grua Besitz. In Anlehnung an Kafkas Gregor Samsa beobachtet er eines Tages eine Veränderung an sich, die er nicht zu deuten vermag. Wachsen ihm Flügel, wird er zum Engel, oder ergreift der Teufel von ihm Besitz? Seine Beobachtung beunruhigt ihn vor allem deshalb, weil er seine Gedanken nunmehr unmittelbar preisgibt. Erst mit Hilfe eines Arztes gelingt es ihm, sich mit dem fremden Eindringling zu arrangieren: "Non dico più le brutte parole, le penso soltanto".[10] An die Stelle des Exorzismus im Märchenmotiv tritt die Gewöhnung. Nicht die Austreibung von Tod und Teufel steht zur Debatte, sondern die Verdrängung, die das Ungewöhnliche handhabbar macht, indem sie es der Sprache entzieht. Die parabolische Eingangserzählung ist jedoch zugleich metatextuell gelagert. Der Eindringling, der sich in den Figuren einnistet und aus ihrer Sicht heraus spricht, verweist auf das Zusammenspiel von Erzähler und Leser. Der erzählerische Trick Bufalinos liegt darin be-

[10] G. Bufalino, *L'uomo invaso*, Mailand 1986, S. 11.

gründet, daß der Erzähler seine Figuren zu Fokalisationszentren macht – er blickt aus ihnen heraus –, wobei die Erzähl-Stimme unabhängig davon dem Leser die Figuren vor Augen führt. Die Alternanz von Stimme und Blick spioniert den Moment des Todes aus, den der Mechanismus einer konventionalisierenden und banalisierenden Semantisierung tabuisiert.

Alle Erzählungen des *L'uomo invaso* sind deshalb als Perspektivverkehrungen ihrer prätextuellen Vorlagen angelegt. Bufalino theoretisiert diese Vorgehen nicht, er hält es mit dem griechischen Rhetoriker Gorgias von Leontinoi, dessen rhetorisches Übungsstück vom *Lob der Helena* die Umkehrung aller Verhältnisse feiert. So führt die dritte Geschichte des Erzählbandes die Behauptungen des Rhetorikers vor und stellt sie in Frage. Von einem Soldaten gefangengenommen, der sich an der proklamierten Allmacht der Sprache keineswegs stört, lernt Gorgias die faktischen Grenzen des Sprachlichen kennen. Hier setzt Bufalino szenisch die Einblendung der Gewalt: "Gli spinse contro il fianco la lancia. Di poco, ma la stoffa si strappò, una gocciola rossa scorse lentamente lungo la gamba." (S. 28) Das Handeln gebiert die Gewalt, die dem Spektrum des Realen angehört. Bufalino thematisiert die Differenz von Sprach- und Lebenswelt durch die Alternanz von Figurenrede und szenischer Darstellung. Am Ende jedoch wird der Sklave seinen Meister retten. Die Erzählung gibt dem Gorgias also dennoch recht. Sprachlich bleibt jede Umkehrung möglich, Opfer und Täter, Schuldige und Unschuldige sind austauschbar.

So auch in der zweiten Erzählung des Bandes, in der sich Eurydike rückblickend als Opfer des Sängers Orpheus erkennt. Orpheus, so bemerkt sie, als sie sich ihrer Rückkehr aus der Unterwelt erinnert, wollte sie gar nicht zurückholen, er brauchte sie lediglich als Show-Effekt für seine neuen Lieder:

"E così, risucchiata dal buio, lo aveva visto allontanarsi, svanire in un pulviscolo biondo [...] Ma non sì da non sorprenderlo, in quell'istante di strazio, nel gesto di correre con dita urgenti alla cetra e di tentarne le corde con entusiasmo professionale." (S. 19f.)

Die vorgestellte Szene überrascht den Moment – Orpheus entfernt sich und greift nach den Saiten. Die unausgefüllte Pause zwischen zwei Gesten gibt die Szene der Neuinterpretation preis. Das re-präsentierende Vor-Augen-Führen findet in der Sukzession der Gesten den Leerraum, der die neue Interpretation ermöglicht. Dieser Freiraum ist Bestandteil der Todesinszenierungen Bufalinos, in denen Opfer und Täter, Schuldige und Unschuldige ihre Rollen tauschen und in melodramatischen Peripetien ihre Geschichten neu erfinden.

Eine Reihe von Erzählmustern macht das deutlich, so der romantisierende Edgar-Alan-Poe-Monolog, in dem der Leser in einer dunklen Londoner Nebelnacht die Kindheitserinnerungen eines Erzählers verfolgt, bevor dieser mit seinem viergeteilten Opfer im Sack in die Nacht entschwindet und sich als Jack the Ripper zu erkennen gibt. Ähnlich der Dialog von historischen oder literarischen Figuren, die über Tod und Verbrechen reden und sich im Widerspruch zwischen Handlungsebene und Figurenaussage bewegen. Wenn Baudelaire und ein Polizist sich die Memoiren des Vidocq in einem Rededuell über die Legitimität von Verbrechen streitig machen, verliert der Dichter als Verteidiger der Verbrecher und der Armen zwar das Buch, die 'realen Leichen' aber, die der Polizist zur Verteidigung seiner Tätigkeit anführt, interessieren ihn nicht.

Ob in der erinnernden Vergegenwärtigung oder im inszenierten Rededuell, die gevierteilte Leiche, die tote Liselotte, der im Streit erschlagene Deserteur, die Taube, die bei der Landung Noahs blutig vor seine Füße fällt oder die Opfer, die ein Junge auf dem Schlachtfeld zurückläßt, als er sich in den Helden Rinaldo hineinträumt, sie alle sind nichts als der tote Punkt der Erzählung, der im Vorbeigehen aufscheint. Die Leichen fallen an, fallen aber nicht ins Zentrum des Erzählten. Diese Tatsache erweist sich im wesentlichen als Resultat der teleologischen Erzählstruktur selbst, in der Neusichten und Fälschen summarisch aus der Perspektive des Endes erfolgen.

Stark an das Telos gebunden, ausgerichtet auf eine anekdotische Pointe oder einen spektakulären *coup de théâtre*, geraten die Nebensächlichkeiten aus dem Blick. Die Perspektivverkehrung allein kann die Opfer am Rande nicht retten. Sie muß sich der Hintergrund-Bilder bedienen, des wiedererlebenden Vor-Augen-Führens, das die Neusemantisierung provoziert.

2. Wiedererkannte Bilder – die Rolle des Erzählers

Gewalt und Opfer sind bei Bufalino also zumeist Einblendungen in das Erzählte. Während der Debatte um das Verbrechen im Pariser Kaffeehaus fällt der Blick plötzlich auf eine Fliege, die sich in einer Absinthlache windet. Die Stimme des Erzählers schaltet sich ein: "Sul marmo del tavolino, in un colaticcio d'assenzio, una mosca si dibatteva, nessuno dei due la salvò." (S. 97) Ähnlich geschieht es in der Sintflutgeschichte. Nachdem Noah mit viel Mühe die Sintflut überstanden hat, Land in Sicht ist, nimmt er plötzlich bestürzt den grausamen Lauf der Welt erneut zur Kenntnis: "Poi una colomba apparve lassù, la sua colomba, e sembrava sbandare con ali goffe, sbalordita dal sole. Noè non s'avvide del falco, sentì solo un frullo, uno strido e piombargli un'ombra bianca fra i piedi, spruzzargli le gambe col sangue della sua gola squarciata." (S. 64) Der Schaueffekt, der höchste Symbolik (Taube und Falke) im Verweis auf die essentiellen Bedeutungen vom Lebenskampf mit seiner Darstellung verbindet, wendet das Bild ins Spektakuläre und hebt die Bedeutsamkeit der Situation hervor. Noah selbst sieht den Kampf der Taube mit dem Falken nicht. Nur der plötzliche Fall des "weißen Schattens", der vor seinen Füßen landet, weckt seine Aufmerksamkeit. Beinahe unmerklich ergänzen sich Figurenperspektive und Erzählstimme und machen die Irritation sichtbar. Die sich zwischen der Wahrnehmung der Figur und der Bedeutungsgebung auftuende Lücke füllt die Erzählstimme, die mit dem vorgängigen Wahrnehmungswissen des Lesers spielt.

Dabei scheut Bufalino auch nicht die Schau- und Schauereffekte einer emotionalisierenden Affektlenkung. So zitiert er im Leichenschauhaus das übertriebene Arrangement anhand visueller Eindrücke: "Si scorgevano tre file di lastre nere, leggermente inclinate verso i piedi, e su ciascuna un cadavere supino, col capo, però, sorretto e offerto alla vista da un ingranaggio di rame." (S. 98) Und in den Duelldarstellungen der Kriegsszenen nach epischem Muster wird der Kampf zur Bühnenvorstellung. In *Ciaciò e i pupi* träumt der kindliche Gehilfe eines Marionettenspielers sich in die Großtaten des Helden Rinaldo hinein, nicht ohne jedoch die Königstochter mitzuträumen, die ihn vom Balkon aus bewundert:

"[...] e dal palco guarda la figlia del re. Non gli giovò: con uno scambietto villanesco il ragazzo schivò la lancia, pronto subito dopo, con lo spuntone della sua arma, a trovargli la fontanella del collo, dove un bavaglio esiguo di pizzo lasciava scoperta sotto il mento la carne, al sommo della gorgiera. Non senza, però, che il moro, nell'istante di esalare l'anima dal gorgozzule, gli mordesse la guancia con un colpo di rimbalzo. Piombano entrambi al suolo, il morto e il ferito, ma sul secondo amorosamente già la donzella si curva [...]".[11]

In Bufalinos Gewaltszenen werden Tod und Kampf bühnenhaft arrangiert. Wesentlich dabei sind die Zuschauer, sie starren mit dem Leser auf ein scheinbar unvermitteltes Schauspiel, das über die Erzählstimme mit konventionalisierten Gefühlen und Werten wie Mitleid, Schauer, Weltschmerz und Bewunderung für die kämpfenden Helden gefüllt wird.

3. Die Täuschung des Lesers

Dieser Ansatz führt Bufalino zum Modell des klassischen Detektivromans, das in den 80er Jahren in Italien eine große Verbreitung erfuhr.[12] In seiner

---

[11] G. Bufalino, "Ciaciò e i pupi", in: *L'uomo invaso*, S. 55.

[12] Der Detektiv erscheint in den Essays der Zeit geradezu als Vorbild der hermeneutisch-semiotischen Interpretation. Vgl. z.B. U. Eco, Th. A. Sebeok, *Der Zirkel oder Im Zeichen der Drei*, München 1985.

festen Grundstruktur, die mit der Figureneinführung beginnt, schrittweise einen retrospektiven Umbruch entlang der *enquête* vorbereitet und im Lösungsdiskurs die Figurenfokalisation über den Detektiv erweitert, um die entlang der Handlungsspannung abgeschwächten Detailwahrnehmung des Lesers zu überraschen, bietet das Detektionsschema das ideale Grundmuster jeglichen *remakes*. Wie Umberto Eco verbindet Bufalino dieses Muster mit der atmosphärischen Schauerromantik und dem Mystery-Effekt und versetzt es in eine historische Szenerie. *Le menzogne della notte* stellt sich als fabulierender Risorgimento-Roman nach detektivischem Muster dar.

Einige Momente des Detektivschemas spielen hier für die Darstellung von Gewalt eine besondere Rolle. Zum einen ist das Opfer in dem von Bufalino bevorzugten Agatha-Christie-Modell nichts als Anlaß und Dynamisator der rekonstruierenden Detektion in einem geistigen Duell. Es wirkt als Katalysator und unterliegt dem typischen Fall einer Wegpotenzierung durch die retrospektive Motivierung des Tatgeschehens. Zum anderen spielt die Täuschung des Lesers eine Rolle, die ihm den Eindruck vermittelt, entlang der Rekonstruktionsspannung an der Tätigkeit des Detektivs teilzuhaben. Zumeist über Blickwinkel erzählender Helfer gesteuert, bleibt die Tätigkeit des Detektivs aber im Dunkel bis zum überraschenden Lösungsdiskurs, der die dem Leser vorenthaltenen oder falsch kontextualisierten Indizien zu einer stimmigen Erzählung konstituiert. Dissimulation und neukontextualisierende Umbrüche werden in den Pastiches der 80er Jahre über innertextuelle Detailrekurrenz und intertextuelle Verweisstrukturen in den Diskurs versetzt und auf den Leser ausgerichtet.

Inhaltlich handelt Bufalinos Roman von vier Königsattentätern, die in der Nacht vor ihrer Hinrichtung ihr Leben erzählen. Bufalino leitet den Roman aber schon mit einer an den Leser gerichteten Herausforderung ein, *A noi due,* lautet das Motto des geistigen Duells. Zweifellos gilt dies zunächst der Künstlichkeit des gesamten Konstrukts. Angesiedelt in einem bourbonischen, aber opernhaft-parodierten Risorgimento – Verdi, Rossini und Donizzetti bilden entscheidende Intertexte –, besteht der Roman aus einer Flut von Zitaten und Anspielungen. Byron, Leopardi und Musset konstituieren die historische Enzyklopädie der handelnden Figuren genauso wie Versatzstücke griechischer Mythen. Thematisch aber geht es um das Risorgimento-Problem des Tyrannenmords, um die Opfer der Freiheitshelden und ihr zweifelhaftes Heldentum angesichts des Todes.

Die Einleitungskapitel führen Figuren, Handlungsort und Handlung ein. Der Roman beginnt mit einer szenischen Situierung, in der die Erzählstimme die Protagonisten bei ihrem letzten Abendessen überrascht. Ihr erstes Gespräch gilt bezeichnenderweise der Tageszeit ihrer Hinrichtung. Früh am Morgen sollen sie sterben: "In effetti il tramonto sarebbe un'ora più acconcia. Col mezzo lutto, le nuvole basse, le ombre cremisi e viola che persuadono umanamente alla quiete. Così, viceversa, ci parrà di subire un insopportabile sfratto" (S. 7), bemerkt der Dichter.[13] Der naive Narciso dagegen versteht den Schau-Effekt des durch die romantisierende Stimmigkeit bedeutsam werdenden Todes nicht zu würdigen: "Sera o mattina, che differenza fa?" (S. 7) Von Anfang an macht Bufalino auf die Ästhetisierung des Todes in romantischer Bild-Manier aufmerksam.

Danach führt die Erzählstimme entlang des Weges der Gefangenen in die Festung ein, zeigt das Gesehene auf und diskutiert es mit dem Leser. Sehen und Benennen erweisen sich als unsichere Übersetzungen: "La fortezza è nell'isola l'unico sito abitato. Si dice isola e si dovrebbe dir scoglio. Poichè non si tratta d'altro che d'uno scoglio di tufi, cresciuto su se medesimo in forma di enorme naso" (S. 7fl). Sogar dem Gesehenen ist nicht zu trauen. Mit der Vorwärtsbewegung verändert sich der Blick, und die Landschaft erscheint unter neuen Aspekten: "Quando infine, un tornante dopo l'altro, si sia guadagnata l'altura, il naso di cui si diceva si tronca di colpo in

---

[13] G. Bufalino, *Le menzogne della notte*, Mailand ^{6}1995.

un piano e ne dislaga la fortezza nella potenza dei suoi bastioni" (S. 8). Die Lage der Insel, die angedeutete Schwellenüberschreitung, alles dient der Einladung an den Leser, sich die Gefängnisinsel als Übergangsort vorzustellen, seine automatisierten Wahrnehmungsfolien – etwa die eines Alexandre Dumas – in Gang zu setzen. Gleichzeitig aber bricht die selbstreferentielle Ironie die Folien: "Immaginosamente parlando", heißt es etwa, "l'andamento dell'edifizio simula le branche d'uno scorpione" (S. 9). Aufzählungshäufung, abdriftende Metaphorik und immer neue Vergleiche schlagen wie im Selbstlauf in ihr Gegenteil um. Während der Dichter Saglimbeni die Festung ironisch: "Una residenza pompeiana, Spalle al mondo, belvedere sugli agi di dentro. Un Sans-Souci, insomma, una villeggiatura per Eccellenze" (S. 9) nennt, vergleicht sie die Erzählstimme am Ende natürlich mit der Hölle. Atmosphärische Suggestion und ironische Wegreduktion des Bedrohlichen alternieren.

Innerhalb der Festung werden die einzelnen Gebäude entlang des Weges durch den Hof des Gefängnisses aufgerufen und zuweilen in ihren euphemistischen Benennungen ironisiert: "l'armeria [...] chiamato per gloria 'arsenale'", "il camerino disciplinare, vale dire delle torture" (S. 10) etc. Im Vorbeigehen deutet die Erzählstimme auf die Gebäude, die Foltergeräte, die Gefangenen, bis sie bei der Beschreibung der Zellen angelangt ist. Lange verweilt sie bei den wenigen Gegenständen, den Steinblöcken, dem Guckloch der Bespitzelung, den Eisengittern, die schachbrettartig den Himmel freigeben. Schließlich kündigt sie das fabulierende Erzählen an. Es ist das Eingeschlossensein, das den Blick nach draußen öffnet und in Leopardi-Manier die Freiheitsträume der Imagination in Gang setzt. Der Mechanismus des Strafens und des Quälens dagegen, wird nicht durchgeführt. Bufalino genügen Andeutungen, um beim Leser eine Fiktionswelt aufzurufen, die die unmittelbare Gewalt längst depotenziert hat. Dafür suggeriert er schrittweise ein Arrangement der Bedrohung. Die Vorbereitungen auf den Tod –

das Leichenmahl, das Bad, das Kahlscheren, die Gründlichkeit des Scharfrichters – komplettieren das Szenarium. Die Situation wird psychologisierend sogar durch den Zeitablauf vergegenwärtigt, der sich am Aufbau des Schaffotts ablesen läßt und den ersten Versuch an einer Katze verfolgbar macht:

"Guardava in basso, dove il palco era già quasi in piedi, [...] Non vide ma da un miagolio disperato comprese che, per suprema esperienza, qualcuno aveva costretto la testa d'un gatto nella lunetta." (S. 39)

Während so die Außenwelt nur nach vorgefaßten Mustern abgerufen wird und Sehen und Bedeutungsentzug als *mise en abyme* der Leserführung fungieren, werden die Träume und Empfindungen der Figuren in anschauliche Bilder der Angst und des Schmerzes gesetzt. Die Rückenmarktuberkulose des Gouverneurs erscheint im Bild einer an den Knochen knabbernden Maus, in Traumbildern verwandeln sich die Lippen der geliebten Frau in beinahe surrealistischer Manier in Geschwüre und Krusten, und Todesvisionen evozieren ein Versinken im Blut. Auch bei den Verurteilten stellt sich die Angst als Eindringling in die Eingeweide dar: "È una sorta d'ingombro, che sentono confusamente annodarsi giù nelle viscere e diventare corpo nel corpo", heißt es, oder aber: "tumore sotterraneo che, come il topo nel capo del Governatore, si sveglia ad ora ad ora e li addenta" (S. 35).

Die rhythmische Suggestion der Angst, die etwa über vier Seiten gedehnt immer neu unter dem variierenden Leitmotiv "Hanno paura, i quattro" ansetzt, gipfelt in der sinnlichen Evokation von Fäkaliengeruch und Menstruationsblut : "in ciascuna vittima un odore di paura e di morte, lo stesso del nostro odore presente: un tanfo di mestruo e di orina" (S. 37). Sprachrhythmus und stets erneuerte Bildanläufe suggerieren die innere Verfaßtheit der Protagonisten, Bilder materieller Körperlichkeit ersetzen ihre Psychologisierung. Das Nicht-Faßbare der Angst, des Schmerzes und des Todes konkretisiert sich unmittelbar sinnlich. Andererseits aber wird auch die Inszenierung immer wieder überdeutlich. Die rote Farbe des Blutes – oft im Kontrast mit dem Dunkel der Nacht – konstituiert die Spur der Gewalt: tropfendes Blut, spritzendes Blut, blutverschmierte Verbände, das Blutbad des Attentats, das Blut der Märtyrer, das Blut der gebärenden Frau, der blutige Dolch, Menstruationsblut etc. Zuviel Blut fließt durch die Inszenierungen Bufalinos, ohne daß die Hinrichtungen und Morde je dargestellt werden. Die direkte physische Gewaltdarstellung bleibt ausgespart, um die Angst der Figuren zu verbildlichen und die Vorstellungswelt der Leser zu besetzen.

4. Intertextuell besetzte Vorstellungswelten

Der Roman selbst beruht auf einem geistigen Duell, das die Binnenerzählungen der Protagonisten umschließt. Er ist ein Kampf um die Besetzung der Vorstellungswelten. Der todkranke, leidende, müde Gouverneur, Repräsentant des bourbonischen Königstums, fordert die vier Königsattentäter, den Jungen Narciso Lucifora, den Baron von Letojanni, den Soldaten Agesilao degli Incerti und den Dichter Saglimbeni heraus. Er schlägt ihnen einen Pakt vor, mit dem sie ihr Leben retten können, wenn sie den Namen des Anführers der Verschwörung, des sogenannten *Padreterno,* preisgeben. Die letzte Nacht vor dem Tod wird nicht nur von Angst und Schmerz, sondern auch von der Atmosphäre des Verrats gespeist, die im leitmotivisch zitierten Hahnsymbol des Petrus aufscheint.

Obgleich sich der Gouverneur seiner Opfer sicher ist, will er den Namen des Anführers. Das Risorgimento, so zeigt sich, kämpft nicht mehr um den schon beschiedenen körperlichen Tod des Gegners, sondern um dessen Kopf. Es geht, wie Foucault es formuliert hat, um die weichen Fasern des Gehirns, um die Bindung durch die Ketten der eigenen Ideen, die Besetzung der Vorstellungswelten.[14] Denn scheinbar sind die vier ihrer Sache treu er-

[14] Vgl. M. Foucault, *Überwachen und Strafen. Die Geburt des Gefängnisses*, Frankfurt a.M. 1989, S. 131f.

geben geblieben. Als letzte Probe muß sich nun das Ideengut des Gouverneurs gegen das der Revoltierenden stellen, die Sache des gottgegebenen Königs gegen die diffusen Freiheitsideale der Liberalen. Der Kampf der Ideen reduziert sich für Bufalino auf eine Formel, entweder es heißt "im Namen des Königs" oder "im Namen der Freiheit".

Die Geschichte des Verrats, die Schweigen und Ehre gegen den Tod setzt, bildet als unverwüstliches aristokratisches Mittelmeerideal den äußeren Rahmen. In subtiler Weise plant der Gouverneur einen weiteren Coup. Als Räuber Cirillo verkleidet, gesellt er sich in der letzten Nacht zu den Verurteilten und bringt sie auf die Idee der Lebensbeichte. Die retrospektive Vergangenheitsdurchsicht soll die Frage beantworten, ob ihr Leben zu ihrem Tod paßt. Stimmigkeit beherrscht den Rechtfertigungsdiskurs. Erzählt werden soll – und dies ist die dritte Falle – der glücklichste Augenblick ihres Lebens, derjenige, den sie sich im Moment des Todes als Bild unter die Lider heften.

Die Herausforderung wird angenommen, gilt es doch vor allem auch, vor dem jungen Narziß zu bestehen. Allerdings bedingt man sich aus, die Wahrheit zu hintergehen, reales oder erträumtes Glück soll erzählt werden. Durch diese Entgrenzung entschärft sich der Kampf der Ideen keineswegs, sondern er spitzt sich zu. Denn nun schließt er auch die Vorstellungsgehalte ein, die Ideen, die die Taten rechtfertigen. Der Begründungszusammenhang für das gesamte Leben steht zur Debatte. Er müßte sich in einer kohärenten Lebensgeschichte manifestieren, wie das rekonstruierte Puzzle im Detektivroman. Inkohärenzen dagegen verweisen eben auf die fehlende Übereinstimmung von persönlicher Geschichte und finalisiertem Geschichtsbild.

Die Binnengeschichten sind natürlich keine kohärenten Lebensgeschichten. Brüche, Verschiebungen und Verkehrungen regieren die Lügen der Nacht. Bufalino nutzt seine bekannten Verfahren, die Neuinterpretation literarischer Prätexte und die Neukontextualisierung des Erzählten. Die Figuren sind typenhaft-zitierte Klischees des Risorgimento. Ihre Lebensläufe werden in einen vierfachen Rahmen gesetzt. Zu Beginn lernt der Leser gemeinsam mit dem sich über die Steckbriefe beugenden Gouverneur die offizielle Lesart kennen. Danach erzählen die Protagonisten. Am Ende jeder Geschichte kommentieren sie sich gegenseitig unter der Leitung des vermeintlichen Räubers Cirillo. Und im Epilog reflektiert der Gouverneur die Erzählungen der Protagonisten erneut.

Der in sich selbst verliebte Narziß erzählt im wesentlichen die Geschichte seiner Pubertät, gespeist von sexuellen Obsessionen, die er durch die Beobachtung animalischer Paarungssituationen gewonnen haben will. Sein Sexualtrieb schlägt aber – so will er glauben machen – in Ekel um, als er beobachtet, wie seine Schwester den Diener Gaspare verführt, der daraufhin aus dem Haus gewiesen wird. Narziß, der Herr, bricht auf, um seinem Diener treu in die Welt zu folgen. Selbstverständlich verweist der Gouverneur darauf, daß die Situation umgekehrt gewesen sein muß: Narziß hat seine Schwester verführt, seine Flucht war eine Vertreibung. Die Lügen der Nacht sind wie der Detektivroman in dieser ständigen Neusemantisierung angelegt. Detektivischer Hauptinterpretant ist der Gouverneur. In seiner Doppelrolle als legendärer Räuber Cirillo und als Instanz der politischen Macht versucht er, Wahrheit und Lüge zu trennen und kohärente Geschichten zu erzeugen.

Narziß veranschaulicht den jugendlich-romantischen Helden, der von Liebe, Musik und Mondschein erzählt. Nach seiner Vertreibung aus dem Elternhaus schwört er der Liebe ab und setzt die Leidenschaft für die Befreiung der Völker an ihre Stelle. Schließlich begegnet ihm dann die wirkliche Liebe in Gestalt der verheirateten Eunice. Er rettet ihren Ehemann aus den venezianischen Bleikammern und als dieser ihn an die Häscher verrät, gewinnt er sie. Die Geschichte von Inzest, Verweigerung, Liebe, Heldentum und Flucht thematisiert den Ersatz der Liebe durch die ideologische Mission. Sie scheint zunächst gewaltlos, aber sie ist es keinesfalls. Denn der Text blendet auch die Opfer kurz ein, die Narziß hinter sich läßt – die verführte Schwester, die Schwester des Ehemanns, die sich zum Tausch in den Bleikammern anbietet, der junge Hauptmann, den Narziß ersticht. Für sie werden die konventionellen Deutungsmuster vorausgesetzt, die Bedrohung durch den Inzest, das freiwillige Märtyrertum der Schwester, das notwendige Opfer des jungen Hauptmanns, der Narziß zwar stark ähnelt, aber auf der falschen Seite steht. Die untergelegten Wertmuster deuten also die Opfer weg oder machen sie sogar zu Tätern. Das Liebesglück des Narziß kann sich eben nur realisieren, wenn Eunice ihren Ehemann verläßt. Deshalb muß dieser als Verräter gebrandmarkt werden.

Der jugendlichen Egozentrik des abenteurlichen Romantikers folgt der düstere romantische Held, der Typ des am *mal du siècle* leidenden Melancholikers. Den Baron, um den es in der zweiten Geschichte geht, treibt die metaphysische Leere des leopardesken Nihilismus um. Glücklicherweise besitzt er einen Zwillingsbruder, Secondino, der Revolutionär und eine Frohnatur ist. Bufalino nutzt das Motiv des Doppelgängers, bei dem der Erstgeborene das Leben des Zweitgeborenen weiterführt. Denn Secondino stirbt als glücklicher Märtyrer in einem Duell und – so will es der Baron – gibt so seine Mission an den Bruder weiter. Damit stellt sich auch der Baron als Platzhalter einer nicht von ihm ersonnenen Idee dar. Gerade hierin sieht der Gouverneur den Verrat. Der Tod des Bruders, so spottet er, war notwendig, um dem Leben des Zwillings einen Sinn zu geben. Brudermord lautet sein Urteil.

Das Aufeinanderfallen von Glücksmoment und Mord rückt die Geschichten in die Nähe der offenen Gewalt. Die Erzählung des Soldaten berichtet vom Glück durch Vatermord. Frucht einer von einem Offizier vergewaltigten Komödiantin, verkörpert er die rächende Vatersuche. Sein Weg führt vom Kloster zum Militär und läßt ihn zum Spezialisten für Tötungsmaschinen werden. In dieser Eigenschaft baut er die Mordmaschine für den Tyrannenmord als Ersatz für den Vatermord. Das höchste Glück findet er, als er schließlich den vermeintlichen Vater kastriert. In der Variante der Rache fallen Mord und Glück tatsächlich aufeinander, hier wird das Töten zum Genuß. Aber auch dem angeblichen Vatermörder kommt der Gouverneur auf die Schliche, der Mord an dem Offizier, so seine Version, war nur ein Eifersuchtsmord.

Der Dichter Saglimbeni erzählt schließlich die Geschichte der fünf glücklichsten Wochen seines Lebens, die er bei einer Witwe – wahrscheinlich auf Sizilien – in der Ekstase des Müßiggangs der auf der Insel waltenden Zeitlosigkeit verbrachte. Nach einer Jugend im Freiheitsrausch – mit Blume und Karabiner – erfreut er sich nun, gemeinsam mit dem Sohn der Witwe, dem Jungen Amabile, am Wiederentdecken der kleinen Dinge. Saglimbeni erstellt den Typ des an sich zweifelnden Freiheitshelden. Auch seine Geschichte endet im Terror: Blind wie der Hahn, den man ihm eines nachts mit herausgerissenen Augen vor die Tür gehängt hat, gibt er vor, die Gefühle seiner Gastgeberin mißachtet zu haben. Seine Abreise gestaltet sich daraufhin zur Tragödie. Er wird vom Räuber Salibba überfallen, der vor seinen Augen die Witwe vergewaltigt. Die Vergewaltungsszene arrangiert erneut das Zusammenspiel von Gewalt und Voyeurismus. Durch das Tuch, das ihm über den Kopf geworfen wurde, will der Dichter beobachtet haben, wie die vergewaltigte Witwe schließlich Lust empfand. Nur Amabile ist entsetzt und stürzt sich angesichts des Gesehenen in den Tod.

Sukzessive Steigerung der Gewalt und ihr interpretatorischer Umschlag in Lust dominieren die Binnenerzählungen. Nicht nur Täter und Opfer, sondern auch Schmerz und Lust werden austauschbar. Aber Cirillo klärt die Lügen des Dichters noch an Ort und Stelle. Saglimbeni habe den Räuber frei erfunden, ihn anstelle seiner selbst zum Sündenbock gemacht. So benennt der Gouverneur das Thema des Sündenbocks, das hinter den kriminalromanähnlichen Mustern Bufalinos aufscheint.[15] Die retrospektiv angelegte Erzählung rekonstruiert durch ihr verschiebendes Deuten Sündenbockgeschichten.[16] Scheinbar bringt der Gouverneur damit alles ans Licht. In seinen Versionen wird die Gewalt sichtbar. Brudermord, Vatermord und Vergewaltigung sind die Vergehen, die er den Freiheitshelden interpretierend unterschiebt, um ihre Mission zu entlegitimieren. Dabei vermischt er erzählend die zeitliche und die logische Textkohärenz und kann jedes erzählte Glück auf den Tod eines anderen beziehen.

Tatsächlich weist jede Geschichte genügend Leerstellen und Verschiebungsmöglichkeiten auf. Eunices Ehemann wird zum Verräter, um den Ehebruch zu rechtfertigen, der Bruder des Barons zum heldenhaften Märtyrer, um die Mission zu legitimieren, der Vater des Soldaten schließlich zum Vergewaltiger, damit Gewalt als berechtigte Rache erscheint, und Saglimbeni schiebt die Schuld einer Nymphomanin zu, die sich mittels ihres Liebhabers ihres Sohnes entledigen wollte. Der Diskurs der Gewalt konstruiert sich bei Bufalino rekonstruierend den passenden anderen.[17] Die Schuldverschiebung wird zum Schwarze-Peter-Spiel, wie es die zentrale Schachspielparabel des Romans belegt. Hier spielt der Revolutionär im Namen der Freiheit mit Phantasie und Opferbereitschaft gegen den Königstreuen, der, wie der Gouverneur, auf die Regeln setzt, auf die Trennung von Wahrheit und Lüge – ohne deren Umkehr einzukalkulieren. Dies wird ihm schließlich zum Verhängnis. Der schon als Sieg verbuchte Verrat schlägt noch nach der Hinrichtung auf Sparafucile zurück. Am Ende scheinen ihm alle Geschichten von Anfang an darauf angelegt, ihm einen falschen Namen zu nennen, damit er mit eigener Hand den Untergang des Königshauses beschleunige.

---

15 Vgl. R. Girard, *Ausstoßung und Verfolgung. Eine historische Theorie des Sündenbocks*, Frankfurt a.M. 1992.

16 Vgl. H. M. Hurka, *Phantasmen der Gewalt. Die mediale Konstruktion des Opfers*, Wien 1997.

17 Vgl. P. Gay, *Kult der Gewalt. Aggression im bürgerlichen Zeitalter*, München 1996.

Die Endversion des betrogenen Betrügers fordert erneut zur Rekonstruktion des gesamten Romans heraus. Im Verschiebespiel gewinnt der letzte Zug. Ein Urteil über die Berechtigung des Königsattentats und die Risorgimento-Ideale strebt Bufalino nicht an. Ihm genügt die Herausarbeitung der Rechtfertigungsgeschichten, die die Gewalt begleiten und ihre Verschiebung auf den Leser.

In dieser Hinsicht geht das Kriminalromanpastiche *Qui pro quo* noch einem Schritt weiter. Angelegt wie eine "boîte à surprise", hat hier der Tote, der Kriminalromanverleger Medardo Aquila, mit einer Reihe von Briefen an die Überlebenden dafür gesorgt, daß seine Mörder gefaßt werden. Der Roman ist nach dem Agatha-Christie-Modell konstruiert. Eine geschlossene Gesellschaft, porträtiert aus der Sicht der Erzählerin Agatha, wird von Aquila eines Tages mit der Tatsache konfrontiert, daß er keine Kriminalromane mehr verlegen wird, von deren Produktion alle mehr oder weniger leben. Bevor es jedoch dazu kommt, wird der Verleger von einer Äschylos-Figur erschlagen, die von ihrem Sockel fällt. Natürlich verlangt das grauenvolle Geheimnis nach Erklärung. Sie folgt durch die nach und nach aufgefundenen Botschaften des Toten, die immer neue mögliche Mörder beschuldigen und neue Mordszenarien erfinden. Schließlich aber hat Agatha die rettende Idee. In einem grandios angelegten Lösungsdiskurs beweist sie das, was alle glauben wollen: Es gibt keinen Mörder, der Tote selbst ist schuld. Das Todesarrangement wird dem Opfer untergeschoben, gilt es doch, den Tod zum Nutzen der Lebenden umzudeuten. In der Umdeutung der Geschichte als Befreiung der Hinterbliebenen gehen rhetorischer Modus und Finalisierung paradoxerweise wieder ineinander auf. Und um die Invertibilität des Rhetorischen nicht ins Unbegrenzte abdriften zu lassen, setzt Agatha dem Spiel ein Ende. Sie vernichtet die letzte Botschaft des Toten ungelesen. Natürlich läßt es sich Bufalino nicht nehmen, dem Leser im Anhang zusätzliche Mörder zu präsentieren.

Daß der ausdeutbare Raum zwischen Anfang und Ende die Schuldfrage beantwortet, Opfer und Täter voneinander trennt und das Spiel der Invertibilität generiert und blockiert, zeigt sich auch in *Il Guerrin Meschino*. Hier schickt Bufalino seinen epischen Helden auf die Vater- und Identitätssuche. Der Abenteuerheld, der sich ohne Unterlaß durch die Welt schlägt, in sinnloser Abfolge Kriege führt, Duelle besteht und Ungeheuer aus dem Weg räumt, bis er altert, ist wohl mehr als ein "remake" des sizilianischen Marionettentheaters. In der Lebenswegparabel zeigt sich die Erlösungssucht in ihrer ruinösen Übersteigerung. Kontingenz und Dauer werden zum Thema, das Unaufhörliche, das nur noch den Wechsel in ständiger Abfolge bis zur Ermüdung kennt. Deshalb rollen Szene um Szene ab, bis der Autor den Schlußpunkt setzt: "Per stanchezza dell'Oprante l'Opra finisce qui" (S. 120)[18]. Die Endlosgeschichten der 80er Jahre werden zum Exempel einer ihres Telos beraubten Theatralisierung.

5. Voyeurismus oder Bildlichkeit

All diese Legitimationsgeschichten enden in der Infrage-Stellung der retrospektiven Bedeutungszuweisung, in der die gegensätzlichen Pole, Opfer und Täter, Schmerz und Lust ineinander aufgehen. Sie beruhen auf den besetzten Vorstellungswelten der Protagonisten und der Leser, die ihre Wertsysteme dem Gesehenen und Gelesenen unterschieben und Stimmigkeit erzeugen. "Terribile e bello era Guerrino a vedersi" (S. 31), heißt es bezeichnenderweise über das Schrecklich-Schöne des Kriegers. Nur läßt sich das Schöne am Krieg nicht sehen, es ist eine reine Behauptung der Konvention, die dem Bild eine Semantisierung unterschiebt.

In Bufalinos Romanen ist der voyeuristische Effekt deshalb doppelt gelagert, er wird thematisiert und strukturell in die direkte Anschauung

[18] G. Bufalino, *Il Guerrin Meschino*, Mailand 1993.

durch den Leser verlagert, der als Voyeur auftritt und in einer Art *mise en abyme* Voyeurismus zu sehen bekommt. Das Sehen erscheint immer als Nicht-Sehen. Ob nun Noah den Kampf zwischen der Taube und dem Falken nicht sieht, ihm aber die Bedeutung des Lebenskampfes unterschiebt, Ingafù nicht sieht, wie die Katze guillotiniert wird, prospektiv jedoch seinen Tod unterstellt, Agatha neben der stürzenden Statue des Äschylos den Mord verfolgt, ohne etwas zu verstehen, das blinde Sehen des *Argo cieco* herrscht vor. Aber eben diese Leerstelle verlangt nach Klärung, sie setzt den Detektiv in Gang, seine puzzleartig-stimmige Erklärung.

Nur die Alternanz zwischen inszenierter Bedeutungszuordnung und Bildakkumulation durch metaphorische Umformung in endlos driftenden Vergleichen, zwischen Blick und Stimme, Bild und Erzählton stellt diese Stimmigkeit in Frage. Die szenische *mise en abyme*, die das Nicht-Sehen ins Bild setzt und es metaphorisch transformiert und rhythmisiert, läßt die Suggestivkraft der Stimme auf das Bild treffen. Neben der anteilnehmenden epische Diktion, die den Leser zum bewundernden, bedauernden und tröstenden Anblick des Kriegers in seinen heldenhaften Posen auffordert: "Guardatelo nella polvere, a braccia inermi e inerti" (S. 24), tritt die metaphorische Bildabfolge eines Schlachtbilds:

"Altrettale, nel campo, l'immagine della battaglia. Dove ogni momento si sciolgono e ricompongono groppi d'armati e destrieri, creandosene, a guisa di mischia amorosa, le forme più strambe: d'ircorcervo o chimera, d'arbore informe, di cometa caudata." (S. 30)

Der Kampf reiht nur noch Bild an Bild, Vergleich an Vergleich, formt und verformt. Der ästhetische Sprach-Schwindel erzeugt sowohl heroisierende Stimmigkeit in der Übereinstimmung von Ton und Bild, dem Rhythmus der Perioden und Alliterationen, aber er vermag auch sie weiterzuverschieben und umzulenken.

"Rosseggiano le tuniche di piaghe occulte e palesi, la cotta di Giurfalco si smaglia, penzolano davanti e dietro Meschino le due piastre della corazza, cui un colpo ha reciso le fibbie." (S. 31)

Besonders deutlich werden diese Möglichkeiten letztlich in den Illustrationen. So unterlegt Bufalino in *Il Guerrin Meschino* ironisch mit konventionell-historisierenden Stichen aus der *Storia dei Paladini di Francia* (1858-1860), die in ihrer abbildhaft-euphemisierenden Konventionalität genau den Erzählton treffen, der die Bilder der Gewalt wegreduziert. Umgekehrt in *Qui pro quo:* Hier brechen die Illustrationen mit ihren Bildunterschriften die Stimmigkeit auf. Die Bilder von Boissart, Gourmelin, Hirshfield, Grasset, Schiele, Klee, Steinberg, Magritte u.a. aktualisieren nur noch Details oder werden auf der konventionellen Bezeichnungsebene blokkiert, um die volle Semantisierung zu verhindern. *Der Besuch* von Carlos Mensa wird zum auferstandenen Lazarus, der sich als Toter an den Lebenden rächen will. *Die Morphiumspritzerin* von Eugène Grasset dagegen verlangt nach Kleidung. Und der angekettete Leichnam mit dem Schlüssel zur Freiheit (oder zum Himmel) in der Hand endet als "cadavere in trappola". Bild und Text sind stimmig, wenn sie auf konventionelle Vorstellungsgehalte reduziert werden. Banalisierung und Reduktion aber sind die Folge der unzulänglichen Wahrnehmung, die im Fortgang des Erzählten Kurzschlüsse erzeugt. Die Alternanz von Bild und Text zielt dagegen auf ein verzögerndes Nacherleben, das Pausen und Rhythmen setzt und die Semantisierung aufhält. Die Bilder der Gewalt sind bei Bufalino gewalttätige Bilder, die ihre kurzschlüssige und konventionalisierte Erklärbarkeit hinterfragen, weil es die Antwort auf den Sinn von Tod und Gewalt für ihn nicht gibt. Erst die wiedererlebbare Anschaulichkeit im Spiel mit den Möglichkeiten des Visuellen macht auf den einsinnigen Un-Sinn aufmerksam, den man unterschiebt, wenn Pathos, Heroisierung und Affekthascherei vorwiegen.

Il romanzo postmoderno da Umberto Eco in poi offre in Gesualdo Bufalino una variante interessante per quanto riguarda la letteratura dell'Italia meridionale. La rappresentazione della violenza e della morte che pervadono la tradizione siciliana da Verga passando per Lampedusa fino a Sciascia, caratterizzata da un accostamento sempre nuovo alla storia, si disintegra in Bufalino in singole immagini e fenomeni linguistici di natura artificiale. Gesualdo Bufalino non è interessato a fornire una nuova lezione sulla violenza della storia siciliana. I suoi romanzi e racconti sono ambientati in un vacuum parabolico, il quale investiga le possibilità del racconto e il suo contributo ad una storia della violenza. Qui il romanzo postmoderno sembra reagire ad una società esibizionistica, narcisa e voyeuristica cristalizzandone il fascino per immagini concrete di violenza che vengono confezionate in un linguaggio artificiale carico di effetti teatrali.

Partendo dalle icone mortuarie che Bufalino ci presenta nel suo primo romanzo *La diceria dell'untore* (1981), il mio articolo ne esamina confirmità e sviluppo nei racconti di *L'uomo invaso* (1986) e nel romanzo storico nonchè giallo metafisico *Le menzogne della notte* (1988). Il fascino dell'iconografia bufaliniana risiede principalmente nella tensione simbolica tra la violenza di Eros e l'esperienza della morte,utilizzando un ampio fascio di strategie mnemoniche metaforiche.

Ritroviamo questo aspetto nella sua forma più acuta nella mascherata teatrale che pervade il romanzo risorgimentale *Le menzogne della notte.* Memorie e racconto in Bufalino non trovano altro oggetto all'infuori della messa in scena del proprio Io, che, assediato dalle ineluttabili domande dell'Eros e della Morte, viene sottoposto ad una continua debolezza motivazionale. Nel raccontare postmoderno di Bufalino, la ricerca e la definizione di Sè sembrano vivificare l'edonismo della violenza che esercitiamo sugli altri. Così, il fascino dell'iconografia in Bufalino deve venir spezzato da un flusso di pensiero intellettualizzante e razionalizzante. Infine soltanto la teatralizzazione esplicita, il gioco ironico-burlesco del racconto svuotato di senso, ci permettono di ricostruire e scrutare l'intenzionale falsificazione delle storie raccontante.

Elvio Guagnini
Università degli Studi di Trieste

Ausdrucksformen der Gewalt in der italienischen "Letteratura del mistero"

Beginnen möchte ich mit einer kurzen Erläuterung des Titels. Ich wollte mich ursprünglich nur zu "gialli" oder "polizieschi" (d.h. Kriminalromanen) äußern, doch erschien es mir sinnvoll, diese Untersuchung auch auf andere Gattungen auszudehnen, in denen das Geheimnis, das Rätsel die Grundlage der Handlung bilden.

Mystery story ist in der angelsächsischen Tradition eine der Bezeichnungen für den Krimi. "Mystery" heißt übersetzt Geheimnis oder Rätsel. Aber Geheimnis und Rätsel stehen nicht nur im Zentrum von Krimis, sondern auch von *spy stories* und Schauerromanen, also Geschichten und Erzählungen, deren Strukturen und Ausdrucksformen sich deutlich von denen des Krimis unterscheiden. Deren Struktur ist nur zu bekannt: Am Anfang steht das Verbrechen in Form einer oder mehrerer Gewalttaten, gefolgt von der Untersuchung, der *detection*, der *surprise* und der Lösung.

Ein Spionageroman ist nach Gabriel Veraldi jeder Roman, in dem die verschiedenen geheimen Aktivitäten der Spezialagenten, der Geheimdienste, der Machtgruppen etc. eine entscheidende Rolle spielen. Veraldi[1] behandelt die Frage, ob sich diese Gattung aus dem Militär- oder aus dem Kriminalroman entwickelt hat. Die einzige vernünftige Antwort lautet, daß einige Spionageromane vom ersten, andere vom zweiten Typ stammen, und manche sogar beide Richtungen vermischen.

---

1 G. Veraldi, *Le roman d'espionnage*, Paris 1983.

Und der Schauerroman? Ich verstehe hierunter nicht den französischen *roman noir*, der letztendlich auch ein Krimi ist, sondern den *romanzo nero* der italienischen Tradition. Eine Definition liefert uns Massimo Moscati in seiner Einleitung zu *Nero italiano*:

"[...] genere narrativo che ben riassume lo stato di tensione e di insicurezza. Erroneamente identificato con il giallo, il "nero" non è per forza legato alla risoluzione di un meccanismo a sorpresa. Di solito propone delle vicende all'inizio banali e personaggi "come tanti" che di colpo si trovano proiettati dal destino in situazioni apparentemente senza uscita, dai contorni violenti e disperati. Storie condizionate dall'alienazione prodotta dalla vita metropolitana, che sembra saper creare solo scenari di violenza e di emarginazione".[2]

Die klassische Literaturgeschichtsschreibung hatte jeglichen Diskurs über diese Gattungen an den Rand gestellt bzw. ausgeschlossen. Seit einiger Zeit nun versucht eine neue Geschichtsschreibung, dieses Versäumnis zumindest partiell nachzuholen, schon wegen der Tatsache, daß auch anerkannte Autoren Schemata oder 'Spuren' dieser Gattungen explizit und implizit übernommen haben. Hier stellt sich automatisch die Frage nach den Daten, die bei gattungstheoretischen Diskussionen stets relevant ist. Thomas Narcejac[3] hat eine Reihe von Gründen aufgelistet, die mit der Geburt des Kriminalromans in der Mitte des 19. Jahrhunderts einhergegangen sind: urbane Ballung; Konflikte und Gewalttaten, die sich unter dem Druck großstädtischen Zusammenlebens entladen haben; Bildung urbaner Polizeieinheiten; Entwicklung einer kriminellen Anthropologie.

Was die *spy stories* betrifft, stammt der erste Roman, in dem ein Spion auftritt, aus dem Jahre 1821 (*The Spy* von James Fenimore Cooper), doch die ersten Spionageromane im modernen Sinn werden gegen Ende des 19. Jahrhunderts verkauft: die sehr populären Büchern von William Le Queux, der für den englischen Geheimdienst arbeitete und sich mit den militäri-

2 M. Moscati, *Nero italiano. 27 racconti metropolitani*, Mailand 1990, S. 5.
3 Th. Narcejac, *Une machine à lire: le roman policier,* Paris 1975.

schen Problemen beschäftigte, die sich aus den modernen Methoden der Spionage und Gegenspionage ergaben.

Und in Italien? Hier scheint alles etwas in der Zeit verschoben zu sein. Nicht die Lektüre, wohl aber das Schreiben und die Produktion. Natürlich fehlt es nicht an Vorboten, Avantgarden. Heute ist man ausreichend versorgt mit Forschungen über die Vorgeschichte der Krimis und der Spionageromane. Auch ich habe auf dem Gebiet der *spy stories* Untersuchungen angestellt: 1983 habe ich den Roman *La spia* von Arturo Olivieri Sangiacomo (1862-1903), 1902 veröffentlicht, neu herausgegeben. Diesen Text dürfen wir zweifellos als Prototyp der italienischen *spy-story* betrachten. Die Geheimdienste spielen gemäß der Definition Veraldis eine wichtige Rolle – in einer dramatischen Geschichte voll leidenschaftlicher Liebe, erzwungenem Verrat und Tod. Schon Benedetto Croce hat darauf hingewiesen, daß Olivieri Sangiacomo in *La spia* wie auch in seinen anderen Romanen ausdrücklich auf die Notwendigkeit einer Reform der Armee in bezug auf ihre Ausrüstung und ihre Moral hinweist. Die zwischen Nizza und Rom spielende Erzählung handelt von Erpressungen durch die Geheimdienste, Nötigungen zur Spionage sowie erzwungenen Selbstmorden, also verschiedenen Formen der Gewalt. Eine Geschichte, in der die Bösen und die Schuldigen (selbst wenn sie das gegen ihren Willen wurden) büßen müssen, in der militärisches Ehrgefühl eine Rolle spielt, in der durch das Vorgehen des (in diesem Falle französischen) Geheimdienstes die Freiheit des Individuums verletzt wird, in der noch einmal Spannung mit Sentimentalitäten verknüpft wird, mit Zügen des dekadenten und von D'Annunzio inspirierten Romans – das Ganze für ein breites Publikum vereinfacht. Inkunabel einer Gattung, die sich in Italien einige Jahrzehnte später entfalten wird und die das Zeugnis für einen besonderen Krieg, den Krieg zwischen den Geheimagenten, ist:

"Duro mestiere che ha però le sue soddisfazioni e la sua modesta gloria. È la guerra in tempo di pace: una guerra sotterranea e non meno pericolosa della grande guerra alla luce del sole: con questo di aggravante, che – se si riesce – non una lode, non una decorazione, nessuna pubblica testimonianza di approvazione: una furtiva stretta di mano dal proprio capo gerarchico e null'altro. Se invece si è scoperti, il Governo si affretta a sconfessarci. L'agente segreto non gode più la protezione che la mano possente della patria stende sui figli suoi pur lontani che siano" (S. 142).

Die Gewalt zeigt sich hier auch in der Schutzlosigkeit des Agenten, in der Unfähigkeit, die eigenen Leute offen zu schützen, wenn sie sich in Schwierigkeiten befinden. Schutzlos werden sie dem eigenen Schicksal überlassen: verlassen und allein.

Natürlich bleibt dieser Roman von Olivieri Sangiacomo ein Einzelfall. Gleichermaßen isoliert ist der Spionagekrimi von Augusto De Angelis aus dem Jahre 1936, der von der Verfolgung einiger Spione von Mailand nach Ägypten handelt und mit viel Geheimnisvollem und aufwendiger Schiffs- und Flugzeugtechnik (fast schon à la Fleming) angereichert wurde. Ein Kommissar agiert unter exterritorialen Bedingungen und ist folglich unfähig einzugreifen. Als er den Schlüssel zu dem Geheimnis entdeckt, zweifelt er und ist unschlüssig und muß dann der Verurteilung des Spions ohnmächtig zusehen. Der Roman ist reich an Delikten und spektakulären Überraschungen mit manchem Hinweis auf Sympathien für die Sache Israels (1936!). Mit dem abschließenden Todesurteil für den Spion, der schuldig, aber vielleicht nicht ganz schuldig ist, unterstreicht er unvoreingenommen das tatsächliche Wirrwarr zwischen Gut und Böse, Recht und Unrecht. Er tut dies auch mit dem Eindruck des Automatismus und der Kälte, mit denen politische Institutionen erbarmungslos Gewalt ausüben, um die eigenen Ziele zu erreichen.

Um gut gemachte, moderne *spy stories* zu finden, die "populär und von guter Qualität" sowie von ernsthaftem Gewicht sind, mußte man bis in die 80er Jahre warten, als der Journalist und Polizeireporter Andrea Santini gemeinsam mit Massimo Felisatti einen ebenso packenden und dichten wie nüchternen Roman veröffentlichte: *Àgave* (Mailand 1981). Es ist die Geschichte eines Journalisten, der in eine Intrige voll toter Generäle, Waffenhändler, okkulter Finanztransaktionen und Spionen hineingerät. Ein Buch, das von schweizerischen Nummernkonten, Offizieren, die Selbstmord begehen, Schmiergeldern für Rüstungsaufträge, von Kofferträgern, staatlichen Finanzierungsgesellschaften und okkulten Machtzentren handelt. Ein Text zwischen Reportage und politischer Utopie (recht wenig Utopie, wenn man die Berichte in den Nachrichten liest), in dem auch die Gewalt die Sprache der Reportage spricht, und wo die Berührungspunkte zwischen Fiktion, Verbrechensbericht und zeitgenössischer Politik spürbar werden. Es ist sicher kein Zufall, daß sich in den 80er Jahren die Verbindung von journalistischer und literarischer Arbeit auf dem Gebiet der *spy story* konsolidiert. So auch im Fall von *La stanza delle scimmie* (Mailand 1988), dem Roman von Giorgio Rossi und Antonio Caprarca, zwei anerkannten Journalisten. Es ist ein Buch mit aktualisierten italienischen und ebenfalls nach Informationen aus erster Hand konstruierten internationalen Ingredienzien. Die Phantasie der Autoren – wenn man überhaupt von Phantasie sprechen kann – entwickelt sich gekonnt in einem Universum aus Wissenschaftlern, Diplomaten, Spionen, Geheimdienstagenten, Offizieren, Mitgliedern des alten römischen Adels, Bürgerlichen, politischen Flüchtlingen, eingeschleusten Handelsvertretern mit zweifelhaftem Profil, erpreßten Homosexuellen etc.

Es handelt sich um eine *spy story*, in der Geheimdienste verschiedener Länder, der Konflikt zwischen den einzelnen Richtungen des italienischen Geheimdienstes, die CIA mit ihren 'guten' Verbindungen, der Einsatz faschistischer Subversion zu politischen Zwecken, Versuche politischer Einflußnahme auf wissenschaftliche Projekte im Bereich der elektronischen Entwicklung in einer Erzählung voller Überraschungen, Verschiebungen der Ebenen und Unvorhergesehenem dargestellt werden. Ein dramatischer, aber auch eleganter Text mit ungewöhnlichem Rhythmus und Tiefgang, mit dem Zauber der spektakulärsten Berichterstattung unserer Tage. Ein Beispiel für die geglückte Verbindung journalistischen Schreibtempos und gelungener

Berichterstattung mit der Kultur und der Erzähltechnik, die an die Besten der ernsten und hohen Spionageromane – von Eric Ambler bis zu John Le Carré – heranreicht.

Aber dieser Ausblick auf die *spy story* zeigt uns ebenfalls, daß ihr Erfolg – nicht von Einzelbeispielen, sondern als organische, kontinuierliche Produktion mit verschiedenen Facetten sowie qualitativen Ebenen, die im literarischen Panorama verwurzelt ist – sehr jung ist. Diese organische Entwicklung des Spionageromans findet in Italien zu dem Zeitpunkt statt, da die Debatte über eine moderne Demokratie zunimmt und die Aktivitäten des Geheimdiensten hinterfragt, wobei zulässige und nicht zulässige, dunkle Machenschaften ans Licht kommen. In diesem Augenblick hat die Nachbarschaft von Journalismus und Literatur, die in der gesamten modern Geschichte der westlichen Literatur äußerst fruchtbar war, auch auf diesem Gebiet gute Ergebnisse gezeigt.

Über die italienischen Spionageromane hat vor kurzem eine meiner Studentinnen an der Universität Triest, Emily Marion, eine Examensarbeit geschrieben (1996/7). Sie untersucht verschiedene Aspekte der Gattung, auch in der gängigen Reihe *Segretissimo* bei Mondadori in Mailand. Zum Beispiele *Singapore: ma come fanno i marinai* (1.7.1984) sowie *Mosca: il cielo in una stanza* (29.6.1986) von Remo Guerrini, auch er Journalist und Schriftsteller. Diese Romane sind an ein durchschnittliches Publikum gerichtet, das sich weniger für die Analyse der zeitgenössischen Politik als für den Helden und seine Abenteuer interessiert, und sie unterscheiden sich in Inhalt und Stil von den zuvor genannten. Über die Gewalt in den Romanen der Reihe *Segretissimo* schreibt die Verfasserin der Studie:

"La violenza è un'altra componente essenziale di questi romanzi. La pericolosità delle imprese e la crudeltà delle azioni, insieme allo scarso valore della vita umana, vengono amplificati da descrizioni realistiche particolareggiate. Non c'è pietà per le vittime. Soltanto nel primo romanzo, quando Pardi [l'eroe di Guerrini] compie il primo omicidio, compare in lui una piccola traccia di comunicazione [...]. Dunque, molto raramente le storie personali dei personaggi che l'eroe incontra per strada hanno un lieto fine. Sono condannati a morire perché si coinvolgono fino a ritrovarsi irrimediabilmente compromessi, e l'unico esito che la loro vicenda consente è la morte o la scomparsa di scena".

Für die 'Bösen' gibt es keine Gnade. Ihr Tod wird mit aller Grausamkeit in Szene gesetzt und dem Leser bleibt kein blutiges Detail erspart. Eine Todesszene spielt auf der Santa Cruz, einem Handelsschiff aus Panama, in dem Moment als sich die Situation umkehrt: Pardi, der an Bord gekommen war, während die Piraten das Schiff enterten, muß jetzt gegen diese kämpfen:

"Walfrido vide all'improvviso che il pirata sembrava alzarsi in punta di piedi, che i suoi capelli si gonfiavano da dietro come se fossero spinti da un phon invisibile. Poi, soltanto un istante più tardi, sentì il crac ripetuto della mitragliatrice, e la testa di Tay Ning si fracassò del tutto, esplose, e il cadavere del malese gli volò addosso, imbrattendolo di sangue e di sputo, d'ossa spezzate e di sudore freddo" (*Singapore*, S. 78).

Von der individuellen Gewalt selbst noch im Krieg (der immer eine kollektive Gewalt bedeutet) verlagert sich die Gewalt hier auf die Menge, wird zum Massaker – ein geradezu obligatorisches Thema der Spionageromane, die in Afrika angesiedelt sind und von Kämpfen zwischen Söldnertruppen und mehr oder weniger illegitimen offiziellen Truppen handeln. Ebenso in *A volo di falco* (11.3.1984) von Andrea Santini:

"Il Mattatoio – disse – il maggiore Massoud, indicando i resti dell'edificio. – Qui sono stati torturati e poi sgozzati migliaia di oppositori del regime. Accompagnò il gruppetto verso il greto del fiume. Quelli che da lontano erano parsi sassi bianchi erano una distesa incredibile di teschi" (S. 7).

Wie bei den Krimis variiert auch auf dem Sektor der Spionageromane das stilistische und das erzählerische Niveau – sowohl Kritiker als auch Leser können dies problemlos erkennen. Wenn der Krimi stets Geschichten der Gewalt oder deren Folgen erzählt, stellt der Spionageroman stets die Gewalt der Geschichte dar, allerdings oft auch Geschichten der Gewalt. Natürlich gibt es verschiedene Möglichkeiten, die Verknüpfung zwischen der Geschichte und der Gewalt sowie zwischen Gewalt, Geschichte und Erzählung darzustellen.

Auf einer unteren Ebene ist die Geschichte Reportage. Der Erzähler von Spionageromanen klammert sich an die dramatischsten Ereignisse der internationalen militärischen oder politischen Situation oder greift ihnen sogar voraus. Eines der augenfälligsten Beispiele liefert der Franzose Gérard de Villiers, dessen Serie *SAS* mit dem Protagonisten Malko Linge, einem "schwarzen" Agent der CIA, in den vergangenen Jahren die gesamte Entwicklung der aktuellen politischen und militärischen Konflikte nachzeichnete. Francesco Varani, der Forschungen über Malko Linge und de Villiers anstellt, hat geschrieben, daß der Autor "sich immer auf der unteren Stufe der Schreibkunst bewegt" und "die Beschreibung immer besonders platt ist", daß die Abenteuer seines Protagonisten Malko, uns "im voraus das Attentat auf den Papst, das Attentat auf Gorbatschow", die Attentate auf Ghaddafi, das Schicksal der Friedensnobelpreisträgerin Aung San Suu Kyi vorführen. "A Zagabria come a Brazzaville, ciò che succederà è in qualche modo previsto da de Villiers".[4] Wie andere Autoren von Spionageromanen hat übrigens auch de Villiers Verbindungen zu Geheimdiensten und verfügt über eine gute politische Allgemeinbildung, so daß er sich der Reportagetechnik bedienen sowie komplexe Situationen voraussehen und beurteilen kann, selbst wenn er sie mitunter vereinfacht.

Stilistisch und inhaltlich auf höherer Ebene angesiedelt sind die Spionagegeschichten von Carmen Iarrera, die einen eigenen Stil hat und mehr Wert auf die Analyse und die Wiedergabe von Atmosphäre legt, z. B. in "Guantanamera" (*Segretissimo*, 8.12.1991). Die Handlung ist auf Kuba angesiedelt, wo das Castro-Regime zerfällt. Hier werden die Geschichten der Gewalt und die Gewalt der Geschichte subtiler erzählt, weniger grausam, weniger platt, so daß die Figuren ein psychologisches Profil ohne Schwarz-Weiß-Malerei und Vorurteile erhalten.

---

4 F. Varani im Anhang zu: G. de Villiers, *Insidie a Zagabria*, Mailand, 16. Februar 1992.

Secondo Signoroni hingegen, der ehemals der meisterhafte Wiedererbauer der italo-amerikanischen Welt Giuseppe Petrosinos mit Hilfe der historischen Kriminalromane war, verfügt über eine ausgeprägte Vorliebe für Beschreibungen des Ambiente und Erinnerungen an Verbrechen, wie in *L'armata del silenzio* (*Segretissimo*, 29.12.1996). Hier tauchen Geheimnisse und Hintergründe des Kriegsgeschehens in Somalia (die Operation *Restore Hope*) auf, mit beunruhigenden Parallelen zum tatsächlichen Schicksal des Carabinieri-Hauptmanns Costa, der, beladen mit seinen Erfahrungen und Erinnerungen, von Mailand nach Somalia geschickt wurde.

Hinter den Geschichten der Gewalt aus Somalia mit seinen Bandenkriegen verbirgt sich eine andere Gewalt: die der Unternehmen, die mit Finanzierungsgruppen und Untergruppen der Geheimdienste zusammenarbeiten, mit Waffen handeln und den Konflikten neue Nahrung geben – eine Gewalt, die das Internet, Bankkonten sowie die Entscheidungen der verdeckten, imposanten Mächte durchdringt. Hier werden die Analysen subtiler und raffinierter. Sie orientieren sich mehr als die Erzählung über tatsächliche Abenteuer am Vorbild der futuristischen Analysen und der Einblick in die Welt der Informatik von Roberto Vacca, der mit *Greggio e pericoloso* (Mailand 1976) den Vorläufer zu einer ertragreichen Strömung technologischer und industrieller Spionageromane geschrieben hat.

Auf wiederum einer anderen Ebene finden wir literarisch anspruchsvolle Werke, die analytische Politikfiktion mit parodistischen Elementen verbinden, wie *La troga* (Mailand 1988) von Giampaolo Rugarli, in dem das Italien zur Zeit der Moro-Affaire mit seinen Geheimlogen, der Korruption öffentlicher Persönlichkeiten und ihren Verbindungen zur kriminellen Welt sowie den politischen Machenschaften der verschiedenen Geheimdienste untersucht wird. Hier manifestiert sich die Darstellung der Gewalt in einer Erzählung von großem sprachlichen Schwung und enormer parodistischer, grotesker Kraft; der Krimi verbindet sich mit der *spy story,* die Komödie mit dem Roman, die Reportage mit Digressionen im Stil Gaddas, Moral mit Geschichten über Furcht und Ehre sowie mit schwarzem Humor über ethische und gleichzeitig politische Themen. All dies in einer Sprache, die die unlösbare Verknüpfung von Groteskem und gegenwärtiger Gewalt, auch im Bereich der Politik, darstellt. Mit folgenden Worten legt ein Bankier seine 'Philosophie' über die Schmiergelder dar:

"Io intendo usarle una gentilezza, voglio darle una piccola tangente, un segno della mia amicizia. Cerchi di non fraintendere. Mi ascolti con attenzione, perché questa è filosofia. Io sono convinto che non si possa ottenere nulla senza pagare. Mai sentito parlare della legge del profitto? Nessuno è disposto a dare qualcosa senza un personale profitto. Ma non è una regola esclusiva del mondo degli affari, è una regola universale, sta scritta nelle coscienze [...] Il denaro è buono, riscalda, il denaro è l'unico legame possibile" (S. 109f.).

Das Groteske und die Parodie werden auch mit der extremen und brutalen stilistischen, sprachlichen, psychologischen und ethischen Vereinfachung erreicht. Die Gewalt wird in einem Ton dargestellt, der zunächst gutherzig erscheint, in Wirklichkeit aber bedrohlich ist, wie die Gesichter gewisser Protagonisten der heutigen Geschäftsszene, die wir "faccendieri" nennen.

Man könnte die Texte, die das *Corpus* und die Geschichte der italienischen Krimis bilden, gleichermaßen und mit analogen Parametern und Verhaltensmustern definieren. Eine komplexe Geschichte, die schon geschrieben wurde und die zu wiederholen nicht nötig ist. Vielleicht sollten wir aber daran erinnern, daß das offizielle Geburtsdatum des "giallo" weit nach denjenigen der angelsächsischen oder französischen Detektivgeschichten liegt. Nachdem zuvor eine Reihe von Übersetzungen, Wiederaufnahmen und anderen Versuchen in Angriff genommen wurden, richtet Mondadori 1929 die erste systematische Krimireihe in Italien ein, die *Libri Gialli*. Der erste italienische Text dieser Reihe, *Il Sette bello* von Alessandro Varaldo, stammt aus dem Jahre 1931. Die Vorgeschichte dieses Krimis finden wir im "Gerichtsroman" und in Geschichten, die an Dostojewskis *Schuld und Sühne* erinnern, an den Kampf gegen Gewissensbisse und Bestrafung, das Scheitern der Berechnungen, der Justiz entkommen zu können. Gewalt als Ergebnis von Frustration und Ausgrenzung; geschriebene Gewalt, die Gewissensbisse darstellt und die Akteure dieses Szenariums von innen beleuchtet.

Jedoch entstand 1931 der erste italienische Krimi – wenn man Varaldo Glauben schenken kann – quasi durch Zufall, als Improvisation, auch um einer Verfügung der faschistischen Regierung nachzukommen, die einen bestimmten Prozentsatz von italienischen Werken in allen Reihen verlangte, die mehrere ausländische Texte enthielten, so auch in den *Libri Gialli.*

In den frühen 30er Jahren wurden Autoren zu Krimiautoren, die bereits über Erfahrungen in der Herstellung von Gebrauchsliteratur verfügten (Abenteuerromane, Liebesromane, Mantel-und-Degen-Romane, also populäre Historienromane) oder als Journalisten gearbeitet hatten.

Natürlich schlug sich das in der Machart der ersten Krimis nieder: Geschmack am Abenteuer, Hang zum Sentimentalen, Beachtung der Farbigkeit etc. Die ersten "gialli" sind gewissermaßen Experimente, deren Untersuchung sich allemal lohnt. Das Publikum wollte auf der einen Seite einen Krimi nach angelsächsischem oder französischen Vorbild, auf der anderen Seite verlangte es nach einem italienischen "giallo". Hinzu kommt, daß die Autoren sich an Texten einer erfolgreichen Tradition orientieren wollten und auch sollten. Außerdem bestand der Druck der Zensur oder des "Minculpop" (Ministero della Cultura Popolare). Man erinnere sich daran, was Marco Tropea geschrieben hat:

"Con l'avvicinarsi dell'entrata in guerra dell'Italia i freni della propaganda in orbace [fascista] si strinsero ancora di più. Se qualcuno voleva scrivere un giallo doveva ricordare che: 1) l'assassino non doveva essere a nessun costo italiano, bensì straniero; 2) il protagonista italiano non aveva il diritto di suicidarsi; 3) l'assassino non poteva sfuggire in alcun modo alla giustizia".[5]

---

5 M. Tropea, "Presentazione", in: G. Scerbanenco, *Sei giorni di preavviso* (1940), Mailand 1977.

Nach dem Kriegseintritt wurden die Zügel noch straffer gezogen. In dieser Zeit kamen sogar Krimis mit faschistenfreundlichen, nazifreundlichen und antisemitischen Ansätzen heraus, und weitere Krimis erschienen in anonymen Reihen wie *I gialli della Palma* von Mondadori.

Es ist eine Tatsache, daß dieses Kapitel des italienischen "giallo" sich als sehr komplex darstellt. Die Zeit, in der diese Krimis entstanden, ist eine Zeit der politischen Gewalt. Trotzdem bewegen sie sich auf Schmalspurgleis. Die *Twenty Rules for Writing Detective Stories* von Van Dine (*American Magazin*, 1928) werden systematisch verletzt. *Sette bello* (Mailand 1931) von Alessandro Varaldo wird von einer Liebesgeschichte getragen und endet mit einer Reihe von Hochzeiten. *Quaranta milioni* (Mailand 1932) von Arturo Lanocita hat ein schnulziges Ende, und der Tote ist nicht tot; ebenso in *Nessuno è colpevole* (Mailand 1941) des frühen Scerbanenco.

In dieser ersten Phase des italienischen Krimis wird ferner ein "Akkulturationsprozeß" (Rambelli) und ein Professionalisierungsfortschritt der Autoren verzeichnet, die einen Weg suchen und denen es teilweise gelingt, sich mit Hilfe dieser Gattung originell auszudrücken. Besonders Augusto De Angelis – er starb 1944 nach langer Haft in einem Gefängnis der Faschisten der Italienischen Sozialrepublik – entwickelte den Kriminalroman entscheidend weiter, unter anderem durch sein Augenmerk auf Freud. De Angelis vertrat in einem Vortrag außerdem die Überzeugung, daß der Kriminalroman ursprünglicher und organischer Ausdruck des modernen Lebens sei, jenes Lebens, in dem "una falanga d'individui [appariva afferrata] dall'ingranaggio turbinoso di una esistenza di lotta continua, immersi in una atmosfera di palpitazioni elettriche, di brividi meccanici, di rumori metallici", also fern der Möglichkeit, eine "kontemplative" Kunst anzustreben. Eine Kultur der Gewalt und der täglichen Ängste, in der das Schreiben von

Kriminalromanen einem "Dichten" gleichkam. Den Zeiten angemessen, schloß De Angelis seinen Vortrag:

"È un far versi anche questo. Anche al problema e all'enigma occorrono le rime. E se il rimario di cui ci si serve è il manuale di criminologia e il trattato di Jardieu sui sistemi e sul decorso dei veleni, siano sempre poeti. Anche se le api d'oro tacciono spaurite sull'Imetto pieno di mirti".[6]

Zu diesem Verständnis einer "letteratura del mistero", die als Konsumprodukt der Zerstreuung dient, die sich aber auch ihrer Möglichkeiten bewußt ist, Ausdruck und Metapher der Gewalt und der Änderungen im Verhalten der Massengesellschaft zu sein, haben sich Autoren der verschiedensten Richtungen geäußert.

Gadda zum Beispiel, der – laut Roscioni und das nicht zu Unrecht – den Krimi ab 1918 im Hinterkopf hat, als er seine erste Erzählung *La passeggiata annuale* (*Letteratura*, Januar-Februar 1963) im Kriegsgefangenenlager Celle schreibt, reflektiert die Gewalt und ihre Ambiguität sowie die Ursachen, die zu Gewalt führen und die Voraussetzungen für das Verbrechen und dessen Bekämpfung bilden. Auch schreibt Gadda 1928, angeregt vom spektakulären Prozeß des Muttermörders Renzo Pettine, die *Novella seconda* (Mailand 1971), in der er über die Verantwortung des Einzelnen und der Gesellschaft für das Verbrechen des Muttermordes nachdenkt. Er schreibt in der Tradition Arthur Conan Doyles, um eine breites und später ein ausgewähltes Publikum zu erreichen, aber auch um sein eigenes Programm zu verwirklichen: die Suche nach dem "Geheimnis", nämlich nach den komplexen Ursachen der Ereignisse und der Gewalt – erinnern wir uns an die Passagen der Novelle über die Veränderungen der Welt, über die Gewalt der Masse.

---

6 A. De Angelis," Conferenza sul giallo (in tempi neri)", in *La lettura*, März 1980, eingel. v. O. Del Buono, S. 44.

Nach dem Ende des Zweiten Weltkrieges werden wieder überwiegend ausländische Krimis publiziert; die italienischen Krimiautoren veröffentlichen unter Pseudonymen oder produzieren diskontinuierliche, voluntaristische, experimentelle Werke. Die Werke der Schriftsteller, die komplexe Ausdrucksformen wählen, enthalten differenziertere Reflexionen über das Universum der Gewalt: so Gaddas Diskurs über die Verknüpfungen, die Kreuzung der "Mitursachen", der existenzielle, politische und soziale Universen mit Hilfe einer Erkenntnis des Schmerzes und der Gewalt untersucht, die auch den Stil, die Sprache und die Semantik durchdringen.

Leonardo Sciascia erforschte seit den frühen 60er Jahren das Verhältnis zwischen Gewalt, Macht, Schreiben und der Falsifizierung oder Mystifizierung der Ursachen der Gewalt. Es ist kein Zufall, daß in den 60er Jahren, in denen Italien in eine Phase komplexerer wirtschaftlicher und sozialer Entwicklung eintritt, der Gattung auf allen Ebenen neue Aufmerksamkeit entgegengebracht wird. Die problematischen und beängstigenden Krimis von Sciascia stammen aus dem Beginn dieser Dekade. Aber auch auf der Ebene der Kriminalerzählungen, die in den Reihen für Liebhaber oder für das breitere Publikum erschienen, entsteht in den 60er Jahren ein neues Klima.

Die zweite, wichtigere Schaffensphase des Kriminalautors Scerbanenco beginnt mit Werken wie *Venere privata* (Mailand 1966) und *Traditori di tutti* (Mailand 1966). Diese Periode ist "schwarz" (laut Oreste del Buono war Scerbanenco "giallo", rosa" und "nero"). Es sind die Krimis über Duca Lamberti, einen Arzt, der wegen eines Euthanasieprozesses aus der Ärztekammer ausgeschlossen wurde. Sie enthalten Zynismus, Heuchelei, das Verbrechen als Instrument zur Durchsetzung der eigenen kleinen oder großen Macht, das organisierte Verbrechen, die Gewalt des Krieges, der die Nachkriegskriminalität hervorbringt. Und Scerbanenco, der auch Liebesromane schrieb, verfeinert seine rauhe und harte, gewalttätige Sprache. So manche Erzählung aus *Milano calibro 9* (Mailand 1969) zeigt Annäherungsversuche an die Schauererzählung, an den schrecklichen Bericht über die Grausamkeit von jemandem, der tötet und sich dann das Leben nimmt "per uccidere quella bestia che aveva in sé".

Auf anderer, aber auch rauher Ebene werden Geschichten über Verwicklungen, derzeitige Gewalt und Hypotheken der Vergangenheit, altes und neues Verbrechertum erzählt, das in den modernen Metropolen Nährboden findet, so im Umkreis von Mailand. Der Wirtschaftsboom, das Industriedreieck im Norden Italiens, das neue demografische und soziale Wachstum der großen Städte regten die Produktion von komplexeren Geschichten über Gewalt an.

Im Vorwort des 1976 in Mailand erschienenen Buches *La madama* von Massimo Felisatti und Fabio Pittorru, den erfolgreichen Autoren einer Krimiserie im Fernsehen, wird Rom ironisch dazu beglückwünscht, daß es ebenfalls die Hauptstadt der modernen Kriminalität sei. *La madama* erzählt nämlich eine Geschichte der Verknüpfung von Unterwelt, Terrorismus, Drogen und käuflichem faschistischem "Squadrismo".

Die Romane des Bologneser Schriftstellers Loriano Macchiavelli – von *Piste dell'attentato* (Mailand, Campironi, 1974 und Garzanti 1975) bis *Stop per Sarti Antonio* (Bologna, Cappelli 1987) – beziehen sich auf "Blutbäder", die ungeklärten nationalen "Geheimnisse". Natürlich weisen die Texte auch unterhaltsame sprachliche und satirische, manchmal komische oder pikareske Aspekte auf, doch bleibt der Hintergrund tragisch wie bei Fréderic Dard, aber mit starken und ernsten Bezügen zur politischen Realität. Auch in der kleinsten Satire, im Grotesken bleibt bei Macchiavelli ein unauslöschbarer problematischer Grund. Der Hang zur "Epik" wird – wenn auch in sehr geringem Maße – dem historischen Geschehen aufgepfropft (mit tragischem Epilog). Es ist kein Zufall, daß Macchiavelli in *Triangolo a quattro lati* (Mailand 1992) zu den dunklen, mysteriösen, schrecklichen Geschichten der Nach-Resistenza-Zeit zurückgekehrt ist, daß er die tragische und pessimistische Seite betont hat, die übrigens in seinen Krimis über ungelöste Rätsel der italienischen Politik immer gegenwärtig ist, darunter der mysteriöse Flugzeugabsturz bei Ustica. Letztere hat er unter dem Pseudonym Jules Quicher veröffentlicht (J. Quicher, *Funerale dopo Ustica*, Mailand 1989). Sein neuester Krimi *Macaroni. Storie di santi e delinquenti* (Mailand 1997), den er zusammen mit Francesco Guccini geschrieben hat, handelt von Verbrechen, die aus der tragischen Erfahrung der Ausgrenzung, der Auswanderung, der Ausbeutung entstanden sind.

Um die Bedeutung und die Präsenz des Krimis in der heutigen italienischen Literatur bewerten zu können, müssen wir sowohl die Texte, die in den 'klassischen' Reihen erschienen sind, als auch andere betrachten; der Krimi und 'Spuren' des *genre* sind auf allen Ebenen und in allen schöpferischen Bereichen der Erzählkunst zu finden. In jedem Falle ist die Sprache des Krimis – oder der Romane, die Spuren von ihm enthalten, oder der *spy story* oder des Schauerromans – sehr unterschiedlich, verschieden in der Intonation und der Darstellung.

Die individuelle oder kollektive, historische oder existentielle Gewalt kommt auf verschiedenen sprachlichen Ebenen zum Ausdruck. So geben sich Krimis beispielsweise als historische Untersuchung Amerikas zu Beginn des 20. Jahrhunderts (Secondo Signoroni: Petrosino und die organisierte Mafia-Kriminalität) oder des alten Roms (Danila Comastri Montanari: die Auseinandersetzungen zwischen Senat und imperialer Macht). Daneben entstehen parodistische Krimis, um die rhetorischen, logischen und kognitiven Unzulänglichkeiten des gängigen Krimis zu unterstreichen, wie es Carlo Manzoni in *Ti svito le tonsille piccola* (Mailand 1962) und Luciano Folgore in *La trappola colorata* (Mailand 1934) getan haben. Andere, zum Beispiel Simenon, bewegen sich auf der Ebene der Psychoanalyse und der Untersuchung der Atmosphäre und des Ambiente, um die Quelle der Gewalt zu rekonstruieren; Renato Olivieri untersucht die neue Gewalt zwischen den Einwohnern der Metropolen, die sich selbst zu ihrem Recht verhelfen und Rache üben (*Caso Kodra*, Mailand 1978; *Piazza pulita*, Mailand 1991).

Außerdem wird Gewalt auf eine Weise untersucht, die zu ontologischen Fragestellungen führt (Antonio Tabucchi, *Il filo dell'orrizonte*, Mailand, 1966), es sei denn, daß die Gewalt als Zeichen der Repression und der Erpressung der institutionalen Kräfte verstanden werden kann, wie in *Testa perduta di Damasceno Monteiro* (Mailand 1997). Auf der Ebene der historischen Untersuchung der nahen Vergangenheit analysiert Carlo Lucarelli zum Beispiel in *L'estate torbida* (Palermo 1991), *Carta bianca* (Palermo 1990) und *Via delle Oche* (Palermo 1996) auch aus psychologischer Sicht die Verknüpfung Geschichte-Kriminalität-Politik in der komplexen Welt der historischen Übergangszeiten (die faschistische Repubblica di Salò, 1943-45; die ersten Nachkriegswahlen am 18. April 1948, bei denen Democrazia Cristiana mit 48,5% siegte). Er legte aber auch einen Krimi der "età berlusconiana" mit Spuren des Schauerromans vor (*Lupo-mannaro: un serial killer sulla via Emilia*, Rom-Neapel 1994).

Der Beitrag wäre unvollständig, wenn man nicht den großen Aufschwung erwähnen würde, den der Krimi, der Schaueroman und auch die *spy story* im Kino und im Fernsehen erleben und der sie zu den populärsten Gattungen der gegenwärtigen Erzählkunst werden läßt. Die Reportage hat ein Übriges getan. Corrado Augias betitelte die erste Sendung seines Bücherjournals *Babele* "Più giallo del giallo".

Jetzt sollte man nicht mehr über die Legitimierung dieser Gattungen in der Literaturgeschichte, sondern über die Qualität ihrer Werke und ihre Erfolge diskutieren. Dank der Techniken des Kinos und des Fernsehens wurden außerdem auf allen Ebenen die Darstellungen feiner und die Techniken komplexer. Die Qualität und die Problemstellung bleiben jedoch Aufgabe des einzelnen Schriftstellers. Aber der Krimi, die *spy story* und der Schauerroman können heute als exzellente Observatorien und Metaphern dienen, um mit Hilfe der Darstellung von Gewalt Modalitäten und Formen des Lebens, der menschlichen Beziehungen, der Geschichte unserer Zeit zu erkennen.

(aus dem Italienischen von Katrin Harkenthal)

RIASSUNTO

I diversi generi che appartengono a quest'ambito di produzione letteraria che può essere definita come "letteratura del mistero" (romanzo poliziesco o "giallo", romanzo spionistico, romanzo "nero") hanno un rapporto stretto con la violenza: rapporto indiretto o diretto, esplicito o implicito. Perché la violenza possa avere determinato un mistero, che l'indagine dovrà svelare, diventa strumento di offesa o di difesa e segna il percorso di una storia in atto o di una storia ricostruita a posteriori. Anche la violenza come strumento di offesa, di punizione, di vendetta, di infrazione (o della realizzazione, a suo modo) della legge e della giustizia, ha linguaggi ed espressioni diversi: soggetti a censure, nella scrittura, o enfatizzati nella rappresentazione del male in rapporto a contesti e quadri diversi di sviluppi della società italiana. Diventa l'espressione elementare di un gusto macabro o, viceversa – all'altro lato della serie di modalità di rappresentazione – oggetto di riflessione intorno ai misteri esistenziali. Ciò succede in alcuni grandi scrittori (da De Angelis a Gadda, a Sciascia) che verranno considerati accanto alla produzione di testi negli spazi istituzionali e nelle collane dedicate a questi generi, dalla fine degli anni Venti a oggi.

Alberto Abruzzese
Università della Sapienza di Roma

Die Gewalt des 20. Jahrhunderts und die Gewalt der Schrift

Das Bild des 20. Jahrhunderts – und sein *Empfinden* – verändert sich radikal, sobald man den Standpunkt der Beobachtung verändert: *Beruhigend* erscheint es unter dem Gesichtspunkt einer Theorie der Entwicklung, die sich von den Kosten des Fortschritts nicht beirren läßt. *Begeisternd* erscheint es im Bereich der Kunst und insbesondere im Bereich der italienischen Literatur, die während dieses Jahrhunderts eine seit mehreren Epochen verlorene Größe und ihre alte europäische Bedeutung wieder errungen hat. *Erschrekkend* erscheint es aus der Perspektive der Ethik und Umwelt. Die Komplexität des 20. Jahrhunderts entspricht also einer Fragestellung, welche das zweideutige Phänomen einer literarisch hochentwickelten, zivilisierten Epoche mit der in ihr zutage tretenden Gewalt in den Mittelpunkt gerückt hat. In meinem Beitrag soll dieser Widerspruch ausgelotet werden, ohne daß ich mich durch einzelne Autoren oder Texte ablenken lasse. Ich möchte das Thema des Bandes als ein Rätsel auffassen, dem sich die Historiographie und die Literaturkritik nicht wie so häufig entziehen sollten: Gewalt des Jahrhunderts und/oder das Jahrhundert der Gewalt. Parallel zu dieser Inversion ergibt sich die andere: Gewalt der Literatur und/oder Literatur der Gewalt.

Es handelt sich um mehrfache Bezeichnungen und unterschiedliche Aspekte ein und desselben historischen und theoretischen Komplexes, der auch mit der Überlegung zusammenhängt, daß dieses Jahrhundert paradox ist, weil unerhörte soziale Barbarei neben nur teilweise erfüllten Verheißungen steht: einerseits der Erste Weltkrieg, die totalitären Regime des Nazismus und des Stalinismus, der Holocaust, der Zweite Weltkrieg, die Atombombe, das weltweite Ungleichgewicht zwischen Besitzenden und Habenichtsen, die Bedrohung der Umwelt; andererseits die Bemühungen um die Entwicklung des Wohlstands, die weltweiten Demokratisierungsprozesse, die technologische Entwicklung, die allmähliche Verbesserung der Lebensbedingungen – auch wenn diese überwiegend im Kontext der okzidentalen Entwicklung stattfindet.

In der Kultur – hierunter soll die *hohe* Kultur verstanden werden – ist die Janusköpfigkeit des Jahrhunderts, in der sich die Fortschrittsidee des 19. Jahrhunderts erbarmungslos durchgesetzt hat, als Konflikt zwischen einer im Humanismus tief verwurzelten Weltanschauung der Solidarität und einem barbarischen oder zumindest degradierenden Ende der industriellen und technologischen Entwicklung thematisiert worden. Dieser Konflikt zwischen Kultur und Gewalt – zwischen dem Geist und der Welt – wird als substantieller Gegensatz zwischen der angeblichen Unberührbarkeit kultureller Güter und ihrer immer erneuerten Bedrohung durch die Modernisierung verstanden.

An der Schwelle zum dritten Jahrtausend versucht man nun, in Philosophie und Ästhetik das 19. Jahrhundert zu überwinden und zugunsten der Zukunft aufzugeben; aber man ist geteilter Ansicht darüber, ob nicht auch ein Gegensatz zwischen dem Sinn des Menschen und dem Sinn der Technologie besteht. Die kulturellen Institutionen, insbesondere die Literatur und die Kunst, haben noch nicht die leidvolle Erfahrung der vergangenen Epoche verdrängen können und ordnen Glücksverlangen und Todesangst nach wie vor dem Gegensatz zwischen den menschlichen Werten und den Errungenschaften des Fortschritts zu, dem Gegensatz zwischen Tradition und Veränderung, zwischen Sein und Dasein.

Die Kultur hat sich fast immer als unfähig erwiesen, ein anderes Kriterium der Erkenntnis zu finden. Sie hat auch politisch die intellektuelle Herausforderung an den Rand gedrängt, der zufolge die Krise der Moderne einem anderen Paradigma folgt, daß nämlich das eigentliche Wesen der Technologie und der Massengesellschaft in der wechselseitigen Durchdringung der gegensätzlichen, aber dennoch zusammenfallenden Triebe von Lust und Tod zum Ausdruck kommt. Diese zwei Gewalten sind in einer, nämlich der Gewalt der Veränderung vereint. Es handelt sich um den internen Konflikt des Subjekts in der Moderne; es ist in seinem Ursprung enthalten und es kann ihm nicht entkommen.

Die Massenmedien sind der Ort, wo man in Demokratien versucht hat, zwischen der Gewalt der Veränderung und dem Streben nach Glück zu vermitteln. Dies geschieht mit Hilfe der affirmativen Strategien des Medienmarktes. Besser: Die Entwicklung der Kräfte des Konsums hat die Sozialpolitik und die Politik im allgemeinen bestimmt, indem die in den Waren verkörperten Wünsche dem traditionellen Wissen und dessen Strategien gegenübergestellt werden. Die Stärkung der öffentlichen Meinung und der demokratischen Systeme ist gewiß auch dem Glanz der Kulturindustrie zu verdanken. Aber der Triumph der Massenmedien hat andererseits auch eine territoriale Einschränkung in Gang gesetzt, insofern die Beziehungen zwischen den Individuen und ihren jeweiligen Wünschen derart berücksichtigt werden, daß man den Rahmen der sozialen Bindungen überschreitet.

Indem sich die erste industrielle Revolution der städtischen Massen in die Scheinwelt der Fernsehgesellschaft verwandelt, offenbart sich nicht allein die Krise der Literatur, sondern eine weit radikalere, eine Krise der Schrift. In der Tat war es die Schrift, welche die Übertragung der Kommunikationsformen der Presse und des Schauspiels in audiovisuelle Formen bestimmt hat; und immer noch ist die Schrift der instrumentelle Träger von Kritik und Theorie.

Seit dem 19. Jahrhundert bis in unser Fernsehzeitalter hat die Schrift nicht nur die Normen- und Erziehungssysteme der bürgerlichen Gesellschaft, sondern auch die *Kommunikationsverträge* zwischen den Sendestationen und Empfangsstationen der Diskurse der Massen kontrolliert. Ein echter und eigentlicher Sozialvertrag hat jede Form der Unterhaltung zwischen dem, der schreibt, und dem, der liest, zwischen Werk und Publikum, zwischen Produktion und Konsum an die Autorität der Texte gebunden.

Dieser Vertrag – ein auf die Autorität der Schrift gegründetes Bindeglied – läuft aus. Nicht allein die gehobenen Formen der Kommunikation werden durch intensiv einsetzende soziale Metamorphosen in Frage gestellt, sondern in noch durchgreifenderer Weise geschieht dies mit den verbreiteten Formen der Massenkultur. Neue Formen von Subjektivität erscheinen kraft weitausgreifender anthropologischer Prozesse; diese lösen die Strukturen der kognitiven und kommunikativen Systeme der modernen Gesellschaft und ihrer kollektiven Bilderwelten auf. In die hundertjährige Macht der Massenmedien dringt die innovative Macht der "personal media" ein. Dem Zentralismus des TV tritt die Interaktion der Computer gegenüber. In die gegenwärtige Welt der Film-Fernseh-Kommunikation dringen die *virtuellen Welten* der Kybernetik ein. An die Stelle des *homo videns* der Schrift und des Bildes tritt der *homo sentiens* der digitalen Sprachen. Neben den Sinneswahrnehmungen der *anschauenden Sprachen* der Kulturindustrie tritt eine Körperlichkeit, welche die Macht der Schrift lange Zeit unterdrückt hat, ein Empfindungsvermögen, das psychomotorische und experimentelle Sprachen bevorzugt.

Mit dieser langen Entwicklung erfüllen sich die literarischen Experimente des 20. Jahrhunderts, die in ihrem Anspruch, das moderne Subjekt als literarisches deuteten, und häufig dahin führten, daß man in der Herrschaft der *Maschinen* und der *Waren* den Ursprung des menschlichen Schmerzes und des sozialen Elends, der Verarmung der Formen und des Sinnverlustes ausfindig machte.

Angesichts der Industrialisierung des täglichen Lebens haben die Schriftkulturen – man denke an die lange Tradition der Studien über die Bewertung der Kulturindustrie – eine doppelte Strategie verfolgt: Teilweise haben sie den Technologisierungsprozeß und die Mediatisierung der Gesellschaft *kontrolliert*, teilweise haben sie ihm *widersprochen*. Häufig ging es hierbei um einen Konkurrenzkampf zwischen gesellschaftlichen Schichten, zwischen kulturellen Märkten oder um die Verteidigung und Eroberung sozialer Privilegien.

Gewiß haben die Schriftkulturen keine Theorie des Massenkonsums erarbeitet, welche dessen innovative Qualität erfassen würde. Hierunter ist zu verstehen, daß der Massenkonsum einen metaterritorialen, sinnlich wahrnehmbaren Raum geschaffen hat, in dem Subjekte und Objekte der sozialen Beziehungen *anschaubar*, darstellbar, kommunikabel werden konnten. Die Schrift blieb verschanzt in den Vorstellungen einer Macht, die diente oder verneinte. Die Besonderheit der Schrift ist die Eigenschaft der okzidentalen Entwicklung gewesen.

Die Schriftkulturen haben sich frei gehalten von der Gewalt des 20. Jahrhunderts; dies wurde durch ihre Traditionen und Modelle gewährleistet. Sie haben sich im Gegenteil eher als Bollwerk gegen die Gewalt zu legitimieren versucht, gegen jede Art von Gewalt. Nicht zufällig wird bis heute die Erfahrung der historischen Avantgarden und der Neo-Avantgarden beständig in Frage gestellt, weil sie als eine gefährliche und schuldhafte Abweichung von dem Modell einer ausgeglichenen Beziehung zwischen Kultur und Gewalt vermittelt haben. Tatsächlich hat die Tradition der Avantgarden – bis zu einigen Randerscheinungen der gegenwärtigen experimentellen Kunst – allein es versucht, die moderne Verbindung zwischen Individuum und Technologie, zwischen Erfahrung und Markt aufzugreifen.

Diese Tendenzen münden heute in ein wesentlich komplexeres Szenarium als es die kulturellen Institutionen entworfen hatten, indem sie sich von der Technologie und vom Markt zu unterscheiden versuchten. Im Ganzen treten die neuen Systeme in eine Phase heftiger Veränderungen ein, was die Schnelligkeit und die Intensität anbelangt. Es handelt sich um eine sozialanthropologische Veränderung, die mit dem an sich schon starken Trauma der ersten industriellen Revolution oder mit dem Übergang vom 19. zum 20. Jahrhundert oder mit dem Umbruch in den 30er Jahren überhaupt nicht zu vergleichen ist. Sie ist nicht zu vergleichen, weil sie ebenso einschneidend wie entscheidend ist. Denn der Bruch betrifft diesmal die Moderne insgesamt und nicht nur einen Wechsel innerhalb ihrer selbst.

Die reduzierten Dimensionen, die man institutionell für die Medien fixiert hat und innerhalb derer man sie hat erarbeiten lassen, führten zu einer Radikalisierung ihrer Einschätzung; diese läßt sich an der nicht zufällig geglückten Formel Umberto Ecos ablesen: Weder apokalyptisch noch integriert. Diesem Slogan sollte man eine radikal konträre Strategie entgegenhalten. Heute sollte die Leitidee dazu führen, *apokalyptisch und gleichzeitig integriert sein zu können.*

Die Überlegung, die ich zur Diskussion stellen möchte, betrifft gerade die grundsätzliche Unangemessenheit der traditionellen fortschrittlichen Slogans gegenüber der Beschleunigung der sozialen Veränderungen, welche darauf hinweisen, daß die Innovation der Kybernetik ihr effizientes, revolutionäres Instrument ist. Unter der Voraussetzung, daß man in der Lage sein wird, die Form der Subjektivität zu bestimmen, die sich mit Hilfe der neuen Technologien manifestieren wird.

Um der Gegenwart als einem entscheidenden Übergang von den Technologien der Massengesellschaft zu den *new media* gerecht werden zu können, muß man die literarische Tradition des – wenigstens scheinbaren – Gleichgewichtes aufheben, mit der nicht nur die literarische Kritik eine ausgewogene Nutzung des Medienbereichs kontrolliert hat, ohne daß die Partie abgeschlossen wäre. Die Kritik bemerkt, daß sie sowohl im Bereich der allgemeinen Medienkultur des Fernsehens als auch im Bereich der neuen personalisierten Sprachen der Computer deplaziert ist.

Kehren wir zur Bedeutung des Titels zurück. "Gewalt des 20. Jahrhunderts" ist keine Verzerrung, auch nicht im Kontext Italiens. Höchstens aus einem theoretischen Grund, der mir wichtig erscheint und der legitimiert, daß nicht nur von italienischer Literatur als vielmehr von Mediensystemen und somit von Gegenständen zu sprechen ist, die nicht nur ein *Vaterland* haben.

Man kann über das 20. Jahrhundert nicht aus einer italienischen Perspektive nachdenken. Es ist auch unmöglich, wenn man sich auf die nationale Kultur des Jahrhunderts beschränkt, auf eine Kultur, die – im Buch und seinen Einrichtungen begründet – die Bezugskategorien Kontinuität oder Diskontinuität der literarischen Codes hat. In der Tat verlangt die mediale Dimension des Jahrhunderts eine *weltweite* Erörterung, eine okzidentale und nicht nur europäische. Diese bildet den Hintergrund des nationalen Bereichs unseres Ausdrucks, welche Träger dieser auch immer gehabt haben mag oder noch hat.

Wir müssen also von einem historischen Aufeinandertreffen zwischen der okzidentalen literarischen Kultur und der Gewalt der sozialen Veränderungen ausgehen, wie sie zunächst durch die Metropolen und danach durch den Bildschirm markiert worden sind. Gemessen an dieser Gewalt zeigt der italienische Kontext eine Rückständigkeit, die unmittelbar zu einem kritischen Paradigma wird: zur Tendenz, die Rückständigkeit der eigenen Entwicklung nicht negativ, sondern positiv zu beurteilen und dementsprechend als literarischen Humanismus, der als humanitäre Garantie auftritt, zu bewerten.

Dies ist eine Formel der Kritik, die auch bei anderen Gelegenheiten der Nationalgeschichte wiederkehrt und die eine zentrale Rolle in der Filmkritik und für die politischen Anschauungen der Filmautoren hat. In diesem Bereich der Kultur wird der Bereich des Ästhetischen und der Unterhaltung unaufhörlich mit dem des staatsbürgerlichen Engagements und der moralischen Botschaft vermischt. Hier tritt der literarische Provinzialismus unklugerweise offen auf.

Allerdings gibt es im literarischen Panorama Italiens eine Figur, die, obwohl auch sie antitechnisch und konsumkritisch agiert hat, einem anderen Paradigma gefolgt ist: Pier Paolo Pasolino. Er hat die Mittel des Ausdrucks auf die gewalttätige Beziehung zwischen dem Körper und seiner Umgebung reduziert. Dieses Paradigma ist aber eines der Poesie, des Romans, des Theaters und des Films. Pasolini wird einerseits auf die Person, andererseits auf den Literaten reduziert; insofern schließt man wieder die Wunde, welche dieser Ausnahme-Autor dem widersprüchlichen Panorama der Ausdrucksmittel der italienischen Massengesellschaft zugefügt hat.

Für das skandalöse Beispiel Pasolinis und für die kritische Intelligenz Italo Calvinos – des einzigen Autors Italiens, der das Eindringen der Kybernetik in das Panorama der Literatur verstanden hat – hat die italienische Kultur äußerst konventionelle Deutungen bereitgestellt. Die Diskussionen, die man über die Beziehungen zwischen den kulturellen Institutionen (von der Schule bis zum Verlagswesen) und dem Konsum, zwischen literarischer Tradition und Medien, zwischen Literatur und Bild, zwischen Fernsehen und Gesellschaft geführt hat, konzentrieren sich in erster Linie auf das Problem der Gewalt: Den Bildern der Gewalt, die in der Massenkultur überhand nehmen, werden negative Wirkungen auf Kinder, einzelne Gruppen und auf das Gemeinwesen unterstellt. Pornographie, Gewalt, Wahnsinn werden als Formen der Darstellung ohne jeden Erkenntniswert, ohne realen Erfahrungsgrund, ohne symbolische Substanz angesehen.

Die überkommene schulische und pädagogische Denkweise, welche den Schutz der Kinder vor gefährlichen Programmen bestimmte, erscheint in den Überlegungen, denen zufolge das Massenpublikum nicht über die Instrumente verfügt, um sich Inhalte und Formen immer extremerer Gewaltdarstellungen anzueignen. Die Literatur und das Buch werden als Anti-Virus beschworen. Poetiken und Verlagspolitik werden als letzte Versuche konzipiert und propagiert, um eine Gesellschaft zu verbessern, die von der *Begierde nach dem Bild* und dem *Aufruhr der Körper* befallen ist.

Gleichzeitig werden Pornographie, Gewalt und Wahnsinn mit einer Reihe theoretischer Widersprüche und einer gewissen kulturellen Naivität unter der Voraussetzung vereinnahmt, daß sie sich in dem Rahmen der ästhetischen Legitimation bewegen; man denke an Kunst und Literatur des *cyberpunk*, des *splatter*, des *trash*. Dies gilt für gewisse Bereiche der Kritik und des intellektuellen Publikums und für die Literatur, die sich dem Konsum verpflichtet fühlt. Aber auch diese zwielichtigen Grenzzonen werden von dem größeren Teil der Literaten als Metapher für eine verdorbene Welt betrachtet, die allein die literarische Form als ethischen Wert retten könnte. Der Intellektuelle – ich denke an angesehene Namen wie Umberto Eco, Furio Colombo oder Giulio Ferroni – besteht darauf, sich als der rettende *Antikörper* gegen die gesellschaftliche Gewalt anzubieten. In der Tat geht es um den Gegensatz zwischen einer beschränkten Körperlichkeit der Schrift und einer weit ausgedehnten und intensiveren Körperlichkeit des Habitats, dessen Kenntnis der Intellektuelle verloren hat.

Dieses breite und festgefahrene Ensemble kritischer Stereotypen sollte baldigst in Frage gestellt werden, damit man zur notwendigen *Diskussion des Wertes der neuen Technologien* und insbesondere der Digitalsprache übergehen kann, welche ihrerseits die Möglichkeit in sich bergen, die Strategien der allgemeinen Medien zu verstärken und zu radikalisieren oder sie zentral zu treffen und neue Ressourcen mit neuen Konflikten zu erschließen. Die "new media" zu diskutieren bedeutet, ihnen die Form einer radikal anti-modernen Subjektivität zuzubilligen.

Die genannten Stereotypen beziehen sich darauf, daß bestimmte alphabetisierte Gruppen der Gesellschaft einen Wissensvorsprung und die traditionelle Überlegenheit in den Bereichen beanspruchen, die im Sinn einer systematischen Betrachtung ihrer Kontrolle unterliegen: die Orte, Apparate, Netze der Sozialisierung durch zentralorientierte, vertikal und einsinnig verlaufende, durchsetzbare Sprachen. Jene alphabetisierten Gruppen werden ihrerseits von dem sozialen Pakt zwischen Schriftsteller und Leser und von den Modi getragen, kraft derer der Pakt auch die Entwicklung des Kinos wie des Fernsehens sowohl in der Sphäre der Textproduktion als auch in der des Konsums reguliert hat – wenigstens bis zum unwiderruflichen Bruch des frontalen und asymmetrischen Kommunikationsmusters des allgemeinen Fernsehens durch das Neo-Fernsehen.

Der Computer verleiht indessen zutiefst nicht-modernen – manche bevorzugen den Terminus "post-humanen" – Kulturen eine Stimme, wenn nicht gar eine Pluralität von Stimmen. Um diese Kulturen zu entdecken und die experimentelle, psychomotorische Natur der Digitalsprachen (z.B. der Videospiele) zu verstehen, muß man allerdings die Magazine für Kino und billiges triviales Fernsehen, die Bereiche der weniger legitimierten Pornographie und der barbarischen Unterhaltung mit einem anderen Auge untersuchen. Dies ist auch der Bereich, welcher die radikale Destabilisierung der politischen Parteien in Italien hervorgebracht hat – von der Fernsehkette Berlusconis bis zu den lokalen Ligen Bossis.

Von den Pornocomics der 70er und 80er Jahre bis zu den städtischen Subkulturen der Nichtseßhaften beobachten wir eine Reihe von Aufruhrbewegungen, welche demonstrieren, daß nicht die technologische Innovation Wirkung zeitigt, sondern daß die Veränderung des täglichen Lebens und die Sensibilität der darin Lebenden die Veränderung hervorbringen. Tiefe antimoderne Kräfte drängen nach Abschaffung der Geschichte, nach der Loslösung von kollektiven Bilderwelten, der Reduktion des Schriftwissens, nach Erfahrungen in zwischenmenschlichen Bereichen, nach der Disponibilität partikularer Beziehungen.

Es treten also neue Subjekte und neue Subjektivitäten auf den Plan; andere Sinneswahrnehmungen und Vorstellungswelten als die von der Schrift verdrängten oder marginalisierten. Die italienische Literatur der letzten zwanzig Jahre hat sie mitunter erahnt, sie selber blieb aber dem autoritären traditionellen System verhaftet, welches sie trägt und legitimiert. Kann die Literatur als solche – nicht das Literarische, welches über Kino und Fernsehen nun in die Netze und Hypertexte eindringt – ihren spezifischen *Raum* gegenüber diesen Aufruhrbewegungen zurückerobern? Wenn es wahr ist, daß die Literatur des 19. und 20. Jahrhunderts erzählerische Texte hervorgebracht hat, die als außerordentliche Vorwegnahme gewirkt haben, so erhebt sich die Frage, ob sich diese Form der Vorausschau noch einmal wiederholen kann.

Kann die Tatsache, daß die Kybernetik geeignet ist, eine jede Technologie der Vergangenheit zu bestimmen, die Erfahrung abschließen oder noch einmal eröffnen, daß der Fortschritt der Sprachen die vorhergegangenen Sprachen niemals ganz und gar zerstört hat? Vor den Digitalsprachen hat sich jedes Ausdruckssystem – Fotografie, Film, Radio, Fernsehen – neben die neuen gestellt und die eigene Besonderheit seiner Form und seines Publikums neu definiert. Was wird aber heute in der Geographie der bisher gebräuchlichen Ausdrucksmittel eintreten, da das neu Hinzugekommene jeden vergangenen Konsumkreislauf ersetzen und optimieren kann?

Eine Frage sei zum Abschluß noch formuliert: Reflektiert man in der italienischen Kultur *wirklich* die Gegenwart? Wenn wir auf die Stereotypen des Konfliktes zwischen Elite und Massenkultur zurückgreifen, fragen wir uns – sofern man sich auf die Seite des traditionellen Ausdruckssystems stellt und der humanistischen Kritik folgt – mit wem man sich verbinden kann, um die extreme Auswirkung der Computer, der Vernetzung, der Hypertexte, der Videospiele, der möglichen neuen Gewalt aufzuhalten?

In der Entwicklung der Technologien eröffnet sich ein Raum, der die Trennung zwischen Gut und Böse, Glück und Schmerz, Autorität und Gewalt nicht mehr zuzulassen scheint. Im Bereich des Möglichen und der Biotechnik, einem Bereich der immer weiter getriebenen und extremen Künstlichkeit, werden die Wertmaßstäbe, die wir bei der Deutung des 20. Jahrhunderts angewendet haben, nach und nach zurückgedrängt; sie finden keine Anhaltspunkte mehr und suchen keine neuen.

Gerade in dieser Zwischenphase kann eine authentische literarische Sensibilität eine neue Weise des Ausdrucks finden. Vielleicht gibt es einen Platz für eine *private Literatur* oder eine *von der Schrift befreite Literatur*. Vorauszusetzen ist hierbei, daß diese Literatur, die sich den beunruhigenden Metamorphosen der Werte aussetzt, sich bewußt wird, daß sich der traditionelle Rahmen ihrer Autoren, ihrer Publikumsgruppen, ihrer Formen und Inhalte aufgelöst hat.

Die Literatur muß sich heute mit der Situation auseinandersetzen, daß die Vorstellung einer Welt als universelles Territorium, als ideale Form zerfällt; damit zerfällt auch das historische Gedächtnis und die historische Kontinuität eines erzählenden Subjekts sowie spiegelbildlich die Idee eines

Publikums, das sich ethisch und ästhetisch in solchen Erzählungen wiedererkennen kann. Die Erfahrung der postmodernen Schriftsteller hat uns gezeigt, daß ihre exhibitionistische Autoreferenzialität – die erbitterte, nostalgische oder provozierende Bricolage, die sie benutzen, um als Literaten und Kommunikatoren zu *überleben* – bereits die unüberschreitbare Grenze zwischen einer kleinen Gemeinschaft von Lesern und der *übrigen Welt* markiert.

Hieran bemißt sich die Diskontinuität zwischen unserer Gegenwart und der literarischen Kultur des 20. Jahrhunderts, welche ihren Höhepunkt in den 30er Jahren fand. Die große Literatur unseres Jahrhunderts hat ihr Bemühen bis an die äußerste *Grenze* der Sprache – der Schrift – vorangetrieben; sie zeichnet sich durch äußerst ungewöhnliche Qualitäten des Ausdrucks aus, die den Entwicklungsstrategien der modernen Gesellschaft ebenbürtig sind und das Vorhaben befördern, der Welt einen Sinn zu geben, diesen darzustellen und weiterzugeben. Die großen Literaten des 20. Jahrhunderts haben sich in diesem beeindruckenden Vorhaben verzehrt, als die Literatur bereits in einem von den Massenmedien unterschiedenen Bereich angesiedelt war; sie haben geahnt, daß die Komplexität ihrer Gegenwart sich den literarischen Codices entzog und deren Sinn radikal unterlief; aber sie verstanden es, diese Komplexität zu erzählen.

Das Bemühen jener Großen ist seither wiederholt worden; und immer im gleichen Horizont. Es ist eine Sisyphusarbeit, welche nicht nur von den anderen als unsinnig empfunden wird, sondern auch von den Literaten selber. Mit diesem Gefühl vergeht auch das 20. Jahrhundert. Es überleben zu lassen bedeutet, seinen Tod zur Schau zu stellen und ihm die Faszination zu nehmen, daß man es bereits ein für allemal erzählt hat. Der literarischen Kultur des 3. Jahrtausends kommt eine andere Aufgabe zu, eine Aufgabe der Überleitung oder besser der Auslöschung: nicht mehr das Ende der Literatur zu erzählen, sondern die Krise der Schrift. Zumindest müßte dies innerhalb der eigenen belagerten Sinn-Provinz, innerhalb der eigenen *Trümmer* geschehen; innerhalb des eigenen mitgenommenen Formen-Labors, ohne daß sich daraus eine mögliche Universal-Geschichte ergäbe. Aber es geschähe angesichts neuer Welten, die ohne das Alphabet erzählt werden; angesichts einer neuen Subjektivität, die sich anders gegenüber den Personen der Literatur und ihren Welten verhält. Vielleicht vermag die Literatur in der eigenen anerkannten und nicht mehr auszulöschenden Un-Kultur noch einen Glanz für den anzubieten, der sich ihrer bedienen möchte.

(aus dem Italienischen von Peter Brockmeier)

Riassunto

Il titolo fa chiaro riferimento alla tesi, più volte sollevata, da parte di più discipline, sulla natura paradossale del Novecento come secolo in cui si coniugano atrocità sociali inaudite e promesse solo in parte compiute: da un lato Prima Guerra Mondiale, regimi autoritari, Seconda Guerra Mondiale, Bomba atomica, squilibrio mondiale tra garantiti e non garantiti, dissesto ambientale; dall'altro lato le strategie del benessere, vasti processi di democratizzazione della società, sviluppo tecnologico, graduale miglioramento della vita dentro la logica dello sviluppo occidentale.

I media sono stati il luogo in cui i regimi democratici hanno compiuto lo sforzo di armonizzare la violenza dei mutamenti e il desiderio di felicità. Lo hanno fatto con le strategie affermative dei mercati dell'immaginario.

Dai fumetti porno degli anni Settanta/Ottanta alle subculture metropolitane dei non-luoghi, assistiamo ad una serie di insorgenze in cui si dimostra che non è l'innovazione tecnologica a produrre effetti, ma i mutamenti della vita quotidiana, delle sensibilità che la abitano. Profondi vettori anti-moderni chiedono infatti l'azzeramento della storia, processi di disidentificazione dai simulacri collettivi, riduzione del sapere scritto, esperienze in ambienti interattivi, disponibilità di relazioni singolari, etc.

Entrano in campo, dunque, soggetti e soggettività nuove; altri sensi e altre immaginazioni che la scrittura ha mortificato o marginalizzato. Di fronte a queste insorgenze, se è vero che la letteratura ottocentesca e novecentesca – accanto alla grande letteratura classica o alla sua implosione metropolitana (le "opere mondo" individuate da Franco Moretti) – ha prodotto testi narrativi che funzionano da straordinarie anticipazioni, può ripetersi ancora questa forma di veggenza?

Kurt Lanthaler

Arbeitsbuch zum Fall des weissen Uno

0508. "Die Revolte gegen die Kontrolle führt in die Abhängigkeit." Ist häufiger vorgekommen, in letzter Zeit, auffällig: daß passende Zitate wie von selbst vors Auto laufen. Das ist aber auch alles. Zitate.

0608. Selbst: nichts mehr geschrieben. Halleluja. Seit Wochen. Oder, um ehrlich zu sein, und warum nicht jetzt damit beginnen: seit Monaten. Keine Zeile. Und Burroughs ist gestorben. Vor ein paar Tagen. Halleluja. 100 Jahre Aspirin und 35 Marilyn.

0908. Mein Ex-Verleger benimmt sich, als wär er mein Ex-Mann.

1108. Miete ist seit zwei Monaten fällig, schreibt man mir. Als ob ich das nichts selbst wüßte. Pfändungsklage: war für mich früher einmal ein guter Grund, um eine halbwegs akzeptable Kurzgeschichte zu schreiben und zu Geld zu machen. Heute reicht der Kuckuck noch nicht einmal für fünf miese Zeilen. Nebenan ist eine neue Mieterin eingezogen. Zwei Koffer. Sonst nichts. Blond.

1208. Er glaubt es mir immer noch nicht: daß ich nichts in der Schublade habe. Auf Diskette schon gar nicht. Kein Romanmanuskript, keine Erzählung, nicht einmal ein Gedicht. Und weil er es mir nicht glaubt, verdächtigt er den Verlag in der Hauptstadt. Sie haben dich gekauft, gibs zu, sagt er. Nein, sag ich, weil ich nichts zu verkaufen habe. Liebster, sagt er, mein Ex-Verleger, der sich noch immer für meinen Verleger hält, du bist vielleicht nicht die literarische Jahrhundertserscheinung, für die du dich hältst, aber kostendeckend waren deine Bücher bisher immer noch. Das ist viel, in Zeiten wie diesen. Und deshalb möchte ich dich nicht verlieren. Ist angekommen, sag ich. Wenn ich mal wieder etwas hab, so in zweihundert Jahren ungefähr... Verlaß mich nicht, sagt er. Verlaß dich nicht drauf, sag ich. Zwei Stunden später bringt ein Bote eine Kiste Wein. Sechs rote Chilenen. Wird mein Vermieter nicht in Zahlung nehmen, nehm ich an. Und nachdem die erste Flasche leer ist, weiß ich, daß auch aus den restlichen fünf kein Text entstehen wird. Und es liegt nicht am Wein.

1308. Flasche Schnaps geklaut. Der Rücken tut weh. Vielleicht helfen Einreibungen.

1608. Einreibungen haben nicht geholfen. Schnaps auch nicht. Rücken tut trotzdem nicht mehr weh.

1708. Finanzamt will Geld sehen. Ich auch. Können uns nicht einigen.

1808. Besuch im Finanzamt. Drohe damit, am längeren Hebel zu sitzen. Meine Bücher wird man noch lesen, wenn meine Steuerbescheide längst schon zu Staub verfallen sind. Die Dame vom Finanzamt (Fisceuse?) sagt: dies ist keine Voraussetzung im Sinne Paragraph 222 Abgabenordnung. Kann sein, sag ich. Man wird so vernünftig, im Laufe der Zeit. Und älter.

1908. Nachbarin trinkt viel Milch: heute drei Liter gezählt. vorgestern zwei. Das Blond scheint Kunst zu sein. Hat gelächelt. Hab zurückgelächelt.

2208. Sie mag meine Couch und liebt den chilenischen Roten: Eva Mirkula, Rumänin. Weil nur eine halbe Flasche die letzten Tage überlebt hatte, habe ich meinen Verleger angerufen. Er läßt mir innerhalb einer Stunde eine zweite Kiste zukommen. Dafür mußte ich ihm 70 Seiten versprechen, lieferbar in drei Wochen. Daraus laß ich den Grafiker 120 Seiten machen, sagt mein Verleger, Edeldruck, genau richtig für dein Publikum. Er muß es gerochen haben: ich bin in einer Situation, in der ich zu allem Ja sagen würde. Eva kann zugreifend sein.

2308. Nichts Neues. Eva trinkt immer noch keine Milch. Ich auch nicht.

2508. Neue Kiste angefordert. Verleger möchte vorher zwei Seiten Konzept sehen. Kommt per Fax, sage ich. Eine Stunde später kommen zwei Flaschen (Rowan Brook. Cabernet Sauvignon. Canepa. Maipu, Chile) vorbei. Und ich überlege immer noch, was man in ein Konzept schreibt, wenn man keines hat. Um zu überlegen, lege ich mich in die Badewanne, noch haben sie Strom und Wasser nicht abgezwackt. Eva spielt mit dem Schaum und dem, was darunter schwimmt, und als ich mich frage, wer den nächsten Chilenen aus der Küche holen wird, meldet sie sich freiwillig. Dann liege ich allein in der Badewanne und rätsle, mit welchem meiner frühen Romane ich mir das verdient habe. Als das Telefon klingelt, ruft Eva: Ich mach schon.

2608. Eva ist hinter mein kleines Geheimnis gekommen. Mein Verleger war, als er gestern ihre Stimme hörte, sehr entsetzt: akuter Anfall kombinatorischer Intelligenz. Er hat Eva klargemacht, wem die chilenischen Wohltaten zu verdanken sind, und was er sich dafür erwartet. Und wann. Und daß er kein Verständnis für Badewannenparties hat, solange ihm kein Konzept für ein neues Buch vorliegt. Eva sagte: ja, Chef, ja, dann stand sie im Badezimmer, Schaum auf den Oberschenkeln. Und mit fordernden Brüsten.

2708. Kater. Früher war man jünger. Wieso, weiß ich nicht.

2808. Mein Ex-Verleger ruft an, Eva klopft an die Tür. Ich tu den beiden nicht den Gefallen, zu sterben. Obwohl ich mich verdammt danach fühle. Sie wollen nur an meinen Nachlaß ran. Als ob da einer wäre.

2908. Entsinne mich meines Jugendfreundes: hatte mich, in Zeiten, wo diese von unsereinem mit Gold aufgewogen wurden, als Ingenieur einer Fertighausfirma mit Sperrplatten versorgt. Laubsägearbeiten, das Reh, capucetto rosso, ein Drache. Der fliegende Seebert.

3008. Ich war mit Sperrplatten so überversorgt, daß daraus ein schwunghafter Handel entstand. Damals, das einzige Mal in meinem Leben, war ich reich. Wo der Reichtum geblieben ist, weiß ich nicht.
Heute liege ich im Bett und sehe Klosterfrauen um ein Nachttischlämpchen tanzen, das gar nicht da ist. Dann wache ich auf, und mir fällt ein, daß mir die Klosterfrauen erzählt wurden. Unsereinem bleiben sowieso nur die räudigen weißen Mäuse.

0109. Stille. Ich sitze in meiner Küche und schaue aus dem Fenster. In einem früheren Leben wünschte ich mir, einmal in einer Rezension lesen zu können: der Autor ist ein Verrückter; er weiß, was er tut.
Ich habe beschlossen, nicht mehr zu schreiben. Eva klopft. Verleger ruft nicht an. Ich sitze in meiner Küche und schaue aus dem Fenster. Stille.

0209. Werde wach, weil sich an der Wohnungstür etwas tut. Zwangsräumung? Ein großer Briefumschlag, durchgeschoben. Vielleicht ist eine Geschichte drin, steht auf dem Umschlag. Sonst nichts. Ich schaue hinein: Zeitungsartikel. Lege mich wieder ins Bett.

0309. Hunger, nach sechzehn Stunden Schlaf. Kurz nach Mitternacht. Genehmige mir ein Kebab beim Türken ums Eck. Blättere in den Zeitungsartikeln. Und fange an zu lesen.

Den drei Brüdern Savi, zwei Polizisten und ein LKW-Fahrer, und drei weiteren Polizisten (siehe Kasten) wird vorgeworfen, gemeinsam und in wechselnder Besetzung an die zwanzig Menschen umgebracht und knappe hundert verletzt zu haben. Das ist mehr, als "RAF" oder "Brigate Rosse" je auf ihrem Konto hatten.

Schiebe das Kebab zur Seite und bestelle mir einen Raki. Vielleicht wird es ja noch. Ich weiß nicht, ob ich will. Neue Überschrift.
Die handelnden Personen. Eine vorläufige Liste.
Da meint es jemand gut mit mir. Ich lese weiter.
Roberto Savi, genannt "il monaco", "il corto". Chef der Gruppe, teilgeständig. Saß in der Einsatzzentrale der Bologneser Quästur. Leitender Polizeibeamter. In seiner Personalakte finden sich diverse Hinweise auf Mißhandlungen von Verhafteten. Regelmäßige, tägliche Schießübungen.
Alberto Savi, der kleine Bruder. Auch er Polizist in Bologna. Genannt "Luca", "il buono". Teilgeständig. Verheiratet, ein Kind. Hat, nachdem die Brüder Alberto und Fabio bereits verhaftet waren, betrübt um Versetzung angesucht.
Fabio Savi, genannt "il lungo". LKW-Fahrer, teilgeständig, geschieden. Seine Ex-Frau hat ihrem neuen Partner, einem Polizisten, von den ihr bekannten Fällen erzählt. Er hat sie ausgelacht. Seit drei Jahren ist Fabio Savi mit Eva Mikula liiert. Die Rumänin ist die Kronzeugin der zur Zeit laufenden Untersuchung.

Ich schaue auf das Datum: der Zeitungsausschnitt ist eineinhalb Jahre alt. Und die Kronzeugin meine Nachbarin.

Pietro Gugliotta, Polizeibeamter. Hat seine Beteiligung an einigen Überfällen gestanden.
Mario Occhiopinti. Vizechef der Drogenkommission der Bologneser Polizei, beliebter Gewerkschaftler. Hat, als es zur Verhaftung kommen sollte, seine Frau und seine zwei Kinder "als Geiseln" genommen.
Luca Valicelli, agente scelto, arbeitete an der Polizeischule. Hat seine Beteiligung an einigen Überfällen bereits gestanden.

Das könnte, denke ich, deine neue Geschichte sein. Hat alles, was notwendig und gefragt ist. Mord und Totschlag, law and order. Und Eva.

0409. Waren die Augen wieder größer als der Magen. Und der Kühlschrank kleiner als der Hunger.
Kartoffeln mit Butter, Pfeffer und Salz. Formidable. Jetzt gibt es keine Ausrede mehr. Mach dich an die Zeitungsausschnitte, Sklave. Ich notiere.

Chronologie des laufenden Wahnsinns.
3. April 1987, Cesana. Auf einem Teilstück der A14 wird ein Polizist erschossen, ein weiterer verletzt. Eva Edit Mikula, die 19jährige Freundin des LKw-Fahrers Fabio Savi beschuldigt diesen und seine zwei bei der Polizei arbeitenden Brüder als Täter.
20. Juni 1987, Pesaro. Überfall auf eine Mautstelle der A13, einige hunderttausend Lire Beute. Roberto Savi hat die Tat gestanden. Es folgen weitere Überfälle auf Mautstellen.
19. Februar 1988, Casalecchio sul Reno. Nachdem es bereits zu einer Reihe von gewalttätigen Überfällen auf die "roten" COOP-Supermärkte der Emilia-Romagna gekommen ist, wird bei einem weiter Überfall zwar kein Geld erbeutet, am Tatort bleiben allerdings ein Toter und drei Verletzte zurück.

Tatmerkmale: drei Männer, ein weißer Uno, ein Gewehr Beretta AR70 und ein Revolver 357er Magnum als Waffe. Die Täter schießen auch auf umstehende Häuser.

20. April 1988, Castelmaggiore. Überfall auf einen COOP-Supermarket, zwei Carabinieri werden niedergeschossen. Die Täter benützen einen weißen Uno, nach ihrer Verhaftung findet sich im privaten Waffenlager der Polizisten die zur Tat gehörige Waffe, eine 357er Magnum.

26. Juni 1989, Corticella bei Bologna. Überfall auf einen COOP-Supermarket. Weißer Uno, Tatwaffe eine AR70, ein Pensionist wird erschossen, vier Wachleute verletzt.

18. Oktober 1989, Casalecchio bei Bologna. Eine 59jährige Frau wird von zwei Mänern mit vorgehaltener Pistole gezwungen, ihnen ihr Auto zu überlassen. Sie wehrt sich nicht. Trotzdem wird aus nächster Entfernung auf sie geschossen. Ebenso auf einen dazukommenden Pensionisten. Beide bleiben unverletzt. Das Auto wird später einige hundert Meter weit entfernt verlassen aufgefunden.

15. Januar 1990, Bologna. Überfall auf ein Postamt. Die Täter werfen eine Bombe (fünfundvierzig Verletzte) und flüchten (weißer Uno), ohne eine Lire erbeutet zu haben.

6. Oktober 1990, Bologna. Versuchter Handtaschenraub. Ein Augenzeuge, der sich das Kennzeichen des weißen Uno notiert, wird auf offener Straße mit der schon bekannten 357er Magnum hingerichtet.

0509. Es reicht erst mal. Allein gelassen wie ich bin. Mein Ex-Verleger schweigt. Die Chilenen besuchen mich auch nicht mehr. Von Eva vermute ich inzwischen, daß es sie gar nie gegeben hat.

Und ich verzweifle an den Bullen: das Preis-Leistungs-Verhältnis, der Pro-Kopf-Ertrag, den sie abliefern, ist jenseits von Gut und Böse. Ich merke, wie ich wieder in Verschwörungstheorien verfalle. Zum Beispiel, was das Solanin in Kartoffeln betrifft. Hochgiftiges Alkaloid. Wenn das keine Möglichkeit ist. Ich fühle mich schlagartig etwas unwohl und sichere (Beweisstück Nummer zwei der Anklage, Euer Ehren) die Reste.

0609. Konnte mich im allerletzten Augenblick davon abhalten, Kartoffelvergiftung mit Kartoffelschnaps zu bekämpfen. Immerhin: Frühstück ist Frühstück. Egal, um welche Uhrzeit.
In dieser Nacht sind die Savis durch mein Zimmer gelaufen. Dann haben sie einen schwarzblau rauchenden rosa Fiat Uno durchs Bild geschoben. Wollte helfen, als ich aufwachte.
Schäme mich jetzt dafür: einem Bullen helfen! Naja. Und dann beschließe ich, zu arbeiten. Vielleicht hilft das. Ich lese weiter.

10. Dezember 1990, Bologna. Überfall auf ein Nomadenlager. Aus einem weißen Uno wird mit einer Pistole und einem Gewehr (AR70) auf die Wohnwägen geschossen. Neun Verletzte.
19. Dezember 1990, Rimini. Auf die Bar "Blue line", von der bekannt ist, daß sie von extracommunitari, Einwanderern, besucht wird, wird geschossen. Ein Tunesier stirbt, sieben weitere Kunden werden verletzt. Die Zeugin Mikula berichtet, daß die Brüder Salvi sich gebrüstet haben, wie "wir die fertig gemacht haben".
23. Dezember 1990, Bologna. Aus einem weißen Uno wird auf ein Zigeunerlager geschossen. Tatwaffen: ein AR70 und ein 357er Magnum. Zwei tote Nomaden, zwei Verletzte, darunter ein sechsjähriges Mädchen.
27. Dezember 1990, Castelmaggiore. Überfall auf eine Tankstelle (maximal mögliche Ausbeute: ein paar Millionen Lire), ein Kunde wird erschossen, der Betreiber verletzt (357er Magnum). Die Täter flüchten in einem weißen Uno, nehmen einen Augenzeugen mit, der später tot am Straßenrand aufgefunden wird. Ihm ist mit einer Beretta 98 special durch den Mund ins Hirn

geschossen worden.
4. Januar 1991, Bologna. Drei Carabinieri werden erschossen. Laut Aussage der Zeugin Mikula, weil kurz vorher ein Überfall auf ein Nomadenlager mißlungen ist. Tathergang, -Auto und -Waffen (ein AR70, das im November '94 bei den Brüdern Savi gefunden wird und eine 357er Magnum) stimmen mit den anderen Fällen überein. Zur Zeit läuft ein Mordprozeß gegen zwei Jugendliche und einen Vorbestraften, die die Tat allerdings immer bestritten hatten.
15. Jänner 1991, Pianoro. Mordversuch mit einer 357er Magnum an einem Carabiniere.
20. April 1991, Bologna. Ein Tankstellenpächter wird erschossen. Verwendet wird wieder ein AR70 und die 357er Magnum.
2. Mai 1991, Bologna. Im Waffengeschäft Ansaloni werden zwei Leichen gefunden. Es ist das einzige Geschäft in Bologna, in dem man unkompliziert Munition zu schweren Waffen wie die AR70 bekommt. Tatwaffen: zwei Beretta 98 special, beide wurden inzwischen bei den Brüdern Savi gefunden.
29. Mai 1991, Rimini. Drei Carabinieri werden angeschossen und verletzt.
19. Juni 1991, Cesena. Bei einem Überfall wird ein Tankstellenpächter mit einer Beretta 98 special erschossen.
5. Juli 1991, Riccione. Mit Dynamit wird versucht, sich Zugang zu einem Postamt zu verschaffen. Es mißlingt. Zehn Tage später wird dem Direktor des Postamtes und seinem Sohn, während sie nach Feierabend das Postamt verlassen, in die Beine geschossen.
15. Juli 1991, Cesena. Überfall auf ein Postamt. Zwei Verletzte, Tatwaffe Beretta.
9. August 1991, Rimini. Überfall auf ein Postamt, eine Bombenexplosion verletzt einen Kunden.
18. August 1991, Rimini. Aus einem weißen Uno wird mit einer Beretta 98 special auf ein Auto geschossen, in dem drei Farbige sitzen. Zwei Senegale-

sen werden getötet, einer verletzt. Die Täter schießen noch auf ein Auto mit Jugendlichen, die Zeugen der Szene wurden, und flüchten dann.
28. August 1991, Pesaro. Raubüberfall, in dessen Verlauf zwei Polizeibeamte verletzt werden, Tatwaffen die zwei Berettas.
10. August 1992, Cesena. Überfall auf den Credito Romagnolo, ein Verletzter.
24. Februar 1992, Bologna. Banküberfall, ein Toter. Tatwaffe: Beretta 98 special.
3. März 1994, Bologna. Überfall auf die Banca di Imola, ein Angestellter wird verletzt.
25. Mai 1994, Pesaro. Überfall auf die Cassa di Risparmio. Der Direktor wird ermordet. Tatwaffe Beretta 98 special.
6. September 1994, Bologna. Überfall auf den Banco Adriatico.
21. Oktober 1994, Bologna. Überfall auf die Banca dell´Agricoltura. Zwei Verletzte.

Eva ist noch wach. Als sie die Zeitungsartikel in meiner Hand sieht, lächelt sie. Wirst du eine Geschichte schreiben?, sagt sie. Erzähl mir mehr, sage ich, und ich schreibe deine Geschichte. Ist es das, was du von mir willst?, sagt Eva. Ich antworte nicht.

0709. Sechzehn Stunden Band aufgenommen, Notizen, Seiten über Seiten, und ein Buch im Kopf. Eva liegt auf der Couch und schläft. Manchmal weint sie im Schlaf.
Schicke meinem Verleger ein Fax: Habe eine Geschichte für dich. Dreiundzwanzig Leichen, hundert Verletzte, fünf Polizisten, ein LKW-Fahrer. Und ein Rumänin. 160 Seiten, lieferbar in drei Monaten. Wie wärs mit entsprechendem Akkonto?
Das Zitat vom 0508 wiedergefunden. Lautet vollständig: „Die Revolte ge-

gen die Kontrolle führt in die Abhängigkeit. So wie die Geste der biografischen Revolte in die Abhängigkeit von der Droge führt, die Geste gegen die politische Kontrolle in die Abhängigkeit von Konstruktionen paranoider Systeme, so führt auch die Revolte des Textes gegen seine Kontrolle (durch den Autor als letzte Instanz gesellschaftlicher Macht) in die Abhängigkeit, und zwar in die Abhängigkeit von der Sprache selbst."

0909. Habe einiges zu tun.

(aus: Kurt Lanthaler, *Heisse Hunde. Hirnrissige Geschichten und ein Stück Karibik. Prosa und ein Theaterstück*, Innsbruck: Haymon-Verlag, 1997, S. 53-61)